BETWEEN US

How Cultures Create Emotions

Batja Mesquita, Ph.D.

文化はいかに情動をつくるのか

人と人のあいだの心理学

バチャ・メスキータ
高橋 洋 訳
唐澤真弓 解説

紀伊國屋書店

文化はいかに情動をつくるのか――人と人のあいだの心理学

Batja Mesquita, Ph.D.
BETWEEN US
How Cultures Create Emotions

Japanese translation rights arranged with Batja Mesquita
through Brockman Inc., New York.

文化はいかに情動をつくるのか　目次

・本文中の行間の数字は著者による註で、章ごとに番号を付し巻末に収録する。
・〔　〕は訳者による註を示す。

はじめに

私が心理学者になったのは、人々が何を感じているのかに興味があったからだ。人々の内面生活を理解し、何が人を怒らせるのかを知りたかった。情動に対する関心が生まれた経緯を振り返ってみることは容易ではないが、育った背景も関係していると思う。私はオランダで暮らすユダヤ人の家庭で生まれ、両親は身を隠してホロコーストを生き延びた。[1] 子どものころから「人の心」に関心があり、親がどう感じているのかをつねに見極めようとしていた。親の情動の起源は、たいてい私の眼前の状況にはなく、遠い（あるいはそう遠くはない）過去のできごとに関係していた。そこでは絶望が待ち受け、排除や差別による傷心がわだかまっていた。思春期の私の反抗心は、それが軽いものであっても両親の傷ついた心や悲嘆に触れ、文化や宗教に対する反抗的な態度は、父からは敬意のなさ、あるいは悪くすると愛情の欠如ととられた。

心のなかでも特に情動に関心を持つようになったきっかけは、人間がときに爆発しかねない情動を心の奥底に秘めていると感じていたことにある。情動を個人の内にある心理プロセスと見なすことは簡単だった。というのも私が出会った人々の多くは、現状や人間関係の悪さとは裏腹に芯がしっかりしているように見えたからだ。子どものころは、精神的苦痛を訴える人々を助ける精神科医や臨床心理士になりたかった。患者を内部から変えることで、情動も変えられるだろうと思い込んでいた。

深い内面生活の一部として情動をとらえる私の見方は、私が属する文化圏が感情（本書における感情は、情動の働きのうち、それがいかに本人に感じられるかという主観的、内面的な側面を指す）に焦点を絞る立場であったため、たやすかった。[2] 一九六〇年代から七〇年代にかけて、西洋の（Western）、教育を受け（Educated）、産業化された（Industrialized）、裕福で（Rich）、民主的な（Democratic）、いわゆるＷＥＩＲＤ文化圏には、感情の解放の時代が到来していた。[3] 真正さと選択の自由が当時の風潮を支配し、真に自分が何を感じ、何を望んでいるのかを知ることが重要だとされていた。内面が生活様式を規定していると考えられ、精神や情動の探究が最重要視された。なぜなら、それによってよりよい選択が可能になると考えられていたからだ。内面に焦点が絞られていたのである。ＷＥＩＲＤ文化においては、私と同世代の研究者の多くは制度的な規則に疑問を呈し、個人の感情や嗜好を中心に据えた。私も精神的探究に勤《いそ》しんだことがあるし、若いころは自己の内面を対象に情動のプロセスを探究していた。

私は情動研究者として三〇年を過ごすうち、さまざまな文化との出会いを通じて、情動にまつわる問いの答えの多くが内面ではなく、社会的な文脈にあることに気づくようになった。私は情動研究を、アムステルダム大学のニコ・H・フライダ教授の指導のもとで始めた。当時のフライダ教授は、彼の名を世に知らしめた著書『情動（*The Emotions*）』を書き終えたところだった。この本は情動心理学の一里塚《マイルストーン》となり、神経科学から哲学に至るさまざまな分野をカバーしていた。だが、文化への言及は不十分だった。彼の指導のもとで一九八七年から執筆し始めた私の論文は、その間隙を埋めることを意図していた。私は、心理学、人類学、社会学、哲学における文化と情動に関する既存の研究を調査し、一九九二年に（ニコ・フライダ教授との共著）論文を発表した。この論文は、文化と情動に関する心理学研究の分水嶺になり、普遍性が中心だった研究の流れを、文化的な差異も考慮する方向へと変えた。[4]そしてこの論文の発表によって、私は、文化と情動の「相互構成過程」に関心を持つ、情動の文化心理学者としての地位を築いたのである。[5]

私は研究の焦点を社会・文化的視点に移していったが、移民、あるいは一時滞在者としての私の個人的な経験も同じ経緯をたどった。一九九〇年代前半、私は生まれ育った自分の安全圏から離れてオランダ国外に移り、そこで研究を始めた。イタリアで二年間暮らし、内戦で引き裂かれたボスニアでユニセフの心理士として六か月間働き、最後にアメリカに渡ったのだ。私は博士研究員《ポスドク》として、文化と認知に関するプログラムに参加した。ミシガン大学に設置されたこのプログラムは、文化心理学と呼ばれる新興の学際的な分野の中核をなしていた。その後私は、ノースカロライナ州のウェイク・フォレスト大学の准教授に就任した。そこで一〇年ほど教鞭をとったのちの二〇〇七年、私はヨーロッパに戻った。ベルギーは大西洋を隔てたアメリカではオランダに近いと思われているかもしれないが、文化的にはオランダとはかなり異なる。馴染みのアムステルダムから外に出て他の文化圏で暮らしたことは、情動が文化に結びついていることを実体験するよい機会になった。不慣れな環境で暮らすことで、私の情動は、それまで思い込んでいたように普遍的な既定値《デフォルト》などではなく、文化が築き上げたものだという事実が明らかになったのだ。私の情動は、私の属する文化が形成したものであって、母国で重視されているタイプの人間関係を円滑に築くための　すぐれた通貨として機能した。そしてそれによって、私はオランダ文化圏でうまくやっていくことができた。しかし私の情動は、他の環境下ではそれほど有用ではなかった。その経験を通じて、私は内部〔内面〕から外部〔環境、文化、社会〕へと研究対象を移すことができた。つまり自己の情動を外部と呼応しながら追跡し、私が暮らす文化的、社会的環境のもとで通用している価値観や目標や実践様式に目を向けるようになったのである。

また私は、情動に関する問いの答えを外部に見出すようになっていった。なぜなら、そのほうが他の多くの文化圏で暮らす人々の考えに近いからだ。私は日本、韓国、トルコ、メキシコで、さらにはこれらの国々の出身で現在はアメリカ、オランダ、ベルギーで暮らしている移民を対象に研究を行なってきた。彼らの多くは、内面の感情を強調することなく人と人のあいだで生じるものとして情動的なできごとを語る。この事実は、外部に生じる情動を追跡すべきもうひとつの理由になる。

私は本書で、人間の情動に関して、従来とは劇的に異なる見方を提起する。その見方では、私たちの情動は、社会におけるその人の立場、人間関係、自分が属している文化的、社会的な文脈に結びつけてとらえることができる。また自分が暮らす共同体《コミュニティー》の一員として私たちを社会に関与させる。そして本書は、情動が「私のもの（MINE）」であるとともに「私たちのもの（OURS）」でもあることを示す〔以後対応する情動を「MINE型情動（モデル）」「OURS型情動（モデル）」と訳す。モデルがつく場合は、情動それ自体より情動をとらえる見方を指す〕。

この見方を取れば、自己や他者の情動に関する理解が深まり、あなたも豊かな情動生活を送れるようになるはずだ。また、さまざまなありかたで感情が私たちを社会的な存在にし、他者と結びつけていることが明確に理解できるだろう。なおOURS型情動モデルは、MINE型情動モデルを置き換える、または対立するものとしてとらえるのではなく、相互に補強するという点は忘れてはならない。

おそらくもっとも重要なのは、OURS型情動モデルが、文化、ジェンダー、世代、民族、人種、社会経済的諸階層のあいだ、さらには（私の両親と私のように）異なる経歴を持つ個人のあいだに横たわる情動の相違を理解し、多様な社会を生きていくための道具《ツール》を提供してくれるという点だ。今日ほど、そのような理解が求められている時代はないだろう。社会がますます多文化化しつつある今日、企業、学校、法廷、医療健康施設は、異なる集団や文化が一堂に会する拠点になりつつある。情動は、文化の異なる人々が出会う場所で流通する通貨として機能するが、誰もが同じ通貨を用いているわけではない。いかに情動が、各人が属する文化圏や社会に結びついているかを理解することは、人と人が敬意を持って接し合い、他者の情動に共感を寄せることを可能にする。

本書は、異なる集団や文化圏に属する人々同士の齟齬《そご》や対立を解消するのに役立つはずだ。本書を執筆した私の動機が、欧米や他の地域におけるナショナリズム、排外主義、白人至上主義、人種差別主義、宗教的不寛容の蔓延に対する懸念によって強められていることは否定できない。しかしそれに加え、善意——多文化を包摂《インクルーシブ》する人間でありたいという善意——に基づく人々のなかには、「他の集団や文化圏に属する人々は、私たちのものとは異なる情動を持つ」という主張が、それらの人々の人間性を否定することに等しいと信じるケースがあるからでもある。あなたもそう信じているのであれば、その考えが間違いであることを、私は本書を通じて説得したい。

私は本書で、自分がたどった研究の道のりを追体験できるようあなたを導く。さまざまな文化のもとで暮らし、情動研究を行なうことで私が経験してきた発見や驚きをあなたと共有し、かつて私が見落としていた点についても振り返るつもりだ。第1章は、研究者であり移民でもある私の経験を取り上げ、情動研究における私の立ち位置を明確にしていく。第2章では、MINE型情動とOURS型情動の違いを探究し、現代の心理学研究で中心的な情動の心理構造を、世界的にはより一般的に見られるOURS型情動と比較する。そしてMINE型情動もOURS型情動も、概念上のみならず、情動の実践様式（情動を「経験」するありかた）としてもリアルなものだという点を明らかにしていく。

それに続く四つの章では、情動を文化的、社会的な文脈へと、より外的環境に視点を置いた研究を検討していく。第3章は、いかに子どもたちが、情動の社会化を通じて文化圏の一員になっていくかを示す。保護者はより広い社会環境の支援を受けて、文化に適応して「正しい」情動を実践できるよう（「情動の実践」という言いかたは一般的ではないが、著者は本書で実際に「do emotion」、あるいは「do＋特定の情動」という表現を多用している。これは、以後の説明にあるように、「人と人のあいだで生じ、そのときの状況に応じて調節される一種の行為」を含んだものとして情動をとらえるOURS型情動モデルを著者が重視していることの反映と見なせる）、つまり共有されている目標や価値観を持てるよう早い時期から子どもに教えていく。第4章と第5章では、情動が日々のやり取り、人間関係、文化の特異性に応じてさまざまな経路をたどりうることを示す。一般に信じられているところとは違って、「怒り」「恥」「愛情」「喜び」などの情動は、何らかの普遍的なしるしを帯びているわけではなく、情動経験やその表現、それに関連する生理的、神経的な反応のパターン、道徳的、社会的な意義は、特定の状況、個人、人間関係、そしてもちろん文化の相違によって異なってくる。第6章は情動語を取り上げる。情動語とは、同じ集団、コミュニティー、文化圏に属するメンバー同士が、互いに共有する現実《リアリティ》について伝え合うことを可能にする言葉だ。しかしそれは、個々の社会集団の垣根を越えてコミュニケーションを図る場合には、なまくらな道具にならざるを得ない。情動語の使用は、特定の情動経験《インスタンス》〔以後、instanceはカナ書きとする。「インスタンス」についての詳細は訳者あとがきを参照〕を、同じ言葉を話す人々が共有している集合的な経験と結びつけることを意味する。それは、情動が私たちを自文化圏の一員にするもうひとつの方法なのである。

情動が私たちをコミュニティーと結びつけるありかたを理解すれば、いかに情動が、異文化コミュニケーションの際の障壁になるかがわかるはずだ。他者にとっての現実を知るためには、言葉の翻訳以上の何かが必要とされる。第7章は、異文化の情動を学ぶことに関する研究を取り上げる。幸いにも異文化の情動を学ぶことは可能である。とはいえ情動の実践という面で、移民と元来そこで暮らしている人々の差異がなくなるまでには一世代以上かかりうる。最終章は、ＯＵＲＳ型情動モデルの採用が、文化の垣根を越えて接し合い、共通の基盤を見出せるようになるための第一歩になりうることを示す。文化（や地位や階級や宗教など）の垣根を越えてコミュニケーションを図ろうとすると情動が妨げになる場合もあるが、ＯＵＲＳ型情動モデルは、情動の相違を理解するのに役立ち、異文化の価値観や優先事項を垣間見るための窓を提供してくれる。情動を理解し、それに基づいて行動するさまざまな方法を伝え合うことは、同じ人間同士として他者と接することにもつながる。なぜならそれによって、私たちの一人ひとりが社会的な関係の一部であり、それを作り上げていることを理解できるようになるからだ。

第1章

ロスト・イン・トランスレーション

鼻や手と同じように、誰もが情動を備えているものだろうか？　鼻は、形や大きさこそ人それぞれだが、何はともあれそれぞれによって呼吸し、周囲のにおいをかぐ。手は、人によって大きさや握力が異なるものの、それを使って触る、つかむ、持つ、運ぶなどのさまざまな作業ができる。それと同じようなことが情動にも言えるだろうか？　情動は人によって異なって見えるが、つまるところ私たち全員が同じ情動を持ち、心の奥底ではみんな自分と同じように感じているのではないか？　つまり自分たちとは異なるコミュニティーや文化のもとで育ち、違う言語を話し、生い立ちを異にする人とでも、十分に時間をかけて知り合えば、その人の感情を認識し、理解できるのではないだろうか。だが、誰もがあなたとまったく同じように、怒りや喜びや怖れを感じているのか？　あなたの感情は他者の感情と同じなのか？　私は、そうは思わない。

私の情動が異文化圏出身者の情動と異なることに初めて気づいたのは、アメリカに移住したときのことだった。私はオランダで育ち、他のヨーロッパの国々に短期間滞在したことを除いて、三〇歳ごろまでずっとオランダで暮らしていた。だがさまざまな面で、私の順応《トランスレーション》は容易だった。研究で使っていたこともあり、私の英語はアメリカ移住の時点ですでに流暢《りゅうちょう》で、ミシガン大学のアメリカ人の同僚たちはこのうえなく親切だった。私がアメリカの土を踏んだその日、学部はディナーパーティーを催して私を歓迎してくれた。同僚のひとりは、私をクリスマスのファミリーパーティーに招待してくれた。また、年末にささやかなプレゼントを贈ってくれた人もいる。とはいえ、アメリカでの初年度は楽ではなかったことを覚えている。少しばかり場違いに感じたこともたびたびあった。

まだオランダにいたころには、私は社会にうまく適応し、情動的な知性を発揮できていた。ところが一九九三年一一月にミシガン大学に移ったとき、私は周囲と情動の同期がとれていないことを感じた。私の新たな同僚たちは親切で、陽気で、社交的だった。お世辞を言い合い、私にも同じ態度で接してくれた。私はそんな彼らと一緒にいたかったし、私に対する彼らの態度も気に入っていた。それでも、ものごとはあまりうまく進展しなかった。というのも、私は適切なありかたで彼らと接することができず、情動面の問題を痛感せざるを得なかったからだ。会話では、自然に社交的に振る舞えず、お世辞すら言えず、同僚の努力や意図を認められずにいた。また十分に謝意を表明することができず、みんなの期待通りには喜びを表現できなかった。

私は自分の情動の働きが不十分なのではないかと気に病んでいたが、それは単なる思い込みなどではなかった。とにかく円滑に振る舞えなかったのだ。ある日、同僚のひとりから翌日のランチに誘われたのだが、明日は無理だ、と私は正直に答えた。すると、その会話をたまたま聞いていた新たな友人ミシェル・アッカーが、もっと前向きで感じのいい断わりかたができたはずだと私にこっそり教えてくれた。たとえば「ぜひそうしたいのですが、またの折ということにできないでしょうか？　明日はすでに予定が入っているもので……」などと答えるべきだったと言うのだ。私の態度は無礼だったらしい。無礼？　そんなつもりはまったくなかった。単に情報を伝えたつもりだったのに。

また私は、他者の情動を理解することにも苦労した。たとえばミシェルと一緒に薬局に寄ったとき、彼女は店員に「元気？《ハウ・アー・ユー》」と声をかけていた。それを聞いた私は、その店員を個人的に知っているのかとミシェルに訊いた（実際には知らなかった）。店員の健康に対する彼女の関心は、私には状況にそぐわないように思えたのだ。だが店員は、間髪を容れず「絶好調よ《ワンダフル》！　あなたは？」とごく自然に返してきた。それを耳にした私は、赤の他人同士の活発なやり取りに何の意味があるのかと思わざるを得なかった。

同様に、自分の人間関係の善し悪しを見極めるのもむずかしかった。同僚たちは私のことを気に入ってくれているだろうか？　友人関係にあると言えるのだろうか？　私は、毎日同僚がかけてくれる力強い言葉が正確に何を意味しているのかに確信が持てず、またほんとうに私を気遣ってくれているのかどうかもよくわからなかった。そもそもそんなことを尋ねるべきなのか？　ある日私は、新しい友人たちを夕食に招待した。食事はおいしく、会話ははずんだ。ときに親密な雰囲気にもなり、参加者はみんな、楽しんでいた。そのとき私は、いまこそ真の友情が始まるに違いないと思った。来客が感謝の言葉を述べて帰るまでは。私は、真の人間関係を築けなかったことに思い当たって落ち込んだ。というのも、私が育ったオランダでは、感謝の言葉（この場合、夕食に招待されたことに対する感謝の言葉）は、そこに友情が芽生える余地などないことを意味しているからだ。だから私にとって、「夕食に招待してくれてありがとう」という言葉は、感謝の表現ではなく私から距離を置く行為に思えたのだ。私が彼らに期待していた言葉は、「次回はもっと長い時間あなたと過ごせることを楽しみにしている」「今晩は、一緒に過ごせてほんとうに楽しかった」「今日はとても楽しく、あなたと親密になれた」などだった。

　この事例は、単に慣習の違いで片付けられることなのか？　それとも私の情動は、私が出会ったアメリカ人たちの情動とほんとうに異なっているのだろうか？　それから数年後に私の親戚や友人たちがオランダからやって来たとき、彼らが私と同様、〔アメリカにおける〕社会や情動の規範に対応できずにいる様子を目にすることになった。私の父は、地元のアメリカ人の友人から夕食への寛大な招待を受けて、金曜日の夜に招待されたことに対して「それは結構なことで《ファイン》」と言ったが、最上級も使わなければ、招待した側の多大なる努力を自分がしかと認識していることを示す言葉も添えなかった。私はそのとき、父のその態度に身が縮む思いがした。オランダからやって来た私の友人たちは、ウェイターや店員たちに陽気な態度で友好的に振る舞ってはいたものの、称賛したり感謝の言葉をかけたりはしなかった。友人たちのジョークや陽気さは、そこにいた人々の結びつきを強調する体《てい》のものではあったが、サービスする側の努力に対する感謝の言葉は含まれていなかった。

　さらに興味深いことに、私はオランダ人の友人や親戚に、彼らが出会ったアメリカ人の情動が「にせもの《フェイク》」、もしくは「誇張」に感じたと打ち明けられたことがある。私の息子の担任教師ジルは、ちょうどそのときアメリカを訪問していた私の母に、「お孫さんとひとときを過ごすためにわざわざアメリカまで来るとは何とすばらしいことでしょう」と興奮気味に語ってから、母本人もアメリカ訪問を楽しんでいるかと尋ねた。母がのちに打ち明けてくれたところでは、担任教師の興奮は「フェイク」に思えたそうだ。またあるとき、私のアメリカ人の同僚が、ヨーロッパから来た学者のプレゼンテーションをすばらしいと褒めたことがある。するとこの学者は肩をすくめ、私の同僚の称賛は「無意味」かつ「大げさ」で「フェイク」のようだったとのちに語ってくれた。オランダ人の観点からすれば「自然に」生じるとは思えない状況で、大勢のアメリカ人が表現する、尽きることのない寛大さ、関心、称賛、熱狂を目のあたりにしたひとりのヨーロッパ人としては、そうとしか言いようがなかったのだろう。

私たちはアメリカとオランダという、西洋の（Western）、教育を受け（Educated）、産業化された（Industrialized）、裕福で（Rich）、民主的な（Democratic）、いわゆるＷＥＩＲＤ文化圏に属する国々の出身者同士にもかかわらず、「無礼だ」「フェイクだ」として相手の情動を否定的に判断し合うほど異なったありかたで情動を経験している。おそらく同じ国民文化のもとで育った人同士なら、非難し合ったりはしないのではないだろうか。情動の相違は、最初私には恣意的に思われた。しかし時が経つにつれ、そこにある意味がわかってきた。

私はやがて、これらの情動の相違が、それぞれその文化独自の人間関係を取り結ぶという目標に役立つということを理解するようになった。オランダの文化では、対等な人間関係が快い情動を生む。ディナーパーティーが終わるときには（実際にはパーティーのあいだじゅう）、人と人のあいだの絆が強調される。オランダ語では、そのような親睦は *gezellig* と呼ばれ、この用語は特定の文化に限定される情動語の代表例のひとつと見なされている。[1] 友人（*gezel*）という言葉に由来する *gezellig* は、身体的な状況――家庭的かつ暖かい場所で友人たちに囲まれてくつろぐこと（ひとりでいるときに *gezellig* を感じることはない）――と、「抱擁され」「心地よく」感じるという情動の両方を意味する。その状況下では、パーティーの主催者の努力を認めることより、人と人との絆を強調することが優先される。

それに対してアメリカの文化では、その場にふさわしいポジティブな情動によって、主催者の努力や才能や貢献に対する称賛が優先される場合が多い。そうやって友人や知人同士が、お互いの価値観や自尊心を高め合っている。[2] 息子の担任教師が私の母に祖母としての努力を褒めたとき、この担任教師は、私の母が孫にとって特別な存在であることを強調しようとした。そしてその発言は、教師としての彼女が属している領域に基づいている。これは、自分自身を快く感じるべき理由を与えるはずの相手の特徴や業績に着目することから来る感情であり、フェイクなどではまったくない。実際にすばらしい祖母だと思ったのだ。あるいは私の同僚の場合、「あなたの話はとても斬新で輝いている」と本当に言いたかったのである。

アメリカでは、人々はできるかぎりお互いに褒め合い、認め合う。この態度も、誰も他の人々より快適に感じたり巧妙に立ち回ったりすべきではないと考えるオランダ人とはきわめて異なる。[3] オランダでは、誰よりもよく振る舞うことも悪く振る舞うこともあってはならない。私の母は、衆目を集めかねない私の行為を見れば、「普通にしててもじゅうぶん目立ってるのに」と諭《さと》したものだ。誰も目立ってはならなかったのだ。私が成長期のころ、私のことをかわいいと思うか母に尋ねたところ（そのときの私は「イエス」という答えを期待していたはずだ）、母は「月並みね」と答えた。母は、私を浮かれさせまいとし、かつ、母と私のあいだに「真の絆」を築くべく、真実を語ったのである。

不快な情動にも文化間の差異は見て取れる。[4] オランダでは、絆を結ぶための方法のひとつとして、自分の思いをストレートに述べる。オランダ人は率直だと言われるのは故《ゆえ》なしとしない。自分の感情（や意見）を認め表現する能力は、美徳でもあれば成熟のしるしでもある。真の友人は、あなたを特別な存在と思わせるより、あなたについて私がどう感じているかを、肯定か否定かを問わず語ろうとする。「その考えは間違っている」「この服は似合わない」などとはっきりと言い、それがたとえ耳が痛い話だとしても、真実をぶつけ合おうとするのだ。[5] 真実を告げられることは、何も言われないことよりマシである。なぜなら、それによって絆が強調されるからだ。オランダでは、罪のないうそは受けが悪い。アメリカの友人たちが考えるように友人や親戚を守る行為だとは受け取られず、むしろ相手を締め出し、絆を断つことを意味するからだ。また、真の絆とは、必ずしも自分自身や自分と関係を持つことを好ましく見せなかったとしても、心の奥底に宿る感情を共有することを意味する。[6] あなたに嫉妬している、あるいは怒っていると、はたまたあなたの行動に傷つけられたと率直に語ることは、進んで人間関係を築こうとする真正な人間として自分を開示することでもある。「誠実な真正さ」というオランダの美徳が染みついている私は、折々にアメリカ人の同僚、教師、友人に向かって自分の意見や感じていることを（丁寧ながら）はっきりと語ったあとで、自分がいかに「オランダ的」であるかを思い知らされた。誰がそんな意見を訊いているのか？ 誰がそんな告白を聞きたがっているのか？（誰もいない！） 自分の思いを切々と吐露したあとで、アメリカでは自己の感情や考えを他者と共有する必要などないのだと思い当たることが、私にはたびたびある。アメリカで十数年暮らしているのに、いまでもときおりはっとするくらいだ。アメリカ人の友人たちは、私の長ったらしい告白を途中で遮ることがある。たとえば友人のアン・クリングは、私が（「朝食のときに仲間に入れてもらえないと思ってみんなに拒絶されたように感じたけど、実のところみんなは私を仲間にしようと努力していたことがわかり、自分の間違いに気づいた」などと）自分が感じた情動に関する錯綜したストーリーを微《び》に入《い》り細《さい》を穿《うが》って語ったとき、

「その話を共有してくれてありがとう」とわざわざ指摘してくれた。アンはオランダ流のやりかたで、私の告白の不適切さを指摘し、私に社会的な教訓を与えようとしたのだ。

誰の情動も文化の影響を受けている

私自身の情動が、アメリカ文化圏で育ったアメリカ人のものとは異なるということに、私はアメリカに移住して初めて気がついた。ヨーロッパ大陸の外で暮らしたことがなかったので、そのこと自体はあたり前のことだった。だが、私はアメリカに移る前の六年間、文化間における情動の相違に関する研究を行なっていたにもかかわらず、気づいていなかったのである。文化が情動に与える影響を研究していながらも、私自身の情動が文化の影響を受けていることに自らが気づいていなかったという事実は、情動が自然なものなどではないと認識することのむずかしさを示している。情動研究で生計を立てている文化心理学者の私にとってさえ、アメリカに移住して別の文化のなかで暮らすようになるまでは、自分自身の情動を文化の産物としてとらえられなかったのだから。

多くの民族誌学者も同様に、滞在先で先住民と、「情動に対する前提や約束ごとを共有できていなかったことに起因する苦い経験をしている」[7]。人類学者の故ジーン・ブリッグスは、現在では広く知られている著書『決して怒ってはならない（*Never in Anger*）』で、カナダ北西部で暮らすウトゥク族の観点からは彼女の情動がいかに特異なものだったかを、のけものにされて初めて十分に理解できたと述べている[8]。そして彼女は、欧米文化に影響された彼女の情動が、ウトゥク族の社会関係にはそぐわないと気づいたのだ。

ウトゥク族は落ち着きや寛大さを重視し、怒りを危険なものと見なす。ブリッグスは、男性の里親から「怒りやすい人は、悪魔によって業火に包まれた場所に連れ去られてしまいます。（……）ここでは誰も怒ったりはしません」と教えられた。怒りを示すことは、不快、あるいは不道徳だとさえ考えられている。ブリッグスは、日常生活で生じるイライラを抑えるのに苦労した。彼女は次のように書いている。「私は、強い自制が評価されていることに気づいていました。ウトゥク族の人々は、たいていうまく自制していました。それに対して私は、小さな不運にも激高して過剰に反応する自分自身にひそかに戸惑っていたのです。私の反応は、私が育った文化のもとでは許容範囲に入るのでしょうが、ウトゥク族には無害に思えなかったようです」。彼女がウトゥク族の社会に溶け込もうと努力したことは間違いない。だが、その努力はほとんど実らなかった。「（ウトゥク族による情動の）自制は、私が身につけている自制よりはるかに強いものです。（……）残念ながら、数時間、あるいは数日間にわたって落ち着きを保ち、ようやくウトゥク族の社会にふさわしい外面を何とか保てたと喜んだ瞬間、突然激しい感情を覚えたなどということもたびたびありました」。村における彼女の立場が決定的に崩壊する瞬間は、*kaplunas*（村にやって来た白人男性）の一団が、ウトゥク族が所有する二艘《そう》の小舟のうちの一艘を壊し、残った一艘を借りようとしたときに起こった。彼女はこのできごとについて次のように書いている。「私は怒りを爆発させませんでした。そしてニコリともせず冷ややかな声で、白人男性の一団のリーダーに自分が把握している限りの村の事情を伝えました。彼らが二艘目の小舟を借りれば村には釣り舟が一艘も残らなくなること、二艘目の小舟も壊れてしまえば村人たちはとても困ること、などです」。彼女の弁舌はもっと長く続いたが、小舟の所有者は貸したがっていないと主張することでようやく締めくくった。それを聞いていた小舟の所有者は、終始狼狽《ろうばい》していた。しかしブリッグスが所有者に確認を求めると、彼は「不自然に大きな声で」、「彼らの意志を尊重しなさい!」と答えたのだ。このできごとは惨めな結果をもたらした。というのもブリッグスは、調査二年目の三か月間、のけものにされる憂き目に遭ったのである。数日間誰も彼女のテントに入ってこなかったにもかかわらず、彼女は自分がのけものにされたことに気づいていなかった。招待主《ホスト》のひとりが本国にいるウトゥク族との連絡担当者宛に送った手紙を彼女が読んだときに初めて、その事実に気づいたのである。そこには、「ジーンはうそつきだ。白人にうそをついた。すぐに怒る人だ。イヌイット研究をすべきではない。村人は、他人を叱る彼女を叱りたくなるから、彼女の存在は迷惑だ。つくづく村から出ていってほしくなった」と書かれていた。当初彼女は、ホストの態度の変化に気づいていなかった。しかし彼女の著書は、ウトゥク族の村に滞在した経験を、「異文化圏で共有されている情動の世界を理解することは、往々にして苦痛に満ちた自己発見のプロセスにもなる」と注意深く描いている。[9]

私にはのけものにされた経験こそないが、場違いな情動を呈して失敗した経験は、自己の情動が既定値《デフォルト》なのではなく、また、異文化圏に属する人々のあいだで見られる情動以上に論理的で真正であるわけでもないという点に気づかせてくれた。自己の情動が普遍的な既定値だという思い込みを捨てることは、他者の情動が自己の情動といかに異なるのかを知るための第一歩になる。それを通じて、私は心を開くことができた。

研究者としての情動理解の道のり

文化間における情動の相違の理解を目指す私の探究は、一九八〇年代後半に始まった。当時の私はアムステルダム大学の大学院生で、国際的に著名な情動心理学者ニコ・H・フライダ教授の指導を受けていた。私たちは、「文化が異なれば情動も変わるのか？」について考えていた。

当時の心理学研究は、いくつかの「固定配線《ハード・ワイヤード》された」情動を探すことを目的としていた[10]。固定配線された情動は、進化の過程で私たちの祖先が生存の可能性を向上させることで獲得した能力であり、現在でも有用でありうるという考えを反映していた。怒りが進化したのは競争相手に対する自衛手段になるからであり、怖れが進化したのは私たちの祖先が危険を回避するのに役立ち、現在の私たちにも役立つからだ。また、喜びが進化したのは、私たちにとって有用そうに見えるもの、すなわち喜びの源泉を探し出し、そのそばにいたり近づいたりするのに役立つからである。このように当時の心理学は、その種の普遍的な情動を探し求めていたのだ。

この普遍性の探究において、顔〔認識〕に関する研究ほど私たちの想像力をくすぐる分野はない。この研究は、ポール・エクマンとウォレス・フリーセンが一九七五年に刊行した著書『表情分析入門──表情に隠された意味をさぐる』を通して広く知られるようになった。ふたりは、顔から読み取れる情動として「怒り」「怖れ」「嫌悪」「驚き」「喜び」「悲しみ」の六種類をあげている[11]（図1・1）。「ある人の顔を見てこの人は怖れていると思ったとき、その思いは間違っているのだろうか、それとも正しいのだろうか？」と、エクマンとフリーセンは問うた[12]。その問いに対してふたりは、「平均すれば、

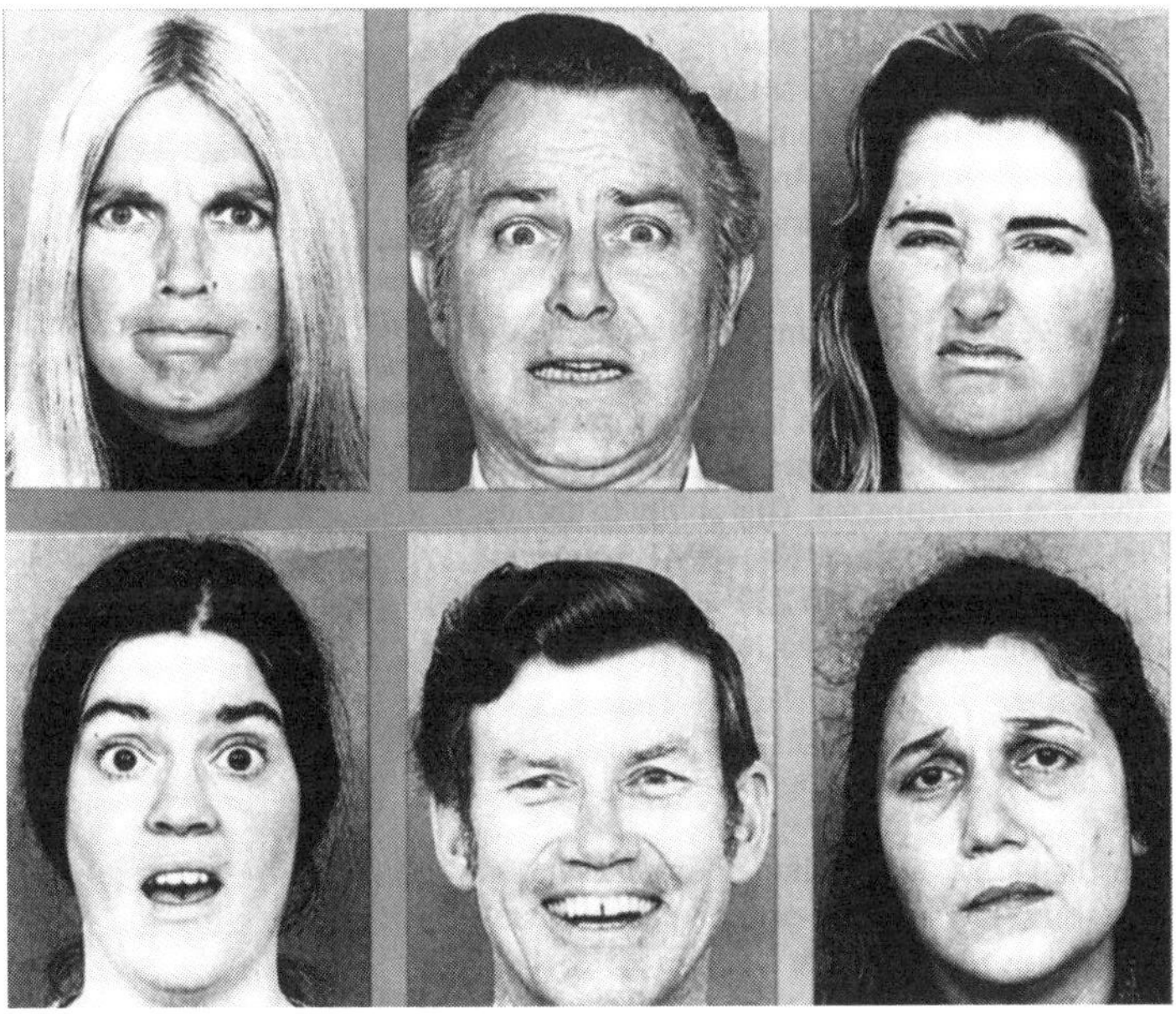

図1.1　エクマンの研究における表情
（Image courtesy of Paul Ekman Group, LLC）

人は情動を正しく判断することができる。つまり顔から情動を読むことは可能だ」と答えた。ちなみに、ここでは顔は情動それ自体ではなく単に情動のしるしとしてとらえられている。

　情動は「生物学的な所与」であり、文化的に学習されたものではないことを示すために、エクマンとフリーセンは研究の範囲を拡大して、遠国の文化を含め、他のさまざまな文化を対象に研究するようになった。ふたりの考えに基づけば、欧米人の顔を一度も見たことのない人々が、それでも同じ情動を認識できるのであれば、それは学習の結果によるものではないはずだった。「誰かが怒っているとき、顔の形状や文化や言語に関係なく、誰もがその人の顔に同じ表情を見出すのだろうか？」

と、ふたりは問うた。その問いに対して彼らが得た答えは、次のようにはっきりしていた。「(……)この問いは、科学的な調査によって決定的な決着を見た。それによれば、少なくともいくつかの情動によってあらわになった顔の外観は、(……)実際に普遍的である。ただしそれらの表情が示されるとき、ある程度の文化的な差異は見られるが」。そしてさらに、次のように結論づけている。「普遍的な特徴とは、各基本情動に対応する弁別的な顔の外観のことをいう。しかし文化によって、表情の操作や抑制に関して教えられることは異なる」。エクマンとフリーセンはここで、情動表現に対する文化的、社会的な規範や、情動が生じる細かな状況が変わりうることを認めている。また世界の地域ごとに情動生活が異なるように見えることを認めてはいるものの、情動プロセスの周縁的な要因に差異を求めている。情動それ自体は普遍的であり、顔は「魂の窓」だ。そして普遍的な情動は魂、あるいはその現代版である脳の内部に存在する。[13] 最初の研究は六種類の相貌〔facial configuration の訳。顔の形や配置、構成をいう。よって「表情(facial expression)」とは異なり、「情動の表出」という意味を持たない〕で始まったが、同じ方法に基づいて行なわれたのちの研究は、さらにいくつかの「いわゆる」基本情動を加えている。それには「恥」「きまりの悪さ」「誇り」が含まれる。[14]

「普遍的な情動の認識[15]」に関する以上の発見は、実験に用いられた方法によって作り出されたものであることを示す証拠がたくさんある。[16] のちの章で顔認識に関するもっと新しい研究を取り上げるが、ここでは差し当たって、情動認識の理論《パラダイム》をめぐる最大の謎を指摘するに止《とど》める。それは、これらの研究が実際には「情動」や「情動経験」を調査していたのではないという点である。[17] つまりこういうことだ。これらの研究では、提示された顔の静止画像にマッチした語を研究協力者が情動語の一覧から選択するという手順が取られている。情動語は各言語に翻訳されているが、個々の情動語が特定の言語や文化のもとで持つ意味は研究の対象にされていない。したがってある文化圏に属する研究協力者と別の文化圏に属する研究協力者が、同一の顔写真に対してそれぞれの言語に翻訳された同じ情動語を選択したとしても、「その情動を持つ」ことが何を意味するのか——また選択された情動語が文化間で同じ意味を持つのかどうか——は、まったくはっきりしない。

私が情動の研究を始めたころ、心理学者たちは、情動語を調査することで別の角度から情動の普遍性をめぐる問いに取り組んでいた。[18] なぜ情動語を研究するのか？ それは次の考えに基づく。つまり、「怒り」「怖れ」「悲しみ」「喜び」に対応する言葉を世界各地で見つけられれば、そのことは言語が「情動を自然に切り分ける」ことの証左になるという考えである。[19]

「情動」の例をあげよと問えば、回答者はどの情動を思い浮かべるだろうか？ 心理学者たちはそう問うた。アメリカでの研究では、「喜び」「怒り」「怖れ」「愛」がもっとも頻繁に（そして最初に）あがった。[20] これらは情動のカテゴリーを示す典型例だったのだ。エクマンとフリーセンが提起する基本情動との重なりに留意されたい。「愛」を除き、これらすべての概念《コンセプト》には、対応する独自の顔の特徴が見出された。

心理学者が自問したもうひとつの問いは、どの情動が情動の領域の中心を占めているのかというものだった。情動の「典型例」に優劣があるとするなら、どの情動がもっとも優越している——あるいは中心的な——のか？ 情動語をいくつかの山——山の数に制限はなかった——に分類するよう研究協力者に求めた研究がある。研究者たちはそれぞれの山の内容を精査し、共通の山が、以前の研究で得られた情動のカテゴリーの「典型例」と重なることを見出した。アメリカ人の研究協力者は、一三五の情動語を「喜び」「怒り」「悲しみ」「怖れ」「愛」に対応する山に分類した。たとえば「怒り」の山には、「aggravation」「irritation」「annoyance」「grumpiness」「frustration」「anger」「rage」「scorn」「spite」など合計二九の単語が、また「愛」の山には、「adoration」「affect」「love」「lust」など合計一六の単語が含まれていた。

別の研究では、同じ課題が中国人の研究協力者に与えられている。[21] 彼らは、中国人の協力を得た以前の研究で妥当なものとして選ばれた一一〇の情動語を、いくつかの山に分類するよう求められた。中国人が分類した山のうち四つは、アメリカ人の研究協力者による山と重なった。これらは「喜び」「怒り」「悲しみ」「怖れ」と解釈できるもので、アメリカ人のものとまったく同一ではなかったものの、意味という点で十分に類似していると見なせた。たとえば中国人が作った「怒り」の山は、「嫌悪」や「怒り」に対応する単語を含んでいたが、同時に「恥ずかしさから来る激怒」や「悲しみ／恨み」のような独自の単語もいくつか含んでいた。文化によって異なる山に分類された情動語もあった。たとえば「拒絶」は、中国人の場合には「怒り」の山に、アメリカ人の場合には「悲しみ」の山に分類された。さらに重要なことに、中国人だけが作った山もあった。中国人は、「ポジティブな愛」（「喜び」の一部）に対応する独立した山を作らなかったのに対し、アメリカ人が作った山にはない、ネガティブな色合いを帯びた情動カテゴリーを示すふたつの山を作っていた。それは「恥」と「悲しい愛」である。それでも、アメリカ人が作った山と中国人が作った山の、文化を超えた重なりには瞠目すべきものがあった。さらに言えば、両グループに共通して見られる山は、普遍的に認識されていると考えられていた表情に対応していた。したがってこの結果は、誰もが心の奥底に同じ情動を宿しているとする当時の情動研究の思い込みを強化した。

私が文化的な相違の研究を始めた背景には、顔や情動語に関するエクマンの印象的な業績があった。私の頭に最初に浮かんだ問いは、「喜び」「怒り」「悲しみ」「怖れ」、あるいはおそらく「愛」や「恥」が、文化を超えたもっとも重要な情動に関連する概念〔以下「情動概念」と訳す〕なのかしいうものだった。私は自分の研究を生まれ故郷の近くで始めたが、当時でさえ、アムステルダムは多文化都市だった。私たちは、オランダの民族的多数派《マジョリティー》〔以下、民族的多数派はマジョリティー、民族的少数派はマイノリティーとカナ書きする〕の男女、そしてオランダにおけるもっとも大きなふたつのマイノリティー集団、つまりスリナム系ならびにトルコ系移民とその家族の男女という、三つの文化集団を対象に情動研究に着手した。スリナムはかつてオランダの植民地であり、私が募ったスリナム系回答者の祖先はアフリカ人〔かつて奴隷だった一族の出身者〕だった。トルコ系回答者は、一九六〇年代から七〇年代にかけてオランダに移住した外国人労働者の家庭の出身だった。

そのとき私は、もっとも重要な情動概念を調査するために他の研究者が導入していた方法を用い、[22] マジョリティー、スリナム系、トルコ系のオランダ人回答者に一五分以内にできる限り多くの「情動」をリストアップするよう求めた。そして単純に、文化集団ごとに各情動カテゴリーが何度言及されているかを集計した。そのなかに「怒り」「怖れ」「喜び」は含まれているだろうか？ つまるところ、これらの情動が脳に固定配線されているのであれば、まず思い浮かぶ情動カテゴリーのひとつとしてつねに言及されなければならない。「嫌悪」「驚き」「愛」はどうか？ 私の印象では、どうやらスリナム系とトルコ系の回答者は、マジョリティーの回答者ほど「適切に」課題をこなせないようだった。彼らは、「情動」に関連してはいても、情動それ自体を指すわけではない単語を数多くあげたのだ（当時の私は、それらの単語が個人の「内部」で生じている現象を表わしていないと考えていた）[23]。たとえばスリナム系／トルコ系の回答者は、「幸福／喜び（*breti, presiri/ mutluluk*）」より「笑い（*lafu/ gülmek*）」を、また「悲しみ（*sari/ üzüntü*）」より「泣く（*kre/ ağlamak*）」を頻繁にあげた。トルコ系の回答者の多くは、「叫び（*bağırmak*）」や「助ける（*yardım*）」を情動語としてあげた。私はこれらの単語を、情動そのものではなく情動的な行動を意味するものと考えたが、慎重な研究者だったこともあって、以後の研究では「真の」情動を指示しない単語は無視した。興味深いことに、マジョリティーの回答者でさえ、情動が「真に何なのか」を理解するのにときおり困難を覚えていた。彼らの多くは、*gezellig*（社会的状況と感情の両方を意味するオランダ語独自の言葉）や*aggressief*（攻撃的）をあげたのだ。

私は、すべての文化集団の回答者が重要な情動と見なしている情動的な行動を除外することをよしとしなかった。振り返ってみると、当時の私は、情動とは何かに関して教え込まれた文化的な見方や、そこに端を発する科学的な総意《コンセンサス》に惑わされていたようだ。私は、人間の「内部で」起こる現象として情動に着目し、そうすることで欧米（ほぼアメリカ）の科学界に流布《るふ》している情動の学問的な定義におおむね一致する情動カテゴリーに的《まと》を絞っていたのである[24]。いまから考えてみれば、自分自身が抱えている文化的な思い込みに気づいていれば、もっと多くのことを学べたはずだった。

私が見落としていたものはそれだけではない。情動語をリストアップする私の研究に参加してくれたトルコ系回答者の多くは、情動それ自体――人間の内部で生じる現象――をあげはしたものの、一覧の上位にあがった情動は、心理学で知られている基本情動とほとんど重なっていなかった。大多数のトルコ系回答者があげた情動は「愛（*sevgi/sevmek*）」と「憎悪（*nefret*）」であり、またそれ以外によく見られた情動は多い順に「哀れみ（*acımak*）」「欲望／憧れ（*hasret*）」「性愛（*aşk*）」「悲しみ（*üzüntü*）」だった。もっともよく見られた情動語は、「怒り」「怖れ」「嫌悪」「驚き」「喜び」「悲しみ」のような顔に兆候が認められる情動とは関係がなく、情動概念の研究で基本的とされている情動と重なっているのは、「愛」くらいのものだった。

何が情動と見なされているかに関して、トルコ系、マジョリティー、スリナム系の研究協力者のあいだに差異が見られたが、私の次の研究は、エクマンとフリーセンが提起した基本情動ともっとも重なり、各文化に対応する言葉が存在し、よって情動の最適な例と見なしうる情動概念（「怒り」「悲しみ」「喜び」「愛」）に加え、中国人の基本的な情動カテゴリー（つまり山）として得られた「恥」に焦点を絞った。当時の私は、中国語以外では情動語の一覧に「恥」が見られなかったのは、他の言語ではそれがタブーとして扱われているからだと考えていた。こうして「怒り」「悲しみ」「喜び」「愛」「恥」が、以後の私の研究の中心を占めるようになった。[25] 私には、これら五つの情動に着目すべき理由があった。ひとつは、これらを普遍的に重要なカテゴリーと見なすことが十分に妥当だと思われたことだ。これらの情動は、もっとも典型的な「情動」の事例について、一般のアメリカ人のみならず一般の中国人の研究協力者に尋ねた他の研究で得られたものにも近かった。もうひとつは、これらの情動概念を含めることで、私の研究の成果を他の既存の情動研究に関係づけることができた点である。他の研究と直接比較できることは、大きな利点になる。

とはいえあとから考えてみると、トルコ系の研究協力者たちがもっとも頻繁にあげた、「憎悪」「泣く」「哀れみ」「欲望」「性愛」などの情動概念も追究していれば、トルコ人の情動に関してもっと多くを学べたと思う。私は研究生活を通じて、文化間における情動の相違を真摯に扱うことの大切さを知った。データはうそをつかない。自文化のもとで真と見なされているものと異なるからといって、自らの発見を疑うべきではない。現在の私は過去の私に向かって、差異に関する発見をもっと掘り下げるべきだと言いたい。

文化間における情動の相違に関する研究を始めたころ、人類学者のあいだでもそのテーマが再び論じられるようになっていた。自文化の情動の理解をもとに情動的なできごとを記述しようとする従来の人類学者とは異なり、新世代の人類学者は、研究協力者自身が情動についていかに語るかに関心を寄せていた。[26] 彼らはもはや、文化に先行する普遍的で自然な情動という前提をもとに研究に着手するようなことはせず、「共感をひとつの方法としたり、異文化の情動パターンの記述に英米の情動概念を無条件に持ち込んだりすること」に頼らなくなった。[27] こうして新世代の民族誌学者たちは、ジーン・ブリッグスがしたように「怒り」について書くことはなく、情動に関する現地民の話に耳を傾けるようになったのだ。彼らが知りたかったのは、「異文化の人々は、自己や他者の情動についてどのように語っているのか?」だった。

情動を内面の経験として語ることは、世界ではまったく例外的だということがやがてはっきりしてきた。多くの文化圏では、情動は現代の欧米文化圏で語られているより、もっと「公的、社会的、人間関係的」なものとして語られている。[28] 時代や場所という点で欧米とはかけ離れた文化のもとでは、情動は、社会的、道徳的な世界における行為と見なされることが多い。一例として、一九八〇年代後半にパレスチナ系アメリカ人の人類学者ライラ・アブー＝ルゴドが執筆したエジプトのアラブ系遊牧民《ベドウィン》に関する記述を取り上げよう。エジプトのベドウィンのあいだでは、情動は、名誉の文化に基づく道徳的、社会的な道具《ツール》である。ベドウィン流の名誉は、「強くあること」に密接に結びついている。したがって、見た目に弱そうな人を貶《おとし》める。また、ベドウィンの日常生活では、階層が上の人と会うときなど、人を格下に見せる状況があまたある。男性は女性より階層が上だと考えられているため、女性が男性に会うときにはつねに、女性の（相対的な）弱さが強調され、屈辱を受けやすい。彼らにとってきわめて重要な情動の*hasham*はベドウィンの名誉のしきたりに結びついており、「屈辱を受けやすい状況にあることに気づく」ことで生じる。[29] またそれには、そのような状況で促される謙虚な態度も含まれる。このように*hasham*という情動は、主観的感情ではなく、社会的、道徳的な秩序におけるその機能によって定義される。もちろん*hasham*には内面の感情（不快、恥ずかしさなど）がともなう場合もあるが、内面の感情は、その定義において最重要の要素ではない。

私は一九八〇年代後半に、それとよく似た民族誌学の文献を数多く読み、情動の語られかたが文化によって明らかに異なるということを学んでいた。また、指導教官ニコ・フライダと共同で執筆した文化と情動に関する論文で、*hasham*をめぐるアブー＝ルゴドの論文などの情動に関する民族誌学の成果を要約した。[30] 情動の研究者で代表的な人類学者のひとりであったキャサリン・ラッツは、われわれの要約を公正な記述だと褒めてくれた。とはいえ、情動をめぐる語りにおける文化間の相違によって生じる主な帰結、つまり情動をめぐる語りが情動の実践にとって重要であることを取り上げるようになったのは、もっとのちになってからだ。私はいまでも一九八〇年代や九〇年代に同僚が書いた草稿のコピーを持っているが、その余白には、「これは情動《エモーション》トークであって情動そのものではない」「この情動について誰も語らないからといって、その情動が存在しないことにはならない」などという懐疑的なコメントを自ら書き込んでいる。この手のコメントは、私が育った文化とはかけ離れた文化圏に属する人々が情動について語るありかたが、彼らにとっての真実を示すとは当時の私が考えていなかったことを示す証拠になる。つまり私は、世界中のすべての人々が、私のものと同じ情動を持つことがやがて判明するはずだと心底信じていたのだ。もちろんいまでは、そうは考えていない。

情動に関する人類学的な説明を初めて読んでからおよそ一〇年後、日本の心理学者・唐澤真弓との共同研究を通じてそれが生きた意味を持つようになった。当時、私はアメリカに住んでおり、心理学者たちは文化が及ぼす影響を発見し始めていた。[31]多くの心理学研究は、それを好機ととらえ、「基本的な」心理プロセスが東アジア文化圏でも見出されるか否かを検証し始めていた。ほとんどの研究は日本で行なわれていたが、中国や韓国を対象とする比較研究もいくつかあった。こうした比較研究は、アメリカで訓練を受けた東アジアの研究者が作り出したもので、彼らはアメリカ人の同僚や助言者《アドバイザー》とともに、文化的現実が反映されているとは思えない心理学の教科書に異議を唱え始めていたのだ。

唐澤はそのような研究者のひとりではなく、日本で訓練を受けていた。私はある会合で彼女と出会い、共同研究を始めるようになった。当時、彼女は日本で、私はノースカロライナ州のウェイク・フォレスト大学でそれぞれ准教授を務めていた。彼女の問いは情動研究者として私が受けた訓練に挑むような類《たぐい》のものだったため、しばしば違和感を覚えた。彼女の発する問いと、私が情動心理学者として「よく知っている」こととに折り合いをつけるのがむずかしかったのだ。

私たちは、情動に関するインタビュー調査に着手した。過去の情動的なできごとを取り上げて、それについて当時どう感じたか、情動の強さはどの程度だったか、自分にとってそのできごとにどんな意味があったのか、自分や他の人々がどう行動したのか、できごとと自分の感情がどのように推移したのか、そのできごとを経験することで信念や人間関係や人生観がどう変わったかについて、研究協力者に語ってもらったのだ。同じ方法で、アムステルダムのさまざまな文化集団（第7章参照）を対象に私が行なった情動研究、そして日本とノースカロライナ州で行なわれたインタビュー調査で有益な結果が得られていた。そこで私たちは、私が以前に開発した質問票を少し手直しして使うことに決めた。私たちはまず、各文化集団に対して三人の回答者を募り、質問に答えてもらうことから始めた。

日本で実施した試験的《パイロット》なインタビューの結果、いくつかの意外な結果が得られた。あまりにも意外だったため、私は最初、質問が正確に翻訳されていないのではないかと疑ったほどだった（実際には正確に翻訳されていた！）。このパイロット研究に参加した日本人の研究協力者は、情動の「強さ」を問う単純な設問に答えるのに難儀した。唐澤は、情動の強さを問う設問に研究協力者が答えられない理由について、日本では、そのような設問は文化的意味を持たない（日本文化に適切でない）からだと説明した。そこでとりあえず、私たちはその設問を「その情動的なできごとはどの程度重要でしたか？」という設問に置き換えた。日本人の研究協力者は、その問いになら答えられた。こうして私は、日本人が情動の強さに関する設問を理解できないという不都合を回避できたのである。日本人の研究協力者の問題は、情動の強さを問う設問に対してのみ生じたのではなく、「その情動は、他の人々に対するあなたの信念を変えましたか?」などといった、情動の結果を問う設問に対しても同様に当惑した。そこで私たちは、「その状況によって、あなたは他の人々に関して異なったありかたで感じたり考えたりするようになりましたか?」という別の翻訳を当てることにした。日本人の研究協力者はその設問には答えられたので、その「問題」も当面は回避できた。

当時の私が自分の考えをはっきりと表明するよう求められていたら、現象それ自体――情動的感情の強さや情動を表現した結果――は普遍的であっても、日本語でそれを表現するのが困難なのだと、また、もちろん情動は信念に影響を及ぼしたり、それを変えたりするが、直訳によって日本語でそれを表現することができないのだと答えただろう。当時の私は、われわれが用いた日本語の翻訳が、元の設問で評価しようとしたことの婉曲的な表現にすぎないと考えていた。言い換えれば、情動の諸側面それ自体は、自然で文化に先立つものではあれ、自分が使っている言語（当時は英語だった）のほうが日本語より情動表現にすぐれていると思っていたのだ。現在の私は、かつて私が抱いていたこの見方に与《くみ》しない。文化間の相違は言葉の意味《セマンティクス》に限られるわけではない。

私は唐澤真弓との共同研究を通じて、日本文化に対する視点のみならず、私が生まれ育った欧米文化圏の情動に対する視点も習得することができた。さらには、情動は人間の内的感情として構築される必要すらないという点にも気づいた。まさにそのとき、情動の心理学がＷＥＩＲＤ文化に関するＷＥＩＲＤ文化のための科学にすぎないことをはっきりと理解したのだ。情動の心理学は、行動や認知作用を引き起こす内面の状態として情動を定義する。私が日本人回答者に答えてもらおうとした問いは、欧米流の情動の概念に基づいていた。「強さ」という言葉は内面の状態に適用され、感情が思考や（他の）感情を変化させるという考えも内面の状態に関するものである。唐澤との共同研究――と彼女の繊細な感受性――は、情動が個人の「内部」ではなく、人と人の「あいだ」に宿ると主張する一九八〇年代後半の民族誌学の文献を理解するのに役立った。情動が人と人のあいだに宿るのであれば、また、情動を何よりもまず社会的な関係のシステムとしてとらえるなら、情動の強さに関する設問や、情動が思考や感情を引き起こすという考えを前提とする設問には疑問の余地が残る。要するに私は、私が属している文化が持つ情動の概念に基づいてのみ理解可能な用語で情動を記述するよう、日本人回答者に求めていたのだ。

情動の仮定義

私は、文化間における情動の相違を注意深く考察すれば恩恵が得られるということを示すために本書を執筆した。情動は私たちの文化的、社会的な生活の重要な部分を占め、文化やコミュニティーによって形作られる。情動の相違は表面的なものではない。情動は単に違って見えるだけではない。情動の相違は、まさに情動それ自体の構築プロセスとその流れによって生じるのである。

だが、ちょっと待ってほしい。人は文化ごとに異なる情動を持つのだろうか？　身体が情動の準備を行なっているのではないのか？　そうとも、そうでないとも言える。人間の脳と身体は、特定の情動のためにあらかじめ配線されているわけではなく[32]、個々人が送る社会的、物質的生活に最大限に資する情動――個々人が暮らすコミュニティーや文化に合うよう調節された情動――を持つべく、しつらえられているのだ。[33] 最新の科学では、生まれか育ちかという対立的な比較は意味をなさない。生まれは、育ちのために備わっている。私たちの脳は、特定の文化的、社会的な文脈のもとで、経験を通じて動的《ダイナミック》に配線される。この脳の可塑性のおかげで、私たちは特定のコミュニティーで生きていくことができるのだ。人間は生まれつき社会的な存在なのであり、社会的な世界のもとで意味を作り出し他者と交換し合う。情動に関する脳の配線は、経験や学習を通じてなされる。[34] 経験が異なれば、異なる情動が生み出される。そのようなあらゆる変化の可能性を考慮に入れた堅実な定義を提示することは、当面はむずかしい。とはいえ、概略ははっきりしている。

　情動は日常生活に待ったをかける。私たちの期待や計画や目標に脅威を与えたり干渉したりするできごとはつねに起こる。エジプトのベドウィンの *hasham* は、――たとえば男性に遭遇した女性が――名誉に対する脅威を認識することを意味する。また、――たとえば隠れたり目を伏せたりするなどして――名誉を回復するために何かをすることをも意味する。それとは逆に、ものごとが例外的にうまくいき、私たちの期待や計画や目標の通りに進展することもある。たとえば私の場合、同僚たちと完全に協調し合えた場合などがそれにあたる。*gezellig* は、友人たちと夕べを過ごし、誰もが調和を感じている状況を指す。さらにこの情動は、交流を深め、居心地の良さを感じさせてくれる。私たちが快い情動と呼ぶものには、たいてい新しさ、非日常性、理想的な状態へと近づく感覚、期待が含まれる。[35] 情動は、個人にとって意味のある非日常的かつ重要なできごとをめぐって生じ、意味の構築、方針の再設定、行動準備、非日常的なできごとへの再調整から成る。

　この定義のどこに身体が関係するのか？　いかなる心理的な現象にも、身体の変化がともなう。また情動的なできごとは、適応、方針の再設定、行動準備、非日常的ながら生活に関連しうるできごとへの再調整を促し、しばしばさまざまな身体プロセスを即座に動員する[36]。怒りを感じて抵抗や闘いの準備を整えるとき、筋肉は緊張し、口は固く結ばれる。そしてそのような身体の変化それ自体が、情動を喚起する状況のもとで意識的な経験の一部と化す場合もある[37]。実際にそれが情動経験の一部になるか否かは文化によって異なる。自分が並ぶ列の前方に誰かが割り込んできたときには、筋緊張が私の怒りの経験の一部になるだろう。しかし意識的な経験によって、できごとの社会的な意味合いが際立つことも同様に考えられる。たとえば、その経験を「こいつは自分にいやがらせをしようとしている。そんなことは絶対にさせない」と解釈するのだ。この場合、重点は必ずしも身体の変化にあるわけではない（詳細は第2章を参照）。この例によって、意味の構築、方針の再設定、行動準備、再調整としての情動の定義は、身体を除外しているのではなく含むことがわかる。とはいえ身体の変化は、日常生活において情動経験の中心を占める場合もあれば、そうでない場合もある。

ここで重要な指摘をしておくと、情動はつねに、人間関係のもとで意味を持つ[38]。私がベドウィンの女性と同様に*hasham*を感じた（あるいは実践した！）とすると、私はその反応が自分にとって好ましいものだということを、つまり名誉と尊厳の回復を期待しているのである。なぜなら*hasham*〔の実践〕は、ベドウィンのあいだでは名誉の侵犯になりうる自己の行為をめぐって、まさにそういったものとして解釈し対応することを求める規範を自分が採用したことを示すからだ。私は、オランダで*gezellig*を感じる（実践する）とき、その感情が共有され交換されるはずだと想定している。さもなければ、たちまちその状況は、*gezellig*と言えるものではなくなってしまうだろう。また少なくともアメリカで誰かに「愛」を感じれば、私は、「あなたが好きよ」と言ったり、抱擁したりしながらその人とともに過ごして、時間と経験を共有したいと思うはずだ[39]。そのような経験は、相手が同様に接してくれなければかなり異なったものと化す。いかなる場合でも、情動は（個人的な意味に加え）社会的に意味のある重要なできごとを際立たせ、そこには相互調整が関与する。

一連の経験、世界観、人間関係、道徳的感受性、価値観、目標を与えてくれるいかなるコミュニティーも、個人の情動を形成する。そして、それぞれの世代、社会経済的集団、宗教、ジェンダー文化、家族文化が、情動に独自の意味を与える。私は本章で、オランダで育ったことで私の情動がいかに形成されてきたかを紹介し、それを北米文化圏での経験と比べてみた。もちろんひとりの女性、中流家庭の出身者、ベビーブーム世代、ホロコースト生存者の娘、母親、妻、友人、大学教授として、私の情動の形成に寄与してきた諸条件を考慮した観点から語ることもできた。行動の意味や文脈は、そのいずれか、もしくはその組み合わせによっても形成されうる。

心の奥底では情動は同じなのか？

では、「十分に時間をかけて知り合い、表面上の差異を克服できれば、異文化圏出身者の感情を認識できるようになる」という見方についてはどうだろう。誰もが同じ感情を持つという考えかたは正しいのか？　答えは「ノー」だ。また、よく知り合っても、必ずしもお互いの類似点を見出せるわけではない。相手が自分と同じように感じているという結論に至っても、その結論は他者に対する自己の投影に基づいているのかもしれない。科学者も一般人と同じように自己投影を免れ得ない。文化間における情動の相違に関する心理学的、人類学的説明の多くは、「異文化圏に属する人々の〈リアルな〉感情は自分たちのものと類似する」と想定し、「彼らは自己の感情を取り違えているか、あるいは隠している」と主張しているに等しい。のちの章で明らかになるように、心の奥底に存在するリアルな内面の感情に対する執着それ自体が、WEIRD文化に限定される見方だという可能性も考えられる。

コミュニケーションをとる際には、私たちは類似性のみならず差異性が露呈することも覚悟しておかねばならない。また、自分の情動について説明する必要性が生じることも覚悟しておくべきである。というのも、情動は自然なものでも普遍的なものでもないからだ。数年前に初めてこの考えを学者グループの前で開陳したとき、なかには不快な顔をする人も見受けられた。情動すら一致しないのであれば、絆などとうてい結べないのではないか？　私はそのような彼らの反応を見て、情動を普遍的な現象と見なす想定の背後に潜む理想主義に気づかされた。異文化圏出身者に対して自己の情動を投影するよう駆り立てているのは、そのような情動帝国主義ばかりではない。グローバル化した世界においてそれと等しく重要な要素をなしているのは、普遍的な情動に依拠して人間性に関する共通の理解を得ようとする願望なのだ。

とはいえ、絶望する必要はない。人間性は、普遍的な感情が存在しなくても見出すことができる。また、異文化圏出身者の情動に慣れることは可能だ。文化間における情動の相違には論理があり、異なる文脈のもとで育った人々が何を大切にしているのかを、つまり彼らの規範、価値観、目標をひとたび知れば、それは理解可能なものになる。もっとも重要なことは、異文化圏出身者の情動を一度でも理解すれば、自己の情動が普遍的な既定値ではないことを認識できるようになるという点だ。情動は（自己のものを含め）、衣服や言語や子どもに何を食べさせるかと同様、文化によって決まるのである。

情動生活はモザイク状をなし複雑すぎるため、それを完全に概観する参照マニュアルを作成することなどできない。もちろん本書の目標もそこにはない。私があなたに伝えたいことは、文化間における情動の相違には論理があるということである。私たちは、情動の相違を予期し、心を開けるよう学ぶことができる。情動の相違について理解しておくことによって、真に文化と文化のあいだに橋を架けて、共通基盤を見出すための基礎を築くことができるはずだ。

第2章

ふたつの情動——MINE型とOURS型

二〇一五年に公開されたピクサーのアニメーション映画『インサイド・ヘッド』には、ライリー・アンダーセンという名の少女の心の内部に住む、競い合いながら彼女の行動を導く五つの情動――喜び〔ヨロコビ〕、悲しみ〔カナシミ〕、怖れ〔ビビリ〕、嫌悪〔ムカムカ〕、怒り〔イカリ〕――が登場する。この楽しい映画は、いくつかの有益な教訓を与えてくれる。だが本書では、「人の心の内部には、同一の情動が潜んでおり、そのそれぞれが独自のありかたで行動する機会を待っている」という、この映画に見受けられる情動それ自体の描かれかたに着目する。[1] この映画はそれぞれの情動を、独自の不変の本質や一連の特徴を持つこびとで表わしている。[2] たとえば怒り《イカリ》は赤いこびとで表わされている。状況や情動を表現する人物のいかんにかかわらず、怒りは「同一のもの」なのだ。ライリーと親が口喧嘩を始めると、それぞれの人物の内容でこの怒りのこびとが活性化する。つまり怒りは、それを表現する個人や状況に関係なく、同じように始動する本質なのである。

『インサイド・ヘッド』は、欧米文化圏で経験、理解されているありかたで、つまりMINE型情動として各情動をとらえている。MINE型情動とは、「心に関する《メンタル》（Mental）」「個人の内部に存在する（INside the person）」「本質主義的な（Essentialist）（つねにいくつかの同じ性質を持つという意味）」の略である。

私は家族でこの映画を観に行ったときに、当時一〇代だった子どもたちにその点を指摘したことがあ

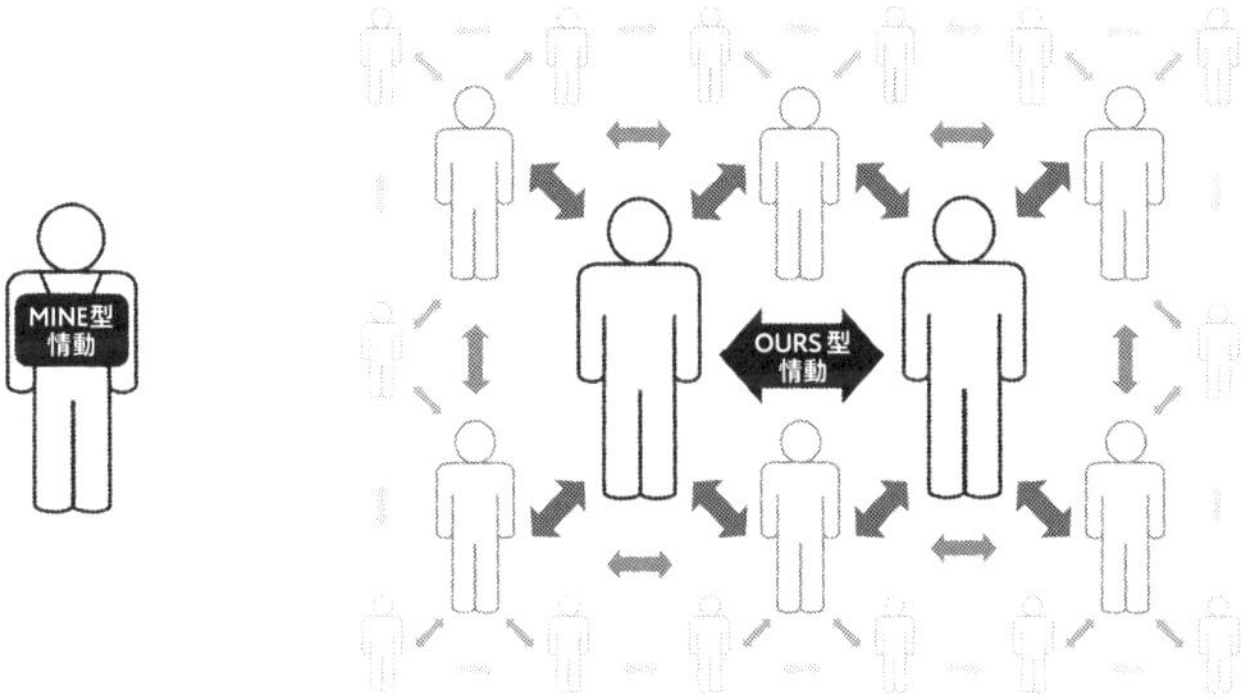

図2.1　MINE型情動とOURS型情動

る。監督が非欧米人だったら、あるいはライリーがアメリカの白人中流家庭の子どもでなかったら、情動は違った描かれかたをしただろうと言ったのだ。すると子どもたちは、興醒《きょうざ》めな発言をした私を非難し、「もう二度と心理学者と映画を観に行ったりなんてしないから」と嘆いた。

私には『インサイド・ヘッド』のような魅力的な映画は作れないが、本章では、別の角度から情動を理解して実践するための、知的な旅へとあなたをいざなう。それは「個人の外部に存在する（OUtside the person）」「人間関係的な（Relational）」「状況に規定された（Situated）（情動はそれが生じる状況に応じて異なる形態をとるという意味）」ものとして情動をとらえる見方だ。OURS型情動モデルは、WEIRD文化圏の外ならほぼどこでも通用している。それは今日の非WEIRD文化圏に流布している典型的な情動モデルではあるが、歴史的に通用してきたものでもある。OURS型情動モデルの理解は、内向きではなく外向きに情動を見ていく。そしてそれは、「単なる」情動の語りかたに止まらず、実践方法に関するものでもある。

個人の内部か外部か

私が非WEIRD文化圏でOURS型情動に遭遇したのは、スリナム系とトルコ系のマイノリティー、ならびにマジョリティーを対象にオランダで行なった研究（第1章参照）の追跡調査においてだった。われわれはその研究で、以上三つの文化集団から新たな回答者を募って、「褒められた」「お世辞を言われた」「業績をあげて成功した」「侮辱された、あるいは敬意を持って扱われなかった」「誰かに不公平、あるいは不当に扱われた、もしくは誰かをそのように扱った」など、さまざまな状況についてインタビューした。以上のような状況は、以前の研究で三つの文化集団のすべてで情動的な意味を持つという結果が得られていた。われわれは、それらの状況に結びついた情動の顕現《エピソード》（以下「情動エピソード」と訳す。情動エピソードについては訳者あとがきを参照されたい）についてもっと詳しく知りたかったのだ。[3]

もっとも印象的だったのは、情動が人と人のあいだで生じることだった。一例として、トルコ系の若者レヴェントを取り上げよう。彼は、「褒められた」「お世辞を言われた」という状況として、全国から受験者が集まってくる入学試験で最上位の成績を収め、トルコで最難関の大学に入学できたことをあげた。そのときに感じた誇りは、彼の両親も共有していた。

（超難関大学に入学できたことは）母にとっても重要なできごとでした。大勢の前でぼくの成功をひけらかすことは彼女の誇りだったのです。彼女はぼくに学生証を出すよう言い、ぼくの知らないうちにそれを持ち出してみんなに見せていたのです。両親は親族全員と近所の人々をわが家に招待してぼくの成功を祝いました。

情動的な経験が人と人のあいだで生じるということは、たとえばそれがレヴェントと親を結びつけ、社会的地位や名誉を与え、それと同時に遠い親族の名誉を問題にするということを意味する。レヴェントの情動は、社会的な世界に「宿っている」のだ。

> ぼくの（拡大）家族（近親者）は、ぼくとの競争を望んでいませんでした。（……）というのも、自分の子どもたちがよい大学に入る機会が減ってしまうからです。彼らは（ぼくの参加に）憤《いきどお》っていました。ぼくの名誉は試練に立たされたのです。（……）ぼくは親族の子どもたちと競争しなければならなかったのです。（……）親族の人たちは、「そんな大学に入れるの？」と訊いてぼくに恥をかかせようとしました。彼らはぼくにキスをし、幸福を願ってくれましたが、内心では「いまいましい。今回もキミが勝つのか」と思っていたはずです。（……）ぼくが難関大学に合格すると、多くの家族が娘をぼくの嫁にしようとしました。もちろんぼくの自尊心は高まりました。

レヴェントの情動的な経験の第一の力が、社会の内部にあるのは明らかだ。すなわち人間関係の変化のうちにあるのであって、主観的な内面の感情にあるのではない。この構図は、トルコ系とスリナム系の研究協力者とのインタビューで確認されたもので、彼らは地位、名誉、権力の相対的な変化、もしくはこれらをめぐる駆け引きとして情動に言及したのである。[4] 彼らにとって情動とは、個人の感情ではなく第一に人間関係に関するものなのだ。

「褒められた」「お世辞を言われた」という状況に関する回答として、レヴェントのものとマーティンのものを比べてみよう。マーティンはオランダのマジョリティーに属する若者で、土木工学の修士課程を修了する際に行なったプレゼンテーション（以下プレゼンと略す）について語っている。彼の情動は次のように生じたという。

> ほんとうにやり遂げたんだと感じました。どうやってやり遂げたのか（とあなたは思っていることでしょう）。（……）ぼくはとても安堵しました。（……）興奮したのではなく、「ついに終わった！」と感じたのです。（……）最初に期限《デッドライン》を決め、それに間に合わせられたことでとても気分がよくなったのです。（……）そのあとで、ぼくは友人と親族合わせて七人で外出しました。プレゼンについては何も話しませんでした。もちろん彼らは、それがぼくにとって重要なできごとだったということを知っています。（……）彼らはぼくのプレゼンを聴きに来ていたのです。すばらしいできばえだったと言ってくれました。そして、「無事にひと仕事終えたね。おつかれさん」などとも言ってくれました。（……）でもプレゼンについてはそれだけで、それ以外は他のことを話していたのです。（……）数か月間、誰かに出くわすたびにその話をしたものです。それはいい気分でした。話すたびに、ほんとうにやり遂げたんだという思いが少しばかりよみがえっ

てきたのです。

マーティンの情動は第一に内面に存在し、安堵や（それを何と呼ぼうが）喜びの感情が彼の経験を規定している。もちろん彼は、友人や親族と自分の業績を分かち合い祝っているとはいえ、情動の重点は内面の感情に置かれているのだ。

レヴェントとマーティンの情動は大きく異なるわけではなく、それについて語る方法が違うだけだと言い張る人もいるかもしれない。レヴェントはマーティンと同じように感じていながら（「とても安堵した」「気分がいい」など）、異なった様態でその感情を表現しているだけだということはあり得ないのか？ レヴェントが家族について語ったのは、トルコ系の人々のあいだでは、それが自己の情動について語る場合に期待されるやりかただからなのか？ 社会的な環境に対するレヴェントの関わりかたと、マーティンがプレゼンに成功してから数週間、あるいは数か月後に出会った人々が果たした役割のあいだにはいかなる違いがあるのか？ 第1章で述べたとおり、一九八〇年代後半にあっては、私自身がその手の批判者で、同僚が書いた草稿の余白に「これは情動トークであって情動そのものではない」と書いていたのだ。

多くの情動的なできごとには、MINE的な特徴とOURS的な特徴の両方があるという見方は正しい。[5] レヴェントとマーティンの事例が示すように、情動的なできごとには「心的」な構成要素と「人間関係的」な構成要素の両方があり、個人の内部でも外部でも生じる。とはいえ感情、内的感覚、身体的兆候として内部にあるのか、それとも行動、他者との関係、状況として外部にあるのかという情動の存在場所に関しては、実際に文化間で相違が見られる。

MINE型文化のもとでは、何を情動と見なすか、情動のどの側面が重要なのか、何が気づかれ想起されるのか、何に働きかけるのかは、内面の感情や身体感覚によって決まる。それに対してOURS型文化のもとでは、対人行動や、状況に関する規範や要件が情動と見なされ、そのようなものとして気づかれ、想起され、働きかけられる。MINE型の文化モデルは、OURS型とは大きく異なる情動の実践方法に帰着する。[6] MINE型に馴染んだ人は誰であれ、レヴェントの語る誇りの情動エピソードが、自分が慣れ親しんでいるものと異なることに気づくはずだ。なぜ私たちは、「レヴェントは、社会的慣習のせいで特異なありかたで情動について語っているのだ」と考えるのだろうか？それと同様に、マーティンが実際にはレヴェントと同じ情動を抱えていながら異なる語りかたをしたのは、オランダのマジョリティーのあいだに流布している文化的慣習のせいだと見なすことはできないのか？

ここでもう一件、スリナム系回答者のひとりでアーティストのロメオが示した、OURS型情動の事例をあげよう。ロメオは、彼が親しくしていた仲間のアーティストの無思慮な行動を報告している。ロメオのストーリーの肝は、仲間のアーティストがロメオをダシにして、彼の地位やコネを奪おうとした点にある。ロメオはそのときの感情について「ほんとうに不快だった」と述べているが、この情動エピソードの核心は、人と人のあいだによく生じる、地位やコネの獲得競争だ。

ある男性がアメリカの大学からオランダにやって来ました。（……）この男性は私のことを耳にしていました。（……）彼は、私より先に私の友人と知り合いになりました。彼はカタログを見て私の作品に強い関心を抱き始め、「この男に会いたい」と私の友人に言いました。ところがこの友人は、私の電話番号を知っているのに彼に教えませんでした。アメリカの大学から来た男性が私の友人の作品を買って帰国したあとで初めて、友人は私にこう言ったのです。「あの男にきみの電話番号を教えたんだけど、きみは電話に一度も出なかったんだよ。一度もね」と。アメリカから来た男性が私とコンタクトをとれなかったのは、私の友人が彼に私の電話番号を教えなかったからなのです。

ロメオにとっては、彼への注目や評価に嫉妬した友人が、自分の地位を向上させるべくロメオの地位を下げたように見えた。彼の友人は、意図的にロメオを犠牲にして注目や評価や機会を得ようとしたのだ。

ロメオのストーリーは例外的なものではない。事実、私の研究に参加したスリナム系の回答者は、嫉妬に駆られた友人や親族に地位や機会を奪われたことについてたびたび報告している。[7] スリナム系の回答者の情動に関する話は、ガーナにおける敵意に関するグレン・アダムスの研究を思い起こさせるが、実のところ私がインタビューしたスリナム系の回答者は西アフリカ系だった。アダムスはガーナで、看板やバスや車の車体に書かれた、「親密な空間における敵について」[8]「あなたの親友は、（……）あなたを陥《おとしい》れるもっとも危険な人物かもしれない。（……）敵のいない人間などどこにもいない」[9]という、有名な詩から抜粋した言葉をあちこちで見ている。敵意の源には、他者の幸運に対する嫉妬、憎悪、不和、単純な悪意などがある。これは人々で混み合った空間で暮らし、他者に依存せざるを得ない地域の現実を目の当たりにすれば理解できるだろう。そのような状況下では、他人を陥れ、その犠牲のもとで自分が資源や名声を得ることで利益を手にできる。これはゼロサムゲームだ。

やがてロメオは、友人が彼の連絡先をアメリカのアート収集家に教えなかったのではないかという疑念が正しかったことを知る。ロメオはこの友人と対決したのだろうか？　怒りや不満を表に出したり、何らかの行動に及んだりしたのか？　実のところそうはしなかった。彼の話によれば、「あの友人」を信用しなくなったが、状況が自分に有利になったため、彼と対決することは一度もなかった。というのも、のちにアート収集家と親密に連絡を取るようになったのはロメオのほうで、「あの友人」との関係でロメオが優位に立ったからには、それ以上の行動は必要なくなったからだ。つまり良好な人間関係の状態がロメオの行動を、いや、この場合には、何の行動も起こさないことを決定づけたのである。

ここで、「ステレオタイピング101」と呼ばれる人類学の概念を取り上げよう。西アフリカのスリナム系の回答者やガーナ人について述べたとき、私は西アフリカ系の人々の誰もが似通っていると言いたかったのでもなければ、彼らの文化が同質的で不変だと言いたかったのでもない。私の友人の人類学者ケイト・ザルームの指摘によれば、私のような心理学者が語る文化は本質主義的なのだそうだ。ただ私は、あたかも文化が同質的で不変なものだと考えているかのように、「スリナム系やトルコ系の人々や中国人のほんとうのありかたがいかなるものか」を示そうとしているのではなく、文化が異なれば情動経験も大幅に異なりうることを示そうとしているのだ。私がOURS型情動モデルに気づいたのは、いかに単純化されたものではあっても「異文化」との比較をきっかけとしてだった。[10]「異文化」との比較は、MINE型情動を映す鏡として機能し、WEIRD文化圏に流布しているMINE型情動モデルが文化的な変奏のひとつにすぎないことを明らかにしてくれる（文化的本質主義についてはのちの章で検討する）。

OURS型情動モデルでは、いつ自己や他者の情動を知覚するかが重要になる。いまや古典となったある研究では、インドネシアの西スマトラで暮らすミナンカバウ人が、いかに個人の外部に、とりわけ「人と人のあいだに」情動経験を構築するかが示されている。[11]一九八六年、著名な人類学者カール・ハイダーは、同僚の心理学者のポール・エクマンとロバート・レヴェンソンを調査地に連れて行った。そこでエクマンとレヴェンソンは、「〈喜び〉〈悲しみ〉〈嫌悪〉〈怖れ〉〈怒り〉などのいくつかの基本情動は、自然選択によって進化して脳に固定配線されている（第1章参照）」という彼らの理論を検証するつもりだった。彼らの仮説によれば、各基本情動は特定の脳の配線パターンによって特徴づけられ、独自の主観的感情、特徴的な身体の自律活動（心拍、皮膚コンダクタンス、呼吸など）、そして特異な（顔面の）しるしを生み出すはずだった。それらのさまざまな情動の側面は、とても強く結びつき合っていると考えられた。[12]だからたとえば、情動の一側面である表情が活性化すると、他の側面も自動的に顕現するはずだった。レヴェンソンらは、欧米文化とは文化的に大幅に異なる遠隔地に出向いて彼らのそれまでの研究を追試することで、自分たちの理論の最善の検証を行なおうとしたのである。[13]ちなみに、ミナンカバウは母系かつイスラム社会で、農耕生活を送っている。

回答者は、情動語を用いずに欧米人の目には「怒っている」あるいは「嫌悪を感じている」（もしくは他の「基本的な」情動の現われである）ように見える相貌を作るべく訓練された。たとえば嫌悪の相貌を作る指示は、「（a）鼻に皺を寄せて鼻の穴を広げ、（b）下唇を引き下げ、（c）口から突き出さないようにしつつ舌を前方に動かせ」などといったものになる。[14] そのような実験を通じて、レヴェンソンらは「嫌悪を感じているように見える人は、それに結びついた自律的な覚醒を経験しているのか？」、そして「実際に嫌悪を感じているのか？」という問いに答えようとしたのだ。[15] アメリカでの調査では、どちらの問いに対する答えも「イエス」だった。俳優や学部生を訓練して嫌悪を感じているような顔をさせると、彼らは実際に嫌悪を感じ、彼らが示した自律的な覚醒は、他の表情に結びついたパターンとは異なるものになる傾向が見られた。

さて、彼らの仮説は検証されただろうか？ 答えは「ノー」だ。ミナンカバウ人の研究協力者が作った相貌や、それによって得られた生理学的データの質の低さは無視するとしても、ミナンカバウ人の男性たちは「そのような相貌を作っている最中に、何らかの情動や身体感覚が生じたり、何かを思い出したりしましたか？」という質問に対して、いかなる情動も報告しなかったのだ。レヴェンソンの研究チームが認めているように、その主な理由は「われわれが与えた課題は、（ミナンカバウ人の）文化で規定されている情動経験に不可欠の要素、つまり他者の意味ある関与という要素を欠いていた」からなのだろう。ハイダー自身が自分の行なった野外調査《フィールドワーク》をめぐって、次のように述べている。「情動に関して内面的な経験が重要になるアメリカ人と比べて、ミナンカバウ人は一般に、情動の外的な側面を強調し、人間関係に対する情動の影響に焦点を絞る」[16]。つまり、ミナンカバウ人はOURS型情動——人と人のあいだで生じる関係的な行動としての情動——を強調する。個々のアメリカ人回答者の情動の喚起にはきわめて有効だった実験も、ミナンカバウ人を対象にすると情動経験をうまく引き起こせなかったのだ[17]。ミナンカバウ人の情動経験においても生理的、身体的な指標が一役買っていることは十分に考えられるが、それはその経験が社会的な文脈のもとで共有される場合に限られる[18]。

日本人の情動もミナンカバウ人と同様、他者との共有が前提になるのかもしれない。京都大学で心理学を教えている内田由紀子教授は、二〇〇四年のアテネオリンピックのときに放映された日本とアメリカの報道番組を観て、日本人選手とアメリカ人選手のあいだで自己の情動についての語りかたに違いがあることに気づいて驚いた。アメリカ人選手が自己の情動について語るときには、それを自分自身の内部に見出したのに対し、日本人選手は他者との関係に見出すことが多かったのだ。日本の女子サッカーチームが負けて帰国したとき、ある選手はインタビューを受けて次のように答えている。

インタビュアー　たったいま、日本に戻って来られたところですが、人々の反応はどうでしたか？

女子サッカー選手　私たちはメダルに手が届きませんでしたが、成田空港に着いたとき、大勢の方々が「よくやった！」と言ってくれました。みなさんの激励をとても嬉しく感じましたが、やはり試合に負けたことがほんとうに残念に思えてきました。（……）みなさんの期待に応えられていれば、と思ったのです。

内田は、この現象をもっと系統的に研究しようと決めた[19]。まず彼女に閃《ひらめ》きを与えたインタビューの分析から着手し、日本人とアメリカ人が情動に何回言及するかを数えた。インタビューは選手が競技を終えた直後に行なわれたもので、その意味で日本人選手とアメリカ人選手の違いがはっきりしていた。どう感じているかをインタビュアーが選手に単刀直入に尋ねた場合には、言及された情動の数に関して日本人選手とアメリカ人選手のあいだに差異はなかった。しかしインタビュアーが他者（親族、

図2.2　アメリカ人と日本人のスポーツ選手
（Copyright © 2008, American Psychological Association）

コーチ、友人）について質問すると（アメリカ人のインタビュアーより日本人のインタビュアーのほうがそうすることが多かった）、日本人選手の回答には情動に関連する表現が含まれていたが、アメリカ人選手の回答には含まれていなかった。たとえば「家族はあなたをどのように応援してくれましたか？」という質問に対して、日本人選手は「家族は私の名前を連呼してつねに応援してくれました。家族の期待に応えられて私はとても幸せに感じています」と答えたのに対し、アメリカ人選手は「私の家族はいつも私を応援してくれます。母はいつも激励してくれます」と答えた。いずれの文化に属する選手も情動につい

て語ったが、日本人選手は人間関係の文脈で語ることが多かった。それは慣習の違いにすぎないのか？日本人は、他者との関係について尋ねられたときには情動について語るよう学んでいるのだろうか？

別の研究で、内田らは日本人とアメリカ人の大学生に、競技に勝った日本人選手やアメリカ人選手の写真を見せている。なお、その選手がひとりで写っている写真と三人のチームメイトと一緒に写っている写真の二種類があった。

学生たちは、どの写真を見たときに選手が強い情動を感じていると見なしたのだろうか？ 日本人の学生は、競技に勝った日本人選手が三人のチームメイトと一緒に写っている写真に「強い情動」を見出しやすかった。アメリカ人の学生は、その逆だった。つまり日本人はOURS型情動を、アメリカ人はMINE型情動を写真に見て取っていたのだ。[20]

普通に考えれば、競技に勝った選手が経験する情動はそれほど多様なはずはない（悲しみを経験する選手などいないはずだ！）。だが別の研究では、日本人の学生はOURS型情動モデルに基づいて、また欧米の学生はMINE型に基づいて多様な情動を見て取っている。二〇〇〇年代前半、私がミシガン大学に在籍していたときの指導教官のひとりフィービー・エルスワースは、情動心理学者が研究するにふさわしい文化的なトピックをリストアップせよという課題を出した。当時の私は、「日本人は、個人の内部ではなく人と人のあいだに情動を見出す」という考えに関心を抱いていた。エルスワースは、現在はアルバータ大学（カナダの大学）で教授を務めている創造性に恵まれた大学院生、増田貴彦を指導していた。増田は日本出身だったが、彼の考えには私の考えに通じる部分があったので共同研究を始めることにした。

図2.3　怒っている他者に囲まれた、嬉しそうなジョン／タロー

増田は、第1章で取り上げた古典的な情動知覚の規準《パラダイム》に基づいたイラストを描き、それを課題に用いた。この知覚課題では、ここではジョンと呼ぶ白人の少年と、タローと呼ぶアジア系の少年のいずれかを描いたイラストが研究協力者に示された。ジョン／タローは「喜び」「怒り」「悲しみ」という三つの情動のうちのいずれかひとつを経験していた。また、ジョン／タローは、同様に何らかの情動を露わにする他の人々に囲まれていた。周囲の人々の情動は中央を占めるジョン／タローの情動と同じ場合もあったが、違う場合も多かった。われわれはアメリカ人と日本人の学生たちに、中央の人物（ジョンもしくはタロー）がどう感じているかと問うたのだ。

スポーツ選手を対象に行なった以前の研究とは異なり、われわれは、研究協力者が見て取っている情動の数ではなくどの情動を見出しているかを調査した。[21]ジョン／タローがどう感じているかと尋ねられたアメリカ人学生は、もっぱらジョン／タローの表情に着目した。たとえば、ジョン／タローが嬉しそうな表情を見せていた場合には喜びと、怒りの表情の場合には怒りと答えたのだ。つまりアメリカ人学生は、MINE型情動を見出していたのであり、彼らの評価は中央の人物の表情に結びついていた。それに対して日本人学生は、OURS型情動を見出していた。

彼らも中央の人物の表情を見ていたが、アメリカ人学生とは対照的に、イラストに登場する他の人物の表情も見ていた。[22] ジョン／タローの表情も他の人物たちの表情も嬉しそうだった場合、最大の喜びを見出したのである。他の人物たちが怒りの表情を浮かべている場合には、〔嬉しそうな表情の〕ジョン／タローをそれほど喜んでいないと評価し、それどころかより怒っているとさえ判断した。日本人学生にとって、情動はイラストに登場するすべての人物から推測されるべきもので、ジョンやタローという個人の内部のみならず他の人物にも宿っていると考えられていた。事実、視線追跡装置《アイ・トラッカー》が示すところでは、日本人学生は一定の時間、中央の人物と周囲の人物のあいだで視線を交互に向けていたが、アメリカ人学生は中央の人物から視線をそらすことがまったくなかった。

増田貴彦は、イラストではなく顔写真を用いてこの研究の追試を行なっている。[23] その結果、前の研究と同様、北米の学生（このときはカナダ人学生）はＭＩＮＥ型情動を見出した——つまり中央の人物の表情に基づいて判断を下した——が、日本人学生はＯＵＲＳ型情動を見出した——つまり中央の人物の表情と周囲の四人の人物の表情の両方を参照した。北米の学生に対する指示も日本人学生に対する指示も中央の人物（ジョンもしくはタロー）の情動を判断せよというものだったにもかかわらず、北米の学生は、周囲の人物とは関係なく中央の人物の内部で起こる現象として、また日本人学生は、人と人のあいだで起こる現象として、中央の人物の情動を構築し、知覚していたのである。

心か人間関係か——感情か行動か

情動は何よりもまず心の状態だとする考えは、かつて私が想定していたほど広範に流布しているわけではない。実のところ、情動を第一に感情の用語で語ることは、むしろ歴史的にも地理的にも例外的に思われる。多くの文化圏では、人々は情動について語るとき（人間関係的な）行動に着目する。それは歴史的にも普通だったらしい。[24] ホメロスは、（悶々としている、緊張しているなどの）対応する心の状態に言及せずに、眠れずにしきりに寝返りを打つペネロペイアの様子を描いている。また古代ギリシャの専門家によれば、ホメロスの時代のギリシャは、一般に内面の心の状態としてより、観察可能な具体的行動として情動を描くことを好んだ。[25]

「情動は感情と同程度に行動にも宿る」「感情と行動のあいだに明瞭な区別はない」とする考えを確認するために、わざわざ古代ギリシャまで遡る必要はない。近代初期（一九世紀以前）のアメリカ人でさえ、怒りや愛を深い感情とはとらえておらず、「冷たい視線」「温かい抱擁」などといった行動と同一視していた。[26] 情動は、心の状態より人間関係的な行動に近かったのだ。（歴史的にではなく）地理的に欧米から遠い文化圏では、情動を感情ではなく社会的行動と規定しているように思われる。人類学者のエドワード・シーフェリンは、パプアニューギニアで暮らすカルリ族について、「情熱的」でありながら他者に感情や動機や意図を見出すことを躊躇すると述べている。[27] カルリの男性は、不当な扱いを受けた、あるいは単にイライラさせられたと感じたとき、癇癪《かんしゃく》を爆発させる。また怒鳴り合ったり、非難し合ったり、脅し合ったりする。情動をあからさまに表現すれば、周囲の人々から同情されたり助けてもらえたりする。だがカルリの情報提供者《インフォーマント》は、自分ではオープンに感情を表現しても、他者の感情について尋ねられると答えようとしなかった。「わからない」と言うばかりで、目に見えることを超えて他者の感情を推しはかろうとはしなかったのだ[28]。

同様に、人類学者のエレノア・オックスによれば、サモア人は、食物や金銭を与えたり労力を提供したりするなどの寛大な行動を指して「愛（*alofa*）」と呼ぶ。ここでも主観的な感情に言及されることはない[29]。人類学者のスラミス・ハインス・ポッターによれば、中国の農民は働くことで互助的な関係を確認する。きつい労働とそれにともなう苦痛は、愛を象徴するとともに人間関係を肯定する。重要なのは犠牲や重労働に由来する内的な経験ではなく、「外的な、とりわけ測定可能な結果」なのだ。ポッターに情動的な経験について尋ねられた情報提供者は、「私がどう感じるかは重要ではありません」と答えることが多かった。それについて彼女は次のように説明する。「それによって彼らが意味しているのは、彼ら自身が理解するだけの価値があると見なす経験の諸側面を理解するにあたっては、感情は重要ではないのです[30]」。ポッターへの情報提供者だった中国人は、愛のような心の状態の存在を認めてはいたものの、労働による犠牲を払う覚悟があることを真に重要なことと見なしていた。

疑り深い向きは次のように訝《いぶか》るだろう。「これは単なる情動トークにすぎず、真の情動――心の状態――は、文化的な会話《ディスコース》の中心を占めてはいないとしても、隠されているのではないか？」「心の状態について語り合ったり言及したりしない文化圏では、人々は表情や声色や身ぶりから心の状態を推測しているのではないのか？」「彼らが見ているのはほんとうに人間関係的な行動なのか？」と。現在はイェール大学で准教授を務めているマリア・ジャンドロンは、ヒンバ族の人々がどのように他者の情動を知覚しているのかを研究している。[31] ナミビア〔アフリカ南西部にある国〕北西部の山岳地帯で暮らす半遊牧民族のヒンバ族は欧米文化に接したことがほとんどなく、文字を持たない。ジャンドロンらの研究では、顔写真を用いた他の研究と同様、喜び、悲しみ、怒り、怖れ、嫌悪を示す顔と無表情な顔をヒンバ族の研究協力者に見せている。ただし顔写真を用いた通常のテストとは異なり、彼女は、三六枚（「基本情動」ひとつにつき六枚）の顔写真を自由に山として分類するよう、つまり「同じ情動を表現している人物の顔写真をそれぞれひとつの山にまとめる」よう研究協力者に求めている。次に「これは何の山ですか？」と単純に尋ねることで、作ったそれぞれの山に名前をつけるよう求めた。[32] するとヒンバ族は、情動語を用いて山を記述する場合もあったが、それよりも「彼らは喜んでいる」「彼らは怖れている」とも言えるところを「彼らは笑っている」「彼らは何かを見ている」などと行為によって言い表わすことが多かった。

ジャンドロンらは、アメリカ人回答者——ボストン美術館の来訪者——にも同じ課題を与えている。アメリカ人回答者は、心の状態をもとに山を分類した。平均すると、アメリカ人はヒンバ族の二倍以上、感情を表わす言葉（「喜び」など）を用い、ヒンバ族はアメリカ人の二倍以上、行動に関する言葉（「笑っている」など）を用いた。ジャンドロンらは、実際に顔の表情と感情の結びつきが自然に発展した強固なものなら、ヒンバ族に怒りや嫌悪の表情を見せれば、そこに怒りや嫌悪を見出すはずだと考えていた。だが実際にはそうではなく、ヒンバ族は心の状態より行為に着目した。なぜか？

また、興味深いことに、ジャンドロンらは問いを逆転させて「なぜアメリカ人は、顔写真にとらえられているのは明らかに顔面の動きなのに、そこに心の状態を見出すのか？」と問うた。それに対する彼女（や私）の答えは、「現代のアメリカ人は、顔写真にとらえられている顔面の動きから〈心の状態〉を推測するべく学習してきた」というものだった。[33] アメリカ人は、自己や他者の感情に着目するよう折に触れて求められる。それによって行動（動作）から心の状態を推測するよう教えられたということだ。たしかに、MINE型情動を強調する文化圏の人々も顔から行為を読み取れるし、[34] OURS型情動を強調する文化圏の人々も行為から心の状態を推測できる。[35] しかしその程度は異なり、また、情動のどの側面に着目するかをめぐるMINE型情動とOURS型情動の違いは、他者の顔を読むという点に関して社会的に重要な意味を持つ。

本書でも私は問いを逆転させて、多くの非欧米文化圏では人々のあいだで感情について語られることが稀な理由を説明するより、現代の欧米人が情動について語る際、感情的な側面を過剰に強調する理由を探るつもりだ。それに対する答えは、端的に言えば「そう学んできた」というものになる。

欧米文化圏では、子どもは早くから内面に注意を向けるよう教えられる。心理学者の王琪《ワンチー》は、三歳の男子（ここではジョージと呼ぶ）と母親のやり取りを記述している。[36] 母子は、クリスマスプレゼントを買いに出掛けたときにジョージが癇癪を起こしたことについて話し合った。「買い物に行きたかったの？」と母親がジョージに訊く。「行きたくなかった」と彼は答える。「何をしようとしたの？」と彼女が尋ねると、彼は「なぐりたかった」と答える。せっつかれると、さらに「ひっかきたかった」と言う。それを聞いた母親は感情の源を問うべく会話の方向を換えて、「なぜあんなに怒ったのか覚えている？」と訊く。この問いはジョージには理解しがたかったため、彼は「叫びたかった」「泣きたかった」と行動に言及し続ける。母親は会話の重点を心の状態に戻そうとして、「なぜあんなに怒ったの？」と訊き直す。その時点でようやくジョージは質問の意味を理解して、「自分のしたいことをしたかっただけだよ」と答える。その答えに満足したらしい母親は、「自分のしたいことをしたかったのね」と言う。このやり取りを通じて、ジョージの母親は感情に着目するよう彼を導き、それについて理解し自分から話すことを教えたのだ。王琪は、彼女が研究したアメリカ人の母親にこのパターンを何度か見出している。つまり彼女たちは、子ども自身が望んでいること、考えていることに情動がいかに結びついているかを発見し、自己の内面に着目してそれについてはっきりと話すよう子どもに教えたのである。

この発見は、王琪が研究した中国人の母親たちには当てはまらなかった。彼女たちは、自分が特定の感情を経験している理由を理解できるよう子どもを導くのではなく、アメリカ人の母親に比べ、行動によって生じた社会的結果を強調することがはるかに多かったのだ。一例として、子どもが怒ったときのことを本人に思い出させたジャンの母親を取り上げよう。その前日の夜、母親と祖母がテレビを見せてくれなかったのでジャンが泣き出すというできごとがあった。母親はジャンの感情に執着するのではなく、「テレビを見せなかった理由がわかる?」と尋ねた。それに対してジャンは、「ぼくの目が悪くなることを心配したから。ぼくは〈朝天門《ちょうてんもん》〉っていう番組が観たかったんだ。だから怒ってテレビが観たいと言ったんだよ」と即座に答える。するとジャンの母親は「おしりを叩かれたいの?」と言って、彼の感情や嗜好には触れずに、彼の反抗がどんな社会的制裁を招くかを思い出させることで彼の返答に応じる。ジャンはそれを受け入れてうなずく。

王琪の研究に参加した中国人の母親の多くは、情動的なやり取りを通じてどんな行動が「正しく」、どんな行動が「間違っている」かを子どもに伝えた。それは、同じ研究に参加したアメリカ人の母親のやりかたとは違っていた。ジャンの母親は彼に、テレビを観てはいけないという彼女の決定に彼が逆らったことは間違っていると指摘し、不利な社会的結果が待っていることを思い出させた。また有利な社会的結果を指摘する母親もいる。たとえばシュエシュエの母親は、会話を通じて情動反応、このケースでは悲しみの美徳を三歳児に教えた。草を引き抜かせてもらえなかった（そもそもそれは禁じられていた）ことで姉妹と喧嘩したときにシュエシュエが「とても悲しい」と認めると、母親は「シュエシュエはよい子だね。自分のほうが間違っていたことをわかっているから」と褒めた。つまりアメリカ人の母親なら、自己の感情に気づき、それについて理解するよう子どもを導くところを、中国人の母親は、社会的結果をともなう行為として情動を理解するよう子どもを諭すのである。このように、アメリカ人の子どもの養育は注意を内に向けさせてMINE型情動の育成を目指すのに対して、中国人の場合は、外に向けさせてOURS型情動の育成を目指す。

情動の育成に関して、行為とその社会的結果に着目するというやりかたは、もちろん中国人の母親に限られるわけではない。人類学者のアンドリュー・ビーティーは、インドネシアのジャワ島では、おとなが情動語を用いて、いかなる感情や心の状態にも言及せずに、特定の状況下で子どもがいかに振る舞うべきかを規定していることについて述べている。[37] たとえば彼らは、*isin*（恥）という言葉を用いて、幼い子どもたちに見知らぬ人や年長者の前では感情を抑制し丁寧な態度を取らねばならないことを教える。*isin* は、感情はおろか情動的な行動（や「表現」）の記述にさえ用いられることがなく、特定の状況下で期待される行動規範を記述するために用いられる。おとなは情動的な行動を社会的な規範に沿わせるよう子どもたちに教える。ここでも注意は個人的な感情へと内向きになることなく、OURS型情動へと外向きに扱われている。

幼少期の社会化を経たあとでも、子どもの注意が自己の感情へと内向きになるよう周囲の人々が働きかけるか、それとも行動の結果へと外向きになるよう働きかけるかは文化によって異なると考えたほうがよいだろう。何年も前に私がベルギーの心理学者ベルナール・リメと共同で行なった研究では、さまざまな文化圏に属する人々が、情動エピソードのほとんどを他者と共有していることがわかった。[38] だが共有が何を意味するのかは、オランダ人とトルコ人では大きく異なっていた。この違いは、すでに取り上げたマーティンやレヴェントの事例にみごとに示されている。マーティンは自己の情動について友人や家族に語り、友人や家族は自己の感情を確認し、正当化し、表現するようマーティンを促した。レヴェントは両親と〔自分の成功を〕共有し、両親は彼の成功を吹聴し、祝賀パーティーを開催することで、世間の人々が彼の成功に気づき、彼を正当に評価するよう仕向けた。社会的な共有は、〔マーティンの事例では〕MINE型情動の諸側面へと内向きに、また〔レヴェントの事例では〕OURS型情動の諸側面へと外向きに本人の注意を促したのである。

健康と福祉に関する研究によれば、内面、すなわち感情に着目するか、それとも外面、すなわち行為に着目するかは、長期的な観点からすれば生死を分かつ問題になりうる。MINE型情動を強調する文化圏では、喜びを感じて**いる**人がより健康になりやすい。[39] しかし、OURS型情動を強調する文化圏の人々にも同じことが当てはまるのか？　アメリカと日本の研究者から成る、ある研究グループは、中年のアメリカ人と日本人の研究協力者〔平均年齢五五〜六〇歳〕を対象に行なった大規模な研究でまさにこの問いに取り組んだ。[40] その結果は、「興奮するか風呂に入るか」という論文のタイトルに如実に示されている。身体の健康を予測するもっともすぐれた因子は、アメリカ人の研究協力者ではポジティブな感情で、日本人の研究協力者ではポジティブな行動ならびに活動だった。結果の詳細に関しては精査が必要だろう。というのも、アメリカと東アジアでは、異なるタイプのポジティブな情動が重視されているという、文化心理学の分野で十分に確立されている、情動に関する別の相違も見出されているからだ。[41] 興奮は東アジア文化圏でより、アメリカ文化圏でのほうが重視されている。穏やかな情動に関してはその逆になる。その点を考慮に入れると、彼らの発見には論理性があることがわかる。アメリカでは、より頻繁にポジティブな情動、とりわけ興奮を喚起する熱狂的な情動を経験している人が健康そのものと見なされる。[42] そのような人はよく眠り、活発に活動し、炎症やボディマスを表わす指数などの主要な健康尺度ですぐれた数値を示す。日本では、ポジティブな活動、とりわけ風呂に入るなどの穏やかな活動を行なっている人が健康そのものと見なされる。ただし穏やかな感情より、穏やかな行動のほうがはるかに重視されている。こうしてアメリカでは、生涯にわたる内面の重視が、感情を健全さや健康の指標に仕立てているのに対し、日本では、外面の重視が、行為を健全さや健康の指標に仕立てている。ＭＩＮＥ型情動とＯＵＲＳ型情動のどちらを強調するかは、異なる健康上の経過をもたらし、寿命にも関係する可能性がある。[43]

本質か状況か――インサイド・アウトかアウトサイド・インか

感情の抑圧は不健康だという見方はあまりにも強力なので、私の友人のひとりは、夫婦間での口論が一度もないという事実があるにもかかわらず、彼とその妻が里親としてふさわしいことをオランダの養子縁組機関のソーシャルワーカーに説得しなければならなかった。このソーシャルワーカーは、健全な結婚生活を送っていれば夫婦喧嘩などしないということを、またパートナーに怒りを抱いていれば、その感情を抑圧することがどれほど負担になるかをまったく想像できなかったのだ（なお夫妻は、些細な喧嘩ならしたことがあると言ってソーシャルワーカーを説得し、養子を迎えることを許可された）。もちろん、悲しいときは泣くべきだと考えられている。私の友人のひとりは、夫の不倫を知って泣き続けていたとき、「感情を吐き出してしまいなさい。そのほうがいい」と励まされた。英語には、「感情を発散（letting off steam）」しなければ、「圧力が強まる（the pressure could build up）」、あるいは「感情が私たちの内部に鬱積する（our feelings are pent up inside us）」などのような警句がたくさんある。[44]

二〇世紀初頭にジークムント・フロイトが考案したグリーフワーク（家族や友人との死別などに起因する悲しみを乗り越える作業）という概念は、内面の感情を表に出し、自然な成り行きにまかせる必要があるという類似の考えに基づく。グリーフワークはトラウマ体験や喪失体験からの回復に不可欠な手段のひとつと見なされており、怒りや悲しみなどのネガティブな感情に身を委《ゆだ》ねることから成る。[45] 閉じ込められたネガティブな感情は、本人の健康や日常生活を送る能力を阻害する。最悪の状況で爆発するかもしれないし、日常生活を麻痺させたり、妨げたりするかもしれない。フロイトの業績は、抑圧によって情動の自然な流れが断ち切られ、本人に何らかの有害な作用が及ぶとする考えを生み出してきた。

情動の流れを自然な成り行きに任せる必要があるとするフロイトの考えは、現代の心理学研究において、ある程度の支持を得てきた。たとえば、およそ一〇〇〇人のアメリカ人を対象に行なわれた二〇〇四年の研究によれば、情動制御をしていた人（情動を抑え込んでいた研究協力者）は自分自身の不誠実さを不快に思い、非抑圧者と比べて他者と親密な関係を結ぶのに苦労し、そのせいで社会的ネットワークが貧弱になっていた。[46]この研究を行なった心理学者オリバー・ジョンとジェームズ・グロスの結論によれば、情動制御をしていた人は外向けの表現が内面の感情と矛盾し、不純さや不誠実さを感じる結果に至っている。そして不誠実さの感覚は、自分自身を不快に感じるとともに、社会環境のもとで他者から自己を疎外し、親密な人間関係を毀損する結果を招くことがある。

社会学者のアーリー・ホックシールドは画期的な著書『管理される心――感情が商品になるとき』で、サービス労働者（サービス業に従事する労働者）が抱える類似の問題に初めて着目している。[47]ホックシールドは、「感情労働」の両極を調査している。一方の極をなす客室乗務員は温かく、乗客の面倒見がよい。ある航空会社は「私たちの笑顔は作られたものではありません」と主張し、客室乗務員の笑顔のみならず、真の感情を売り込もうとしている。また別の航空会社は、「私たちの客室乗務員の笑顔は、賃金で雇われて微笑んでいる人々が見せるにせの笑顔より人間的です」と主張している。[48]他方の極をなす借金取りは、怒りを爆発させて支払いを強要する。借金回収業者では、「あからさまな攻撃性が債務者から金銭を取り立てるための公式の手段」と化している。[49]

いずれの業界でも、企業は仕事に必要な情動を育成するために労力を費やしている。驚くべきことに両業界とも、情動の開示のみならず内面的な感情に着目している。客室乗務員は「乗客を潜在的な友人として見るよう、（……）そして親友として理解するよう」教育される。[50] 借金取りは、債務者を「怠け者《ローファー》」や「詐欺師《チート》」として見るよう教えられる。このような企業の理解によれば、情動が内から外《インサイド・アウト》〔原文の表現「Inside Out」は本章の冒頭にあげられているピクサー映画『インサイド・ヘッド』の原題に言及しており、よって以下原文のカナ書きとする。「外から内」も同様の理由で原文のカナ書き「アウトサイド・イン」と訳す。またインサイド・アウトに作用する情動を「インサイド・アウト情動」、アウトサイド・インに作用する情動を「アウトサイド・イン情動」と訳す〕に向けて表出されれば最善の結果が得られるのだ。ところが企業の努力もむなしく、客室乗務員の多くは、「客室を招待客で混み合う居間と考えることができなかった。なぜなら、客室にすわる注文の多い三〇〇人の赤の他人をそのように扱うのは耐えられないと思えたからだ」[51]。また借金取りのなかには、債務者に対して軽蔑ではなく共感を覚える人もいる。表面では仕事の要請に合わせはしても、「にせもの」あるいは「不誠実」という感覚にとらわれて、やがて燃え尽きてしまうのだ。[52]

ピンときたのではないか？ そう感じるのは、欧米ではＭＩＮＥ型情動が浸透しているからだ。他者や状況に合わせた情動を抱くことは、ＭＩＮＥ型文化圏では不自然で過酷だと考えられている。しかし、ＯＵＲＳ型情動が浸透している文化圏ではそれが規範なのだ。一例として、タイ北部の仏教徒のコミュニティーについて考えてみよう。人類学者のジュリア・カサニティは二〇〇五年の野外調査で、センという名の、三三歳のアルコール依存症男性の家族の情動を記録している。センは長期にわたって闘病生活を強いられたのちに病院に連れて行かれ、そこで肝臓病が進行してもはや治療不可能だと判明する。センの家族は病床の周りに集まり、「ことの成り行きに動転していた。なぜなら家族の多くは、治療を受ければ、センの健康は回復すると考えていたからだ」。誰もが打ちひしがれていたが、センの親族は「起こったことを受け入れられるよう情動を整えていった。（……）彼の父親と姉妹は毎朝寺院に出掛けてお供え物を捧げた。また兄弟姉妹、親族、友人は、少なくとも最初のうちは無表情だった。情動をまったく顔に出さなかったのである」[53]。センの友人や家族の無表情は、彼らの無関心さを示すのでも、他の利益のためにそのようなふりをしているのでもないと、カサニティは言う。彼女によれば、起こったことを受け入れ（*tham jai*）、冷静さを保つ（*jai yen*）という、彼らが適切と感じる状態に向けて情動を調節しているのだ。

受容は、「グリーフワーク」とは正反対の態度である。グリーフワークが内面の感情の確実な表現を目的としているのに対し、受容は内面の感情から自己を切り離すことでなされる。ジュリア・カサニティによれば、センが病院に連れて行かれたときに悲嘆した家族や友人たち（カサニティ自身を含む）は、他の人々に「それについて考えたり話したりしないように」と穏やかに諭されたのだそうだ。タイの仏教徒のコミュニティーでは、ネガティブな感情について語ったり考えたりすることはその感情を悪化させることにつながり、極力避けなければならないと考えられている。つまり悲しみを外に出すより、事態を受け入れ、内面の感情から自己を切り離して冷静さを保つことが肝要だとされているのだ。

タイの仏教徒のコミュニティーにおける悲嘆の実践は、ウトゥク族の怒りに対する態度を思い起こさせる。ウトゥクのあいだでは、怒りは受け入れられず、落ち着きが求められる。ブリッグスは感情を抑えられなかった。あるいは抑えられないと感じていた。内面の感情を表に出す必要があったのだ。それに対してウトゥクのホストは、たとえ挫折を経験しても彼らのあいだで重視されている落ち着きをうまく保っていた。

唐澤真弓と私が日本人回答者にインタビューしたとき、東京で暮らす五〇代前半の男性ヒロシは、高校の同窓会実行委員会のメンバーとして経験したできごとについて語ってくれた。彼は同窓生を招集する担当だった。ヒロシは委員会の会合で、同窓生の集まりが悪いのは彼がきちんとやっていないからだと女性メンバーのひとりから指摘され、「言いがかりだと感じてイライラした」らしい。だが、インタビュー中にそのできごとについてじっくりと思い返すうち、負の感情にまかせてひどい行動をとることはなかったことを話した。その代わりに彼は、批判してきた女性メンバーの身になって理解しようと努めたのである。

彼女は組織に必要なことなら何でもしようとするタイプの人です。私が声をかけた同窓生が、すでに彼女から連絡を受けていたことがたびたびありました。（……）彼女は私の手際の悪さを心配していました。私を信用していなかったのでしょう。彼女はとても芯の強い人ですが、私は彼女ほど強くはありません。相手の都合の悪い時間に電話するのは気が引けたので、いつ電話すべきかを決めあぐねていたのです。（……）彼女は、私の尻を叩くより自分で電話したほうが早いと判断したのだと思います。

ヒロシは、自分が批判されているばかりでなく、当の批判者が彼の仕事を代行していたことに気づいた。彼はその事実に苛立《いらだ》ったものの、委員会の調和を乱そうとはしなかった。日本では、人間関係の調和が重視されている。彼自身は言わなかったが、おそらく彼は最初に感じた怒りや苛立ちを抑えたのだろう。しかしいずれにせよ、彼は文化に適した行動をとったのだ。つまり委員会のメンバーとして、他のメンバーと良好な関係を維持し、調和を保つべしとする社会的義務を全《まっと》うしたのである。

われわれがインタビューした五〇人の日本人回答者の大多数が、怒りに駆られたときにヒロシと同じように振る舞ったと答えている。つまり、他者の観点を理解し、それに合わせようとしたのだ。彼らの報告によれば、強い感情を覚えたときでも、それに合わせた行動はとらなかった。日本人回答者は、「怒り」を喚起する状況に遭遇すると、攻撃的な態度や自信に満ちた態度をとるより、さらに言えば立ち去るより、「何もしない」ことのほうがはるかに多かったのだ。ヒロシは受容という言葉こそ用いなかったが、彼の反応と、タイの仏教徒であるセンの家族や、ウトゥクのホストの反応に共通して言えるのは、まず必要な行動があり、多くの場合それに適した感情を説明するという点、すなわち情動がアウトサイド・インに作用しているという点である。

われわれが行なったインタビューのなかから、アウトサイド・イン情動をみごとに示している例をもうひとつあげよう。祖父母と暮らす二〇歳の日本人学生エミは、つねに夕食の時間に合わせて帰宅するよう努めていた。ところが最近、課外活動に参加する都合で週に二日、帰宅時間が遅れることになった。ある日、その旨を祖父母に告げたところ、ふたりは「エミが時間を守ったためしなどない」と不平をこぼした。彼女はその大げさな言いかたが気に障ったが、「善意で言っているのだろう」「私のことを心配してくれているのだろう」と考えて祖父母の立場を理解しようと努めた。そのとき何をしたのか、祖父母に何を言ったのかとインタビュアーに尋ねられると、エミは祖父母に苛立ったとは決して言わなかったと答えた。

「遅い時間まで楽しみたい」と言いたかったのは確かです。でも同時に、ふたりがどれほど私のことを心配しているかもわかっていました。だからそんなことは言わず、笑ってはぐらかそうとしたのです。

エミは祖父母の願いをわかっていて、なるべく早く帰宅するよう努めていた。彼女は自分の役割を演じていたのだ。

センの親族、ウトゥク族、ヒロシ、エミはみんな、内面ではなく外面に着目している。OURS型情動が浸透している地域では、情動的な行動は状況によって規定される。つまり個人は、社会的な規範や期待や役割に合わせて行動する。重要なのは、自己の情動が他者のニーズや期待に合致しているか、規範に沿っているか、そして自らの役割を果たしているか、なのである。[54] 実際、質問票を用いた大規模な国際的研究で、心理学者のデイヴィッド・マツモトらは、社会秩序、規範、伝統、階級制が堅固に根づいた国民文化のもとでは情動の抑圧の程度がもっとも高く、個人や感情を優先する国民文化のもとではもっとも低いことを発見している。[55]

これはセンの親族、ウトゥク族、ヒロシ、エミや、秩序や階級を重んじる国の学生たちが、自己の感情からの疎外を感じていることを意味するのか？　センの親族が情動を示さなかったとき、彼らは不自然に感じたのだろうか？　ウトゥク族は、不満を覚えながら落ち着きを保ったとき、疎外されていると感じたのか？　ヒロシが委員会でうなずいたとき、あるいはエミが祖父母に微笑みかけたとき、彼らは不誠実に感じたのか？　情動を発露できずに不快だったのか？　彼らの怒りや悲しみは、別の不都合な機会に表面化するのだろうか？

いや、そうとは思えない。多くの文化圏では、人々は自己の情動を、独立して内面に宿るものとしてではなく、社会環境と「交換し合う」ものととらえている。[56] 彼らは、情動を何も表現せずに情動エピソードを受け入れ、何もせずに共感を育もうとし、さらには調節したり順応したりすることで調和を保とうとする。『インサイド・ヘッド』のOURSバージョンを作るなら、そのタイトルは『アウトサイド・イン』になるだろう〔先述のとおり映画『インサイド・ヘッド』の原題は「Inside Out」である〕。真正さ――内面の感情の表現――は欧米文化圏では美徳と見なされているが、日本のような非欧米文化圏では未熟さの証《あかし》と取られることが多い。[57]

アウトサイド・インという観点は、中国人サービス労働者がアメリカ人労働者より、仕事にふさわしい情動をはるかに容易に培《つちか》っているように見える理由も説明してくれる。[58] ある異文化間研究では、中国人とアメリカ人のサービス労働者はともに、「ふさわしいありかたで顧客と接するためにふりをしている」と報告している。つまり、ポジティブな見せかけが必要とされているということだ。だがアメリカ人サービス労働者にとっては、ふりをすることは機嫌のよさをでっち上げているように感じられた。それに対して中国人労働者にとっては、でっち上げには感じられなかった。[59] 自己の情動を状況の要請に合わせることは、中国人労働者にとってはさほど問題ではないのだろう。他者や状況の要請に合わせて自己の情動を調整することは、ＯＵＲＳ型情動に焦点を絞ることであり、でっち上げとはまったく異なる。

この解釈は、他のいくつかの発見によって裏づけられる。ひとつは、ヒロシやエミと同様、中国人サービス労働者が、仕事によって求められている情動を実際に感じるために、感情を抑圧したり、外観を取り繕ったりする以上のことをしているように思える点である。アメリカ人サービス労働者は多くの場合、外観を取り繕っているだけなのに対し、顧客を喜ばせる中国人労働者は、自己の情動を外観にうまく合致させていたのだ。[60] もうひとつは、仕事における自己の情動の管理は、アメリカ人サービス労働者に比べて中国人労働者にはさほど負担にならないという点である。アメリカ人労働者は、情動表現を作っただけで、疎外され消耗したと感じ、激しい疲労を覚えた。[61] また、接客の面でも効率の悪さを感じた。自己の感情を変えようとしたアメリカ人労働者は、外観を取り繕っただけの労働者よりマシだったのは確かだが、それでも接客効率が悪いと感じていた。中国人サービス労働者は、アメリカ人労働者とは大幅に異なっていた。外観を取り繕う（「表層演技」）にはある程度の努力を要したものの、接客にあたって妥当とされる程度にふりをするサービス労働者は、そうしなかった労働者と比べて接客効率で劣らなかった。さらに言えば、深層演技〔社会的に望ましいとされている感情をあたかも心の底から感じているかのように、自己の感情を作ること〕は中国人サービス労働者にはプラスの効果があった。より活動的になり、接客効率が上がったのである。アウトサイド・イン情動は、ＭＩＮＥ型情動が浸透している文化圏では負担になるが、ＯＵＲＳ型情動が強調される文化圏では、必ずしも不快さや不自然さを感じさせるわけではない。それどころか、アウトサイド・イン情動は、情動を社会環境と「交換し合う」ものととらえている文化圏では有益ですらあるようだ。

インサイド・アウト情動は、情動をMINE型として理解する文化圏では健全かもしれないが、OURS型として理解する文化圏では健全とは言えない。心理学者のアイリス・モースとエミリー・バトラーは巧妙な実験を行なって、ヨーロッパ系アメリカ人とアジア系アメリカ人の学部生を実験室で怒らせた[62]。概してアジア系の学生は、ヨーロッパ系の学生より情動の制御《コントロール》に重きを置き、「自分の感情をつねに表に出すことは間違っている」という見方に同意する場合が多かった[63]。それに対してヨーロッパ系の学生は、情動のコントロールにはあまり重きを置かず、「閉じ込められた情動の解放はよいことだ」という見方に同意する学生がアジア系の学生より多かった。一般に、情動のコントロールに重きを置く学生は、実験の最中に怒りに満ちた態度を示すことが少なかった（この評価は実験が前提としている仮説を知らない第三者によってなされている）[64]。裏を返せば、怒りを爆発させた研究協力者は、「情動は抑えずに解放すべし」とするフロイトの概念を支持する学生だったと言える。そしてその多くは、ヨーロッパ系アメリカ人の学生だった。

さらに興味深いことに、モースとバトラーは、同じ実験で怒りの経験と心拍出量の両方を記録している。概して言えば、心拍出量の低さは研究協力者が状況に対処するのに困難を覚えていること（状況を「脅威」と見なしていること）を示す。それに対して心拍出量の高さは、研究協力者が状況を主導しうまく対処できていると感じること（状況を「挑戦」と見なしていること）を意味する。心拍出量から判断すると、怒りは実験に参加した研究協力者が属する文化グループによって異なる影響を及ぼした。

怒りをほとんど表に出さなかったヨーロッパ系アメリカ人は、怒りを露わにしたヨーロッパ系アメリカ人より激しい怒りを覚え、強い「脅威」を感じた。それとは対照的に、怒りをほとんど表に出さなかったアジア系アメリカ人は、怒りを露わにしたアジア系アメリカ人より怒りを覚えず、状況にうまく対処した。以上の発見から、情動のコントロールには努力を要するものの、アジア系アメリカ人はそれによって自分の目指す情動状態を達成していることがわかる。さらに言えば、アウトサイド・インの情動調節は、状況をうまく主導しているという感覚を与える。

アウトサイド・イン情動は、つねに強い情動から弱い情動へと移行するわけではない。規範、他者のニーズや期待、人間関係に対する配慮は、情動の抑圧より表現を求めることがある。それは新たな情動の表現でも、既存の情動の増強でもありうる。太平洋の南西部に位置するミクロネシアの小さな島で暮らすイファルク族のあいだでは、他者のニーズによって*fago*という情動、すなわち他者に対する気遣いが呼び起こされる。*fago*は、思いやりと愛情と悲しみの混合として翻訳できるだろう。弟に*fago*を感じた姉は、弟を助けに来る。イファルクの男性タマレカーが、一〇歳の息子がサイコシス〔幻覚や妄想をともなう重度の精神病〕を発症した男に石を投げたことに恥を感じたとき、*fago*を覚えたタマレカーの姉妹は、「〈狂った〉男の家族に謝罪するために手渡す贈り物と衣服を持って彼の家に駆けつけた[65]」。

私の同僚アルバ・ジャシニの話によれば、彼女の出身国アルバニアでは、故人の家族は、家族のために（一緒に）泣く「泣き屋」を雇って、文化が規定する基準に達するまで悲嘆の表現のレベルを高めるのだそうだ[66]。このようにアウトサイド・イン情動は、抑圧より興奮を重視する場合がある。異論はあろうが、多くの儀式は、情動的なできごとの最中に、状況に見合った行動の選択肢を集団的に個人に提供する、類似の機能を備えている。[67]

インドネシアのミナンカバウ人のあいだでは、社会的な規範を侵犯したときには *malu*（意味としては恥に近い）を示すことが期待される。教師は、必要なら規範を強調することでその感情を示すよう生徒に強いる。[68] 一例をあげよう。教壇で髪を切られ *malu* を感じた一三歳のアンディは次のように言う。「一日前、ぼくの髪が長すぎるから切ると先生が言ったんです。今日先生は、ぼくを教壇に呼び寄せ、机の引き出しからはさみを取り出してぼくの髪を切ったんです。教室のみんなが見ていました。ぼくは床に落ちた髪を掃除して家に帰りました。いまや野球帽をかぶっていなければ走り回れません。でも教室で野球帽をかぶることは禁じられています」[69]。状況によって求められれば、ミナンカバウ人は *malu* を示すことが期待される。そうしないと、当面の状況を *malu* を示すべきケースとして認識するよう指導される。ここでも、情動の方向はアウトサイド・インだ。

つけ加えておくと、「情動表現」あるいは「情動の抑圧」などといった言いかたは、それ自体がMINE型情動モデルに基づくものであることを示唆する。つまりそれは、外に出ようとしている内的感情が心の奥にわだかまり、それが外に出るのを防ぐためには積極的に抑制しなければならないということを意味しているのだ。[70]「表現」や「抑圧」という言葉は、「情動は個人の内部に宿っており、放っておけば外に出ようとする」という見方を重視する。情動が内面の感情ではなく人と人のあいだ、でなされる行為としてとらえられた場合には、いかなる「表現」も重視されることはない。そこには表現されるべき要素など存在しないのだから。また、情動的な行為のあいだに真正さの優劣があると想定すべき根拠はない。情動が人と人のあいだに宿るのであれば、「周囲の期待に合わせようとするヒロシやエミの反応より、激怒して叫ぶことのほうが自然だ」などとなぜ言えるのか？　あるいはなぜ、プロの哀悼者と一緒に泣き叫ぶより、ひとりで静かに喪に服するほうが自然だなどと言えるのか？　はたまた、社会の期待に合わせて自己の情動を調節することは、不満を爆発させるより不誠実だと言えるのはなぜか？

MINE型かOURS型か

情動は、心の奥深くにのみ存在するのではない。映画『インサイド・ヘッド』で描かれている情動はMINE型だ。だが世界全体を見渡せば、多くの文化圏では、人と人のあいだで生じる行為、つまり当面の状況に調節された行為として情動を第一に理解するOURS型情動が流布している。MINE型文化とOURS型文化のもとでは、情動は異なって見える。

　MINE型文化圏の人々は、身体の変化に基づいて自己の情動を特定するが、OURS型文化圏では、人と人のあいだで起こっているできごとから情動を推測する。MINE型が普及している地域では、人々は個人の相貌から情動を読み取ろうとする傾向が認められる。それに対してOURS型の地域では、居合わせている人々全員の顔から情動を判断しようとする。そしてMINE型の地域に比べて、相貌から行動を推測する。MINE型の地域では、快く感じることは健康の証《あかし》だとされ、OURS型の地域では、健康より建設的《ポジティブ》な活動が重視される。またMINE型の地域では、情動は表

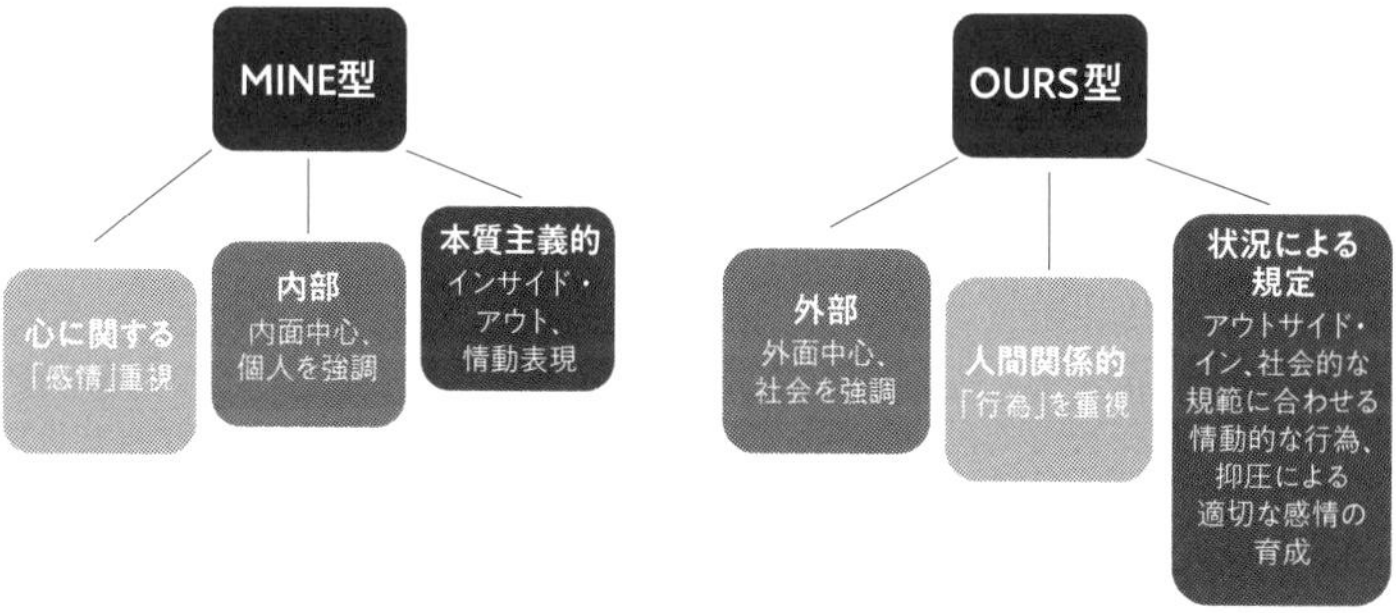

図2.4　MINE型情動とOURS型情動の構図

現するもの、そして状況を引き受けることと見なされる。それに対してOURS型の地域では、当面の状況の要請に合わせた行為として顕現する。さらに言えば、MINE型ではOURS型に比べ、情動の抑圧はあまり見られないと同時に、心や人間関係に有害な作用を及ぼす。このように、文化の重点が内部に置かれている場合と外部に置かれている場合とでは、情動は異なったものになるのだ。

　欧米文化圏でも、情動を理解したり説明したりするにあたってOURS型情動モデルが有用になる。たとえMINE型情動モデルの地域では軽視されがちだったとしても、自分たちの情動が文化的、社会的なものでもあることを教えてくれるからだ。アメリカ人学生は情動のインスタンスとして、社会的に拒否されることに対する「怖れ」、身近な人の死――や身近な人との別離――に関する「悲しみ」、立場の逆転に対する「怒り」、高い評価、尊敬、称賛を受けることの「喜び」、自分を愛し必要としている人への「愛」について報告する。このようにアメリカ人も、情動について語るときには人間関係に深く関わる社会的なできごとについて言及することがある[71]。

航空会社が客室乗務員の笑顔を重視している理由についてもう一度考えてみよう。その理由は、人間関係において情動が重要な役割を果たしているからだ。笑顔は、乗客と接するための、またおそらくは乗客を安心させるための手段になる。[72] 航空会社が乗客と客室乗務員を結びつけて「飛行機で旅行することは（怖しくはなく）楽しい」ということを示したい場合、客室乗務員の笑顔は、まさに情動が人と人のあいだで作用するがゆえに、そのためのもっとも有効な手段になる。

同様に、借金取りが怒りを爆発させる理由は、債務者を譲歩させ、自分（怒った本人）の思い通りにさせる手段として怒りがきわめて有効だからだ。オランダの心理学者ヘルベン・ファン・クリーフは、交渉の席では怒りを示すことで――間違いなく喜びを示すよりはるかに――その流れを自分に有利に進められることを示している。[73] 誤解のないようつけ加えておくと、怒りにこのような効果があることに人々がつねに気づいているわけではない――効果があることを知っていてわざと怒りを表現しているとは限らない。私たちは、もっと利益を得てしかるべきと考えているときに怒ることが多く、怒りは、他者を同意させたり、少なくとも自分の希望や権利に沿わせたりすることができる（ここで私の経験を告白しよう。私の夫は、科学の知見を応用して住宅金融会社の担当者を苛立たせたことがある。それに対して私はこの担当者に微笑みかけた。私の態度は、わが家の家計にまったく不利に作用したと言わざるを得ない）。情動は人と人のあいだに宿るという考えは、見かけほど奇妙ではない。実際その考えは、「情動は他者にいかなる影響を及ぼすのか」「どのような情動が望ましいのか」など、人間関係において情動がいかに役立つのかを考える際に役立つ。

本章で取り上げたマーティンの事例について考えてみよう。彼は、土木工学の修士号を取得するために必要な最後の要件のプレゼンを終えたところだった。彼の話の中心を占めていたのは、プレゼンの成功について他者に語ったときに感じた驚き、安堵、「快さ」だった。だが、彼が感じた情動は人と人のあいだにも宿っていたのではないか？　たしかに彼は、プレゼンに同席していた友人や親族について語っている。また七人もの人々に、重要な試験に合格したと報告した。七人のうちの誰も、マーティンの成功によって自分自身の評価が高まったわけではないが、そこに居合わせたことや祝福することで彼の社会的立場の変化を認めていた。彼らはマーティンに誇りを感じたのか？　マーティンの地位は変化し、成功したことで彼に新たな機会が開かれたのか？　その答えはもちろん「イエス」だ。ではマーティンの内面の感情は、社会における彼の地位の変化に強く結びついているのだろうか？　その可能性はありうるばかりでなくきわめて高い。そうであれば明らかに、MINE型情動が支配する文脈のもとでは、社会的側面が控えめにしか表現されず、また意識されにくいということになるだろう。

OURS型情動の重要性は、情動を社会的なやり取りや人間関係と直接的に結びつけるところにある。MINE型情動においては感情が重要だということは間違いない。しかし、情動の第一の機能を見失うべきではない。すなわち情動は行為、とりわけ社会的行為に関するものなのだ。たしかに私たちは何かを感じる。だが私たちが情動を備えているのは、社会における人間関係の変化に対応するためだ。MINE型が浸透している文化圏でさえ、誇りは社会的な序列の階梯を上って利益を確保するよう、また恥は社会的な序列の底辺にすべり落ちたときに、事後処理《ダメージコントロール》を行なうよう仕向ける。また私たちは喜びを感じることで他者と親密になり、怒ることで敵対する。高揚すれば社会活動に勤しみ、悲しみを感じれば引き籠る。OURS型モデルに照らして情動をとらえると、次のような、とても重要な問いが浮かぶ。情動は、どのように作用することによって、その人と社会の関係を変えているのか[74]？　セラピストになった、私が指導していた学生の言い回しを借りれば、情動は社会という舞台で何をしようとしているのか[75]？

アウトサイド・イン情動についてはどうか？　内面の感情ではなく規範や周囲の期待に基づいて行動する人が、どうして「真正」たりうるのか？　おそらく私たちは、自分が考えている以上に規範や周囲の期待に沿って行動しているのかもしれない。たいていの親たちと同様、私は愛する自分の子どもたちがいたずらをしても、それを苦にはしない。この感覚はごく自然なものだ。子どもたちとの絆は、あいまいさに満ち溢れたそれ以外の人間関係と異なり、純粋な愛情で結ばれている。とはいえ子どもに対する母親の愛情に関する感情のルールが明瞭で疑問の余地のないものだからこそ、子どもに対する愛情がごく自然に感じられるということはあり得ないのか？　子どもは単純に母親の愛情や受容を必要としている。親子関係に望まれる情動のパターンは、つねに文化によってはっきりと規定されている。アーリー・ホックシールドが指摘しているのも、まさにその点である[76]。それが正しければ、親の愛というもっとも自然な情動でさえ、アウトサイド・イン情動としてとらえるべきではないのだろうか？　私たちの情動はつねに、社会的な規範に適合すべく培われるのだろうか？　それは私たちが考えている以上にOURS型に近いのではないか？

情動は報われると習慣的になりやすいことを示すいくつかの注目すべき結果が、欧米での研究で得られている。癇癪は、親に甘やかされた子どものあいだでよく見られる[77]。子どものネガティブな情動にのみ反応する親の子どもは、子どもがそれほど緊急でないことを伝えようとしたときにも反応する親の子どもよりネガティブな感情を爆発させやすい[78]（親に対する愛着が不安定な子どもと安定した子どもの違い）。また怒りによる表現における性差も、それをめぐって与えられる報いが男性と女性では異なることに関係しているのかもしれない。怒りによる表現は、女性より男性のほうが報いられやすいようだ[79]。ある心理実験では、そのような報酬のパターンを単に男女間で逆転させるだけで女性はより怒りやすくなり、男性は怒りにくくなるという結果が得られている。この実験は次のように行なわれた。研究協力者は対人ゲームを行なった。このゲームでは、女性は攻撃的に、男性は友好的に振る舞ったときにポイントを獲得した。すると単なるゲームであるにもかかわらず、ポイントを獲得した女性はより頻繁に怒りを示すようになったのだ[80]。

内面に重点を置く文化と外面に重点を置く文化では、情動は違ったものになる。MINE型情動とOURS型情動のあいだには、単に情動をめぐる語りかたが異なるという以上の相違がある。とはいえOURS型情動を重視する文化圏で暮らす人々でも、感情や情動の身体化もある程度生じるのが普通だ[81]。逆に、情動を頭の内部のこびととしてとらえる文化、つまりMINE型情動文化圏でも、情動にはOURS型の側面もある。情動は、他の機能が何であれ、人間関係をめぐって起こるできごとから意味を作り出し、そのできごとを社会の規範や期待に沿うかたちで解釈しようとする。つまり情動〔の知覚や表現〕は社会的な実践であり、その多くは他者と共有されている。したがってOURS型情動モデルの観点からとらえれば、自己の情動に関して新たな洞察が得られるはずだ。OURS型情動モデルは、欧米文化圏で支配的なMINE型の観点が見逃し、無視している情動の諸側面に注意を向けさせる。また、さまざまな情動がいかに文化に結びついているかを理解する手助けをしてくれる。そしてこの理解は、多文化社会やグローバル化した世界で遭遇する、さまざまな情動のあいだを架橋するための第一歩になるだろう。

第3章

子どもの育てかた

私の息子オリバーは、生後一〇か月のころには上下を正しい向きにして本を持っていた。友人や祖父母がわが家を訪ねて来た際、オリバーの父親か私がオリバーに本を逆さまに渡してしばらく見ていると、彼はそれを正しい向きに変えたものだった。訪問客が興奮してオリバーを褒めそやすと、そのたびに彼の目が輝いた。彼はほんとうに誇りに感じていたのだろうか？　おそらくおとなが使う意味での誇りではないだろう（心理学者の発見によれば、芽生えたばかりの誇りは、おとなの誇りの特徴の多くを欠く）[1]。とはいえ彼の親である私たちは、訪問客にも手助けされて彼が誇りを感じる機会を作り出していたのだ。私たちはこのようにして、文化的に重視される情動を培っている。

人類学者のハイディ・フォンは、台湾人の母親たちが同様な方法で恥の感情を培っていることを見出した[2]。彼女たちは、子どもが恥を感じるような機会をとらえたり作り出したりしていた。台湾人の三歳児ディディの母親は、研究者のビデオカメラに近寄っていった彼を、「ディディちゃん！　おかあさんが何と言ったか覚えていないの？　言うことを聞かない子ね！　そんなことしちゃダメよ。（……）ルールを守れない子はお尻を叩くわよ！」と言いながら叱った。そして家から放り出すしぐさを見せて彼を脇に押しのけ、「ディディなんかいらない。そこに立っていなさい」と言う。それから「ビデオに映った、泣いてるあなたの姿を見れば、それがどれほどみっともないかがわかるはずね」と言って彼を落ち着かせようとする。そこへディディの姉がやって来て非難の輪に加わり、彼を「醜いモンスター」と呼び「恥を知りなさい」とつけ加える。フォンの話では、恥じ入らせることはその子どもを傷つけたり、ほんとうに追い出したりすることを意図してなされるのではなく、その目的はむしろ「分別という文化的な価値を子どもに伝えて、（……）社会の一員になる方法を教え、子どもを排除するのではなく包み込む」ことにある。

親がオリバーのために適切なタイミングでふさわしい情動を感じる機会を作り出したのと同じく、ディディの母親と姉も同じことをした。つまりディディの母親と姉は彼女たち独自のやりかたで、またオリバーの父親と私は私たち独自のやりかたで、文化的に望ましい情動を感じ表現するよう子どもをあと押ししたということだ。これらふたつの事例における情動は異なる。なぜなら社会化の目標が異なるからだ。当時、私の家族はアメリカで暮らしており、私たちはオリバーが自分自身を高く評価し、独自の地位を確立して目覚ましい成功を収めることを望んでいた。ディディの母親は、彼に台湾文化で重視されている礼儀を教えたかった。恥を感じて自分の立場に気づくことが、彼が学ぶべき規範だったのだ。しかし、私たちもディディの母親も、それぞれの文化圏で価値ある一員にさせる情動を子どもに喚起した点に変わりはない。つまり情動は、自文化圏の一員になれるよう手助けしてくれるのである。

自分自身を快く感じる子どもを育てる

人類学者のナオミ・クインは、「小さな子どもたちは、他者から承認を得て自分自身を快く感じ続けるには何をすればよいのかを理解し始めるよりはるか以前から、親や、ときに近所の人々の称賛を浴びる」と述べている。[3] 彼女が言及しているのは、正しい向きに本を持ち変えるなど、誇りを持てるものであれば何にでも注意を向けるアメリカの中流家庭についてである。シカゴ地域の白人中流家庭の母子と、台湾の（中流家庭の）母子を比較するペギー・ミラーらの研究プログラムでは、養育目標を尋ねるインタビューで、アメリカ人の母親は自尊心をあげ、「子どもが自分自身を快く感じるようになってほしい」「子どもが自信を持てるようになってほしい」と答えた。[4] 彼女たちは、幸福で回復力があり、新たなことに挑戦して成功を収められるだけの強さを備えた子どもを育てるには自尊心を養うことが肝要だと考え、それによって健全な発達が促されると確信していた。幸福、成功、興奮が重視されている文化圏では、自分自身を快く感じることは健全な発達の不可欠な条件になる。[5]

特に意外なことではないが、ミラーの研究に参加した中流家庭のアメリカ人の母親たちは、積極的に「自尊心を築き、養い、守っていくこと」が重要だと述べている。[6] 彼女たちの考えでは、それを達成するためのすぐれた実践方法は、その都度「子どもを愛し、尊重し、褒める」ことで、そうすればあらゆる心理的な恩恵が得られるはずだった。これはまさに、オリバーを対象にオリバーの父親と私が乗り出したプロジェクトでもあり、だから私たちは、生後一〇か月の息子を愛し、尊重し、褒めたのだ。特別なことをなし遂げた子どもを称賛するのは、私たちのような親に限らない。

親の称賛の対象は、当面のできごとに限られるわけではない。ミラーの研究に参加した母親の多くは、子どもや研究者に向かって、自分の子どもが注目されたできごとについて語っている。シカゴに住むある母親は、二歳半の娘モリーについて研究者に次のように述べている。[7]

あなたもこの話を気に入るはずです。金曜日の夜、ジムと私は、特に何をするでもなく地面にすわっていました。（……）モリーが私の体に手を置きながら「わたし、しあわせ（Me happy）」と言うので、私は「それはいいことね、モリー。あなた、しあわせ（You happy）」と言い返しました。（研究者：その言いかたはとてもキュートですばらしい）。私が「そんな言葉は誰も口にしなかったと思う」と言うと、ジムは「そうだね。〈わたし、しあわせ〉などという言葉を誰かが口にするのを聞いたことは一度もないね」と答えたのです。

ミラーらによれば、モリーの母親は、この話をしているとき娘のおかしな代名詞の使いかた〔Me happy〕に注意を引こうとしていたらしい。それによって彼女は、モリーの表現がいかに愛らしくかつ意外なものなのかを、モリーと研究者の両方に伝え、さらにはそのときの自分自身と夫の反応に言及することで、モリーの斬新さ（独自性）を強調した。また彼女は、その状況を用いて聞き手を誘導した。だから研究者はその誘導に乗り、「その言いかたはとてもキュートですばらしい」と言ってモリーの行動に対する母親の反応を肯定したのだ。このように彼女の話は、モリーを特別な子どもとして扱い、母子の両者に対して誇りを感じる機会を生み出したのである。シカゴのヨーロッパ系アメリカ人の中流家庭では、このような物語《ナラティブ》に満ち溢れている。

称賛は家庭内だけでなされるのではない。オリバーも二歳年下の妹ゾーイも、ノースカロライナ州の小学校から「最優秀生徒賞」という賞をたびたびもらっている。私は「新米の」アメリカの母親として、自分の子どもが「もっとも優秀」だと信じたかったが、賞は実態をそれほど正確に反映していなかった。ある月には、私の子どもたちはフランス語の語彙の一覧（二〇単語）を覚えることに他のどの生徒よりも秀で、その翌月にはスポーツの日に誰よりも熱心にイベントに参加した。これらの賞はいずれも、そのような生徒は勝つ見込みがなくてもフェアなスポーツマンと見なされたのだ。そのような成績を顕彰することを目的としているのではなく、学校は、他者の注目を浴びるだけの価値がある、あるいは何か特定のものごとに秀でていると、子どもたち――おそらく多くの子どもたち――に感じさせる手法として、みんなの前で褒めたのだ。それに結びついた感情は「誇り」と呼べるであろう。

褒めることは、幼少期から子どもを重視する文化に組み込まれている。欧米の白人の母親は対面して乳児に話しかける。[8] それに対し他の多くの文化では、母親は乳児に対面するのではなく、自分の身体のどこかに乳児を結わえておく。

アメリカの中流家庭の親が、生まれたばかりの乳児でさえ会話の相手《パートナー》にしようとすることがわかる、私の家族の話を一例として紹介しよう。私が教えていたウェイク・フォレスト大学の学部生のひとり（ここではジョンと呼ぶ）はとても賢かったが、あまり几帳面ではなかった。その彼が大学院に入るとき、私に土壇場のお願いをしにきた。彼は、幼い子どもがいる家族の一家団欒の録音記録を必要としていたのだ。私は彼に手を貸すことにしたが、夕食になる直前に、私の家族の録音記録では役に立たないことに気づいた。というのもわが家の夕食では、私はオランダ語で、子どもたちの父親は英語で話すので、（バイリンガルではない）ジョンには私たち家族の会話が理解できないはずだったからだ。いずれにせよジョンは締め切りを間近に控えていたので、とにかく私は家族の会話を録音した。ところが驚いたことに、この録音は、話者交替の様態に関心を持つジョンにとってきわめて有用な素材になった。私たちの会話では、当時はまだ一歳にもならず話せない娘のゾーイにも話しかけていた。親が（それぞれの言語で）ゾーイに問いかけ、答えられなくても彼女に答える時間を与えたのは、尊重される個人としての役割を担うことに向けて、彼女自身に心の準備をさせるためだった。

アメリカ中流家庭の子どもたちに自分が価値ある個人だと伝える実践方法はいろいろあるが、称賛はとりわけ情動の喚起を促す。幼い子どものちょっとした成功——正しい向きにして本を持つ、あるいは「わたし、しあわせ」と言うなど——を称賛することで、アメリカ中流家庭の親は、その種の小さな成功の重要性を子どもたちに教えるだけでなく、「子どもたちの心に、将来における成功や幸福の追求に役立つはずの、一般化された自立の精神が培われることも期待している」[9]。ミラーの研究に参加したある母親が指摘するように、「（子どもたちが）自分自身を快く感じ、社会に出てから活躍できるよう、十分な愛情と称賛を与える（ことが重要）」なのだ。親や他の保護者から受けた、小さな成功に対する称賛は、一般に子どもが自分自身を快く感じられるよう、また誇りや十分な自尊心を持てるよう成長する道を開く[10]。

アメリカの子育て情報ウェブサイトには、やたらに子どもを褒めるのではなく、自己に対する現実的な感覚を芽生えさせるべきだと書かれている。おそらく、これまでの行き過ぎを反省してバランスを取ろうとしているのだろう。そのような見方が出てきたにもかかわらず、依然としてアメリカ中流家庭の親たちは、自分の子どもが、社会で相応の地位を築くことができ、安心感や人に愛されているという感覚、できれば独創的で特別な存在だという感覚を持てるようになってほしいと願っている。あるウェブサイトには次のようにある。「子どもにポジティブな経験をさせなさい。そうすればポジティブな経験をする能力が育まれ、その経験を他者にも分け与えられるはずです。それに対して子どもにネガティブな経験をさせると、成功するのに必要な発達を阻む結果になります[11]」。このサイトが喧伝する教訓は、子どもにポジティブな感情を育む必要があるというものになろう。

　私が子どもたちを育てた環境下では、恥をかかせたり、怖れさせたりすることは論外だ。私はミラーの実験に参加したシカゴの母親たちのように、「子どもに恥ずかしい思いをさせること、厳しくしつけること、不公平な比較をすることは、自尊心を損なうから避けるべきだ」と考えていた[12]。数々の心理研究によって、恥が自尊心の低下やうつの発症に結びつくという見方が裏づけられている。子どもに恥ずかしい思いをさせることは、攻撃的で反社会的な性格の形成や共感力の欠如と結びつけられてきた[13]。アメリカの白人中流家庭の親にとっては、人前で子どもを嘲笑《あざわら》ったり恥をかかせたりすることが社会化の「定番の」手段だとはとうてい考えられない。

　ＷＥＩＲＤ文化においては、社会化の手段としての体罰は恥をかかせることよりさらに悪い。「どんなことがあっても子どもを叩いてはならない」という教えが一般化している[14]。「体罰は怖れを引き起こし、子どもをただちに従順にさせるものの、その目的の永続的な行動の変化をもたらすことはない」「体罰によっては、子どもに善悪の区別を教えられない」というのが、今日におけるおおかたの見方である。[15]また、体罰とそれによって引き起こされる怖れは、親子の親密な関係を阻害し、子どもの心の健康に悪影響を及ぼし、[16]さらには、体罰は子どもに攻撃的な性格を植えつけ、その子どもが反社会的で虐待的なおとなになる可能性を高めるとされている。このようにWEIRD文化圏では、恥も怖れも望ましい効果をもたらさず、社会が望むおとなに成長させることはないと考えられている。

とはいえ、恥や怖れを望ましい情動と見なし、悪さをした子どもには、一貫して恥ずかしい思いをさせたり怖れを感じさせたりするコミュニティーもある。そのようなコミュニティーでは、恥や怖れは子どもたちをそのコミュニティーで尊重される人物に成長させると考えられているのだ。では次に、それについて考えてみよう。

恥を知る子どもを育てる

社会化を促進するさまざまな情動の恰好の事例として、人類学者のビルギット・レットガー＝レスラーと発達心理学者のマンフレート・ホロディンスキーは、ミナンカバウ人の子どもたちの社会化において中心的な役割を果たしている*malu*（意味としては恥に近い）を取り上げている。[17]彼らの研究の対象になった子どもたちは、インドネシアの西スマトラの小さな農村（レヴェンソンとエクマンが彼らのMINE型情動理論を検証した場所）で暮らしていた。ミナンカバウ人の社会化の主な目標は、親や――親族であろうがなかろうが――年長者に対する敬意を育むことにある。

ミナンカバウ人にとって「敬意を示すこと」は、規範に従い控えめにしていることを意味し、子どもたちは*malu*を学ぶことでこの行動を習得する。ミナンカバウ人の親たちは、子どもがよちよち歩きのころから恥を示す行動をとるよう教える。これは*malu-malu*（赤ちゃんの恥）と呼ばれている。そのような行動に注意を促すことで、親は居合わせた人々全員に十分な注意を向けるよう子どもを導く。そしてそれがさらに*malu*を喚起する。子どもが少し成長すると、人前で馬鹿にされることがある。五歳のハイファと同年齢の（男の）いとこのイスは、近所の池で裸で泳いでいるところを見つかって同級生たちに公衆の面前で嘲《あざけ》られた。同級生たちは笑い、ささやき合い、そのうちのひとりが「あいつらは恥を知らない」と叫んだ。他の同級生たちはそれに同意し、笑っていた。嘲笑は、ハイファとイスが服を着ると直《ただ》ちに終わった。同様に保護者やその他の親族による制裁も、子どもが規範を守るまで続けられる。反抗的な子どもは、態度を改めるまで完全に無視され続ける。またそのような子どもの養育に関わっているおとなも、子どもの規範の侵犯に対して代理で恥を「共有」する。

さらに成長して思春期に差し掛かったミナンカバウ人の子どもは、ときに積極的に恥ずかしい思いをさせられることがある。同級生の前で先生に髪を切られた一三歳のアンディ（第2章参照）はその一例だ。次第に重度を増す排除のテクニックは、ミナンカバウ人の子どもが確実に恥を経験し、「知る」ことができるようにする。恥の喚起は、規範の侵犯を回避させるだけでなく、ミナンカバウ人のあいだで尊重されている抑制された控えめな性格の涵養、つまり自己の行動がもたらす社会的な結果をつねにわきまえている人物の育成に役立つ。

本章の冒頭で取り上げた台湾の子どもディディの母親も、自分の幼い息子に礼儀を教えるために恥を用い、ディディの注意を規範の侵犯に向けさせた。[18] シカゴで暮らしていれば、彼女は「批判的すぎる」と言われるだろう。アメリカの母親たちは、子どもを恥じ入らせたり、批判したりすることを嫌う。というのも、子どもの脆弱な自尊心を損ってしまうことを怖れているからだ。それに対してディディの母親は、意図的に恥を知る子どもを育てようとする。彼女は、恥を感じるのはディディにとって「正しい」ことだと確信している。台湾では、恥は自分の立場をわきまえ、他者に敬意を払う心構えができていることを、また規範の侵犯に至りうるネガティブな行動に走ったりはしないという覚悟を示す。ディディの母親はそのような文化のもとで、恥を知ることより恥知らずを憂慮すべしと考えているのだ。

ミラーとフォンの研究における台湾人の母親たちは自尊心を顧慮していないと言えば、それは彼女たちの視点を正当に評価できていないと言わざるを得ない。そもそも彼女たちの多くは、研究者たちの言う「自尊心」が何を意味するのかさえ知らないだろう。中国語には、「自尊心（self-esteem）」に相当する言葉は存在しない。[19] また、自分自身を快く感じられる子どもを育てることは彼女たちの第一の目標ではない。子どもの誠実さについて自発的に持ち出す母親もいたが、それはつねに厳罰に関連してのことであり、厳罰は避けるべきものと考えられている。また、台湾人の母親たちは、自分自身を快く感じることについて尋ねられると、「〈自尊心〉の高い子どもは、失敗したときに挫折しやすく、頑固で人の話に耳を傾けず、自分の態度を改めようとしなくなるだろう」と考えていた。これらの性格はすべて、彼女たちにとっては否定すべきものだったのだ。

では、ミナンカバウ人や台湾人の子どもたちが、恥ずかしい思いをさせられても必ずしも不快感を覚えないのはなぜか？ 彼らは、うつや共感力の欠如や、攻撃性を招きやすい自尊心の低さを覚えながら生きていくことを運命づけられているのだろうか？　そうとは思えない。その理由のひとつは、恥が子どもと親と親族のあいだのさまざまな関係のもとで生じることにある。このような関係性にあっては、親や親族が子どもの恥を共有し、子どもの代理で恥を感じることもある。[20] 台湾やミナンカバウのコミュニティーでは、恥は親をはじめとする他者との結びつきを強調する。その事実が、彼らにとって恥がそれほど苦痛ではないことの理由のひとつだと思われる。また恥は、拒否や隔離に焦点を絞るのではなく、避けて通れない社会的ネットワークにおける自己の立場を明確化する。つまり子どもを追い出すのではなく、社会的なネットワークでの振る舞いかたを思い出させてくれる。

ディディの母親が研究者の前で彼に恥ずかしい思いをさせた理由のひとつは、彼の行動の結果が彼女自身に跳ね返ってくるからだ。ディディに「恥ずかしい思いをさせる」のは母親の責任である。ディディが恥を示せば、その影響は母親自身にも跳ね返ってくる。恥は母子の脅威になるのではなく、絆を強めるのだ。

別の研究で、フォンと彼女の同僚のエヴァ・チアン＝ヒュイ・チェンは、台湾の七つの中流家庭を追跡している。[21] この研究は、観察対象の子どもが二歳半になったときから四歳になるまで行なわれており、研究者のひとりが、六か月に一度家庭を訪問し、家族と子どもの自然なやり取りをビデオに収録した。そして研究者たちは収録された一〇〇時間以上の動画を分析し、そこに一時間につき三回以上の恥のインスタンスを見出した。たいていのインスタンスでは、親は規範の侵犯を注意することで、子どもに恥を喚起しようとしていた。フォンとチェンの研究における台湾の母親は、次の事例が示すように恥の共有に着目することが多かった。この事例は、母親が昼寝をさせようとしたにもかかわらず、四歳児のアクシンと二歳児の弟が寝ようとしなかったときの母子のやり取りを描いている。

母親は、「園長先生が規則正しい生活をしなさいと言ってたでしょ。園長先生に叱られるよ」とふたりに諭す。（ふたりの子どもは）「園長先生はおかあさんを叱るの？」と尋ねる。それに対して彼女は、「あの日、園長先生がおかあさんを叱ったのを覚えてるでしょ」と答える。ふたりの子どもはその理由を尋ねる。すると彼女は、「園長先生は、おかあさんがあなたたちをきちんとしつけていない、お昼寝の時間を守らせていないと言ったでしょ」と答える。

子どもたちが規則に従わなければ、彼らに規則を教えず、しつけがなっていないと非難されるのは母親のほうなのだ。この事例における暗黙の前提は恥の共有で、子どもの恥ずべき行動は親や家族にも悪い結果となって跳ね返ってくる。親はたいてい、「あなたはおかあさんの面子《メンツ》をつぶした」「言うことをきかない子ね」などと諭すことで恥の共有を明確化する。しかしさらに重要なのは、権威者——アクシンの母親の例では園長先生——を持ち出すことで、母子の絆が損なわれていない点だ。恥の共有は母親による子どもの拒絶ではなく、母子が一体になって外部からの要求に応えねばならないことを意味する。そこには、子どもと親（や親族）のあいだに基本的な連携が認められる。この連携は規範の侵犯による影響が及ぶ範囲を拡大すると同時に、恥が欧米におけるほど脅威にならないことをも意味する。ミナンカバウ人や台湾人における恥は誤りを正すことを要求するが、子どもと、もっとも重要な養育者のあいだの絆を損なったりはしない。

恥を感じることは美徳と見なされており、それを感じる人が社会的な規範を理解していることを示し、その侵犯を回避させる。また、その人を他者の目に注意を払うよう仕向けるが、そうすることで社会的な排除に至りうる誤った行動を取らせないようにする。ミナンカバウ人は、「*malu* は、悪いことや間違ったことをしないよう注意深く行動させてくれるのよ」と子どもたちに教えることで、行動規範の遵守の源泉として *malu* を説明する。[22] 同様に台湾人の母親は、恥を感じさせることで子どもに礼儀を教える。どんな文化でも、保護者は子どもによかれと思って何かを教える。ミナンカバウ人のあいだでも、台湾人の家族のあいだでも、「恥を知る」ことは、社会において価値のある成員となる心構えを育成するための、最善の方法なのだ。

怖れを知る子どもを育てる

マダガスカル島南部で暮らすバラ族における社会化の主な目標は、従順さの涵養である。バラ族の社会は、いくつかのグループに分割されていて階層構造をなす。バラ族の社会組織の基本的なグループは、唯一の祖先の精霊から派生する、三ないし四世代にわたる現存する子孫で構成される。バラ族の子どもたちの理想的な行動様式は、従順で人の言うことをよく聞き、年長者の望みには何でも従うことだ。ゆえにバラ族の子どもたちは、年長者の指示に無条件に従うことが求められる。そのために子どもたちは、「*tahotsy* を知るべし、すなわち年長の親族を自然に怖れるべし」とされている。[23] 人類学者のビルギット・レットガー＝レスラーと発達心理学者のマンフレート・ホロディンスキーによれば、怖れは社会化を促進する情動なのである。

バラ族の乳児は、誕生後最初の一年間を母親にぴったり寄り添って過ごす。つねに身体的に接触していることで乳児の身体的なニーズは満たされる。乳児もその接触を当然のものと期待して過ごす。誕生後二年目に乳離れすると軽い体罰が始まる。母親は自分と距離をとるよう子どもに強制し、子どもがそれに従わなかったときには、つねるなどして軽い体罰を加えるようになるのだ。そのころになると、よちよち歩きの子どもにとって兄や姉、あるいは同年齢の子どもたちが重要な存在になる。四歳になるころには、子どもたちは社会的な規範と、それを破れば制裁が科されるということを理解しているものと見なされる。また本格的な体罰が始まり、強い怖れ（*tahotsy*）の感覚が植え付けられる。殴打はもっともありふれた体罰だが、食事を抜く（飢餓に対する怖れを植え付ける）という手段がとられることもある。殴打はつねに同一人物によって、通常は父親の手でなされる。人前で子どもに恥ずかしい思いをさせることは本人にとって有害だと信じているバラ族は、誰も見ていないところで子どもを叩く。また、叩かれたあとで子どもが受け入れられたと感じられるよう、バラ族のおとなは細心の注意を払って叩いた子どもを慰める。この役割は母親が担うことが多い。母親は「子どもを撫で、今後叩かれないようにするにはどうすればよいのかを教え、もっぱら間違った行動のせいで叩かれたということを納得させる」のだ。バラ族は、権威あるルールに対して強い怖れを抱かせるべく子どもを罰する。しかし台湾人やミナンカバウ人の母親とは異なり、子どもが自分に対する評価が下がったという気持ちにならないよう配慮し、社会的排除によって脅かされないようなんとしても守ろうとする。ただ、バラ族は子どもに恥ずかしい思いをさせないよう配慮するが、称賛もされないようにする。

子どもがよい行ないをしたらどうするかと尋ねられたバラ族の親は、称賛を否定した。彼らの基準からすれば、オリバーの父親と私はオリバーを甘やかし過ぎで、間違った育てかたをしていると見なされるであろう。では、バラ族は称賛せずに何をするのか？ インタビューを受けた親のほとんどは、行儀のよい子どもを怒ったり叩いたりはしないと答えている（食べ物や服を与えて報いるとつけ加えた親は数人にすぎなかった）。

バラ族の子どもたち自身は体罰をどう受けとめているのだろうか？ 強い怖れとして経験しているのか？ 社会的な規範を内面化せず単に体罰を受け入れるだけで、なぜ立派なおとなになれるというのか？ 社会化の道具として体罰があたりまえに用いられることで、バラ族の子どもたちに、心理的なリスクが及んでいないだろうか？ 以上の問いに対する答えは、ここでも「体罰や怖れは、たとえ現代の（中流家庭の）白人の親が望む子どもの養育には効果がなかったとしても、バラ族の子どもの養育には有効な道具として機能している」というものになる。その点を理解するためには、バラ族の社会についてさらに詳しく知る必要がある。

体罰は、バラ族の子どもたちに怖れを引き起こす。規範を侵犯する行為について考えるだけで、起こりうる結果に対する強い怖れが引き起こされるのだ。バラ族の子どもたちは、社会的な規範を内面化するより、悪い結果を回避するべく条件づけられていると見なせる。その点では、欧米の研究者の見方は正しいだろう。とはいえ、バラ族の子どもたちはつねに大勢のおとなたちの監視の目にさらされているという点を考えれば、内面化は不必要だとも言える。成人してからも、怖れは有用でありうる。子どもが成長して腕力がつき、年長者からの体罰を怖れる必要がなくなると、年長者の代わりとなる祖先の精霊に対する怖れを引き受ける。規範を破ることとは、「その人の祖先の精霊を激怒させるので、本人自身や子孫に病気やその他の災厄が降りかかる。祖先の精霊の怒りは、犠牲を捧げてなだめなければ致命的なものになる」と信じられている。こうして祖先の精霊の遍在は *tahotsy*（怖れ）を美徳にし、*tahotsy* を持つ人は社会的規範の遵守を促される。[24]

tahotsy には攻撃性がともなう。その点でも、欧米の研究者の結論と一致する。体罰を受けた直後に、*tahotsy* のみならず *seky*（怒り）も感じたと報告するバラ族の子どもは多い。さらに言えば、子どもたちは自分が受ける殴打から攻撃性を学んでいることを示す証拠もある。親の攻撃性が行動モデルになる場合があるのだ。[25] こうして学んだ攻撃性を、体罰を加えてくる年長者に向けて発揮すると、さらなる規範の侵犯になってしまうためその子どもは厳しく罰せられる。だが、怒りを向ける矛先はほかにもある。バラ族の社会では、父系親族集団同士の争いが頻繁に見られ、体罰を受けたばかりの子どもは、怒りを無関係な仲間に向ける。したがって、バラ族のあいだでも強い怖れが攻撃性と関連していることは十分に考えられる。しかしバラ族は、攻撃性を反社会的とは見なさず、最初は対立する父系親族集団に属する仲間を殴ることで社会的な規範に沿った行動へと、のちには新世代の子どもたちを *tahotsy* を感じるべく社会化する方向へと攻撃性を収斂《しゅうれん》させていく点で欧米社会とは異なる。

つけ加えておくと、バラ族のあいだでも、怖れは親子関係の親密さを損なう可能性があることは確かだ。だが親子関係は親密でなければならないのか？　バラ族の親たちは、子どもが自分で自分の面倒を見られるようになるまで、子どもの身体的なニーズを満たす。その後、親は子どもを、階級社会のなかで要請される条件を満たせるよう育て、祖先の精霊の怒りから守る。バラ族の子どもにとって、それ以上の何を望めようか？

このような情動の社会化は欧米でも見られる。一九世紀ヴィクトリア朝の規範が入ってくる以前、アメリカでもそれに類似するアプローチが見られた。怒りや懲罰が「階級制や正統派宗教の擁護」のために、あるいは子どもの心に（親を含めた）年長者に対する敬意や、永遠の運命や、神に対する怖れを育むために用いられていたのだ。[26] 大西洋の対岸でも、当時の子どもの養育に大きな違いはなかった。一七世紀のフランス王ルイ一三世は、同様な方法で育てられている。「子どもの日常的な鞭打ちは、自立の感覚を抑制し、与えられた役割を従順にこなす心構えを涵養するために設計された」のである。[27] 階級に関係なく、子どもの養育の目的は、自尊心を抑え、従順さを育成することにあった。王でさえ神に仕え、その神を満足させて怒らせないようにしなければならなかったのだ。

アメリカの中流家庭で、規律を守らせるために怖れを用いることに対する批判が現われ始めたのは、一九世紀に入ってからのこと。歴史家のピーター・スターンズは、一九九四年の著書『アメリカン・クール（*American Cool*）』で次のように述べている。

アメリカの主流プロテスタント宗派においては、神を畏《おそ》れるという宗教的な美徳が衰退し始め、怖れを知る人々は正しいとか、敬虔だなどとは見なされなくなった。むしろそのような人は情動面の問題を抱え、中流家庭の生活に求められる、自らが確信をもって主導権を握る能力を欠くと見なされるようになった。怖れが親子を結びつける情動であれば、短期的な規律は確保できても、長期的な愛情は明らかに損なわれるだろう。端的に言えば、怖れは情動面における親権の濫用と見られるようになったのである。[28]

愛情が奉仕に勝り、親子関係が「愛情に基づく」と考えられるようになったのは、そのころのことだ。[29]新たな養育モデルにおいては母性愛が中心的な役割を果たし、それが道徳的な子どもを育てることに貢献すると考えられた。ある牧師が一八三九年に、「神は母親の心に、子どもに対するこの深く抑えがたい愛情を植えつけた」と『ザ・マザーズ・マガジン』に書いている。[30]そこには、子どもの正しい愛情それ自体が母親の愛情に由来するという考えが見て取れる。つまり「愛情深い母親に育てられた子どもは、このようなモデルに従うよう望まざるを得ない」。こうしてヴィクトリア朝文化の影響を受けたアメリカでは、社会化を促進する情動として愛情が重要なものになったのだ。そしてこれは、いまでも変わっていない。[31]

共感に溢れる子どもを育てる

欧米人の目には、日本人の親や教育者は子どもの行動に対して枠《わく》を設けていないかのように見える。一例をあげよう。発達心理学者のギゼラ・トロムスドルフとハンス＝ヨアヒム・コルナットは、わがままな五歳児に対する日本人の母親とドイツ人の母親の反応を観察し、次のことを発見している。[32]日本人の母親は子どものわがままを、子どもの視点から共感して解釈し、「子どもは子どもにすぎません。遊びに夢中になりすぎて疲れているのです」と言う。[33]子どもがわがままな態度をとり続けると、日本人の母親は共感を失わないまま、友好的に自分の要求を繰り返す。何度かこのようなやり取りを続けても子どもが態度を改めなかった場合にのみ、母親である自分がどう感じているかを考えてみるよう子どもに訴える。それでも母親は、子どもを矯正しようとはしない。興味深いことに、わがままな園児に対応する日本人の手法は、妥協と調和に終始し、それによって絆を保とうとすることが多い。またこの手法は、長期的な観点からの子どもの社会化という目標にも関連している。トロムスドルフとコルナットが母子のやり取りを最初に観察してから九年後、ふたりはドイツ人の子どもより日本人の子どものほうが、共感力が高いことを見出している。

日本では、幼児はたいてい*amae*を感じる存在としてとらえられている[34]（本章では以後「甘え」と表記する）。この「甘え」とは、子どもが保護者、多くは母親の甘やかしにすっかり身を委ねている状態を言う。日本では、甘えは情動のひとつとして認識されている。母親は子どもの甘えを受け入れ、お返しに子どもには*omoiyari*（思いやり）、つまり共感を教えている。日本人の母親は、欧米人の目には、どんな願いも聞き入れて子どもをだめにしているように映るほど、子どもを甘やかす。そしてこのような手法で、やがては子どもに会得してほしい思いやりの手本《モデル》を示すのだ。この「思いやり」は、「他者が感じていることを感じ、喜びや苦痛などの他者の経験を代理的に経験して、その人の願望の成就を手助けする能力や、手助けしようとする意欲を意味する[35]」。思いやりは、日本で文化的に尊重されている調和のとれた人間関係の核心をなす[36]。

日本人の母親は、身をもって「思いやり」を子どもに体得させる。子どもは最初から「思いやり」を示せるとは期待されていないが、母親は徐々に、彼女自身の視点に立ち、母親の気持ちを感受できるよう子どもに教え始める。日本人の母親は、何をすべきかを教えるより、子ども自身が母親の期待を満たすべく自発的に社会のルールに従うようになるまで待つ。手本として「思いやり」を示し、それを子どもに会得させることは母親に忍耐を求めるが、そのようなやりかたは、他者の視点に立つ、割り当てられた課題をこなす、他者の迷惑にならないなどといった、真っ当なおとなになれるよう子どもに教える唯一の手段と考えられている。他者の視点に立つことは、どうすれば他者の期待に応え、辛抱強く苦境に対処するために必要な自己の能力を改善できるかについて考えさせてくれるのだ[37]。

日本の未就学児の教育においては、「思いやり」を培う必要はあっても、準備が整うまでは子どもにそれを無理強いしてはならないという考えが浸透している[38]。幼稚園の先生は、園児たちのあいだでいさかいが起こり、ときに暴力的になったとしても冷静な態度を崩さない。そのことは、入園したばかりのナオと他の園児たちのやり取りを示す次の事例に見て取れる。

ナオは別の女子レイコの手からクマのぬいぐるみをもぎとろうとする。モリタ先生は、もめごとを解決するために「じゃんけん」をしなさいとふたりに言う。レイコはチョキを、ナオはパーを出し、レイコが勝つ。モリタ先生はナオに「今日はレイコにクマのぬいぐるみを渡しなさい、いいね」と言う。するとナオはふてくされて「やだ!」と叫ぶ。それに対してモリタ先生は、断固とした口調で「じゃんけんしたんだから」と応える。ナオは床にしゃがみ込んですねる。レイコと、彼女の双子の姉妹でいつも一緒にいるセイコがナオに近づき、クマのぬいぐるみはレイコちゃんの番だから勝手に奪ってはならないと諭す。するとナオは、「セイコちゃんとレイコちゃんのバカ」と言う。それに対してセイコは「ナオちゃんがクマのぬいぐるみを床に置いたからわたしたちが拾ったのに」と答える。

そのあとクラスで遊びが始まるが、それが終わると、ナオと他の園児たちのあいだで再びクマのぬいぐるみの奪い合いが起こる。結局他の園児たちが、ぬいぐるみを床に置いた時点でナオの番は終わったと彼女に説明する。

セイコは、ふくれっ面をしているナオを教室の反対側に連れて行き、「そんなことをしちゃだめでしょ。わかる？　約束できる？」と言う。それからふたりの女子は小指を絡ませ腕を振りながら、「う〜そつ〜いた〜らは〜りせ〜んぼ〜んの〜ます」と歌う。

モリタ先生はその間ずっと、ことの成り行きを見守るだけで干渉はしなかった。一歩下がって様子を見守っていたのだ。モリタ先生の解釈では、ナオは「甘え」を呈して不機嫌で攻撃的になり、ふたりの女子たちはナオを警戒しつつも最後には彼女を仲間に入れて「思いやり」を示したのだ。おもしろいことに、「甘え」や「思いやり」のみならず「孤独」が日本で重要な情動とされている理由は、「社会に属することへの燃料になる」からだ。孤独感は、人に仲間を求めさせようとする。そしてその人の「甘え」が誰かに伝わると、その人を仲間にしようとする共感的な反応が引き起こされる。たいていの日本人の先生は、モリタ先生と同様に干渉しないだろう。こうして子どもたちは、「甘え」

を理解し「思いやり」を示すすべを学んでいくのだ。それに対して動画のやり取りを見たアメリカ人の先生は介入すべきだと考え、モリタ先生の非干渉を、傷つけ合いから子どもたちを守れなかったと解釈し、子どもたちに注意を払っていなかったのではないかと疑いさえした（注意を払っていれば介入したはずだ！）[39]。だが実際には、モリタ先生は子どもたちの行動に注意を払っていた。彼女の目標はアメリカ人の先生とは異なり、子どもたちが自分自身を快く感じられるようにすることではなく、「思いやり」を身につける機会を与えることにあった。

（白人中流家庭の）アメリカ人の養育の目標が自立できるしっかりした子どもを育てることにあるのに対し、日本人のそれは他者の視点からものごとを見られる感受性の高い子どもを育てることにある[40]。また、欧米では誇りや喜びが強調されるのに対し、日本では「甘え」や「思いやり」のような社会化を促す情動が重視される。

穏やかな（あるいは感情的な）子どもを育てる

カメルーンの農村ンソの母親たちは、心理学者のハイディ・ケラーらに「よい子はいつも穏やかにしてますよ」と語った[41]。ケラーらがインタビューした母親全員に、生後三か月から一九か月の子どもがいた。ンソの子どもたちには、母親の仕事を邪魔しないよう、また母親不在の折には他の人々が面倒を見られるよう、感情を表に出さず静かにしていることが求められる。「バー（村の名）では誰も泣いたりしません」と、母親たちはケラーに語ったそうだ。事実、彼女たちはあらゆる手段を講じて乳児を静かにさせる。授乳はその手段のひとつである。ある母親はケラーに次のように語っている。

子どもが泣いているときには、母乳を飲ませます。そうすれば泣きやみます。子どもが泣いていなければ自分の仕事ができますから。(……)母乳を飲ませれば、泣きやんで眠るのです。

このようにンソの母親たちは、泣いている乳児をなだめ泣きやませるために母乳を飲ませる。それでも泣きやまない場合は、「悪い子ね」「ひどいわ」と叫びながら非難されるべき行為だということを伝え、泣きやませる。健康な良い子とは、穏やかさを保ち「じっとしている」子どものことなのだ[42]。そのような過程を通じて、ンソの子どもたちは状況に合わせるすべを覚えていくのである[43]。

ここで、ンソの母親とケラーの研究に参加したドイツ人の母親を比べてみよう。ドイツ人の母親たちはみんな、都市圏の中流家庭の出身で、ンソの子どもたちと同年齢の子どもを持ち、ポジティブな情動を育もうとしていた。あるドイツ人の母親は、三歳児とのやり取りで次のように話しかけている。

さあ、にこにこしましょ、坊や! そうにこにこよ。さあさあ、あ~よしよし、いいわね~。さあもう一度にこにこ。そうよ、それでいいのよ[44]。

ドイツ人の母親はンソの母親と同様、子どもに文化的な理想を教えようとしている。この理想についてある母親は、ケラーらに次のように語っている。

母親と十分に微笑みを交わし合うことは、環境に対する子どもの信頼を向上させます。子どもはケアや配慮を必要としますが、生まれてから一年間はそれを子どもの笑いから読み取っています。(……)そうです。私は子どもといつも笑い合っています。笑うことは健康の証だと思うので。

ケラーの話では、ドイツの中流家庭の乳児と母親は、八〇~九〇パーセントのやり取りを対面で行なうそうだ。[45] 多くの場合、母親は乳児とアイコンタクトをとり、微笑みかけ、温かい声音《こわね》で話しかける。もちろん、ドイツ人の母親がどれだけ乳児にポジティブな情動を喚起しようとしても、乳児は泣くこともある。そのときでも母親は、乳児に情動を表現する機会を与える。そして乳児が泣く理由を見つけ、なだめるより、乳児のためにいかに状況を変えればよいのかを考える。たとえばある母親は、泣いている乳児に「もうねんねしたくないの? おしゃぶりがほしいの?」と尋ねた。乳児はまだ、主体的に周囲に影響を及ぼすことができない。しかし母親は、たとえば抱っこしたり、おしゃぶりを与えたりすることで、望ましくない状況から乳児を遠ざけ、望ましい状況へと導くことができる。そのような過程を通じて、ドイツの乳児は主体的に周囲に影響を及ぼせるインフルエンサーになっていく。

ンソの村人たちだけが調節者《アジャスター》だというわけでも、ドイツ人だけがインフルエンサーだというわけでもないらしい。スタンフォード大学の心理学者ジーニー・ツァイが白人系アメリカ人の未就学児に、

「満面の笑み」と「穏やかな笑顔」の写真を見せてどちらの顔をしたいかと尋ねると、ほぼ全員が前者を選んだ。[46] しかし台湾人の未就学児は、満面の笑みに対する好みを見せなかった。満面の笑みを好む子どもと穏やかな笑顔を好む子どもがほぼ同数だったのだ。言い換えると、台湾人の三〜五歳児は、アメリカ人の同年齢の子どもに比べてはるかに穏やかさを好む。穏やかさに対する好みは、どんな質問の仕方をしても一貫して見られた。たとえばプールについて尋ねると、台湾人の未就学児の大多数は、飛んだり跳ねたりするより浮き輪に腰を沈めて浮かんでいることを好んだ。しかし、同年齢のヨーロッパ系アメリカ人の子どもたちはそうは答えなかった。つまり台湾人の子どもたちは活動的であるより穏やかに過ごすことを好み、ヨーロッパ系アメリカ人の子どもたちにはそのことは当てはまらなかった。最後にもうひとつ述べておくと、ヨーロッパ系アメリカ人の子どものほぼ全員が、満面の笑みを穏やかな笑顔より「喜び」と感じたが、台湾人の子どもでそう感じたのは半数に過ぎず、もう半数は穏やかな笑顔をより「喜び」と感じたのである。

　フォンとチェンは台湾人の母子のやり取りを観察して、多くの幼児が泣いたときに恥をかかされていることを見出した。ディディの母親は、ディディが濡れてつるつるした浴室で滑って転び泣き出した日の翌日に、彼に恥ずかしい思いをさせた。ディディの姉は母親のその感覚を共有して、「ディディはとても迷惑。泣いてばかりの泣き虫なのね」と言い、恥じ入るしぐさをした。別の女子ウェンウェン（三歳半）は、彼女が作ったものを弟に壊されたときに、すわり込んでめそめそ泣き始めた。すると母親は、弟が手を出す前に片づけておくべきだったと彼女を諭した。それから父親が部屋に入ってきて、泣き止むようウェンウェンに言ったあと、弟を部屋から連れ出した。それでもウェンウェンがすすり泣いているので、それを見た母親が「泣き続けるのなら、もうあなたの面倒を見てあげないよ」と言ってたしなめた。[47] ここでも、感情的になるのではなく穏やかさを保つことが規範になっている。

だが、なぜ彼らは穏やかにしていることを好むのか？　ハイディ・ケラーがインタビューしたンソの母親たちは、それについて簡潔に述べている。つまり穏やかな子どもは母親の仕事の邪魔をしないし、扱いやすい子どもであれば他の人々も面倒を見てくれるからだ。言い換えれば、穏やかな子どもは楽に環境に順応できる。それは、個人よりも集団の必要性を尊重する文化のもとでは穏やかさが好まれるというジーニー・ツァイの理論にも合致する。[48] 穏やかな子どもは、他者が望んでいること、していること、言うことに注意を向ける。そして一般に、ものごとの流れを観察し、それを追うことができる。それに対して、状況を主導することが求められる文化のもとでは、興奮（や動くこと）がより望ましいと見なされる。まず行動して他者に影響を及ぼすことができるからだ。

優秀な実験心理学者のツァイは、自分の予測が実験室でも有効なのかを検証した。ある研究協力者が別の研究協力者に影響を及ぼせる環境を作り出した場合、前者、すなわちインフルエンサーはより強い興奮を求めるだろうか？　また、インフルエンサーに従うことを求められた後者、すなわちアジャスターは、穏やかさを感じたがるだろうか？　端的に言えば、その答えは「イエス」だ。ツァイは学生たちを実験室に呼び、ペアを組ませて分類課題を与えた。ペアは未分類のカードの束を一組ずつ渡された。カードの束には、各々図柄が異なるカードが含まれていた。そして一方がインフルエンサーとなり、パートナー、すなわちアジャスターが手持ちのカードを同じ順番で並べられるよう各カードの図柄を一枚ずつ説明せよと指示された。また、アジャスターには、インフルエンサーの「心に入り込み」、手持ちの束をインフルエンサーのものと同じ順番に並べることが求められた。その結果、ツァイが予測していたとおり、インフルエンサーはより強い興奮を、アジャスターは穏やかさを求めた。[49]

ドイツ人の母親は、子どもが自己の情動をしっかりと表現できるようになることを望む。自信を持って自分の考えを主張し、独自の才能を開花させることを願うのだ。それに対してンソの母親は、穏やかな子どもを望む。[50] なぜなら、彼女たちの目標は、年長者を敬い、親の言うことを聞き、社会秩序を守ろうとする子どもを育てることにあるからだ。同様に台湾人の親は、幼児に対して泣くのではなく静かにしなさいと諭し、不快なできごとに自分自身を適応させるよう（あるいはそのようなできごとを回避するよう）求める。いずれのケースでも、子どもの情動は各自の文化で社会的に尊重されるおとな、つまりドイツでは自立的なインフルエンサーになるべく、また台湾では関係を尊重するアジャスターになるべく社会化されるのである。

このような文化間の相違を説明する別の観点がある。それは「ンソと台湾人の子どもたちはアウトサイド・イン情動を、中流家庭のドイツ人と白人系アメリカ人の子どもたちはインサイド・アウト情動を持つべく社会化される」というものだ。アウトサイド・イン情動は、何よりもまず人間関係を含め環境が課す要請を全うするために培われる。それに対してインサイド・アウト情動は、感情を外向きに表現する。情動の基盤は、母親が社会的な結果、もしくは感情それ自体を強調しつつ、三歳児と直近の情動的な経験について語り合い始めるころには築かれる。第2章で取り上げた三歳の中国人男子ジャンの注意の方向は、まるまる三年間外部〔社会〕に向けられていた。それに対して同じく第2

章で取り上げた三歳のアメリカ人男子ジョージの注意の方向は、三年間内部〔感情〕に向けられていた。そのことは子どもが母親と会話をし、それぞれの文化の観点が強化されるようになる以前から当てはまる。

怒りっぽい子どもを育てる

つねに怒っている子どもを望む文化は存在しないが、怒りを重視する文化もあれば、悪しきものとして扱う文化もあることは確かだ。アメリカの白人中流家庭の親は、子どもが怒ることをやむを得ないものと見なし、その根底にある特性を大切にする。幼児は、自立の感覚をもてあそぶ「イヤイヤ期」を経て、さらに「自己主張し反抗的」になる「ノー」ステージに至る。[51] 子どもが一〇歳を過ぎ思春期に入ると、親との争いが増え、怒りを爆発させるようになる。いずれの時期においても、あるいは中間期においても、怒りは――好ましくはなくても――健全な自立心の芽生えをしるすものとしてとらえられる。『サイコロジートゥデイ』誌に掲載された思春期に関する、ある論文（『誰が私の子どもを盗んだのか（Who Stole My Child?）』の著者が執筆した）には、「怒りは、思春期の若者のみならず親にも頻繁に生じる。そうでないはずはない」とある。[52] 著者によれば、その理由は「親は影響力を行使しようとして、また思春期の若者は自由を求めて、親子喧嘩の最中に不満に駆られて怒りを覚える」からだ。このように、怒りはさまざまな成長の段階で、アメリカの白人中流家庭の親と、次第に自立心を高めていく子どもたちとのあいだで避けて通れない権力闘争の一部をなしている。

どんな親でも、スーパーマーケットで癇癪を起こして手に負えなくなった幼児への対応を迫られる事態は避けたいだろう。あるいは、わがままな幼稚園児や、怒り狂って大きな音を立ててドアを閉める思春期の若者の相手はしたくないはず。それでも、中流家庭のヨーロッパ人や白人系アメリカ人の親は、怒りの手本を示し、自立心を培うことを通じて、怒りを感じ、かつそれを露わにする子どもを育てる。

心理学者のパメラ・コールらは、アメリカ人とネパールのタマン族の思春期前から思春期初期にかけての子ども（九〜一二歳）の怒りの感情や表現を比較し、類似の結論を得ている[53]。同じ状況に直面しても、アメリカ北東部の農村で暮らす子どもは、ネパールの仏教徒タマン族の子どもより怒りを示すことが多かった。この実験では、すべての研究協力者が「困難な状況」に関する短いストーリーを読み、その状況を描いた絵を見せられた。たとえば次のようなストーリーを読んだ。

あなたは宿題をしていて、そばには父親がすわっています。あなたは消しゴムを使おうと思ったのですが、消しゴムは父親の手元にあります。あなたが消しゴムを取ろうとすると父親はあなたの手を叩いて「私が使い終わるまで待ちなさい」と言ったのです。

この消しゴムのストーリーは、父親か友人が登場するいくつかの話のうちのひとつだ。子どもたちはストーリーを読み、絵を見たあと、どう感じたかを尋ねられた。アメリカ人の子どもたちは、半分以上の「困難な」状況に対して（喜びも恥もそれでいいとも感じず）怒りを覚え、その思いを伝えるだろうと答えた。また、年長の子どものほうが怒りを示す傾向にあった。これは、十分に成長すると怒りやすくなることを示唆する。さらに言えば、アメリカ人の子どもたちは怒りを露わにすることが問題の解決に役立ち、困難な状況に影響を及ぼせると考えていた。このストーリーに対するアメリカ人の子どもの典型的な回答は、「その行為が間違いだということを認識させるために」怒りを父親に伝え、「消しゴムは使ってもいいけど、ぼくの手を叩く必要などないのでは？」と訴えるものだった。コールらの見解によれば、自立や自己主張を強調する社会では、子どもたちは、怒りを感じること、そして相手にその思いを伝えることは許され、かつ効果的な手段だと学んでいく。

平等、寛容、そして心理的な苦痛の最小化を重視する社会で暮らすタマン族の子どもたちの情動とはどれだけ異なることか！　タマン族には独自の価値観があり、彼らの子どもたちは、状況が悪化するとそれを自分のせいにすることが多い。「ぼくが消しゴムをかっさらったからだ」と考えるのだ。[54] アメリカ人の子どもたちが、自分に有利になる方向へと状況を変えるために怒りを感じ表現する（そして父親や友人を責める）のに対し、タマン族の子どもたちは、調和を維持するために自分自身を責める。

親や育児に携わる人々は、怒りの社会化において自分たちが想像している以上に影響を及ぼしているかもしれない。すでに取り上げた、ドイツ人と日本人の母親と、わがままな子どもたちのやり取りを観察する研究によれば、親は子どもの怒りの社会化に重要な役割を果たしている。[55] この研究に参加したドイツ人の母親は、日本人の母親ほどわがままな子どもに寛容ではない。日本人の母親のように子どもの態度を未熟として容認するのではなく、子どもがわざとわがままに振る舞っているとただちに見なすのである。「私を怒らせようとしている」などといった意見はありふれており、子どものわがままに怒りで応じるドイツ人の母親は多い。意図されざる副作用として、ドイツ人の母子のやり取りは、両者が怒り出してエスカレートすることが多い。私の解釈では、ドイツ人の母親は、異なる関心を持つふたりの個人のあいだの権力闘争として子どものわがままをとらえている（それに対して日本人の母親は、子どもと母子関係に対して自分が責任を負っていると感じる）。注目すべきことに、母子関係においてドイツの五歳児が示す怒りは、その子どもの九年後の攻撃性を予測する（また、九年後にドイツ人の子どもが見せる攻撃性は、同じ研究に参加した同年齢の日本人の子どもより強い）。ドイツ人の母親は、子どもに怒ってほしいと思っているわけではないのだろうが、子どもの主体性や意図を重視し、母親自身が怒ってみせることで、怒りを示す状況を作り出しているのだ。

心理学者のペギー・ミラーとリンダ・スペリーは、サウスボルチモア地区（米・メリーランド州）で暮らし、二歳半の娘を持つ三人の労働者階級の母親を追跡している。[56] 彼女たちも怒りの発露を子どもに促したものの、そのやりかたはドイツ人の母親とまったく同じではなかった。サウスボルチモアの母親たちは、娘に「不当に扱われたら、強くあること、傷ついた感情を抑えること、自己防衛すること」を教えていたのだ。

サウスボルチモアの母親たちは、自分の生活について語るにあたって、彼女たち自身が大きな怒りを覚え、攻撃的になったときのことについて言及している。そのできごとは娘も聞いていた。どうやら、（母親自身が経験したように）いつの日か子ども自身が直面するかもしれない厳しい現実にどう対処すべきかを教えたかったらしい。同様な例として、ある母親が語った話を取り上げよう。

息子は、いじけだしました。私と一緒に街なかを歩くことを恥ずかしがったのです。というのも、私のおなかが大きくなり始めていたからでしょう。だから私は、「いやならやめよう」と言ったのです。

このストーリーの主旨は、「自分の立場を確保したければ、怒りを示せ」というものだ。このメッセージはサウスボルチモアの母親が「なよなよするな」と諭して娘たちに伝えようとしたこととまったく同じである。傷つけられたり不当な扱いを受けたりしたときには、「なよなよせずに」怒りを示すべきだと、彼女たちは子どもに教えているのだ。ある姉妹の母親は、妹を諭すために、「彼女は毛布を取られたから怒っているのよ」と姉に説明した。ときに母親は、からかって怒らせることで、なよなよした態度をとらないよう子どもを鍛えることがある。たとえばある母親は、「喧嘩してでもほしいんじゃないの？（挑発するような口調で）違うの？　だったらあなたは弱虫ね」と二歳の娘をけしかけた。この母親は、「私に向けて怒るよう娘をけしかけたのです」と研究者に語り、そのあとで娘に向かって「負けたから怒ったの？」と尋ねた。これは母親が娘を怒らせる事例だ。

とはいえサウスボルチモアの母親は、娘が怒ることを認めない場合もある。たとえば娘が母親に怒りの矛先を向けると、その怒りは「駄々をこねている」と見なされる。二歳児のウェンディは、母親におしゃぶり（ニニー）を取り上げられて癇癪を起こした。「ウェンディは椅子に体当たりして目を見開き、〈ニニーちょうだい！　ニニーちょうだい！〉と叫んだのです」。ウェンディの母親は彼女を厳しく叱り、（「椅子が倒れちゃうよ」と）警告した。そのような状況下では、たとえばウェンディの母親がしたように懲罰をほのめかして怖がらせる（「お尻を叩かれたいの？」）、あるいは自分の行動を説明する（「ニーを洗わなきゃいけないのよ」）など、母親はさまざまな手段で子どもの怒りを静めようとする。また母親は、自分の子どもが何も悪いことをしていない友だちに対して怒りを向けることを許さない。その場合の教訓は「駄々をこねてはならない」というものになる。研究に参加したサウスボルチモアの母親は、簡単には他者につけ込まれないが自分の立場をわきまえている子どもを理想と見なしていた。[57]

欧米の保護者はたいてい、怒りとは、子どもが自分のニーズや目標を持った個人として成長するために不可欠な要素として、また不正に対して示す反応としてとらえているが、他の多くの文化圏では、怒りは幼稚と見なされ、怒りを抑え克服できるよう子どもを導くことが保護者の役割だと考えられている。たとえばウトゥク族の保護者は、「ibumaのない、すなわち心、思考、理性、理解を欠く」幼い子どもの情動を大目に見る。[58] 人類学者のジーン・ブリッグスは、ホストファミリーのなかで最年少の当時三歳だったサーラクが、「怒りと不満から叫び声をあげていた」と書いている。サーラクの家族は、彼女の欲求をすべて満たそうとして、その振る舞いを大目に見ていた。それでも態度が変わらなければ彼女をなだめた。彼らのあいだでは一般に、幼い子どもは怒りっぽくて怖がりやすく、すぐに泣くと考えられている。また、五歳ないしは六歳にならないと身につかないと見なされているibumaは、子どもがそれを少しでも示し始めない限り教えても無駄だというのが、彼らの常識になっている。ブリッグスが現地に入ったときには六歳だった、サーラクの姉ライギリは、サーラクとはかなり異なる扱いを受けていた。ライギリには、ibumaを示すことが求められたのだ。彼女はたいてい、ibumaを備える子どもとして振る舞っていた。だから彼女の振る舞いはあまり目立たず不快ではなく、誰かに無礼を働いたり迷惑をかけたりはしなかった。彼らのあいだでは、成熟は集団の安寧に寄与し、怒らないことを意味していた。

もちろん、年長の子どもでも自分を完全に抑えられるわけではない。ライギリもときに怒りや不満を示すことがあった。とはいえ、「彼女の敵意は攻撃ではなく不機嫌の形態をとった。受動的ではあれ、そこには社会の要求に対する徹底的な反抗が見て取れた」。そのような彼女の感情が周囲のおとなによって正当化されることはなく、事実、親は彼女の態度を無視した。おとなの考えでは、子どもは、現時点では無理でもいずれ道理を理解し、自分の間違いに気づくはずだった。おとなによる子どもの行動の不承認は明確に見て取れるものの、制裁に至るわけではない。おとなの不承認に子どもが注意を払わない場合、ときに見せかけの脅しの形態を取ることもあるが、その問題は却下され、懲罰は科されない。ウトゥク族の親は、彼らが重視している穏やかさや理性的な反応の手本を示し、やがて子どもが穏やかさを保てるようになることを期待する。ウトゥクの親はすでに取り上げた日本人の親と同じく、最初は落ち着きの手本を示し、のちには子どもが示したどんな怒りも認めないことで、「決して怒らないよう」子どもを社会化していく。

欧米の親が、子どもの社会化において、誇りや喜びや自尊心よりも怒りを重視するとはとても思えない。よって、怒りが不可避だと見なされるとも考えにくい。ところが研究によれば、欧米の多くの親がその考えに沿って子どもを社会化している。つまり彼らは、怒りを、欧米で重視されている自立や自己主張を体現する情動と見なし、自分が子どもの怒りの対象になることは望んでいなかったとしても、怒りの手本を示し、子どもの怒りの表明を認め、その効用についてはっきりと教えているのだ。

情動はMINE型であると同時にOURS型でもある

私たちは、社会生活を送るうえで文化的な規範、価値観、期待に沿う、立派なおとなになれるよう子どもを育てる。[59]立派なおとなになるための重要な条件のひとつは、「正しい」情動〔「正しい」情動については次章を参照。一二九頁の訳註にも補足した〕を育むことである。それぞれの文化圏で、保護者は子どもに、文化的な社会規範や価値観に見合った情動を教え込む。[60]そのような情動を持つことで、人はその文化の一員になれる。そのような情動を取り巻く道徳的な力は強大だ。大多数の構成員が子どもは自分自身を快く感じるべしと考えるコミュニティーもあれば、恥、怖れ、落ち着きを重視するコミュニティーもある。

親やその他の保護者は、それらの情動を、実際に経験する機会を作り出すことで子どもに教え込む。こうしてオリバーの父親と私はオリバーのために誇りを感じる機会を、またディディの母親と姉は彼に恥を感じる機会を作り出したのだ。その種の機会は、称賛、殴打、脅し、恥ずかしい思いをさせるなど、情動を喚起する実践を通じて生み出されることが多い。また、情動を喚起する方法は、強い道徳的な色合いを帯びてさえいる。[61]たとえばヨーロッパ系アメリカ人の中流家庭では、子どもの称賛はよいことで、不必要な批判は悪いことだとされている。台湾人の母親のあいだでは、子どもに恥ずかしい思いをさせるのはよいことで、称賛するのは悪いことだとされている。

子どもは、特定の情動を感じたり示したりした際に親や社会の人々から自分の態度が受け入れられた場合、もしくは特定の情動を感じなかったり示さなかったりした際に受け入れられなかった場合、その情動を「正しい」ものとして学ぶ。他者につけ込まれたときには怒れと幼い娘を諭し、からかって怒らせようとしたサウスボルチモアの母親たちについて考えてみればよい。また子どもは、特定の情動を抱いたり示したりした際に自分の態度が受け入れられなかった場合、もしくは示しても完全に無視された場合、その情動を感じたり示したりしないほうがよいと学習する。ウトゥク族の子どもや台湾の幼児、あるいはンソの乳児は、動転することが悪いことだと学ぶ。というのも、動転したときには、受け入れられなかったり無視されたりするからだ[62]。さらに言えば、子どもは親の情動を観察することで、どの情動が「正しい」のかを学んでいく。つまり親の愛情、怒り、恥は、子どもの情動の発露の手本になるのだ。

　社会の一員になることは、特定の情動を持つことを意味する。どの情動が強調されるのかは、その社会ではいかなるタイプのおとなが重視されているのかによって決まる。個人の業績を重視するコミュニティーでは、子どもは自分自身を快く感じなければならない（自分に誇りを持たねばならない）。従順さを重視する、あるいは世界を危険な場所と見なすコミュニティーでは、子どもは怖れを知っておく必要がある。礼儀を重んじるコミュニティーでは恥が強調される。特定の情動を喚起することは、一般には善し悪しの問題ではないとしても、特定の文化やコミュニティーを取り上げた場合には、そこでの養育の目標に照らして善し悪しが決まる。殴打や怖れさせることは、一般には必ずしも悪いこととは見なされないが、自信に溢れた活動的な子どもを尊重する文化のもとでは悪いことと見なされる（アメリカの中流家庭はその一例である）。

　私たちが「誇り」「恥」「怖れ」「愛」「甘え」「思いやり」「穏やかさ」「興奮」などの情動を経験す

るのは、親や同じ文化圏で暮らす他の人々によって吹き込まれるからだ。情動は、私たちの心の奥底から湧き上がってくるのではなく、特定の文化のもとで繰り返し経験することで条件づけられる。幼い子どもの情動は、個人の内部の心の状態としてより、人と人のあいだでなされる人間関係的な行為として規定するほうがふさわしい。そのようなありかたで、すべての情動は個人の内部に存在すると同時に外部にも存在する。そのことはオリバーの「誇り」やドイツ人の乳児の「喜び」にも、さらにはディディの「恥」、ミナンカバウ人の子どもの*malu*、バラ族の子どもの*tahotsy*、一九世紀のアメリカの母親によって吹き込まれた「愛」、日本人の母親に教えられる「思いやり」、ンソの乳児の「穏やかさ」にも当てはまる。いかなる社会であっても、その一員になることは、MINE型情動のみならずOURS型情動を持つことを意味する。

OURS型情動は成人後も保たれる。私たちの情動の布地《ぬのじ》は、他者との相互作用を通じて織り上げられる。他者との相互作用は、私たちの感じかたや行動様式を規定する。以下の数章を読めば、情動の推移は、個々のエピソード、人と人とのやり取り、人間関係、文化によって異なることがはっきりとわかるだろう。

第4章

「正しい」情動と「間違った」情動

私が情動の研究を始めた一九八〇年代後半、文化的な相違を裏づける研究成果には、システマティックな見解がないように見えた。情動のあらゆる側面に関して文化的な相違（と類似性）が見出されていたものの、バラバラで関連性のない状態だったのでどこから手をつければよいものかわからなかった。[1]だが、いまの私なら、情動の論理を理解することができる。[2]情動における文化間の相違は、文化のルールに一致しているか、逸脱しているかなどといった、人間関係のタイプの違いに関するものなのだ。この論理は、情動がどう感じられるかを重視するMINE型情動モデルの観点より、人と人のあいだで何を実践するかを重視するOURS型情動モデルの観点からとらえたほうがよりはっきりする。

前章では、それに関連する事例をいくつか取り上げた。誇りを抱く子どもは、人間関係において自立した強い立場をとる。ゆえに誇りは、自立を尊重する文化圏では「正しい」情動と見なされて奨励される。一方で調和を重視する文化圏では「間違った」情動と見なされるので、誇りを抱く子どもは共感力や他者への敬意を欠くと言われる。恥は誇りと対照的に、子どもを結束力のある堅固な社会ネットワークに統合する必要のある文化圏では「正しい」情動と見なされる。そこでは、恥を感じる子どもは、自身の行動が社会規範から外れたらそれを認め、他者に敬意を払い、自分にふさわしい社会的立場をとる。それに対して、子どもの自立や自尊心を重視する文化のもとでは、恥は「間違った」情動と見なされる（正しい情動（right emotion）と間違った情動（wrong emotion）は、文化の立場からの表現になるが、その文化を受容した個人には「しっくりする」と感じたり（feel right）「しっくりしない」と感じたり（feel wrong）するようになるという意味も含まれると考えられる）。なぜなら恥は、他者の判断への依存や、規範からの逸脱を強調するからだ。同様に怖れは、人間関係の基盤として権威を重視する文化圏では「正しい」情動として扱われるが、人間関係のモデルとして愛情や激励が流布している文化圏では有害な情動として扱われる。怖れを知る子どもは内気で、懲罰（や危険一般）を避けようとする。それと同時に怖れは、ＷＥＩＲＤ文化圏で尊重されている責任感や自主性を損なう。あるいは甘える子どもは、他者のケアに依存する。甘えは緊密な相互依存を重視する文化圏では「正しい」情動と見なされるが、成長の目標が自立に置かれている文化圏では「未熟」と見なされる。[3] 怒りっぽい子どもは、自分に所有する権利があるものを与えなかったとして他者を非難する。怒りは自己主張する子どもの育成を目指す文化（や状況）のもとでは「正しい」（あるいは少なくとも大目に見られるべき）情動として、また、コミュニティーの願望や活動に自己を合わせることの価値を子どもに教える文化のもとでは「間違った」情動として解釈される。[4] 後者の文化圏では、怒りはもっとも「未熟な」情動だと考えられている。

このように、文化によって「正しい」情動と「間違った」情動が規定される。「正しい」情動は、その文化圏で重視される人間関係を促進し、「間違った」情動は禁じられた人間関係を助長する。そして「正しい」情動は文化的に奨励され、報いられるのに対し、「間違った」情動は避けられ、罰せられる。簡潔に言えば、これが文化間における情動の相違の論理だ。この論理は、ＯＵＲＳ型情動モデルに、すなわち文化的、社会的な環境のもとで情動が何をなすのかに依拠している。

本章では、怒りと恥というふたつの情動に的《まと》を絞る。いずれの情動も、文化（あるいは立場）によって「正しい」と見なされることも「間違っている」と見なされることもある。支配に結びついた怒りと、排除の回避に結びついた恥は、いかに情動が人間関係から成る社会的な布地を織り上げているかのみならず、いかにそれが人間関係の一部を成し、形作られるのかを理解するための恰好の事例になる。本章を読めば、怒りや恥が、文化（や自分の置かれた立場）によって「正しい」と見なされるか「間違った」ものと見なされるか——すなわち他者がそれにどう反応するか——に応じて、さまざまな道筋をたどるということがわかるはずだ。では、怒りや恥の普遍性についてはどう考えるべきか？ 文化間における情動表現の相違の背後には、同じ怒りや恥が潜んでいるのだろうか？ それについて、これから見ていこう。

怒り

情動とは、単に個人を突き動かす内的な力というより、人間関係においてどのような態度をとるかに関係する。例として、私の家庭を取り上げよう。私は、夫が夕食に遅れたことに腹を立てているとする。せっかく彼の好きな料理を作って待っていたのに、彼は帰宅が遅れるという連絡すらよこさなかった。私は、料理が冷めるから怒っているのかもしれないし、私の苦労が報われないことに怒っているのかもしれない。やがて夫が帰宅すると、私は彼を叱責する。この私の態度によって、一時的にせよ夫婦関係が変わってしまう可能性があることは誰にでもわかる。だがここで私が言いたいのは、怒りには人間関係を変える行動がともなうということではない。怒りそれ自体が、人間関係における自己の態度の表明なのであり、この例で言えば、私は怒ることで、夫のしたことが正しくない――私の努力を軽視している――と見なす私の態度を明確にし、夫からの相応の待遇を期待する。[5]

大半の情動は、社会的なやり取りのなかで生じる。私の怒り――私が最初にとった態度――がどうなるかは、夫がそれをどう受け取るかによって変わる。[6] 夫は後悔し、態度を改めることを約束してくれるだろうか？ あるいはいつもより慎重な態度をとって、私を喜ばそうとするのか？ それともまったく逆に、彼の言い分を通そうとするだろうか？ 私の怒りは、夫が受け入れることで正当化されれば、最初は余計に燃え上がるかもしれない。しかしひとたび私の怒りが夫に理解されたと感じ、怒りの目標が達成される見込みが得られれば、怒りは収まるだろう。それに対して夫が怒鳴り返すことで私の怒りに反応し、「怒っているのはオレのほうだ」「帰宅していきなりこれはないだろう」「おまえの泣き言のせいで頭がおかしくなりそうだ」などと言えば、私は、たとえば怒りを胸に収めて謝るなど、別の態度をとるかもしれない。私の怒りに対する夫の反応は、将来同じような状況が起こったときに私が怒るか否かを決める要因になる。

私の属する文化圏では、この事例のような状況であれば怒りは容認される。私が怒っていることを夫に伝えれば、その瞬間には不愉快になるかもしれないが、その怒りは彼に、私を尊重するよう訴えるものなので、最終的に夫婦間の関係は、より誠実で満足できるもの、つまり両者のニーズをともに満たすものになるかもしれない。パートナー同士が各々のニーズを明確にし、それぞれが目標の達成に向けて努力することが関係性の目的であれば、受容しないという行為は「正しい」ものになりうる。

欧米文化圏では、怒りは快くはないものの、概ね有用で正常な情動だと考えられている。思春期には、怒りや争いは自立という成長の重要な目標に向けた必要なステップとして容認される場合が多い（第3章参照）。思春期を過ぎてさえ、怒りは、私的な関係にせよ公的な関係にせよ、さまざまな人間関係において境界を画するという点で有用である。そしてこれは、目標の達成が妨害されたり不満を感じたりしたときに示す「正常な」反応なのだ。中年のアメリカ人を対象とするある研究では、研究協力者は不満を感じれば感じるほど、頻繁に怒りを行動で示した[7]。

とはいえアメリカでも、怒りはつねに容認されるわけではない。一九世紀ヴィクトリア朝時代、結婚生活の基盤には女性の無私の愛があった[8]。私がヴィクトリア朝時代の女性だったら、私は夫が遅く帰宅しようが、決して怒ることなく受け止めたはずだ。そして私の尊厳は、自分の義務を粛々と果たす、夫への奉仕にこそあっただろう。怒る理由もなければ、それを正当化することもできない。少しでも自分の怒りについて口に出せば、ただちに非難を受けたはずだ。

一七世紀が終わるころまでの欧米人は、日記を書くにあたって自分の怒りについて記すことに困難を覚えていた[9]。彼らには怒りの表明に必要な資格や権利がなかったのだ。たとえばロジャー・ロウという一七世紀の店員見習いは、数々のいやなことや興奮したことを日記に綴っているが、自分の怒りについてはまったく書いていない。彼にとっては、店主とのつき合いがいちばん厄介だった。店主はロウに店の経営について教えてくれなかった。日記には「ここで九年間も働いて数々の商品を売ってきたのに（……）何の知識も得られなかったのがとても悲しい」とある。店主が彼に服を新調してくれると約束したにもかかわらず、結局もらえなかったときにも、「何ももらえなかった。悲しい」とあるように、そのときに覚えた感情を「悲しい」と記述している。同じ階級に属する人々とのつき合いにおいても、悲しみは彼がもっとも頻繁に感じる情動であった。たとえばある女性が彼についての悪意に満ちたゴシップを流したとき、彼はそれを「悲しいと感じた」。ロウは怒りを覚えたとは思っていない。なぜなら、怒りは「正しい」情動ではなかったからだ。神には怒る権利があったが、一般市民にはなかった。ロジャー・ロウや同時代の人々には怒る権利や不服従が認められておらず、その代わり彼らは、「謙虚に歩む」べく自分を導いてくれるよう神に祈ったのだ。

欧米文化とはかけ離れた現代の多くの文化圏でも、とりわけ密な人間関係で結ばれたコミュニティーや社会では、怒りは「間違った」情動だと見なされる。ウトゥク族、チベットの仏教徒、イファルク族にとって、あるいは日本人にとってさえ、怒りのカードを切ることは御法度《ごはっと》に近い。これらの文化圏では、個人の目的や権利より、コミュニティーや人間関係の調和が優先される。権利の主張や不服従は、人間関係を円滑に保つという主な目標と相容れない。そこでは怒りはほとんど見られず、報告されることもはるかに少ない。「決して怒らない」ウトゥク族は落ち着きや寛大さを尊重し、その欠如を幼稚で危険と見なす（第3章参照）。同様にチベットの仏教徒は、彼らの言葉 *lung lang*（おおよそ「怒り」と翻訳される）を、自己にも他者にも有害で破壊的な情動と見なしている。[10] 怒りは感覚力を備えた他の生き物を傷つけようとする欲求に動機づけられているので、思いやりや、相手を傷つけないようにしながら話し、行動し、暮らすことを重んじる仏教の倫理規範にそぐわない。人類学者キャサリン・ラッツのホストを務めたイファルク族も、日常生活における怒りの発露を非難する。[11] 病気にともなうイライラ、些細だが嫌なことが続いて溜まった不満、やるべきことをやらない親戚に対する苛立ちのような怒りは、不道徳で威厳を欠く情動と見なされている。このように、個人の自立より人間関係における調和が優先される文化圏では、権利の主張や不服従は「間違っている」。ゆえに、対人関係で怒りの発露はあまり見られない。

哲学者のオーウェン・フラナガンは、欧米の伝統におけるさまざまなタイプの怒りの受容と、たとえば仏教徒やストア派の伝統に基づく怒りの完全な否定を比べている。[12] 心に関する仏教の教えでは、（自分の欲しいものが得られないときに示す）怒りは人間の本性に浸透した毒であり、「自分には欲しいものを手にする権利があり、社会はそれを私に与えるべきだ」という幻想（そこから怒りが生じる）と同じくらい、邪悪だとされている。そのような世界観においては、怒りは苦痛を引き起こす世俗的な愛着や妄想に個人をつなぎとめるため、他者のみならず自己も傷つけると見なされる。

怒りが「正しい」と見なされれば、日常生活において怒りが頻繁に発生し、「間違っている」と見なされれば稀にしか発生しない。調査によれば、アメリカ人の大学生は、日本人大学生に比べて日常生活で怒りやすい。[13] また中年の男女についても同じことが言える。[14] 交通渋滞に巻き込まれる、勉学に追われる、家庭内でいさかいが起こるなどの事態に、アメリカ人は同様な状況下に置かれた日本人より怒りやすい。[15] 状況の悪化のせいで理想の追求が妨げられると、アメリカ人は責任の所在や不公正を見出そうとするのに対し、日本人は自らの欠点について反省し、困難を克服しようと努めることが多い。このように、拒絶への怒りは、一般的な人生観に織り込まれているのだ。[16]

怒りと権力の正当性

怒りが、拒絶という人間関係をめぐる行為である場合、怒りの相手は怒っている人に屈するか、もしくは抵抗する。怒りの多くは正当性の問題に帰される。ラリッサ・ティーデンスとフィーピー・エルスワースと私はある研究で、アメリカのビジネススクールの学生に、上司と部下が販売チームを組んだが、目標を果たせず失敗に終わったという小話を読ませた。[17]その記述からは誰のせいで失敗したかは判然としなかったにもかかわらず、学生たちは、上司は怒っていて、部下は悲しみか罪悪感のいずれかを覚えていると想定した。つまり彼らは、単純に序列に基づいて情動を推測したのである。その際、怒りは序列の高い人物に、悲しみや罪悪感は序列の低い人物に結びつけられた。この結果は少なくとも、研究に参加した学生たちが、怒った部下より怒った上司を多く目にしていることを意味する。このように、権力や地位は怒りと結びつけられているのだ。

通常なら怒りのような情動を非難する文化のなかにも、もっぱら権威や権力を持つ人物に帰される、正当性が関与するタイプの怒りが見られる文化がある。イファルク族のあいだには、非難を免《まぬか》れる種類の怒りを指す*song*（正当化可能な怒り）という特殊な言葉がある。[18] *song*とは、たいていイファルク社会の権力者が、規範の侵犯や価値観を逸脱する行為に対処する際に示す情動だ。同様に日本人の日常生活では、怒りの発露は一般に「未熟」と見なされるものの、高学歴で高度の専門知識を持つ意思決定者は怒りを示すことがある。[19]そのような権力者の特権としての怒りは、個人的な不満の発露というより、集団の規範を設定し守るものとして、やや異なる意味合いを帯びている。日本人に見られる権力者の怒りは健全で、アメリカ人に見られる怒り（不満に結びついた怒り）は不健全だとする見方もある。[20]

ラリッサ・ティーデンスは見事に設計された一連の研究を通じて、権力としての怒りが有利に働く可能性を示した。[21] 彼女の研究は、ビル・クリントン大統領の弾劾《だんがい》公聴会を見ていて思いついたもので、彼女は、公聴会で大統領がときおりこれ見よがしに怒ったり、悲しんだりするのに気づいた。そこで彼女は、「悲しんだときと怒ったときではどちらのほうが信頼を得られるだろうか？」という問いを立てたのだ。この実験でティーデンスは、弾劾公聴会で大統領が怒っている瞬間、もしくは悲しんでいる瞬間を切り取った短い動画を大学生に見せた。その結果、政治的な立場に関係なく、研究協力者は怒っているクリントンより悲しんでいるクリントンの動画を観たときのほうが弾劾してやろうとする気持ちになった。明らかにクリントンの〔怒りによる〕否認や権利の主張は、〔彼は弾劾されるべきではないと〕学生を説得したようだ。

この新鮮で具体的な実験を皮切りに、ティーデンスは折に触れて、アメリカの文化では怒りが報われることを見出していった。（俳優に政治家を演じさせた）ある研究では、アメリカの学生は怒った政治家を、（悲しんでいる政治家より）有能で投票に値すると判断した。別の研究では、ハイテク企業の従業員は怒りを露わにしたほうが昇進しやすいことが見出された。さらに別の研究では、（俳優が演じる）怒った求職者は、悲しむ求職者と比べ、他のすべての特徴が同じでも雇われる可能性が高く、好待遇が提示されることがわかった。これは、どちらのビジネスパーソンがより有利な取引を結べるかを想像してみればそのような結果が出た理由がよくわかるはずだ。フェアな取引でなければ怒って拒絶するビジネスパーソンのほうである。こうして見ると、投票者、管理者《マネージャー》、就職資格審査員、ビジネスパーソンはいずれも、（投票や企業での昇進競争や交渉の場で）怒りを示す人の力に期待するらしい。

しかし大事な注意点がひとつある。怒りが有効に機能するのは、相手がそれに屈した場合に限られる。怒りが怒りに対抗されると、人間関係の収拾がつかなくなる。怒りは逆効果にもなりうる。先述したヴィクトリア朝時代の女性の事例を思い出してほしい。無私の愛情を子どもや夫に注ぐ彼女たちの役割は、権利の主張や拒絶とは正反対となる。当時の模範的な妻は、夫が怒っても自分が怒ることはなかった。模範的な母親は子どもに愛情を注ぎ、穏やかさを保つと同時ににこやかにしていた。それとは逆に、怒りは「端的に言って性格の悪さを露呈した」[22]。同様に、怒りがきわめて忌まわしいものと見なされているために、軽い興奮の兆候を示しただけで非難を浴びる結果になる文化も多い。

また、必ずしも成功するわけではないとしても、怒りに折り合いがつけられることも多い。現代の事例から始めよう。先に登場したティーデンスの研究は、男性の政治家や求職者に焦点を絞っていた。しかしそのおよそ一〇年後、彼女のふたりの同僚、ヴィクトリア・ブレスコルとエリック・ウルマンは、苦境に立たされたもうひとりのクリントン、すなわちヒラリー・クリントンの運命に驚かされる[23]。ある批評家が指摘しているように、「彼女は、怒っているように見えるときは〈口やかましい魔女〉で、そうでないときは〈臆病な小娘〉」なのだ。

この見解は、男性と女性の怒りの表現を比較する一連の研究を生み出すきっかけになった。ブレスコルとウルマンはある研究で、求職者を対象に行なわれたティーデンスの研究を、今回は男女両性を含めて追試した。その結果ふたりは、怒りを露わにしたほうがよい結果が得られることを示したティーデンスの研究を男性については再確認できたものの、女性については利がないことを発見した。つまり怒りは、女性が権利を主張する手段としては有効ではなかったのだ。どうやら情動においても、ガラスの天井〔女性やマイノリティーを一定の範囲を越えては昇進させようとしない差別的な障壁〕があるらしい。[24]

アフリカ系アメリカ人も同じような被害に遭っている。あるいは、こちらのほうが事態は深刻かもしれない。彼らの怒りの正当性は疑われることが多く、どんな怒りであろうが非難されるのだ。政治学者のダヴィン・フェニックスは、二〇二〇年に『ニューヨーク・タイムズ』紙に掲載されたあるオプエド記事〔社説の対向ページに掲載される署名入りの反論記事〕でまさにその点を指摘している。[25]

(……)アメリカでは、最悪の結果を招かずに怒りや反抗の意を表現する権利を誰が持っているかに関して二重基準《ダブルスタンダード》がまかり通っている。怒れる白人の扇動者は善人、愛国者、革命家などと呼ばれるのに対し、怒れる黒人の扇動者は過激派、暴漢、暴力的な御都合主義者などと言われるのだ。

怒りは権利の主張に関係する。誰かがあなたの権利を否定するのであれば、怒りの表明は裏目に出る可能性がある。

怒りが本人の地位に影響を与えるのであれば、怒ることはある種のギャンブルだ。他の人々は、あなたの主張を受け入れるだろうか？　人類学者のエドワード・シーフェリンは古典的な民族誌研究で、パプアニューギニアで暮らすカルリ族のあいだでは、怒りが権力行使の手段のひとつとして機能すると述べている。シーフェリンによれば「期待が裏切られたり、他者から不当な扱いを受けたりした男性は、たいてい腹立ちを抑えようとはせず、むしろ怒りを激怒として噴出させる」のである。[26] こうして怒りを露わにすることは、補償の要求を意味する。つまり怒りを表明する人は、自己の権利を主張し、損害を埋め合わせる他者からの支持を期待しているのだ。とはいえカルリ族は、怒りの論理が貫徹する以前に怒りによる主張を、その正当性に疑義を呈することで却下することも多い。日常生活では、彼らは恥をかかせることで怒りに対抗する。一例をあげると、子どもが怒りながら食べ物を要求すると、親はその主張を言下に否定するより、「その食べ物はあなたのものなの？」と問いかける。もちろん、強い権力を持つ相手に恥をかかせることには危険がともなう。そのような相手は恥を無効化し、脅して支配しようとする、つまり怒りという本来の人間関係的な行為を繰り返し、増幅させるからだ。

怒りが正当性を主張するものであり、それがなければ組織のなかで自らの立場を失いかねない文化や状況がある。これは名誉を尊重する文化に見られ、[27] そこでは、名誉は美徳であるとともに優先権の主張でもある。[28] 優先権の主張としての名誉は貴重な資源として扱われ、怒りによって守られるべきものとされる。

一九九〇年代、文化心理学者のドヴ・コーエンとリチャード・ニスベットは、アメリカ南部における名誉について研究していた。ふたりによれば、「名誉の文化の主な側面は、侮辱の内容を重大にとらえることと、それに必ず応対することにある。侮辱は、その標的がいじめの対象になるほど弱い存在だから侮《あなど》られることを意味する」。文化心理学者のあいだで「臆病実験」と呼ばれている実験がある。

男子大学生が狭い廊下を歩いているときに、実験助手がわざとキャビネットの引き出しを開けてぶつけるという侮辱を与える実験だ。[29] その結果、アメリカ北部出身の学生と比べ、南部出身の学生は侮辱されると怒りやすいことがわかった。彼らにとっては、自分の名誉を守りたければ、自分の社会的立場が悪くならないよう怒ることは不可欠なのだ。

社会的な相互作用のなかで怒りが機能するありかたは、少なくとも部分的にその正当性によって決まる。怒りの正当性は、一般的な道徳観念、社会的地位、年齢、ジェンダー、さらにはおそらく、その正当性に異議を唱える他者が認識している許容範囲に依拠する。異議を唱えられた怒りは立ち消えるかもしれないし、正当化された怒りは持続するだろう。怒りには、道徳的なストーリーが織り込まれている。その怒りは正しいか、間違っているか？ 誰は怒ってもよくて、誰が怒ってはならないのか？ 標的となるのは誰か？ これらの文脈に合うストーリーはそれぞれの文化ごとに異なる。

怒りがたどる道筋

ひとたび怒りを、人と人のあいだで作用する情動と見なすようになれば、無数の怒りが見えてくるだろう。食事を最後まで食べきらない子どもに対する私の怒りは、近視眼的な決定を下す人事部に対する怒りとも、メキシコ国境で親子を引き離そうとするトランプ政権に対する怒りとも異なる。[30] そう、怒りの種類は数えきれないほどあるのだ。

しかし、そのような多様性が一個人に関しても個人間でも存在するにもかかわらず、典型的な怒りは明らかに、怒りの意味によって文化間で（また同じ文化圏内でも立場の違いによって）変わってくる。怒りがたどる道筋は、権利の主張、非難、拒絶が正当と見なされる場合や単に認められる場合と、「利己的」で「幼稚」と見なされる場合では異なる。唐澤真弓と私がアメリカ人と日本人の学生と一般成人を対象に行なったインタビュー調査では（第2章参照）、このふたつの文化圏のあいだで怒りがたどる道筋が大きく異なることがわかった。われわれはこのインタビューで、「不当な扱いを受けた。あるいは、まともに受け取ってもらえなかった」などの状況について聞き取った。というのも、これは怒りの核心的なテーマだからである。[31]

アメリカ人については、当時私が住んでいたノースカロライナ州の教会や地域センターを通じて回答者を募った。たとえば卑猥な言葉を吐いて仕事仲間から非難されたジムは、「あの娘が注意を引こうとしたんですよ」「彼女はいつも注目されたがっているんです」と語った。また「彼女はよくうそをつくし、店の金を盗もうとしたこともありますね」と言い、うそつきのコソ泥と彼女を非難した。アメリカ人回答者がこの手の状況について語るときには、自分を怒らせた相手の性格の悪さに徹底的にこだわる傾向が見られた。ここで、ジムは「あの娘」を非難することで自分自身の欠点から逃れ、自尊心を保とうとしていることに留意してほしい。「彼女は自分と男性従業員ひとりが解雇されることを知ったのです。だからそんなことをしたんだろうな。解雇されるのを私のせいにしてきたんです」。自分を怒らせた相手の性格の悪さや不正を指摘したのはジムだけではない。

州政府の電力課で課長を務めるアンドリューは、ある公共建築物で起こった問題を解決するために呼び出された。するとその建物の保安要員は、火災報告を書くために現場に乗り込んできたアンドリューに、その正当性を説明するよう求めてきた。なお、保安要員が彼に説明を求めるのは規則違反だ。アンドリューはその要求を拒絶したが、保安要員は執拗だった。アンドリューは、保安要員の要求を「越権行為」と見なした。

私は怒っていました。（……）誰であれ、私の能力を疑うとは。（……）（彼は）部下にあたります。（……）だからいわば身分の低い彼が私の能力を疑うのは最悪の行為に思えたんです。私を出し抜けば昇進できるとでも考えたのでしょうか。

アンドリューは最初、保安要員を厳しく叱責したが、すぐに彼と話し合うのをやめた。アンドリューの友人で同僚のボブも彼に加担し、保安要員にＩＤカードの呈示を求めた。アンドリューによれば、その結果、

（保安要員は）解雇されました。（……）職を失ったのです。（……）彼は、きわめて攻撃的な男でした。

アンドリューはジムと同様、保安要員の不純な動機（「私を出し抜けば昇進できるとでも考えたのでしょうか」）や規範を侵犯する行動（「彼は、きわめて攻撃的な男でした」）を見出している。その考えはアンドリュー自身の怒りを正当化し、自尊心に対する批判を退けることができた。アメリカ人回答者は、自分を怒

らせた相手のすぐれた面は考慮しないことが多く、当然ながら（ジムがしたように）相手と距離を置いたり、（アンドリューがしたように）敵意のある態度をとったりする。

日本人回答者に関して言えば、怒りの様相はまったく異なって見えた。ここで、日本では怒りを露わにすれば「未熟」と見なされるという点を思い出そう。日本人回答者へのインタビューでは、アメリカ人回答者へのインタビューとは異なる状況に関する質問が提示されている。したがって同一状況下での情動エピソードの比較はできない。とはいえ、怒りのエピソードに対する日本人の反応形態《ゲシュタルト》がアメリカ人と異なることは間違いない。三〇代の日本人女性エミコは、自宅で妹からの電話を待っていた。ふたりで父親と夕食に出かける約束の最終的な調整をしようとしていたのだ。ところが妹は、翌朝になるまで電話を寄こさなかった。エミコは明らかに困惑し、もちろん腹を立てた。

私は彼女も一緒に夕食に出かけるものと思っていました。だから家でじっとしていなければならなくなって、何もできなかったんです。ところが、いつまでたっても彼女から電話がかかってきませんでした。（……）父が東京に出て来る予定だったので、三人揃って夕食に出かけるつもりでした。彼女は夕食に来られないことを報せることくらいできたはずなのに、しなかったんです。（……）結局、私はひとりで出かけることになりました。すっぽかされたのが私だけだったら別によくて、「いつものことね」で終わったところでしたが、父も来る予定だったんです。だから（……）。

のちになって、妹は謝った。しかしエミコは、それに意味を見出せなかった。妹のいつもの責任逃れにすぎないとわかっていたからだ。それでもエミコは、ことを荒立てても仕方がないと考えていた。自分と妹では、考えかたが違うことを知っていたからである。

「あなたを待っていたのに。予定がわからないから家でじっとしていなければならなかったのよ」と彼女に言ったとしても、「なぜ私を待たずにひとりで出かけなかったの？」と言い返されるのはわかりきっていました。私が自宅にいた理由は、そうしないと彼女と連絡がとれないからです。というのも、彼女も私も携帯電話を持っておらず、ほかに連絡のしようがなかったからです。でも（……笑い……沈黙）。

エミコの意図は多くのアメリカ人回答者と違って、距離を置いて妹を非難することにはなく、解決策を見出すことにあった。その証拠に、どうしたいかと尋ねられたとき彼女は「妹に携帯電話を持たせたい」と答えている。日本人回答者の大半は、自分を怒らせた相手の行動を非難せずに分析した。相手の行動を弁明するとは言わないまでも、理解しようとしたのだ。妹のだらしなさに関するエミコの考えも、妹の行動を分析し説明する試みととらえられる。日本人回答者は、ときに怒りを向けた相手の行動でさえ正当化することがあった。たとえばエミコは、携帯電話を所持していない妹が電話を寄こすのはむずかしかったと考えていた。それでもエミコが妹の行動に怒りを覚えたことに変わりはないが、彼女は妹の観点から事態を把握しようとした。ちなみに、どんな行動をとろうが無益で非生産的なものにならざるを得ないから、「まったく何もしなかった」と報告する日本人回答者は多かった。たとえばエミコは、文句を言っても妹は何の反応も示さないだろうと考えていた。

日本人回答者のあいだには一定のパターンが見られる。できる限り状況に合わせて対処しようとするのだ。エミコは妹と話をしたが、解決策を携帯電話に見出した。同様に、第2章で取り上げた日本人男性ヒロシは、彼を批判した委員の動機を理解しようとした。ヒロシは、自分の仕事を奪った女性に「言いがかりだと感じてイライラし」、彼女のやりかたが間違っていると感じ、距離を置こうとしたものの、委員会では協力的な態度を崩さなかった。普段は早めに帰宅しているにもかかわらず、帰りが遅いと祖父母になじられたエミは、人間関係に焦点を絞った。「遅い時間まで楽しみたい」にもかかわらず、祖父母の批判に笑みを浮かべながら応え、その後はなるべく早く帰宅するよう努めた。

私は、日本人が感じている情動が怒りだと確実に言えるのか、また彼らが感じている怒りが、アメリカ人回答者が報告している怒りと同程度に「激しい」ものなのかと尋ねられることがある。ここで、日本人は強さに関する問いに答えるのに困難を覚えるが、不当な扱いを受けたことを「重要」と見なし、それを「怒り」と呼ぶことを思い出してほしい。では、アメリカ人が言う「*anger*」と日本人が言う「怒り」に結びついたエピソードは、両国間の生活習慣の違いのゆえに部分的に異なるのだろうか？

「これらは同じ情動なのか？」という問いは、真の情動とはそのエピソードの背後にある心の状態であるとするMINE型情動モデルにおそらく由来するのだろう。ジム、エミコ、ヒロシ、エミの怒りが、人間関係における本人の立場の取りかたを示すものだったならどうだろうか？[32] 彼らの情動が、人と人のあいだで起こるＯＵＲＳ型だったとしたらどうか？　そう考えるなら、日本文化とアメリカ文化のもとでは、人と人のあいだで生じる反応がそもそも異なる点に留意する必要がある。日本人の怒りの典型的なシナリオは、「私はあの人から不当な扱いを受けたと感じて自分を守ろうとしたが、人間関係が損なわれることを避けるために、利己的な行動や幼稚な行動をしないよう心掛けた。そして相手の視点を理解しようと試み、自分にも誤りがあれば謝るし、そうでなければ何もしない」という具合になるだろう。それに対してアメリカ人のシナリオは、「私はあの人から不当な扱いを受けたと感じた。そして〈こんなひどい扱いを受けるいわれなどない〉〈もっとまともな扱いができなかったのか〉〈黙って屈辱に耐えるつもりはない〉と怒った」、もしくは「こんな明らかに間違った扱いをするなんてあの人は頭がおかしいのではないか。もしかすると邪《よこしま》な企《たくら》みを隠しているのかもしれない。あるいはもともとそんな人なのかもしれない」といったものになるだろう。後者の事例では、私は相手と積極的に距離を置こうとするかもしれない。では、このような日本人の怒りとアメリカ人の怒りは、同じ情動なのか？　ＯＵＲＳ型情動モデルの視点に立つなら、いかなる怒りも他の怒りとまったく同じとは見なせない。日本人の怒りのエピソードとアメリカ人のそれは、誰かから不当な扱いを受けたことから始まり、怒りの経験と呼ばれている点では一致する。しかし、これらが同じ情動なのかという問いは、情動を安定した心の状態としてとらえない限り妥当性を失う。各々の怒りのエピソードが互いにわずかずつ異なるのであれば、心の状態を不変なものとしてとらえる根拠はいったいどこにあるのか？

恥

WEIRD文化圏では、恥は「間違った」情動である。[33]恥とは、他者の目から見て、悪事をはたらいた人や、不適切に映ることをした人が経験するもので、自分は無価値だ、気が引ける、ちっぽけだ、無力だ、晒《さら》しものだ、批判の的《まと》だ——などと感じることである。恥は、他者が自分を非難していると想像することを意味し、他者に詮索され、欠点を見つけられたという感情をともなう。[34]WEIRD文化圏の人々は、自分が他人の判断に委ねられていることを、とりわけ非難されていると考えることを好まない。また、独立した個であることを旨としているので、自分自身に満足していたい。それゆえ、恥を極端に不快に感じるのだ。

アメリカでインタビュー調査を行なったとき——日本でのインタビューと同様——、恥はアメリカ人回答者たちのあいだでもっとも触れにくい情動だった。かなりの割合の、とりわけ学生以外の回答者が、そのようなできごとは一度も起こったことがないと答えたのである。[35]また、恥ずかしい経験に触れる場合には、その経験はとんでもない体験、そして多くは遠い過去に起こったがいまでも忘れられない体験として語られた。

いくつか例をあげよう。二八歳の既婚男性ライアンは、一〇代のころに交通事故に遭って両足が麻痺し、手術を受けるまでは一切を親に頼る必要に迫られたときのことについて、次のように語った。

交通事故に遭ったとき、（……）トイレや着替えのときに誰かに手伝ってもらう必要があったので、とっても屈辱的でした。（……）自分が無価値な存在に思えたのです。みんなぼくのことを避けてました。特に子どもがほしい女性はそう。神と、自分以外のすべてを呪いました。（……）スポーツマンだったぼくが、歩くことさえできなくなったんです。（……）まったくの役立たずな気分でした（……）。

六五歳の女性ドロシーは、彼女と最初の夫が、夫がゲイだったために教会が開催するキャンプで児童相談役を務めることを断られたという思い出を語ってくれた（「彼は児童の相手としてふさわしくない」と言われたそうだ）。

私たちは、教会で児童相談役を務めるはずでした。（……）みんな希望どおりの担当になれたのに私たちと言えば（……）。その夜、とある青年牧師の自宅にすわっていたときに、いわれのない理由からなのですが、私が望ましくない人物として片づけられたことに気づいたのを覚えています。（青年牧師とその妻は）私がどう感じているかをわかっていましたが、（……）もう決まっていたようでした。（私は）非難されていると感じ、喪失感を覚えました。行きたいところがあるのに閉じ込められて出られないかのような気分でした。（……）もう教会になんて行きたくなかったのですが、結局行きました（……）。

ライアンはそれまで経験したことのない激しい感情に見舞われた。またドロシーは、自殺することがあるとすればまさにそのときだったろうと語った。自分自身を快く感じ、愛されることが求められる文化のもとでは、恥は批判・拒絶されることを意味する。ライアンは欧米文化の自立の理想にもとる状態に陥り、ドロシーは当時世間ではうしろめたかった夫の性的指向のせいで晒しものになった。ふたりとも、世間で重要と見なされ、自分でも重要と見なしている価値観にもとるという理由で、拒絶されたり（「児童の相手としてふさわしくない」）、あるいは少なくとも拒絶されたと思い込んだり（「みんなぼくのことを避けてました。特に子どもがほしい女性はそう」）して、自分が重視しているポジティブなアイデンティティーを喪失したのだ。ライアンは自分を「無価値」な人間だと感じ、ドロシーは自分と夫をキャンプから排除することは「決まっていたよう」だと考えていた。恥は、自分が無価値で悪人であることを示すという理由のみならず、社会生活からの引き籠りを示唆するという理由によっても「間違っている」。ライアンは「ベッドに横たわって、とにかく消え失せたかった」。ドロシーは教会に行きたくなくなった。どちらの事例でも、恥は、日常の社会生活への参加を阻害したのだ。

恥は、社会的な能力を奪うという点は、オランダで行なわれた金融系のセールスパーソンを対象とする研究によっても明らかにされている[36]。マーケティング理論を専攻するリチャード・バゴッツィ、ウィレム・ヴァーベク、ヤシント・ガヴィノは、顧客とのやり取りに関する恥のストーリーを考案した[37]。たとえば、セールスパーソンが約束を守らなかったと顧客が指摘するというストーリー、あるいはプレゼンテーションの内容に誤りが見つかった、などのストーリーだ。研究に参加したセールスパーソンは、これらのストーリーに似たできごとが起こったときに感じた恥について報告した。オランダのセールスパーソンは、ドロシーが「晒しもの」と言ったもののような感覚を経験したと語った。

顧客に自分の行動を逐一精査され、見透かされたように感じていたのだ。またライアンの言葉を借りると、自分が「無価値」だ、あるいは「自分が不完全で無能力な失敗者」だと顧客が気づいていると感じた。そして強い恥の感覚を経験したことを最後に認めた。ちなみにライアンやドロシーは、ふたりのストーリーが遠い過去のできごとだったためか、恥の感覚を報告することはなかった。オランダのセールスパーソンは、彼ら自身の言葉を借用すれば、「穴があったら入りたい」「突然自分が小さくなったかのように」「体がへなへなになったように」「舌を縛られたかのように」感じたのである。[38]彼らにとって、恥は、他者の目に晒されているという感覚、失敗したという感覚、あるいはちっぽけで虚弱になったという感覚を意味していた。

バゴッツィらは、恥が顧客との関係にいかなる影響を及ぼすのかについてとりわけ大きな関心を抱いていた。彼らの考えは次のようなものだ。（アメリカと同様）個人主義的な文化のもとで育ったオランダのセールスパーソンは、「個性的であろうとし、独自の目標を立て、自信を持ち、自分と競争相手を比較して、誰よりも突出した業績をあげようとする」[39]。屈辱を受けたときには、自分の行動や業績が低く評価されたことに気づき、それが自己の感情に対する脅威と化す。バゴッツィらの当初の推測では、彼らは「中傷された」「嘲笑された」と感じると、自尊心を守ることに躍起になり、それが度を越して顧客に対応できるだけの余裕を失うはずだった。だが、実際の結果は次のようなものだった。屈辱を受けたオランダのセールスパーソンは、顧客との関係において冒険することを躊躇するようになった。質問も世間話もしなくなり、ビジネスの提案すらしなくなったのだ。顧客とのコミュニケーションは非効率になり、もはや適切なサービスを提供することができなくなった。[40]恥の感覚それ自体が重荷になり、ライアンやドロシーと同様、彼らは社会から身を引いてしまったのである。

恥はきわめて不快なので、それが生じる事態を集団で避けようとすることもある。恥ずかしい思いをしたことについて誰かが口にするのを最後に聞いたのはいつだったか覚えているだろうか? われわれが行なった研究で、マイケル・ボイジャーはアメリカ人と日本人の大学生に、別のアメリカ人と日本人の大学生のグループがすでに報告していた、恥ずかしい思いをした状況に関する記述を評価させた。[41]アメリカ人大学生がもっとも恥ずかしいと評価した状況は、稀にしか起こらないと評価した状況でもあった。そのような状況のひとつは、エリザベスという名のアメリカ人大学生が以前に報告した、卒業の際に母親から成績の悪さに失望されたケースだった。

恥は、強い自己弁護がともなうほど徹底的に忌避される。[42]自己弁護のもっとも注目すべき側面は、自らの欠点を否定し、責任を他者になすりつけることだ。恥は怒りや敵意に結びつきやすい。「神と、自分以外のすべてを呪いました」と回想するライアンは、恥ずかしい思いを経験した他の回答者以上に内省的な態度をとったと言えよう。精神分析医は、恥から転じた怒りを「屈辱的な怒り」と呼ぶ。[43]屈辱的な怒りは、他者に拒絶されるという苦痛に満ちた経験をなかったことにして、他者に対する攻撃性にすり替えるかのように作用する。[44]屈辱的な怒りの利点を理解する見方をひとつあげるとすれば、それは恥をかいた人が、苦痛に満ち無力感をもたらしたその経験を克服し、主体性と状況を土導する能力を取り戻すためのひとつの手段として利用することができるという点だ。ただしそれは、自己にも他者にも大きな負担を強いる結果になる場合がある。そのような負担は、アメリカ人受刑者を収監から釈放に至るまで追跡調査した、恥に関する独自の研究によって明らかにされている。自らが犯した罪を、つねにではないとしても頻繁に恥ずかしく思い返す受刑者は屈辱的な怒りを覚えることが多く、屈辱的な怒りは、再犯の可能性を示唆する。[45]恥から転じた怒りを報告する受刑者は、単なる怒りを報告する受刑者より、釈放後に新たな犯罪に走る可能性が高かった。

恥に対する悪評は、臨床心理学者、とりわけ精神分析医の次のような見方にもはっきりと見て取れる。健全に発達しつつある子どもは心が安定し、喜びで十分な自尊心を育んでいるのに対し、神経質な子どもは否定されることを怖れるため、恥を感じやすい。[46]また、子どもが示す神経質な性格の根源には、冷淡で批判的な親の存在がある。そのような親は、文化的に重んじられている価値観とは正反対の見方を持ち、自分自身を（快くではなく）不快に感じるよう子どもを仕向けている。特に意外な話ではないが、すぐに恥ずかしさを覚える人は、うつ、不安、身体症状を抱え込みやすく、[47]つねに批判的な親がそばにいると、さらには親のみならず他の誰もが批判的だと考えている。そしてそれが、恥が怒りに転じる要因と化す。だから自分を批判する人をスケープゴートにしやすく、そこからあと一歩で「苦痛に満ちた恥の感情の原因を、自分を批判していると思《おぼ》しき他者に帰そうとする態度」に至るのである。[48]このように、恥の意味合いそれ自体が自尊心や人に愛されることを理想とする文化的な価値観にすでに反しているのであれば、屈辱的な怒りは、恥という情動の評判をさらに落とすだけだ。また、恥に対する防衛機制として露わになった敵意は、恥を感じる人を反社会的と見なす考えかたを強化する。だがそもそも、恥を感じることは「間違っている」のだろうか？

多くの文化圏では、恥（軽いものまで含める）が至るところにあり、それを「正しい」ものとしている。ここで思い出してほしいのは、ミナンカバウや台湾の子どもたちは、社会的ネットワークのなかでふさわしい立場をとらせるためのひとつの手段として、恥を感じるべく育てられるという点である。そこでは、恥ずかしがることは弱さのしるしではなく、美徳なのだ。社会が期待する役割を各々が果たすことが第一の文化的目標の場合、規範の侵犯に対する気づきを示すことは他者からの評価の対象になる。恥は、それを感じる人が自分の立場をわきまえていることを、また受け入れられるために必要なことは何でもする覚悟があることを他者に示す。さらに言えば、「他人からは、私の行為はどう映るのか？」「私の振る舞いは彼らの期待に沿っているのだろうか？」と自問するなど、恥は当面の状況下で他者の視点に立つことを意味する。言い換えれば、恥は、それを感じる人が他者との絆に気を配っていることを示すのである。[49]

『ニューヨーク・タイムズ』紙に掲載された「称賛すべき恥の文化」と題するオプエド記事で、当時国連訓練調査研究所（UNITAR）の特別上級顧問を務めていたナスリーン・アジミは、北米トヨタ自動車社長（当時）・豊田章男にとっての「正しい」恥について次のように解説することで、アメリカの読者に語りかけている。[50]

> 今年の二月に豊田章男が、（……）アメリカ議会で証言し、自社の失敗に対して個人的な責任を負ったとき、それは当然の流れと見なされた。しかしウォール街出身のアメリカ人の重役が、他国の議会で謝罪するところなど想像すらできないのではないか。であれば、アメリカ人の謝罪があり得ないにもかかわらず、日本人による謝罪なら当然と見なされているのはなぜか？

北米トヨタ自動車社長がアメリカ議会で当然のように謝罪した理由を理解するためには、日本人は概して自分の至らない点を探そうとする習慣があり、自己批判が推奨されていることを知っておく必要がある。恥は、自己批判や、（誰もが必ず持っているはずの）自己の欠点を補うために努力すべきだとする要請に見合った情動である。[51] アメリカと比べて日本では、恥はさほど不快な情動とは見なされていないばかりか、社会的な関係の調和を維持して集団に十分に貢献すべきだとする、日本文化の核心をなす目標の達成に役立つと考えられている。[52]

日本語の情動語「恥」は、他者の視点からものごとを見るという日本文化の道徳観《エートス》に適合し、他者に負担をかけないという強い動機を体現している。[53] 日本人の友人や同僚から受け取るＥメールの多くは、「お忙しいところすみません」から始まる。謝罪は恥の実践の中心をなし、他者に負担をかけていることに対する自覚、そしてそのような事態を避けられればよかったという願望の表われなのである。

われわれが日本人を対象にインタビュー調査を行なったとき、回答者には情動の強さに関する質問の意味がわかりにくかったという話をしたが、その調査で、日本人の回答者は恥に関する状況については話しやすいと感じているという別の意外な事実が判明した。日本人以外の研究協力者にインタビューするときには、われわれは恥に関するストーリーを最後に回し、誇りなどのポジティブな情動から始めることにしていた。しかし日本では多くの場合、自分の成功や注目を浴びた経験について語れば人間関係を危うくしかねないので、そのような話題では日本人回答者の緊張を解きほぐすことはできなかった。[54] それどころか彼らは、誇りを感じた喜ばしい瞬間について尋ねられると多くを語ることができなかったのだ。唐澤の提案で、われわれは日本人を対象にインタビューするときには、取り上げる情動の順番を逆にした。私の直観に反して、恥の事例からインタビューを開始すると、日本人回答者の緊張が和らぐことがわかった。このように、恥が自己の欠点を補い、危うい人間関係の修復に役立つ文化のもとでは、恥について語ることはより日常的な経験であり、話しやすかったのだ[55]。恥は「正しい」情動であり、われわれの調査では、日本人回答者はアメリカ人回答者に比べて、恥ずかしい経験を報告する頻度が高かった[56]。

WEIRD文化圏で恥が人の評価を下げるものだとするなら、恥を「正しい」情動と見なす文化圏では、それとは正反対の効果がある。後者の文化圏の多くでは、恥は危うい人間関係の修復に良い作用を及ぼすので、社会的に有益な情動として高く評価されている。バゴッツィらは恥に関する研究で、オランダ人とフィリピン人のセールスパーソンを比較している[57]。フィリピン人セールスパーソンはオランダ人同様、晒しものになる、失敗する、ちっぽけな弱い存在、などの感覚として恥をとらえていた。しかしフィリピン人は、恥のせいで引き下がったり黙ったりはしなかった。彼らにとって恥は、うまくいっていない顧客との関係の修復に尽力しなければならないことを示していた。つまりフィリピン人は恥を感じることで、顧客から隠れるのではなく、もっと近づくようになったのである。また、恥を感じたフィリピン人セールスパーソンは、顧客との取引や売上において好成績を上げた。この事実は、顧客との関係を向上させようとする彼らの努力が結実したことを示している。

恥を示すことで社会に受け入れられる文化はほかにもある。たとえばミナンカバウや台湾では、恥を感じる子どもは、親の体面を傷つけない良い子だ。恥は安定した家族ネットワークのメンバーに共有され、より包括的なコミュニティーによる受け入れを可能にする。日本人は、恥や自己批判といった自らの至らない経験を表現することで、文化的価値に見合った行動となり、他者からの思いやりや共感を得ることができる。[58] 事実、日本人学生は、アメリカ人学生とはまったく逆に、強い恥を喚起する状況によく遭遇すると報告している。[59] 日本人学生は自分からこの手の状況を求めているとさえ思え、そのような事態を忌避するアメリカ人学生とはまったく異なる。恥は、自らの立場や欠点をきちんとわきまえていることを示唆し、それによって人間関係が損なわれることのない文化圏ではよいことと見なされるのだ。

とはいえ、個人の立場が明確ではなく、社会的な評価が個人間のやり取りに左右される文化のもとでは、恥は個人の立場の喪失を示唆する。この状況は、侮辱が自分にとって大切なもの、すなわち他者に与えるポジティブなイメージに対して脅威になる、名誉を重んじる文化のもとで特に起こりやすい。このような文化で恥が「正しい」情動と見なされているのは、それによって本人が自己の社会的立場に注意するようになるからだ。したがって、その社会的な動力学《ダイナミクス》は、個人の立場がしっかり確保されている文化のものとは大きく異なる。

オランダで行なったインタビューでは（第2章参照）、トルコ系の参加者の多くが、自分を怒らせた人との関係を絶ったと報告している。大卒で四七歳のトルコ系男性オメールは、友人のメフメトから、最近亡くなった共通の友人が所有していた貴重品を奪ったという濡れ衣を着せられたときのことを語ってくれた。[60] オメールが言うには、亡くなった共通の友人の貴重品を掠《かす》め取ったのは、実際にはメフメト自身だった。メフメトの非難は、オメールの社会的なイメージを毀損せずには済まなかった。しばらく誰もオメールを信用しなくなったのだ。オメールは、メフメトの非難について初めて知ったとき「悲しく」なり、「友人への信頼は大きく揺らいだ」。このできごとは何年も前にトルコで暮らしていたころの話だが、それ以来彼は「怒り」が収まらず、メフメトと口をきくことは二度となかったという。

同様に、五〇歳の高卒女性エミネは、友人デュイグとのプライベートな会話を寝たふりをしながら盗み聞きした義理の姉妹ペリンと口をきかなくなった。そのできごとのおかげでエミネの世界は崩壊した。もちろん彼女は激怒した。ペリンがたったいま急死しようが、エミネは気にも留めなかっただろう。エミネの目からすれば、ペリンは「無」だった。

ほぼすべてのトルコ系の回答者は、親しい人から気分を害されると関係を絶つ。[61] しかも隣人や同僚に侮辱されたことについて語った回答者ですら、まったく連絡を取らなくなるほど激怒したと報告している。一九歳のころにオランダに移住した二九歳のトルコ系男性アスランは、オランダ人の隣人が息子に殴りかかろうとしたときに「かつてないほど激怒した」と語っている。アスランはこの隣人を殴り、こぶしで隣家の窓を叩き割ったのだそうだ。一部始終を目撃したアスランの妻と友人が彼をなだめようとしたが無駄だった。結局妻が警察を呼び、警官がなんとかふたりを引き離した。アスランはそのときの警官の様子について、割った窓の弁償を命じたものの「とても理解があって、私と同じくらい隣人に対して怒っていた」と述べている。彼はしぶしぶ隣家に修理代を払いに行ったが、もう一度殴ることはなかった。そしてそれ以後、二度と隣人に話しかけることはなかった。アスランの友人はみんな、隣人の行動をまったく常軌を逸したものと見なしていた。

トルコ系回答者は、「自分が怒った」ことを自発的に報告する。彼らは「恥」についてわざわざ明言していないとはいえ、彼らが自分を侮辱した人との関係を絶った理由は恥であろうと考えるべき理由がある。われわれは恥を感じたか否かを明示的に尋ねることはしなかったが、彼らは自分や家族や仲間が遭遇した、自己の尊厳にかかわるできごとの影響についてかなり憂慮したと――その種の憂慮は他の名誉を重んじる文化では恥に強く結びついている[62]――自発的に報告している。[63]〔トルコ系ではない〕オランダ人回答者はそれと同様な状況下で、自己の社会的イメージを憂慮することがほとんどなかった。怒りを感じたとは報告したものの、結末はまったく異なっていたのだ。ほとんどのオランダ人回答者は、怒りがやがて収まり、相手と仲直りした、侮辱に耐えたなどと答えている。

名誉を重んじる文化のもとでは、恥は自己の社会的な評判が晒され、脅《おびや》かされるという気づきを意味する。しかし、社会的な評判が家族や内集団の名誉に結びつくと、名誉の毀損は自己のみならず家族を中心とする周囲の親しい人々にも拡大する。自分の恥が親族や友人にも及び、これらの人々の名誉も同様に傷つくという連鎖反応が生じることがある。[64]心理学者のパトリシア・ロドリゲス・モスケラらは、特に家族の名誉を研究し、パキスタンで暮らすパキスタン人学生とアメリカ東海岸出身の白人系アメリカ人学生を比較している。[65]この研究では、学生たちは「家族の誰かが、家族の名誉に傷をつけるようなことをしたり言ったりしたときの状況」について報告した。モスケラの主張では、家族のあいだで名誉が共有されている場合、その家族の構成員全員が家族の名誉を傷つけるような事態が起こるのを避けなければならない。また、各構成員が他の全構成員の行動に責任を持ち、家族の名誉を守らなければならない。さらには全構成員に、外部の者によって侮辱や他の非難を受けることから家族を守る義務がある。このような責任を全うできない構成員は、批判に晒されて恥をかくのだ。

実際、パキスタン人学生はアメリカ人学生に比べて、一族のせいで家族が冒瀆《ぼうとく》された状況をたいへんな恥辱ととらえることが多かった。さらに言えばパキスタン人学生のあいだでは、恥のほとんどは家族の名誉に対する脅威に関するものだったが[66]、アメリカ人学生にはそのような傾向は見られなかった。家族の不名誉によって感じる恥はとても重いため、オランダで暮らすトルコ系回答者と同様、家族の名誉に傷をつけた親族から距離を置くようになったと報告するパキスタン人学生が多くいた。つまり、近しい人が共通の名誉を汚すと、その人との関係を絶たざるを得なくなるのだ。とりわけ、名誉を守る重荷をあなたと共有すべき人が犯した名誉の毀損は、あなたの社会的地位も損なうので深く恥ずべきことなのだ。トルコ系回答者を対象に行なった私のインタビューでも、この社会的地位の低下は実際に見られた。たとえば亡くなった友人の貴重品をオメールが掠め取ったというデマをメフメトが流したとき、オメールの他の友人たちはもはや彼を信用しなくなった。あるいはアスランの隣人は、アスランの面前で彼の息子を殴ると脅すことで、衆人環視のなかで彼を堂々と侮辱した。オメールとアスランが自分を怒らせた人物との関係を絶った理由は、ただ怒りを感じたからではなく、恥に起因する怒りを感じたからだった。このように、恥に起因する怒りは恥をかかされた状況を修復し、名誉を共有できない人物との関係を絶つための手段として機能している。

義理の姉妹ペリンに盗み聞きされたエミネの絶望を覚えているだろうか？　そのときエミネは、家族内で許される範囲内でペリンとの関係を絶った。しかしそのできごとについて語ったのは、われわれ研究者に対してだけで、友人のドュイグにすら打ち明けていなかった。というのも、ペリンの評判を傷つけたくなかったからで、彼女は「他者の批判からペリンを救った」のだ。それは家族と自己の名誉を守るための手立てだったのだろうか？　その可能性は大いにある。

自分を怒らせた人物との関係を絶つことは、われわれのインタビューの回答者が自己の社会的なイメージを守るために行使した唯一の手段ではない。彼らはまた、可能なら相手が間違っていることを証明することで自分の正しさを第三者に納得させようとしたのだ。アスランは、彼が隣人を殴った理由を警官に説明し、まともな人間なら隣人がしたような行動に走るはずがないということを友人たちに納得させた。心理学者のアイシュ・ウスクルは、「名誉を重んじる文化のもとでいとも簡単に名誉が失われるようなら、その文化圏に属する人々は苦痛に満ちた結果を回避すべく社会化されるだろう」と推測した。相手が無価値だと他者を説得することは、とりわけその相手と距離をとることが可能であれば、苦痛に満ちた結果を避けるためのひとつの手段になる。

ＷＥＩＲＤ文化圏で恥が「間違っている」と考えられている理由が、他人の面前で自分の失敗を目立つように露呈させるからだとすれば、名誉を重んじる文化においては、恥は、たとえそれがきわめて不快な情動であっても「正しい」。恥は、自己や家族（あるいは内集団）の社会的な立場に対する脅威を追跡し、その文化における名誉に関する核心的な関心を共有していることを示すがゆえに「正しい」のである。名誉を重んじる文化のもとでは、恥は至るところに見受けられる[67]。また、恥を認識した人は、自己や家族の名誉を守る行動をとる。これは自分の力を見せることでなされる場合が多く、怒りは名誉回復の手段として有効だが、唯一の手段ではない。もっとも重要な手段ですらないと主張する心理学者もいる[68]。いずれにせよ、自分の名誉を主張すべく行動することが求められ、さもなければばその人は社会的な立場を失ってしまうだろう。[69] 社会的な立場とは、かくも脆弱なのだ。

名誉を重んじる文化における恥に起因する怒りは、屈辱を受けて激怒する場合とは異なるのだろうか？ 個人的な考えでは、次のふたつの理由からそう見なすべきだと思う。一点目は次のとおり。すでに述べたように、恥は、名誉を重んじる文化圏では極度に望ましくないできごとに対する反応として「正しい」情動と見なされるのに対し、WEIRD文化圏では「間違った」情動と見なされる。重要なのは、名誉を重んじる文化圏では名誉を守るという重要な課題の遂行に恥が役立つのに対し、WEIRD文化圏では、他者による受容が危ういと注意喚起するにしても、恥は文化的に重要な課題の遂行とは何ら関係がない。二点目、恥に起因する怒りは、自己の地位の交渉手段として社会的な世界で生じる（OURS型情動に典型的な特徴）。それに対して屈辱を受けて激怒する場合は、不幸な結果が生じたことに対する責任を自己から他者に転嫁することだ（MINE型情動に典型的な特徴）。

名誉を重んじる文化圏では、恥は特定の状況下で名誉の脅威になる可能性があるものごとに対する気づきを喚起する場合があり、行動を通じてその可能性を振り払うことができる。この意味における恥は、家族の名誉がかかる親族の女性の（性的な）慎みを保たせることで女性の名誉を守ってくれる。[70] エジプトのベドウィンのあいだでは、*hasham*（ほぼ「恥」と訳せる）が、か弱く従属的だと考えられている女性の尊厳と名誉を守るための品位ある手段として機能している。[71] つまり*hasham*は義務というより、自己の尊厳と誇りに関わるものとして各々が身につけるべき謙虚さの規範の一部をなす。恥や、（ベールを被る、接触を避けるなどの）それに関連する他者に敬意を示す行動は、そのような文化のもとでは道徳的な規範として機能し、身分の低い者による謙虚さの規範の侵犯によって生じる負の影響を緩和してくれる。おそらくこのような恥は、固定化された階級制を持つ文化圏で見られる恥に近い。事実、名誉を重んじる文化圏では、男女間の序列が固定化していることがある。

恥のたどる道筋

文化間における恥の違いについて私が説明すると、それを聞いた同僚は、「異国の」事例における恥が、ほんとうにわれわれのものと同じ情動を指しているのかと必ず訊いてくる。北米トヨタ自動車の社長（当時）・豊田章男が、教会のキャンプの一件でドロシーが感じたものと同じような恥を感じたのだろうか？　彼の謝罪はきまりの悪さを表現したものだったのか、それとも社交辞令？　隣人を殴ったアスランの攻撃性は、「恥そのもの」ではなくて恥にともなう怒りの「表現」なのか？　エジプトのベドウィンの女性は本当に情動を持っているのか、あるいは規則に従っているだけ？　異文化に属する人々は、自分たちの情動を取り違えているのだろうか？　ここまで書いてきた事例に鑑みると、私たちはほんとうに、恥という同一の情動について語っているのだろうか？

恥は、怒りと同様、人間関係の一部をなす。（予想される）相手の反応によって、恥はさまざまな道筋をたどる。「正しい」恥は、コミュニティーの再統合が成功するよう導く。「間違った」恥は、恥ずかしい思いをしている人をさらに疎外する。「正しい」恥は、礼儀や謙虚さに由来する人間関係的な行為か、もしくはより注目すべきことに、自分の地位が危うくなっており、その回復が必要だと気づくためのものか、のいずれかだ。「間違った」恥は「消え去ることへの願望」か、回復不可能なほど名誉が損なわれたことを示すのかもしれない[72]。また、「正しい」恥は他者の視点に対する気づきであり、「間違った」恥は自分が犯した失敗の認識である。たとえば恥について報告する日本人学生は、一般に自分が他者にどう判断されているのかに着目するのに対し（「他人が私のことをどう考えているかが気になります」）、アメリカ人学生は自分が基準を満たしていないことに着目する[73]（「私のせいでそうなったのです」）。（名誉を重んじる文化圏に属する）スペイン人学生は恥を「公的な評価」に結びつけたがるが、オランダ人学生は「自分の失敗」に結びつける[74]。恥のエピソードには、受け入れられるよう努力するなどの普遍的な側面もあるのかもしれないが、恥が普遍的な感情によって特徴づけられる、あるいはつねに同じ道筋をたどると考えるべき根拠は何もない。

怒りと同様、「恥は万国共通なのか」問題は、MINE型情動モデルの観点から生じている。その観点は、第一に恥の感情に関するものとしてだけでなく、恥には普遍的な本質が備わっていると想定している。だが、ひとたびOURS型情動モデルの観点に立てば、「恥の本質とは何か？」という問いには疑問符がつく。OURS型情動モデルの観点からすれば、恥は一連の情動エピソードをなし、そこでは何らかの社会的受け入れの要求として、対人行為が認識される。そして情動エピソードのそれぞれが、文化的な意義、予想される他者の反応、実際の他者の反応、そのエピソードが生じる人間関係、人格や人間関係に関する集団的な理想に応じて異なる道筋をたどる。

怒りや恥のような情動は、他者との関係において何かを実践する。怒りは、支配的立場にあることの主張であり、権利や自立を強調する文化や、人々が名誉という希少な勲章の獲得を競い合う文化においては「正しい」情動と見なされるのに対し、あらゆる生き物に対するいたわりや人間関係の調和を強調する文化においては「間違った」情動と見なされる。恥は、（つねにではないにしても）一般には恭順の意を表して社会に受け入れられようとすることであり、人間関係を重んじる文化のもとでは「正しい」情動と見なされるのに対し、自立や自己主張を重視する文化のもとでは「間違った」情動と見なされる。「正しい」恥は、礼儀正しさの形態をとる場合もあれば、敬意や優先権の積極的な主張がともなう場合もある。「間違った」恥は、他者の目を避け、自分が目立たないようにすることとして特徴づけられる。情動は、それが「正しい」ものであれば流布して、「間違った」ものであればめったに見かけられなくなるだろう。

怒りは、いかなる人間関係においても健全なのか？　恥は、自己破壊的な情動なのか？　その答えは、「状況による」。怒りは、自文化圏で「正しい」情動であれば健全だ。しかし「間違った」情動であれば不健全なものになりやすい。特に意外な話ではないが、どのような情動が快く感じられて健全なのかを調査した心理研究では、結果が文化圏ごとに異なっていた。文化・社会的な目標の達成に役立つ情動は、幸福感や健康の増進に結びつく。自文化圏で平均的な人々が典型的に示す情動を持つ人も、大きな喜びを報告する。私たちは自文化の価値観に見合った情動を持てば快く感じられ、行動さえ改善するのだ。

怒りと恥では、頻度も異なれば発露の結果も異なる。だが、怒りや恥はいかなる文化にも存在すると結論できるだろうか？　哲学者のオーウェン・フラナガンの提唱する、自己主張に結びついた「原－怒り（proto-anger）」や、排除の回避に結びついた「原－恥（proto-shame）」のように、狭い意味でとらえれば「そう結論できる」と言えるだろう。怒りのような情動を抱いたときに私たちが経験し実行に移すことは、自尊心を強調する文化と、人間関係を重視する文化と、名誉を競い合う文化では異なってくる。また、正当化された怒りは否定された怒りとは異なる。同様に恥も、自己滅却型と関係修復型では異なる。たとえ何らかの原型《プロトタイプ》や（支配や排除の回避などの）人間関係に関する核心的な要件が見出されたとしても、怒りや恥は、文化、状況、立場に応じてさまざまに異なった道筋をたどる。そうであれば「怒り」「恥」を単数形で語るのではなく、「さまざまな怒り」「さまざまな恥」のように複数形で語るほうが妥当だと言えよう。だが、それは「不快な」情動のみに当てはまるのだろうか？ 愛や喜びのような「快い」情動は、世界のどこでも歓迎され、望まれているのではないのか？ 次章では、それについて検討しよう。

第5章

絆を結ぶ、快く感じる

愛と幸福に満ちた生涯を送りたくない人などいないはずだ。愛や幸福はいかなる文化でも「正しい」と見なされる……と私たちは思い込みやすい。しかし、愛や幸福に対する願望の普遍性は、一般に考えられているほど自明ではない。少なくとも愛や幸福をアメリカの中流家庭や、他のＷＥＩＲＤ文化圏で用いられているような意味で定義するなら、愛や幸福の最大化を目標としていない文化は多い。そのような逆側の文化圏では愛や幸福は重要ではないか、場合によっては「間違って」さえいる。「ポジティブ心理学」が繁栄や成功の理解にもたらしたあらゆる目新しい考えは、文化という要素を見逃している。その試みはＷＥＩＲＤ文化に限定されているからだ。[1]

　これまでは、ポジティブな情動は特に何もしていないと思われていたが、心理学者たちは最近になって、それがいかに作用しているのかを問うようになった。心理学者のバーバラ・フレドリクソンは、ポジティブな情動の役割を「広げること」と「築くこと」ととらえている。[2]「広げること」に関しては、「幸福」を感じることで吹き込まれるエネルギーについて考えてみてほしい。幸福は、それを感じている人に「何かをしたい」「何かに関わりたい」と思わせたり、「何かを探究して学びたい」「新たなことに没頭したい」という、関心にまつわる衝動を喚起したりする。「築くこと」に関しては、「感謝」や「愛」のような情動について、さらに言えば、人間関係というもっとも重要な要素を構築する際に果たす情動の役割のことを考えてみればよい。[3]

本章では、愛と幸福〔happiness＝「喜び」と同〕というふたつのポジティブな情動の役割を検討する。また、「絆を結ぶこと」と「快く感じること」は、繁栄や成功に関連する普遍的なテーマではあるものの、怒りや恥が、それが生じる人間関係の枠組みの内部で作用しているのと同じように、愛や幸福も、特定の文化的な文脈のもとでなされるやり取りや人間関係に合ったものであることを見ていく。[4]

愛

愛は、西洋文化の主要産品である。[5] 一九八〇年代後半にアメリカ人大学生を対象に行なわれたある研究で、学生たちは、情動の「最良の例」として愛をあげている。[6] 同じころに行なわれたカナダでの研究では、学生たちは愛が「もっとも重要な人間の情動のひとつ」であり、「欧米文化圏では子どものころから愛について学ぶ」という点に同意している。さらにカナダ人大学生は、少なくとも一二三種類の愛を区別し、そのなかでも母性愛、父性愛、友愛、兄弟愛、恋愛を、愛の最良の例としてあげた。[7]

愛は、いったい何をするのだろうか？ 誰かを愛する人は、特定の他者と親密な関係を結んだり結ぼうとしたりする。[8] 愛とはたいてい、自分が欲しているもの、必要としているもの、好んでいるものを与えてくれる人、心や体が魅力的な人、自分を必要とし、愛し、評価してくれる人に対して抱く感情だ。言い換えれば最愛の人とは、お互いにとっての特別な存在である。そして多くの時間をふたりで過ごし、特別な時間を共有する。私たちは、安泰な関係を結んで、お互いを信頼してオープンに語り合える人に愛を感じる。愛は相手に注意を向け――他のものごとへの注意がおろそかになる場合もある――、その人のそばにいたいと思い、ハグする、寄り添う、触る、（動物なら）撫でる、キスする、恋愛であればセックスするなど、自分のポジティブな感情を表現することを意味する。愛、とりわけ相思相愛は、本人に自信を与え、人生に対するポジティブな態度を築いてくれる。誰かを愛することで、不安が減退しリラックスする。このように欧米文化圏では、愛は重要な人間関係の基礎を築き、その核心をなしている。

愛は、個人の自立を尊重する文化に合う。とあるアメリカ人女性がインタビューで語ったように、「（愛は）多くの犠牲、努力、譲歩を求めます。でもとても自由なもので、押しつけられるのではなく自然に与えられるのです」[9]。それと同時に愛は、特定の誰かと関係を結ばない自由があるにもかかわらず、あえて特定の個人と関係を結ぶという選択をすることでもある。つまり愛は、最愛の人という固有の性質によって人間関係が結ばれるという側面を本質的に備えている。

WEIRD文化圏では、愛は「正しい」情動とされる。個性を持つ個人として最愛の人を認識し、称揚するよう仕向けるものだからだ。これは恋愛にもっともよく当てはまるが、母性愛にも当てはまる。私は最初に生まれた息子にこれ以上ないほどの愛情を注いでいたため、小児科の待合室にいる母親たちは私ほどの幸運には恵まれていないだろうと哀れんだことをいまでも覚えている。私の目には、オリバーは誰よりも聡明で申し分のない子に見えたのだ。そのような認識が、オリバーに対する私の大きな愛情に由来するのだと気づいたのは、それから何年も経ってからだった。愛はたったひとりを選び出し、称揚する。[10] 個人を極度に重んじる文化においては、愛は個人を対象に、相互の称賛、魅惑、願望によってひとつになるという究極の目標を達成しようとする。[11] このように、私たちが知る愛は、欧米の多くの文化に浸透している個人主義の風潮に適合している。

優しさ、共感、親密さはいつのときにも存在していた。だが、たったひとりの相手だけを対象にする個人的な感情としての愛、ともにいることを選択する愛、自尊心の源泉としての愛は、欧米文化による現代的な発明なのかもしれない。

WEIRD文化では個人の自主性を尊重し、集団の目標より個人の目標を優先するが、他の多くの文化は、個人より人間関係や集団の目標を優先する。[12] 親の取り決めによる結婚が普通である文化圏では、愛が生じるとすれば（多くの場合生じる）、それは結婚に先立つのではなく事後だ。愛は選択の問題というより、次第に成長していく相互理解の問題である。しかし、自分が選択したわけでもない相手を愛することができるだろうか？

その問いを別の観点から検討するために、また自らの選択に基づく愛という考えが文化的な産物にすぎないという点を理解するために、結婚は親の取り決めによるものと教えられて育った人々によって、恋愛結婚（個人の選択に基づく結婚）が嘲笑されるケースがあることについて考えてみよう。とあるニュース番組で、あるインド人女性が、「愛」に基づいて自分で配偶者を選択するものだという若者の考えを嘲笑っていた。[13] 彼女によれば、「肉体的魅力？　そんなのたいしたことじゃないわ」という。同じ番組で、インド人のある若い男性は彼女の発言について、「私の親は世界中の誰より私のことをよく知っています。だから私にとって何がベストかも知っています。彼女も同じなのでしょう」と説明している。アフガニスタン、パキスタン、イラン、イラク、中国の農村、さらにはトーラー（ユダヤ教で律法書とよばれる「モーセ五書」）を厳格に遵守するいくつかのユダヤ人社会など、世界の多くのコミュニティーでは、結婚相手は家族や親が選ぶのが最善だと考えられている。そこでは、結婚は単なるふたりの個人間ではなく、ふたつの拡大家族の結びつきとしてとらえられているのだ。また結婚相手は、知り合いの家族の息子や娘か、同じ民族、宗教、社会経済的地位に属する家族から選ばれる。

結婚制度という枠組みの外で愛が生じると、悲しみに見舞われる可能性がある。一九八〇年代のことだが、情動語を類似性によって分類する課題を与えられた中国人回答者は、愛を「悲しみ」と理解し、ポジティブではなくネガティブな情動として分類した。[14] 孝行を重んじる国では、愛は子どもが親に対して持つべき敬意や恭順の念を破壊すると考えられている。[15] 恋愛が軽視されている理由のひとつもそこにあるのだろう。興味深いことに中国人回答者には、アメリカ人回答者と比べて苦痛、悲しみ、犠牲、孤独などのネガティブな特徴で愛を規定する傾向が見られた。[16]

ＷＥＩＲＤ文化圏の大学で情動の文化的相違について話をすると、学生たちの多くは、集団主義的な文化（非ＷＥＩＲＤ）のもとでは愛がより顕著であるべきだと考えていることがわかる。集団主義的な文化において人と人との絆が強固なのは、誰もが愛を感じ合っているからではないか？　相互依存の関係は、各々がつねに親密さを求めているから生じるのでは？　いずれの問いに対しても、はっきりと「ノー」と答えられる。それどころか、事実はそれとは反対だ。真に集団主義的な文化においては、人間関係はすでに与えられているものか、集団の構成員との密接な相談を介して選択される（親の取り決めによる結婚はその一例だ）。そのような文化においては、人間関係は称賛や魅力（愛）ではなく、他者の必要性（共感／思いやり）を中心に築かれる。「正しい」情動が、理想や選択ではなく、必要性や、避けて通れない人間関係にまつわるものである文化は、数多く存在する。

ここで、日本における「甘え」の情動について考えてみる。愛と同様、「甘え」は養育や依存をめぐる情動ではあるが、「愛」とはかなり異なる。[17] 甘えの原型《プロトタイプ》は母子関係に見られる。[18] 第3章で見たように、日本人の母親は幼児の子どもっぽい態度を受け入れて、甘やかす。そのような態度をやめさせようとはせず、共感や理解を示す。（第3章に登場した）幼稚園児のナオと、ナオの友人マキの事例では、ナオは母親の足にしがみついて、彼女の実際の年齢より幼い子どもがとる態度を示した。彼女は主導しようとすることではなく、誰かが主導してくれるのを待っていた。マキは養育パートナー役になり、甘えの関係を受け入れている。彼女はナオに近づき、一緒に遊ぼうと声をかける。こうしてマキはナオの不適切な態度を受け入れ、ナオが欲していたものを提供したのだ。この事例では、「甘え」はふたりの女子の依存関係を前提とするのみならず、さらに重要なことに、その関係を作り出している。[19] したがって、日本人同士の親密な関係における中心的な情動とされる「甘え」は、称賛や魅力や願望より、相互依存の関係を生み出していると見ることができよう。もちろん、「甘え」は子どもに限られる情動ではない。人は親友や恋人に、いかに不合理でも、いや不合理であればこそ、相手が望むものを与えようとする。「甘え」は、相手を理想化したり称賛したりすることより、相手のニーズや相手への耽溺に基づいている。

人類学者のキャサリン・ラッツは著書『不自然な情動（*Unnatural Emotions*）』で、親近性や依存性に関するイファルク族の人々のあいだでの中心的な情動とされる、*fago* について述べている。[20] *fago* の訳語のひとつは「愛」である。しかし、喜びと特徴を共有するアメリカ流の愛とは異なり、*fago* は悲しみや思いやりを共有する。イファルクの社会では、*fago* は「正しい」情動と見なされ、他者の苦痛に対して成熟したおとなが示す反応、つまり困っている人の面倒を見ようとする覚悟を意味する。*fago* は通常、病人や死にかけている人、あるいは身寄りのない人に対して感じる情動ではあるが、次に紹介するタマレカーの事例からわかるように、快い状況のもとでも生じる。別の島で暮らすひとりの若者が、船に乗ってタマレカーの家を訪れた。若者はタマレカーと同じ氏族に属していたので、この訪問は妥当なものだった。

ふたりとタマレカーの家族は、静かに話をしながら夜を過ごした。(……)若者は敬意を払い礼儀正しく話をした。彼は贈り物としてタバコを一カートン持ってきていた。夜は更《ふ》け、いつもなら家族が寝る時間になった。そして彼が少しのあいだ外へ出たときに、(……)タマレカーは自分の家族に「彼は穏やかな人だ。だから私たちは *fago* を感じている。眠たいが、もっと起きていて彼と話をしようじゃないか」と言った。

あとになってタマレカーは、自分が大切にしているもののひとつを若者に贈った。誰かの面倒を見るという *fago* の意味は変わらないが、この事例では、もてなしは(自分のニーズではなく)穏やかで親切な振る舞いによって思いやりを示した、ひとりの男性によってもたらされた。思いやりが思いやりやもてなしを呼んだ。このように、*fago* にともなう行為はより互恵的なものなのだ。

「愛」は、お互いを特別だと思う自立的な個人のあいだの、喜びに満ちた親密さを求めるものだが、*fago* はすでに結びつきがある人、もしくはそう感じられるようになった人をもてなそうとする。*fago* は一般に、相手のニーズに対する不可避の反応であるのに対し、愛は自分が選択した人、何か特別なものを持ち、とりわけ自分に感謝の念を抱いている人との親密さを求める。愛し合う者同士が、何らかの問題が生じたときに助け合うのは確かだ。また、*fago* を感じている人同士が、（別の島に住む若者がタマレカーの家族を訪問したときのように）お互いの存在に喜びを感じていることも間違いない。しかし、このふたつの情動に結びついた中心的な行為は異なる。愛はお互いのあいだで称賛、魅惑、願望を喚起するのに対し、*fago* は何かを必要としている相手に対する思いやりを喚起する。愛や *fago* が「正しい」情動なのは、その文化がもっとも重視している人間関係にまつわる目標の達成に寄与するからだ。

ここで、中国人回答者は愛に対応する中国語を悲しみというネガティブな情動に分類したことを思い出そう。その理由のひとつは、中国における愛が欧米の愛とは異なる道筋をたどるからだ。その過程には、他者の苦痛に気づき、彼らの生活苦を悲しみ、彼らを手助けしようとする努力が含まれ、特別な誰かと関係を持つことの喜びが重要だとは見なされていない。悪いことには、いいことがつきものなのだ。[21]

個人が、安定的な相互依存関係の一部として組み込まれている文化のもとでは、愛は中心的な情動として扱われにくい。それを理解するためには、このような文化における個人はすでに他者と密接な関係を結んでおり、助けるに値する人とそうでない人を区別する情動としての愛が有用だとは見なされない、という点を知る必要がある。互恵的な関係にある人は助けなければならない。「甘え」や*fago*などの親密さや気遣いに関する情動は、自分にとって価値のある他者との結びつきを求めることより、他者のニーズを満たすことに重点が置かれている。「甘え」も*fago*も、自分を快く感じさせてくれる人と楽しむことより、他者を助け、その人が大きな苦痛を感じないよう気遣うことが重要なのだ。

緊密な相互依存関係において生じる他の情動

多くの学生（や同僚）の直観に反して、いわゆる集団主義的な文化のなかで暮らす人々は、人間関係において親密さを求めることが多いという見方も正しくない。[22] それどころか、緊密な相互依存ネットワークのもとで暮らす人々は、親密さや愛情を求めることより、相互依存による負荷を軽減することに関心を抱いている。

ここで、ガーナの事例を紹介しよう。文化心理学者のグレン・アダムスは、ガーナのスローガンや詩や物語に見出される、友人に注意すべしとする記述に驚かされた。[23] たとえば次のような詩だ。

友人には気をつけろ。
友人は草むらに潜む蛇でも
羊の皮をかぶったライオンでも

称賛の背後に巣くう嫉妬でも
単なる悪友でもありうる
友人には気をつけろ。[24]

あるいは、「悪友には気をつけろ」と書かれたステッカーをバンパーに貼った車も走っていた。また、市場や公園などの公共の場所で無作為に選んだガーナ人とアメリカ人を対象に友情について尋ねたところ、ガーナ人回答者は、普通は慎重になる、あるいは懐疑的にさえなると答えた。また、友人の多い人は無知で愚かだと主張する点で、アメリカ人回答者とは好対照をなす。

なぜガーナ人は、友人をできるだけ多く作ろうとしないのだろうか？ 大半のガーナ人（と少数のアメリカ人）の理解では、友情は物品や実用的な援助を相手に与えることを意味する。友人からのその種の期待は、資源が欠乏している地域では義務として扱われるのかもしれない。さらに言えば、ガーナではわざわざ自分の仲間として友人を探す必要などない。仲間はつねにそばにいるからだ。つけ加えておくと、信用ならない友人につけ込まれる可能性はつねにある。

ガーナ人とアメリカ人の友情に関する見方の違いは何か？ ガーナ人より友人を信用していると答えることの多いアメリカ人にとっては、友人を持つことはよいことだ。多くの友人がいると答えたのはガーナ人回答者よりアメリカ人回答者に多く、インタビューを受けたアメリカ人の大半は他の誰より友人が多いと答えた（ガーナ人回答者でそう答えたのは一握りにすぎなかった）。また、アメリカ人回答者はガーナ人回答者より、友情の距離感の近さを強調することが多かった。アメリカでは、友情は情動的な支援や関心の共有（一緒に多くの時間を費やす）を第一に意味し、さらに信用や敬意などが指標になる。アメリカでは友人を持つことがよいことだとすれば、友人がいないことは悲しむべきことだ。またアメリカ人は、友人のいない人を、孤独で痛ましい人と見る。それに対してガーナ人は、友人のいない人を悪い人、間違った人と考えても、悲しい人、痛ましい人とは考えない。友情が物質的な支援に関するものなら、友人のいない人はけちで利己的だということになる。

言い換えると、ガーナ人は仲間を確保することより（仲間はすでにいる）、親族につけ込まれたり傷つけられたりしないよう気を配る。だからと言って親密な関係が重視されていないわけではなく、彼らにとっての「正しい」情動とは、相互承認、称賛、帰属を強化することより、親密な関係によって課される負担を軽減することに、関心の重点が置かれている。

また、社会的支援《ソーシャル・サポート》の調査で明らかにされているように、親近性は相手に負担をかけないよう制限される場合がある。私の同僚の心理学者ヒジョン・キム、デイヴィッド・シャーマン、シェリー・テイラーは、「相互依存を重視する文化のなかで暮らす人々は、社会的支援、すなわち〈愛され、思いやられ、尊重され、重視される、コミュニケーションと相互義務のネットワークの一員である〉という承認を他者から受けたり受けようとしたりするのか」という問いに答えようとした。[25] 彼らの発見によれば、アジア系とラテンアメリカ系の学生は白人系のアメリカ人学生と比べ、ストレスに対処する際、社会的支援をあまり求めないと報告している。[26] その理由は、自分の問題で他人をわずらわせたくはないからだった。社会的支援を求めてパートナーに相談するときには、自分自身ではなくパートナーのニーズを優先するのだ。そしてパートナーに余裕があれば、その人に社会的支援を求める。一例をあげると、アジア系アメリカ人のカップルは、むずかしいパズルより簡単なパズルを解く場合のほうが社会的な資源の共有ができた。[27] 要するに、自分自身より人間関係を優先させる傾向のある非WEIRD文化圏で暮らす人々は、「愛」や安心を希求することを躊躇するのだ。

次のような実験がある。白人系アメリカ人とアジア系アメリカ人の研究協力者はまず、心理学部の運営助手として自分がすぐれている理由についてスピーチするための準備を三分間かけて整えるよう指示された。それから五分間にわたって、二〇八三から一三ずつ引いて数えていく課題を与えられ、そのあいだ、もっと早く数えるよう実験者からせっつかれた。そして、そのあとでスピーチをした。多大なストレスがかかったことはおわかりになるはずだ。

このストレスに満ちた実験の最中――スピーチを準備した直後――に、一部の研究協力者は親しい知人宛に、取り組んでいる課題に対する社会的支援を求める手紙を書かされた。この作業は、白人系アメリカ人には有効だった――彼らのストレスレベルは低下した――が、アジア系アメリカ人のストレスレベルは低下しなかった。[28] では、アジア系アメリカ人のストレスレベルを低下させる手段はあるのか？　そのような手段はあったが、その手段とは親近性や社会的支援を求めることではなく、「身近な集団」について考え、「その集団が持つ、自分にとって重要な側面」について書くことだった。アジア系アメリカ人は、他者から積極的な承認を得ようとはしないが、それでも困難な事態に直面したときには、自分がグループの一員だという点を思い出すのはよいことだと見なしている。

この実験や類似の実験からは何を学べるのだろうか？　愛とは、自立した個人を中心として築かれた社会的な発明なのであり、永続的な人間関係のネットワークが根づいている社会ではそれほど必要とされない。現代の子育てにおいて愛情が重視されているのは、偶然の結果ではない。自立した子どもの育成を目指すＷＥＩＲＤ文化圏では、親は「私にとってあなたは特別な存在だから、私はいつもすぐそばにいるよ」と子どもに納得させる必要がある。愛情は健全な子どもの発達に不可欠な情動にも思えるが、親子関係においてつねに「正しい」情動だとは限らない。[29]

「あなたを愛しています（I love you）」という言い回しはきわめて現代的な発明だが、人間関係自体ははるか昔からある。[30]ひとりで生きられる人などいない。だから誰もが、社会的な関係を必要とし、その価値を大事にしているのだ。しかし「正しい」情動、すなわち人間関係を社会の要請に合わせる情動は、文化間で異なる。自立した個人同士が関係を結ぼうとする個人主義的な文化では、「愛」が「正しい」情動と見なされる。それに対してパートナー同士がお互いのニーズを満たそうとする集団主義的な文化では、「甘え」や*fago*が「正しい」情動と見なされる。強い絆があり、人と人が本質的に関係し合って暮らしている文化においては、人々は自己の重荷を軽減し、他人に負担をかけないよう心掛けるだろう。そのような文化においても、何らかの形態の愛が生じることは否定できないが、その愛は、ＷＥＩＲＤ文化の場合と同じありかたで「正しい」のではない。

「愛」にはさまざまな種類があるが、いずれも人と人の絆を紡ぎ出す。恋愛と親から子への愛とを混同する人などいない（もしいれば、そのような人は激しく非難されるはずだ）。しかしこれは、集団主義的な文化を観察すればもっとよくわかる。人間関係にまつわる情動は、困っている人を助ける、相手が自分にとって特別な存在だと伝える、これまでの関係を維持する、新たな関係を結ぶ、誰かに何かを提供する、貴重なひとときをともに過ごすなど、さまざまなことに関係する。どの情動が「正しい」

のかは、文脈によって異なるのだ。

幸福

もしあなたがアメリカ人であれば幸福というものの価値を重んじ、「幸福な人は健康で、成功しており、人から好かれている」と考えるはずだ。[31] 言語学者のアンナ・ヴェジビツカは、白人中流家庭のアメリカ人の社会生活に関して、「他者から好かれ承認されること、また、友好的で陽気だと見られることを強調する、人間関係をめぐる重要な規範」があることを指摘している。[32] そこではアメリカ流の幸福が浸透し、「正しい」と見なされている。その理由は、おそらくアメリカ流の幸福が、〈成功〉〈状況の主導〉〈選択〉という現代のアメリカ生活を支えている三本柱の実現に資するからだ。

ある研究で、私の同僚の内田由紀子と北山忍は、白人系アメリカ人の大学生と日本人の大学生を対象に、幸福の「特徴」をリストアップさせた。[33] アメリカ人学生があげたほぼすべての特徴は、ポジティブなものだった。重要な点を指摘しておくと、アメリカ人学生は幸福を感じることのポジティブな特徴（喜び、笑顔など）を、個人的な成果（自分自身を快く感じる、自分の欲しいものを手にする）と結びつけた。これは、北山忍、唐澤真弓、そして私が発見したことでもある。アメリカ人学生――その多くは白人だった――は、自分自身が「誇らしい」「世界の頂点にいる」「優秀」と感じ、「自尊心」を覚えたときに自分を幸福な人と評価した。[34] 心理学者のフィリップ・シェイバーらによる研究では、（自分自身か他者の）過去の幸福な経験について記述したアメリカ人学生は、快さと成功の両方を感じた。[35] であればアメリカでは、幸福の本質的な特徴は、自分自身や自己の業績を快く感じることにあると言える。[36]

幸福の事例についての説明を求められた白人系アメリカ人の学生は、それを外向的、活動的、他者への積極的なアプローチと特徴づけている。[37]また、幸福な人々については、礼儀正しくて友好的、よくハグする、他人のためになることをする、話し相手を探そうとし、快い感情を分かち合おうとする人々、と考えている。さらに言えば、幸福は、活力に溢れ活動的、かつ――「興奮」して飛び上がりたくなるほどまで――高揚する感情としてとらえている。幸福を感じている人は、笑顔で、熱狂的に語る。もっともよく用いられている心理尺度は、「幸福」を活動的かつアプローチ志向ととらえている。そして幸福は、「熱狂的」「ものごとに対する強い関心」「固い決意」「興奮を感じている」「発想が豊か」と言い換えられる。[38]

熱狂的で活動的かつ高揚する幸福は、とりわけわが道を行きたいと考えているときには役立つ。[39]心理学者のジーニー・ツァイがある実験で発見したところでは、対話型課題で「インフルエンサー」になった研究協力者は、興奮を覚えることを選択した。この結果は、「インフルエンサー」になった研究協力者の文化的な出自には関係がなかった。[40]ツァイの主張では、白人系アメリカ人がエネルギッシュな色合いをともなう幸福を好むのは、個人が周囲に影響力を与えたり、支配したりする機会が多い文化圏で暮らしていることに由来する。

アメリカでは、そのタイプの幸福は幼いころから植えつけられる。アメリカ人の母親は、動かす、遊ぶ、おしゃべりするなどして乳児を刺激し、高揚する幸福を感じられるようになるための種を蒔《ま》く。[41]アメリカ人の親には、子どもに一定のレベルの楽しみを与えることで幸福を活性化させることが強く推奨される。子どもは退屈する（覚醒度＝低）より、楽しむ（覚醒度＝高）べきだとされている。そして子どもの興奮を持続させるために、親は次から次へとさまざまなおもちゃや教材を与え、遊園地やその他の娯楽施設に連れて行く。

アメリカ人は成人してからも、この活気に満ちた幸福感を求め続ける。ツァイの実験によれば白人系アメリカ人は休暇をとる際、リラックスできる場所に行くより、「エキサイティングな冒険」を求める。[42] また、〔鎮静効果のある〕カモミールティーよりコーヒーを好む。さらに言えば、非合法ドラッグの常用者は、（ヘロインのような）麻薬より（コカインやアンフェタミンなどの）興奮剤を好む。その種の嗜好は、興奮がともない（すなわち外向的、活動的、活力的、アプローチ志向で）、状況の主導権を握るのに役立つタイプの幸福を得るためと解釈できる。

図5.1　良い選択の基準としての幸福
1949年の広告より。
（Image courtesy of Candy Hoover Group, SRL）

幸福はまた、アメリカ文化の三本柱をなす〈選択〉に資する場合があるために、重要視されている。[43] ただし、つねに幸福が選択に役立ってきたわけではない。心理学者の大石繁宏らは、アメリカ大統領による一般教書演説や書物における「幸福《ハピネス》」という言葉の意味の変遷を一八〇〇年ごろから追跡し、それが国家ではなく、個人の特徴を意味するようになったのは比較的最近であることを発見した。[44] それによれば、幸福は、消費文化が隆盛し始めた一九二〇年代に、欲望の充足や自己表現を意味するものとして使われ始め、それ以後、商品の広告には、その商品が消費者に快《こころよ》さをもたらすことを示唆するような微笑む人物が描かれるようになった。こうして幸福は選択の指針になり、あなたが選択するものが、あなた自身を作るようになったのだ。

白人系アメリカ人の学生を対象としたある研究では、バスケットボールの試合で勝ち、幸福感に包まれたことを思い出した研究協力者は、二週間後に研究室でダーツかバスケットボールのどちらをしたいかを尋ねたときに、バスケットボールを選択する傾向が高かった。[45]「あなたを幸福にすることを行うべし」という助言は、現代社会で暮らす一部の人々に開かれた選択肢ではあるが、子が家業を継ぐか、近所の工場や富豪の家の下働きに出るくらいしか選択肢がなかった時代には、不適切（で問題外）だった。

アメリカにおいて、幸福は、アメリカンドリーム——成功、主導権を握る、選択——と密接に関連しているため、「正しい」情動と見なされている。それは本人の自負を示し、本人にとって現状が望ましいことを反映する。また、本人の主導権《イニシアチブ》を際立たせ、指針を示す。多くの読者にはこのような幸福観が染みついているかもしれないが、このような現代的な幸福はいつの時代にもあったわけではなく、驚くべきことに現在でも、どこにでもあるわけではない。多くの地域では、幸福は望ましい情動ではないばかりか、地域によっては「間違った」情動とさえ見なされている。

幸福を望まない人などいるのか？

中国の哲学者で道家《どうか》のロビン・ワンは、アメリカ生まれのふたりの娘に「ママ・ワンのルール」を教え込んだ。このルールとは、「よく食べ、毎日運動し、よく眠り、学校でしっかり勉強すること」というシンプルなものだ。娘のひとりが「幸せであることは？」と訊いたところ、ワンは「幸せであることは重要ではないのよ」と答えたという。

道教の伝統によれば、幸福は追求すべき目標ではない。目標があるとすれば、それはいかなる状況の変化にも対応できる柔軟さを保つ、というものになる。人生の様相は絶えず変化する。だから幸福なできごとであっても、暗い側面をともなっていたり、悲惨な結果を招いたりするかもしれない。ある中国の古典が述べるように、「不幸にとって幸福は、よりかかるべきものであり、幸福にとって不幸は、隠れ場所である[46]」。

アメリカ人の祖先たちの見方は、現代の私たちの見方よりは、道教の観点に近かったと言えるかもしれない。一八五〇年版の『ウェブスター辞典』には、「人生において、完全なる幸福や苦痛のない純粋な快楽を達成することなど不可能だ」と書かれている[47]。また同辞典は、幸福が不幸の背景のもとで生じることを認め、「幸福とは相対的なものである。苦痛にあえぐ人々にとっては、その苦痛からの解放が幸福をもたらす」としている。それから一世紀後（一九六一年）、「幸福」の定義には、「相対的な永続性と、（……）それを継続したいという自然な欲求によって特徴づけられる良好な状態」という文言が含まれている。つまり純粋にポジティブな状態によって、幸福が定義されるようになったのだ。

しかし多くの文化では、幸福のモデルはワンや道家のものに近く、幸福と不幸は密接な関係にあると考えられている。友人の唐澤が私に話してくれたエピソードによれば、子どものころ、良い成績を取ったときにその喜びを素直に表現してはいけないと親や教師から忠告されたらしい。そのような態度は良い点数を取れなかった他者（友人）の気持ちへの配慮を欠き、級友との人間関係を損ないかねないからだ。幸福、とりわけ白人系アメリカ人のあいだでよく見られる、誇りに満ちた刺激的な幸福感の発露は、日本では人間関係の阻害要因と見なされている。日本の心理学者の内田由紀子と北山忍は前述の研究で、アメリカと日本における幸福の概念を比較し、幸福をもっぱらポジティブな情動としてとらえるアメリカ人学生とは対照的に、日本人学生が決まりきったように幸福のネガティブな「特徴」をリストアップすることを発見している。[48] 彼らにとって、幸福は「とらえどころがない」。なぜなら長続きするものではなく、かつ、何が幸福なのかを正確に定義することがむずかしいからだ。また、欺瞞的でもある（現実から目をそむけさせる）。あるいは、幸福は「社会を混乱させる」。なぜなら周囲や自分の果たすべき義務から目をそむけさせ、他者の羨望や嫉妬を招くリスクを孕むからである。

人間関係に悪影響をもたらすがゆえに、幸福を望ましくない情動と見なす文化はほかにもある。オランダ人の私の母でさえ、有頂天になっている私を見ると「羽目を外し過ぎよ」と言い、普通に振舞うべきだと私を諭したのを覚えている。一九六〇年代のアムステルダムでは、幸福で興奮することは美徳ではなかったのだ。そのような私の育ちは、成人してからの幸福の経験にも影響を及ぼしている。息子オリバーのバスケットボールチームが優勢に試合を進めていたとき（あるいは相手チームがミスしたとき）、サイドライン際で歓声をあげながら応援していた他の母親たちは、純然たる強い幸福感を覚えているように見えた。もちろん、息子のチームが優勢に試合を進めているときには私も幸福を感じたが、他の母親たちのように歓声をあげたりはしなかった。それどころか、同様にベストを尽くして戦っている相手チームの六、七歳の子どもたちの心を傷つけてしまわないかと心配になったほどだった。私の幸福感はやや色褪せており、歓声をあげることを控えたのだ。ただ、このように幸福に対する異なった態度を探すため――あるいは異なる経験をするため――に、わざわざ「異国」に出掛ける必要はない。

だが、「アムステルダムだって異国ではないか」と思うのなら、アメリカ大陸への入植者に関するバーバラ・エーレンライクの記述を読めば、幸福がつねに求められてきたわけでも、普遍的に求められているわけでもないことがわかるはずだ。現代アメリカの幸福文化の前身は、まさに不幸文化の体現者だった。[49]

ニューイングランドへの白人入植者がもたらしたカルヴァン主義は、社会的に押し付けられた、うつのシステムとでも呼べる類《たぐい》のものだった。彼らの神は「まったく無法で、(……)自らの創造物に対する、愛ではなく憎しみを隠さない全能の存在だった(……)」。この世に生を享けた人の課題は、「胸中に宿るいまわしい嫌悪」をつねに反省し、天罰の確たる兆候である罪深い思いを拭い去ることにある。カルヴァン主義は、この自己反省の不安な作業から救済される方法をひとつしか与えなかった。それは別の形態の課題、すなわち開墾、栽培、縫製、農地開拓、ビジネスだった。産業や精神に関する労働以外のいかなる行為――怠惰、快楽追求など――も、卑しむべき罪とされていたのだ。

現代に生きる私たちは、当時の入植者たちの日常生活における幸福の度合いを測定することなどできないが、現代の東アジア人と白人系アメリカ人の幸福度の比較ならできる。その調査として、心理学者たちは一日に数回、研究協力者に、その瞬間どう感じているかを尋ねる、経験サンプリング法と呼ばれる手法を用いていた。われわれはこの手法で次のことを発見した。日本人やアジア系アメリカ人の大学生は、白人系アメリカ人の大学生より一貫して幸福度の低さ（ならびに不幸度の高さ）を報告した[50]。幸福を感じる頻度が低く、感じたときでもその度合いは低かったのだ。この結果から、幸福に対する価値観が、日常生活における幸福の浸透に影響を及ぼすということがはっきりとわかる。

しかし幸福は、文化間で同程度には重視されていなかったとしても、普遍的な動機として作用していることに変わりはないのではないか？ その答えは「ノー」だ。WEIRD文化圏では、幸福が本人の行動に影響を及ぼし、その発現を促すのに対し、世界の大半の文化圏では、人々は個人の幸福を追求するより、社会的な役割、あるいは他者の決定や欲求に応じて行動する[51]。

さまざまな心理実験では、日本人やアジア系アメリカ人は、課題を与えられると、それに成功した場合より失敗した場合に、より一層努力しようとすることがわかっている。得意なパズルやスポーツを好む白人系アメリカ人とは大きく異なり、東アジア人の研究協力者は、不得手な課題を遂行する能力を改善することが重要だと考える。彼らは不得手な課題をやり続けたいと思っているわけではないが――課題を続ければ幸福感に浸れると考えているわけでもない――、それでもその課題に時間を割こうとするのである。[52] 要するに彼らにとって、幸福の追求は第一の目標ではないということだ。道家のロビン・ワンと同じように、実験に参加した東アジア人大学生は、努力してよい結果を収めようとしてはいても、幸福を求めているのではない。

それどころか、アメリカ人とは異なり、東アジア人は幸福が良い成績を収めることに役立つとは考えていないらしい。白人系アメリカ人の大学生は、次に難度の高い認知的課題をさせられることを知っていた場合、それとは無関係な直前の課題の遂行に幸福を感じた。[53] それに対して、（アジアの大学ならびにアメリカの大学に通う）東アジア人の大学生はその程度がはるかに低かった。彼らにとって幸福の追求は、目標それ自体でも、好成績を収めるための手段でもない。そもそも幸福感を育む必要はないのだから。

つまりアメリカ流の幸福は、一部の人々が考えるように普遍的に望まれているわけではないということだ。場所や時代を遠く隔てた多くの異文化圏では（あるいはさほど遠くはない文化圏でも）、アメリカ流の幸福の価値はきわめて低く評価されている。しかし、文化ごとに異なって評価されているにせよ、幸福という情動はどこにでも存在しているのではないのか？ 幸福感が頻繁には生じなかったとしても、あるいは不幸や懸念をともなって生じたとしても、はたまたその表現が抑圧されていたとしても、「情動それ自体」に何ら変わりはないのでは？ 快い感情は、時代や場所を超えて存在する。だが、アメリカ流の幸福は、愛や怒りと同様、現代という時代と北米大陸という地域に限定される情動なのである。WEIRD文化圏で暮らす人々、とりわけ白人中流家庭のアメリカ人が幸福を理解し、それを経験する特異なありかたは、現代という時代のありかたに結びついている。快い感情は、人間関係における役割に応じてさまざまな形態で生じる。それは必ずしも、活力に満ちた行動志向の幸福として生じるわけでも、成功や自尊心に結びついているわけでもない。

もうひとつの快い感情――穏やかさ

いにしえの道教のストーリーに、伝説的な道士が洪水を防いだ話がある。彼は流れをせき止めようとはしなかった。オランダ人の先祖たちのように堤防を築かなかったのだ。むしろ彼は、水という自然の力に逆らわず、新たな水路を掘ることで流れの方向を変えた。「水の流れに合わせた」と言えよう。

心理学者のジーニー・ツァイは、東アジアの多くの文化では穏やかな人間関係を支える情動の価値が重んじられることを発見した。香港で暮らす中国人、あるいは中国系アメリカ人も、「理想的には」、刺激的な幸福よりは、穏やかさを保ち、落ち着いてリラックスし、静かに過ごすことを好むと報告している。このような感情の好みは、彼らが覚える実際の感情にも関係していた[54]。では、穏やかな幸福は「流れに合わせる」ことに関係していると言えるのだろうか？ 研究協力者の一部にリーダーの役割を与える実験で、ツァイは残りの研究協力者に調整役になってもらった。リーダーは図形が描かれた一二枚のカードの順番を決定し、調整役はリーダーが決めた順番にカードを並べ替えた。調整役に与えられた課題は、「リーダーの心を読みながら」指示にできるだけ従うことだった[55]。この実験の結果、文化の違いを問わず、調整役は活力に満ちた情動より穏やかな人間関係を重んじる情動を好んだ。調整役はこの情動によって、リーダーに注意を向けながら流れに合わせていったのだろう。

東アジアでは、日常生活で穏やかな幸福が育まれている。第3章で取り上げたカメルーンの母親と同様、日本人と中国人の母親は乳児を、揺らす、落ち着かせる、ボディーコンタクトをとる、穏やかな声かけをするなどの方法でなだめ、おとなしくさせる。[56] 台湾の児童書（四〜八歳向け）ベストセラーには、アメリカの児童書ベストセラーと比べて穏やかな微笑みをたたえた主人公が多く見られ、興奮気味の笑顔の主人公はあまり見られない。また、台湾の児童書には、アメリカのものと比べて刺激的なシーンがあまり描かれていない。[57] 東アジアの子どもたちは、幼いころから刺激的な情動より穏やかな情動を好む。穏やかな笑顔と興奮気味の笑顔を見せてどちらが幸福そうかと尋ねてみると、台湾の幼稚園児は前者を指した。

「穏やかな幸福」はおとなのあいだでも好まれている。[58] 私は、友人の唐澤真弓とともに過ごした好ましいディナーのことをいまでも覚えている。そのとき彼女は目を閉じ、まどろんだ様子で「とてもすてきな夕べね」と言った。それを見た私は、彼女のその態度は活発な会話で歓待できなかった私のせいによるのではなく、彼女にとってはすっかりリラックスした状態が心地よいのだということに気づいた。彼女が求めていたのは刺激的な興奮ではなく、穏やかで、言葉なしに感情を共有した、ゆったりした幸福だったのだ。

ツァイは研究プログラムを始めて間《ま》もないころ、学術会議で問い質《ただ》されたことがある。多くの同僚たちが、「〈穏やかさ〉や〈平穏さ〉は真の情動と見なされるべきなのか？」と疑問を口にしたのだ。ここで、心理学者にもっとも使われている情動の尺度のいくつかは、もっぱら刺激的な幸福に対象を絞っていることを思い出そう。[59] 私が指導している（ベルギー人の）修士課程の学生は、「穏やかさ」に対する日本人の嗜好を「理性的」であろうとする欲求と取り違え、それをベルギー人の情動の受け取りかたと比較した。[60] このベルギー人学生は、気を鎮めることを、穏やかさではなく理性を保つこととしてとらえていたのだ。一般に心理学者は、刺激的な幸福を重視するあまり、（ひとつの情動としての）穏やかな幸福の重要性を見落としているのかもしれない。穏やかな幸福は、WEIRD文化圏でさえも、一般に考えられているより重要視されているにもかかわらず。

心理学者や保健研究者は、健康や福祉が文化的に重んじられる感情に結びつくと考えている。[61] 日本では、興奮することより入浴することのほうが健康の指標になることを思い出してほしい。日本では、穏やかな活動は健康を増進すると位置づけられており、活力に満ちた幸福感はそれほど望まれないばかりでなく、特に健康的でもないと考えられている。また憂鬱や気分の落ち込みは、香港で暮らす中国人のあいだでは穏やかさを十分に確保できていないことを意味するのに対し、白人系アメリカ人のあいだでは刺激の欠如を意味する。[62] このように、幸福に文化的な価値が置かれている場合、幸福の欠如は不健康に結びつけられる。

穏やかさが重視される文化圏では、人々は「穏やか」に見える人を好むことを示す確かな証拠がある。ツァイらによる何度かの研究で、「正しい」情動を持つ人がそうでない人より好まれ、信用され、歓迎されやすいことを、そして穏やかな幸福に対する嗜好が現実に存在することが見出されている。その一例として、重責を担うビジネスリーダーや大学の学長や政治家のポスターを見ていると、その国で「正しく」ポジティブな感情を示すとされている笑みを彼らが浮かべていることがわかる。穏やかな幸福が好まれる国では、リーダーの笑顔は「穏やか」で口が閉じられており、刺激的な幸福が好

図5.2　「興奮気味の」笑顔と「穏やかな」笑顔
笑顔は顔のアクションユニット（facial action units）でコード化されている。AU6＝アーチ形の目、AU12＝口角が上がり、AU25＋26＝口が結ばれておらず（歯が覗いていることもある）、口が大きく開いている。（Copyright © 2016, American Psychological Association）

まれる国では、「興奮気味」で口が開いている。[63] なお、そのような各国間の相違は、ひとり当たりのGDP、民主主義の成熟度、経済の発展度によっては説明できない。[64]

また、ツァイのチームは、（現実に参加しているプレイヤーの代理となる）アバターを使って遊ぶコンピューターゲームをプレイした韓国人学生が、興奮気味の笑顔のアバターより、穏やかな笑顔のアバターを信用し、より多額の金銭をつぎこむことを、また、白人系アメリカ人の学生はその逆の態度をとることを発見した。[65] 興味深いことに、アバターの笑顔の度合いは、そのプレイヤーに対する他のプレイヤーの信頼度を左右したが、アバターのジェンダーや人種には関係がなかった。この実験にはコンピューターが自動生成したアバターが使われており、厳密に言えばプレイヤー間の自然なやり取りをモデル化しているとは言えない。しかし、私たちが相手の情動を推測する際に用いている顔面上の細かい手がかりが、私たちが顔で相手の信頼度を判断し、信頼できると思えた場合には金銭を渡すことにおいて重要な役割を果たすと結論できるのも、まさにこの人工性のゆえである。韓国人学生は穏やかな顔を好むのだ。

その他の快い感情――人間関係にまつわる幸福

私がアメリカでラテン系アメリカ人の、またメキシコでメキシコ人の情動を調査し始めたとき、情動研究は東アジア人と北米人の比較で満ち溢れていた。当時の私が集団主義的な文化はどれもこれも同じで、白人系アメリカ人ほど幸福を感じていないと考えていたとすれば、私は実態を知って大いに驚いたはずだ。私の研究から判断すれば、もっとも幸福を感じていたのはアメリカで暮らすラテン系アメリカ人とメキシコで暮らすメキシコ人で、彼らは白人系アメリカ人に比べてさえ幸福を感じたときの経験について報告することが多かった[66]。ウェイク・フォレスト大学の修士課程に在籍中の優秀な学生たち、および現在はメキシコのアメリカス・プエブラ大学に所属している私の同僚ヒルダ・フェルナンデス・ドゥ・オルテガとの共同研究で、私は二〇〇〇年代前半における幸福に関するデータを集めた。ちなみにこの研究は、結局発表しなかった。その理由のひとつは、当時はその意味を解釈することがむずかしかったからだ。ノースカロライナ州で暮らす第一世代のメキシコ人やメキシコの大学に通うメキシコ人学生がそこまで幸福を感じていることにいったいどのような意味があるのか？　彼らは日本人より人間関係を重視しないということなのか？　いや、それはあり得ないように思えたのだ。

いまの私なら、ラテン系文化で大事にされている良好な人間関係や家族（*familísimo*）を築く際に、幸福が重視されていると言うだろう。幸福は、核家族や拡大家族における愛着、忠誠、互恵、連帯などの強い感情の一部をなし、快適な人間関係、すなわちラテン系アメリカ人やメキシコ人の社会生活一般を支配する *simpatía* の構築において重要である。[67] *simpatía* は幸福であること、明るい状況下では前向きになること、暗い状況下では否定的な感情や態度を過度に示さないことを意味する。*simpático / simpática* な人は、幸福で、礼儀正しく、周囲と調和し、ストレスを避け、自制心を失わない。したがって東アジアのいくつかの文化では幸福が人間関係の脅威になりうるのに対し、ラテン系の文化においては、家族内にせよ家族外にせよ、良好な人間関係によって幸福が規定されている。

ノースカロライナ州に移民した第一世代のメキシコ人たちとのインタビューでは、幸福による良好な人間関係への言及が見られた。われわれは労働者階級のメキシコ系アメリカ人の男女に、幸福を感じた状況について説明してもらった。[68] すると彼らの多くは、人間関係にまつわる幸福のことを報告したのだ。六年前にアメリカに移住した二二歳の家政婦カルメンは、女友達が彼女の誕生日に開いてくれたサプライズパーティーについて語ってくれた。

幸福のあまり泣きそうでした。こんなこと、いままで経験したことがなかったからです。（……）みんなといっぺんにハグしたくなりました。ほんとうです。あまりにも幸福感に包まれたから、ひとりずつじゃなくて全員まとめてハグしたかったの（笑）。そのときはうれし泣きしちゃいました。

アメリカで八年間暮らし、レストランで働いている二七歳のファンは、幸福を感じた経験として、四年前に長男の出産の折に妻を手助けできたことをあげた。

息子が生まれたとき、立ち会えたのはとっても大事なことでした。第一子だったこともあって、妻はちょっと神経質になっていました。私がそこにいたことは重要で、だからすべてがうまくいったのです。（……）「頑張って」と言っただけでしたが、彼女は「無理よ」と答えました。（……）これからどうなるかは、友人たちからすでに聞いていました。私は失敗しないよう努力しました。穏やかに寄り添い、子どもが生まれてくるまで妻を励まし続けたのです。（……）時間だけが過ぎていきました。そのときは、この経験を、（……）うまく言葉で表現できませんでした。私は全力を尽くしました。（……）さまざまなことをいっぺんに感じました。辛い局面もありましたが、（……）そのうちとても強烈な幸福感に包まれたのです。そのとき私は、家族のそばにいようと感じたのです。そして実際、そうしました。

ファンが幸福感を覚えたのは、妻を手助けできたからだ。つまり彼の感じた幸福は、人間関係にまつわるものだった。事実、ラテン系アメリカ人のインタビュアーが、その経験によって自尊心が高まったかとファンに尋ねたところ、彼は質問の意味がわからないと回答した。インタビュアーが妻との絆について尋ねたときに初めて、ファンは質問の意味を理解したらしかった。

インタビュアー　困難なときに妻と一緒にいたという事実によって、自分自身を尊重する気持ちが高まりましたか？
ファン　はい。高まりました。自分が誰かにとって重要な存在なんだと知るのはいいことだと思います。

ファンにとっては、自分がなし遂げたことに対して感じる幸福さえ、他者からの敬意を勝ち取ることに重要な意味があるのだ。他者から評価されることは、一般的に快く、また自分自身を快く感じることでもある。八年前にアメリカに移住した四二歳の農場労働者ルイサは、種まきに使っていたトラクターを修理できたことについて語った。

男たちはその作業ができませんでした。だから自分で修理するしかなかったのです。（……）ボスは私を祝福して、私のような部下がもっといればいいのにと言ってくれました。この件を夫に話したら、彼も「それでこそ私の妻だ」と祝福してくれて、とってもいい気分でした。

心理学者クリシュナ・サヴァニのグループ（私も含む）は、別のある研究で、（メキシコで暮らす）メキシコ人の大学生と白人系アメリカ人の大学生に「快く感じた」状況について語ってもらった。[69]メキシコ人学生は、「愛情」「感謝」「同情」などの言葉を使って人間関係にまつわる幸福について語ることが多かった。この幸福感は、自己と他者のあいだに良好な結びつきを作り出す情動だと言える。たとえば、あるメキシコ人学生の報告には次のようにある。

　生まれたばかりの甥っ子が眠りから覚めて目を開きました。一五秒ほどぼくの顔をじっと見つめたんです。そのとき、（年齢を超えた）愛情と調和《ハーモニー》を感じました。

　白人系アメリカ人学生は快く感じた状況を数多くあげたが、人間関係にまつわる幸福はあまり報告していない。彼らはそれより、「誇り」「優越」「自信」などの言葉を使って快い感情について語り、自尊心に関連する幸福を報告することが多かった。

　メキシコ人学生は、他者との絆を強化する快い感情を報告することが多かったばかりでなく、ポジティブな人間関係によって動機づけられてもいた。クリシュナ・サヴァニらは追跡調査で、メキシコで暮らすメキシコ人学生と白人系アメリカ人学生に次のような課題を与えた。学生たちはまず、他者に対して快い感情（人間関係にまつわる幸福）を覚えたときのこと、もしくは自分自身に対して快い感情（自尊心に関連する幸福）を覚えたときのことのいずれかについて報告した。次にパズルを解かせた。するとメキシコ人学生は、他者に対する快い感情を思い出したときのほうが、より積極的にパズルを解こうとした。彼らにとって重要なのは、家族に貢献することなのである。[70] したがって、メキシコ人などのラテンアメリカ系の人々は、（高い自尊心や活力に結びついた幸福ではなく）人間関係にまつわる幸福を経験することが多いばかりでなく、それによって課題の遂行が動機づけられるのだ。

ラテン系文化圏では、快く感じることは人との絆を感じること、つまり誰かと一緒にいたい、ハグしたいと感じることでもある。したがって、彼らにとっての「正しい」幸福とは、自尊心が際立つようなものではなく、人間関係にまつわる幸福こそが「正し」く、彼らの行動を動機づけているのだ。

快い感情は、時代や場所を問わず存在する。しかし、幸福はそうではない。アメリカ流の幸福は、現代の限られた地域で見られる情動にすぎない。幸福を感じている人は他者と積極的に関わろうとするかもしれないが、まず自分が輝いて際立とうとする——それが白人中流家庭のアメリカ人の理想なのだ。東アジアの多くの国では、快く感じることは穏やかさを保つことでもあり、穏やかな幸福は、社会や状況が課す条件に最適に適応できるよう準備を整えさせる。特に意外なことではないが、穏やかな活動は健康的と見なされている。東アジア諸国では、人々は、心配がなく穏やかさを保てるだけの準備が整っているかどうかを基準に行動を選択する。[71] ゆえに、目先の喜びより、長く続く平穏が優先されるのだ。

愛と幸福

愛や幸福は、他者との関係のもとで何かを実践する。アメリカ流の愛は、望ましい相手との絆を求め、その相手を称揚する。これは個人の自立と自発的な人間関係を強調する文化のなかで大いに必要とされる情動ではあれ、厳格な義務をともなう不可侵の絆を重視する文化のもとでは、核心的なものではない（特に「正しい」と見なされているわけでもない）。それに対して自ら方針を選択し、「正しい」行動をとり、自己の生活を変えていくことの責任を個々人に求める文化においては、自尊心によって特徴づけられるタイプの幸福は、それを感じる人を動機づけて活発にする、「正しい」情動と見なされる。だが、割り当てられた役割を果たし、状況に柔軟に合わせていくことが求められる文化のもとでは、そのような幸福はあまり重要ではなく、「間違っている」と見なされることさえある。このような文化においては、穏やかさ、バランス感覚、柔軟さ、周囲に合わせる覚悟（あるいは絆の感覚）が、より重要な達成目標と見なされているのだ。

しかし、愛や幸福は、心の奥底では普遍的な感情として存在しているのではないのか？ 世界中の人々がアメリカ流の愛や幸福を感じていながら、文化によって課された規範のせいでその感情を抑圧しているという可能性はないのだろうか？ 親が結婚を決める文化にあって駆け落ちをしたカップルは、欧米人のよく知る情熱的な愛が自然であるということを実証しているのではないのだろうか？[72] 幸福を感じて興奮したことで叱られた子どもは、欧米人の幸福のほうが自然なのに、文化的な規範によって情動が抑圧されてしまっていることの証拠になるのではないか？[73]

いや、そうではない。

情動を人間関係の一部として――他者の情動とともに発展していくエピソードとして――とらえるのであれば、恋愛は、文化がそれを「正しい」と見なしているのか、それとも「間違っている」と見なしているのか、あるいは「規範には無関係」と考えているのかに応じてきわめて異なったものになるだろう。同様に、刺激や激励を受けて陽気で跳ね回るようになった子どもは、刺激的な幸福を感じたときにしかめ面をされた子どもとは大きく異なる文化的エピソードを経験するようになるだろう。

私たちは、規範を課して自然な情動を抑圧する外部の実体として文化を解釈するモデルを放棄しなければならない。その代わりに、日常生活のつき合いのなかで私たちはつねに文化を実演しているのであり、そのようなつき合いを通じて情動生活の基礎が築かれていくのだという点をしかと認識しておくべきだ。

最後に、ポジティブ心理学に関してひとこと述べておくと、異文化においてどの情動が繁栄や成功をもたらすかを知っていると思い込んではならない。ガーナでは、愛情を制限し境界を設定することが繁栄や成功に資する。日本では、幸福より自己改善のほうが役立つ。イファルク族の場合は愛より*fago*だ。どの情動が繁栄や成功に資するのかは、人間関係における目標に応じて文化ごとに異なる。特定の、あるいはほとんどの文化で、ある形態の愛や幸福が、繁栄や成功の一因をなしていたとしても、これらの情動の発露はかなり異なった道筋をたどる。こうしてみると、「愛」や「幸福」も、単数形より複数形で語るべきなのだろう。

第6章

情動を表わす言葉の多様性

tahotsy を示すよう子どもに言い聞かせたり、子どもの特定の行動を *tahotsy* と呼んだりするマダガスカルのバラ族の親は、序列に従順たれとする文化的目標を子どもに教え込んでいる。息子に *fago* を示せと求めるイファルク族の母親は、他者の面倒を見られる人物になるよう情動を子どもに植え付けている。ゆえに、サンゴの破片を二歳のいとこに向かって投げつける行為は、*fago* を重視する文化的慣習の侵犯になる。さらに続けると、自分自身や自分の子どもの態度を「怒り」と呼ぶヨーロッパ系アメリカ人やドイツ人は、非難、自己の説明責任、公正さ、そして自立する権利を守るという目標を子どもに教え込んでいる。日本人の親は、ある程度成長した自分の子どもに「思いやり（共感）」を教え込む。日常生活を送るなかで、思いやりを示すエピソードを強調し、際立たせるのだ。

子どもによる情動語の学習の目的は、保護者が知る由《よし》もない、子ども自身の内面の奥深くにある心の状態を認識する能力ではなく、*tahotsy* や「怒り」などの文化的な概念を個々のエピソードと結びつける能力を育むことにある。[1] そのために親は、いま何が起こっているのかを明確に理解するための情動語をつねに子どもに教えているのだ。とりわけ、子どもが二歳に近づいて情動的な概念を自分で用い始めるころ、親は頻繁に情動語を使うようになる。[2] ある研究によれば、日本の都市に住む母親は、二歳の息子とのやり取りで一分間に一回ないし二回、情動語を使っている。[3] 保護者が情動語を使えば使うほど、それだけ多くの情動語を子どもは学ぶ。[4]

親は、子どもが怒る、あるいは怒りそうになると、その事実を指摘して警告したり、本に登場する主人公の怒りについて語ったりする。「怒りは特定のタイプの情動エピソードの容器《コンテナ》だ」という情動概念について考えてみよう。このコンテナがひとたび備われば、親は怒りのさまざまなインスタンス〔現われ〕を子どもに指摘するようになる。やがて子どもは、自分の力で怒りのインスタンスを理解できるようになる。そして個々のインスタンスは、「怒り」のエピソードを収容するコンテナに蓄積されていく。また子どもが新たな経験——怒りのエピソード——に出会うたびに、怒りの情動概念が更新されていく。こうして最終的に、怒りの情動は日常的経験を通じて獲得されていくのである。つまり怒りのカテゴリーは、同じ文化でも、それどころか同じ個人であっても同質的ではないということだ。それはたったひとつの状態を指すのではなく、さまざまなエピソードで構成される。母親と口喧嘩をして言い負かされたときにも、遊び仲間におもちゃを奪われて、取り戻そうと小突いたときにも、敬意が足りないと母親に叱られたときにも、私たちは「怒る」。こうして「怒り」は、あなたが属する文化で怒りと見なされている多数のエピソードを収容したコンテナと化すのである。[5]

心理学者のリサ・フェルドマン・バレットは、このような情動概念の学習プロセスについて説明するなかで、[6]「情動概念は、表面的にはほとんど無関係に見えるさまざまな情動エピソードのあいだに結びつきを作り出す」と指摘している。[7] *malu*（意味としては恥に近い）という言葉を用いるミナンカバウ人の親は、「見知らぬ-人が-近づいて-きた-ときに-感じる-恥ずかしさ」「母親の-言うことを-聞かなかった-ときに-感じる-気まずさ」「不適切な-態度をとって-公衆の-面前で-嘲笑されること」のあいだに結びつきを作り出す。これらのエピソードがいかに互いに異なって感じられようが、見えようが、あるいはそれに先立つ経過やその後の行動が違っていようが関係ない。つまりこれらの経験を*malu*としてひとつのカテゴリーに分類することで、子どもは、敬意を示す行動を喚起する数々の状況を互いに結びつけることを学ぶのである。[8] 同様にアメリカ人の親は、「本を-正しい-向きに-直して-褒められた-ことで-感じる-喜び」「ゲームで-勝って-感じる-喜び」「優秀な-成績を-収めた-ことに-対する-誇り」がすべて「誇り（自分自身を快く感じること）」という同一のカテゴリーに属することを子どもに教える。その際、「誇り」の各インスタンスが異なる状況で生じたものであろうが、異なる行動を要請しようが、ある程度異なって「感じられ」ようが関係ない。子どもに情動概念を教えることで、親は文化的に共有されている意味や目標をこれらのエピソードと結びつける。たとえば特定のエピソードを*malu*と呼ぶことで、親は敬意を表することが求められていると子どもに教える。あるいは「自分自身を快く感じる」べきだと子どもに示唆することで、個人の楽しみや状況の主導がもっとも重要であることを示すのだ。このように、いかなる情動を感じているかを学ぶことで、子どもは親（や文化）が抱いている意味や目標に自分を合わせられるようになる。

だが、それがすべてではない。人は自文化圏の一員として社会に一歩を踏み出す。幼少期に学んだ母語の情動語は、コンテナの内容物の一部として蓄えられる。どんな子どもも、親の助けを借りて「怒り」や*malu*のインスタンスを一から集め直さなければならないわけではない。情動語は、文化によって蓄積されている集合的な記憶や情動に関する洞察から、情動エピソードとして得ることができる。人々は、他者と語り合い、情動に関する集合的な知恵について話を聞いたり、公共の場でどのように使われているのかを観察したりすることで情動語を学んでいく。個人の経験は、そういった集合的な知識に支えられているのだ。[9]

情動語

母語の情動概念は人々の経験を構造化する。それは子ども自身の反応を含め、たったいま起こっているできごとを子どもに理解させるために親が使う道具なのである。[10]また、ふさわしい行動をとるよう教えもする。では、その情動概念が文化ごとに異なっていたらどうなるのか？　私たちはこのことについてどの程度知っているのだろうか？

最初に知るべきことは、すべての言語が「情動」それ自体に対応する言葉を持っているわけではない、という事実だ。私たちが知る情動のカテゴリーという考えは歴史的に新しく、地理的にも限定される。[11]それが問題なのは、どの概念が文化間で比較可能なのかを知ることさえ困難にするからだ。情動を、疲労や苦痛などの感覚と一緒のグループにする言語もあれば、行動と一緒のグループにする言語もある。私が行なった情動語をリストアップさせる実験では、トルコ人の研究協力者は後者に該当し、泣く、笑う、助ける、叫ぶなどの行動を表わす言葉を情動語としてあげた。マリア・ジャンドロンが研究の対象としたヒンバ族は、情動のカテゴリーに行動を含めるコミュニティーのもうひとつの例である。彼らは「みんな笑っている」など、（心の状態ではなく）行動を表わす言葉で、情動を表現する顔の共通性を認識していた。どの情動が文化間で異なるのかを見極めるためには、情動の領域を分割する境界線を引くための普遍的な方法など存在しないことを認識しておくべきである。[12] 普遍的な方法の欠如は、文化間の比較をとても複雑なものにする。

情動語とは何かを正確に定義することのむずかしさについてはとりあえず脇に置くとして、ざっと見渡しただけでも、すべての英単語に、他の言語に対応する言葉があるわけではないことは明らかだ。いくつかの言語――マレーシアのチェウォン語など――は情動語が少なく、七語しかない言語すらある。[13] また、数千を数える情動語を擁する言語もあり、英語には二〇〇〇以上の情動語がある。したがって、言語領域は言語ごとにきわめて異なるありかたで構造化されており、情動語の種類も数も言語によってまちまちなのである。[14]

情動の最重要カテゴリーに関しては、各言語に正確な翻訳語があるだろうか? どうやらそうではないようだ。多くの言語は、たとえば怒り、悲しみ、愛、恥のような、英語では明らかに区別されている言葉も区別できていない。（英語では）中心的な情動概念のいくつかが、他の言語ではまとめて一語で表わされることもある。たとえばウガンダで用いられているルガンダ語は、「怒り」と「悲しみ」の両方に対して *okusunguwala* という一語を用いる。[15] だからルガンダ語を母語とする通訳者は、英語の怒りと悲しみを区別するのに苦労する。怒りと悲しみの混合は他の言語にも見られる。私がオランダで行なった研究では、少数民族に属するトルコ系回答者は、*kızmak* という語を用いて悲しみに満ちた怒りを表現する。[16] この言葉は通常、親密な間柄の相手にとても期待していたのに裏切られたときに使われる。*kızmak* には攻撃性がともなわないものの、相手を無視したり避けたりする結果につながる。

インドネシアのニアス語は、怒りと妬みをはっきりとは区別しない。*afökhö dödö*（文字通り「心の痛み」

を意味する）はニアスの重要な情動語であり、それには傷心、悪意、恨み、妬み、憎悪などさまざまな情動が含まれる。[17] その言葉はまた、「悪意による行為と感傷《センチメント》」の両方を意味する。もうひとつのあいまいな区別の例として、悲しみ、愛、共感の組み合わせがある。イファルク族の中心的な情動*fago*は、「愛」という言葉に翻訳することはできるのだが、悲しみや同情という特徴も併せ持つ。[18]「愛」に対応するサモア語の言葉*alofa*には、同情、哀れみ、好みの意味もある。[19] 私の研究に参加したトルコ系の回答者は、*üzüntü*という言葉を自分の不幸のみならず親しい人の不幸に対しても用いる。そしてそれによって、共感の要素も悲しみと混じっている。こうして*üzüntü*は、泣きたい、何もできない、助けてほしいという気持ちを表現するだけでなく、他者に手を差し伸べ、親切にするようその人を誘導するのだ。私にこの情報を教えてくれた人によれば、*üzüntü*はトルコではよく知られた情動であり、それはこの情動の社会性を考慮すればよく理解できる。

多くの言語では、恥（shame）ときまりの悪さ（embarrassment）が一語にまとめられている。たとえば日本語の「恥」はこの両者を意味し、はっきりとは区別されない。すでに述べたように、ベドウィンは*hasham*という言葉をさらに広い意味で使っており、恥、きまりの悪さ、内気、謙虚、体面などの意味が含まれる。[20] 同様に、フィリピンのイロンゴット族が用いている言葉*betang*は、恥、臆病、きまりの悪さ、畏怖、服従、尊敬を意味する。[21]

英語では重要と考えられている情動概念を欠く言語もある。最近『サイエンス』誌に、六つの語族に分類されるほぼ二五〇〇の言語の情動語を調査する論文が掲載された。[22] この研究に参加した心理学者のクリステン・リンドクイスト、ジョシュア・ジャクソンらは、「怒り」「愛」「喜び」「誇り」「悲嘆」

を含む二四の英語の概念に対象を絞り、次のような結果を見出している。情動概念の文化間における類似性は、すべて（一〇〇パーセント）の言語が、英語ではっきりと区別されているさまざまな情動概念と一対一で対応する言葉を持つことを最低でも必要とする。そのなかで、この一〇〇パーセントという要件をほぼ満たしている言葉は、「快さ」だけであった。ほぼすべての言語が、それに対応する明確な言葉を持っていたのだ。他の英語の言葉に関して言えば、対応する明確な言葉を持つ言語の割合ははるかに低く、「不快」は七〇パーセント、「愛」は三分の一未満、「喜び」と「怖れ」はおよそ二〇パーセント、「怒り」と「誇り」は一五パーセント未満の言語にしか見つからなかった。これは、それ自体が重要な発見であり、事例による証拠によっても裏づけられている。言語学者で多言語使用者《ポリグロット》でもあるアンナ・ヴェジビツカは、彼女の母語のポーランド語には「嫌悪（disgust）」に対応する言葉がないと指摘している。[23] 同様にタヒチ語には、「悲しみ（sadness）」に対応する言葉がないらしい。近親者を失ったタヒチ人は悲しいとは認識しておらず、疲労や病気を指すこともある、「一般には身体の状態の問題や抑制に言及する他のさまざまな言葉」を用いるようだ。[24]

英語の情動語に対応する翻訳語があったとしても、それが指す情動カテゴリーは文化ごとに異なる。『サイエンス』誌に掲載された件《くだん》の論文によれば、新たな言語、とりわけ英語（インド・ヨーロッパ語族）とは異なる語族に属する言語を学ぶ際、その言語の、たとえば色に言及する言葉より情動語を理解するほうがはるかにむずかしいそうだ。[25] それどころか、色でさえあらゆる言語のあいだで同一ではない。たとえば、ピンクと赤に対して同じ言葉を用いる言語があることをご存じだろうか？ 緑と青を区別しない言語があることも？ 文化間における色の区別の相違に驚かされるのであれば、情動語の相違にはもっと驚かされるはずだ。さまざまな言語における情動語は、互いにきっちりと重なることがない。これまでの章の説明から明らかなはずだが、対応する英語の情動語があるからといって、異文化の情動を理解できたと思うべきではない。そう思うのであれば、異文化の言葉によって表わされる情動カテゴリーを理解するのではなく、英語版の情動をそこに投影するという誤謬を犯す危険が生じるだろう。

『サイエンス』誌に掲載された論文は、言語間における言葉の共有のさまざまなパターンを調査している。先述した例で言えば、ルガンダ語は「怒り」と「悲しみ」の両方に対して*okusunguwala*という一語を、また日本語は「恥（shame）」と「きまりの悪さ（embarrassment）」の両方に対して「恥」という一語を用いている。言語学的に推測すれば、一語で表わされる複数の情動は、その言語では相互に区別されない。このような言葉の共有は、研究者たちが当初区別していたすべての情動概念のあいだに見出されている。たとえほぼすべての言語が「快さ」に対応する言葉を持っていたとしても、研究者たちが当初区別していた他の情動カテゴリーの四分の一に関しては、それを記述するために同じ「快さ」が使われていた。「快さ」と単語を共有する情動カテゴリーの例には、「喜び」「欲求」「陽気」「好み」「愛」「希望」などがある。研究者たち自身も、いくつかの語族における「怒り」と「妬み」の、また「憎しみ」と「不快さ」と「誇り」の言葉の共有を指摘している。妬みや誇りと区別されない怒りが、いかに私たちの怒りと異なるかを想像してみればよい。また別の例として、「哀れみ」に対して「悲嘆」や「後悔」と同じ言葉が用いられている言語もあれば、「愛」と同じ言葉が用いられている言語もある。後悔と一緒にされた哀れみと、思いやりと一緒にされた哀れみの違いを想像できるだろうか？　なお、すべての語族にわたって同様に境界を画される情動概念などひとつもない。つまり、言語が情動を概念化するありかたは、言語によって異なるということだ。

『サイエンス』誌に掲載されたこの大規模な研究には、「主観的に感じられる心の状態（快く感じる、悲しく感じる、怒りを感じる、哀れみを感じるなど）」が関わる情動概念と、「過去の情動研究で調査された情動概念しか含まれていない。[26]したがって、すべての言語ではないとしても特定の言語で情動の好例と見なされている「泣く」や「笑う」のような言葉が除外されている。泣くことは心の状態ではなく（「泣いていることを感じる」とは通常言わない）、情動研究では「情動」として扱われていない。[27]「泣く」や「笑う」が情動語として普通に使われている言語がある点に鑑みれば、それらの言葉を除外することは、情動語の文化的相違を過小評価しているとしか言いようがない。

『サイエンス』誌に掲載された研究は、*fago*（イファルク族）、*gezellig*（私の母国オランダ）、*amae*（日本）などの、一語では英語に訳せないものの、当の文化においては中心的な役割を果たしている文化固有の情動語を無視している。すでに見たように、*fago* は親密な関係にある人の面倒を見たいという感情を指す。興味深いのは、この情動語が英語ではひとつの情動カテゴリーに含まれることのない、さまざまな情動のインスタンスを結びつけていることだ。それには苦痛を感じている人に対する「愛」や「共感」、さらには愛する人と別れたときに感じる悲しみ（脆弱さ）が含まれる。

gezellig も、英語に訳すためには複数の単語が必要になる。それには状況――炉端や居間で、ホットドリンクを飲みながら、ソファーにすわってなど――、他者に対する親密な感情、安心、リラックスした気分などが含まれる。心理学者として訓練を受けてきた私なら、それを情動語リストには入れ

ないが、何年も前に行なった私の研究では、オランダ人の研究協力者は入れていた。

文化固有の情動の最後の例として、「甘え」を取り上げよう。「甘え」とは、「保護者の甘やかしを受け入れたり、それに依存したりする傾向を指し、母子関係に典型的に見られる」[28]。その際、母親は権威的な存在であり、同時に召使いとしても振る舞う。「甘え」の関係においては、依存する側のパートナーは、主導権を明け渡して保護者に完全に従属する。また保護者は、判断を差し挟まずに共感することで従属するパートナーのニーズを満たすことに専念する。「甘え」（つまり従属するパートナーであること）は、相手が受け止めてくれると信じて後ろ向きに倒れることにやや似ている。つまり保護者は、自分を信頼し、依存している相手を受け止めるのだ。「甘え」は日本に深く根づいた情動概念であり、精神科医の土居《どい》健郎《たけお》がある同僚（日本人）にそれに対応する言葉は英語にはないと言ったところ、この同僚は驚いて、「なぜ？　子犬でさえ甘えるのに！」と答えたそうだ[29]。

他の言語ではよく使われている情動語を除外することで、情動語の文化的相違を過小評価することにつながったのかもしれない。土居の同僚の驚きが示すように、それらの言葉は異文化において情動経験の基盤をなしている。それにもかかわらず、『サイエンス』誌に掲載された論文の情動語リストには含まれていなかった。というのも、情動研究者の持つＷＥＩＲＤ文化に固有の見方にそぐわないからだ。

情動語は、情動の社会化において重要である。情動概念は言葉に限られるわけではないが、情動語は情動の文化的な相違を探究するための出発点としてふさわしい。われわれの知る限り、情動の領域は言語によって異なったありかたで概念化されると結論できる。情動カテゴリーの理解でさえ、文化によって異なる。さらに言えば、情動語は言語間できっちりと重なり合うわけではない。子どもたちが、それぞれの文化に応じたありかたで情動を理解するようになる理由のひとつはそこにある。

文化的なエピソード

情動概念が子どもにとって何を意味するようになるのかは、情動語に結びつけられたエピソードにかかっている。私の息子オリバーの誇りの概念は、本を正しい向きに直して親に褒められた経験や、彼が所属する野球チームが何度も勝ってそのたびに歓声を浴びたという経験を含んでいる。彼の「誇り」には、ほかにも「最優秀生徒賞」をもらったことと、お気に入りの絵本『ちびっこきかんしゃだいじょうぶ』のストーリーなどが含まれている。これはオリバーの好きな絵本で、主人公は意志の強さで困難を乗り越える機関車だ。同様に台湾のディディの恥の経験には、わがままな振る舞いのせいで母親が彼を恥ずかしく思ったというインスタンス、また姉に「恥を知りなさい」と諭されたというインスタンス、さらには何冊かの絵本に描かれている主人公の冒険などが含まれているだろう。ミナンカバウ人の幼児が覚える *malu-malu*（乳児の恥）には、見知らぬ人に対する態度の悪さを親に指摘された体験が含まれている。そうであれば、情動概念の意味は、その文化圏でよく起こるできごととの遭遇、あるいは他者の注目を集めるできごととの遭遇に大きく左右されることになる。

コミュニティー内で、情動概念がいかに子どもたちの経験へと統合されていくのかは、さまざまなタイプの経験が、ヨーロッパ系アメリカ人や中国人の誇りや恥の概念の一部になっていく過程を論じた、発達心理学者マイケル・マスコロらの研究によってみごとに示されている。[30]親が「誇り」と見なすもっとも基本的な経験は、生後六か月に満たない乳児が、こぶしを開いたせいでボールが落ちるなど、自分の行動の結果を見て笑みを浮かべるようになったころに生じる。乳児が親の反応に気づき始めると――マスコロによればそれは一歳ごろに起こる――、親はそれを誇りとして強調し始める。私の息子オリバーは、本を正しい向きに直すという芸当を繰り出したあと、私たちのほうを見たものだった。彼は私たちの承認に気づいていたはずだ。そして私たちは、彼のその行動をたしかに誇りに思っていた。「自力で何かを達成する」「自分の行動に対する承認を得る」などの基本レベルの経験は、多くの文化で「誇り」概念の一部を形成していたとしても、乳児が誇りとして経験するエピソードは文化によって異なる。たとえば白人系アメリカ人の一歳児は、自分で選択した行動に対して「誇り」を感じる（ある日、オリバーは私たちの励ましなく、たまたま本を正しい向きに直したときに誇りを感じた）。それに対して中国人の乳児は、親に促されてした行動に誇りを感じる（たとえば「おばあちゃんにキャンディをあげなさい！」と言われた場合）。また、自分自身を快く感じる白人系アメリカ人の子どもは、中国人の子どもより活発だ。前者はまっすぐな姿勢をとり、微笑み、親を見つめ、結果を指差し、拍手し、自分を褒めさえする。それに対して後者は、「キャンディをおばあちゃんにあげたの」「おかあさんの言うとおりにしたの」などと言う。どちらの文化でも親は結果を承認するが、白人系アメリカ人の親は中国人の親より熱心に子どもを褒める。

子どもが抱く誇りという情動概念の文化間の相違は、行動や結果の責任が自分にあることに気づき始める、二歳になる前あたりからさらに拡大する。[31]子どもが社会化されるにつれ、またその文化における人間関係の多様なありかたへの理解が広まるにつれ、誇りと恥の意味は、独自の文化的実践を反映してますます文化的な色合いを強めていく。すでに見たように、中流家庭に属する白人系アメリカ人の親は、自尊心を育むべく褒めることで子どもに働きかける。白人系アメリカ人の子どもはそれに応じて、自分の行動の結果を自己の能力のおかげと解釈する（「ぼくはそれが得意なんだ！」）。

中国人の家族の反応はもっと複雑だ。一方では、誇りを感じる機会が作り出されることがある。マスコロによれば、子どもが学校で習ったことを親族や訪問者の前で披露することはよくある。すると彼らは、子どもと親に大げさな賛辞を送るかもしれない。他方で親は、自分の子どもが関わっているというだけの理由で、控えめな態度をとることがある。たとえば子どもが歌を披露したとき、親は「悪くはないけど、もっと練習しなきゃ！」などと言うのだ。これは、台湾人の子どもの恥に関する話とは逆であり、社会における子どもの立場より、子どもと親との絆が前面に表れている。親は子どもの成果にただちに満足するわけにはいかない。なぜなら、努力し続けるよう子どもを激励する責任があるからだ。子どもは親の思いに共鳴し、何かに成功してもあまり喜ばないようになる。中国人の子どもに関して言えば、誇りの軸にあるものは、よい結果を出し続けるためにさらなる訓練を積む姿勢である。

白人系アメリカ人の子どもにおける誇りは、次第に他人よりいい、自分が有能だという意味を帯びていくのに対し、誇りをめぐる中国人のストーリーは、ますます謙虚さや名誉に関するものになっていく。アメリカにおける誇りの意味は、「アメリカ人であることが誇らしい」などといったアメリカで重視されるアイデンティティーを含む方向に変化していくが、中国人の誇りのストーリーは、懸命に努力して成功することで親に栄誉を与えるものへと発展していく。

白人系アメリカ人の子どもが感じるものにせよ、中国人の子どもが感じるものにせよ、「恥」の意味は、単純でおそらくは普遍的なストーリー――保護者の不承認や自分の失敗に対する子ども自身の感情――と、文化間で異なる複雑なストーリーの両方を含んでいる。アメリカ人の子どもは、アメリカで重視されている能力の不足を他人の目に晒すエピソードと恥を結びつけるのに対し、中国人の子どもの恥のエピソードは、自分に課された社会的な役割や義務を果たせなかったことや、親の名誉を汚したことに関するものになる。[32] 恥に関するストーリーは、最初は自分が期待していたとおりに親が微笑まなかったなどといった単純なものであっても、やがてその文化における人間関係に関する慣習的な目標や、それをいかに達成したか、あるいは失敗したかに関するシナリオへと変わっていくことだろう。

以上の事例によって示されているのは、「情動概念は、それが生じる社会的な文脈からその意味を汲み取る」ということだ。中国人の誇り（恥）は、アメリカ人のそれとは異なる一連のエピソードを指し示す。これは乳幼児期から当てはまる。誇りの概念や恥の概念は、標準中国語圏でも英語圏でも生じるのだろうか？ それはどちらの言語にも生じ、誇りや恥に対応する言葉は存在する。そして、これらは、基本的なシナリオ――誇りの場合には他者の承認をもたらす何かをする、恥の場合には不承認をもたらす何かをする――を共有している。とはいえあなたが中国人の誇りに馴染んでいるのであれば、アメリカ人が誇りを感じるのはどんな場合か、誇りを感じたときにいかに振る舞うのか、他者はそれにどう反応するのか、あるいはそもそも本人が正確にどう感じているのかを予測することが、あなたには困難に感じられるはずだ。そして、その逆も言える。アメリカ流の誇りをもってしては、中国人の誇りに典型的に見られる経験をうまく理解できないだろう。先行条件、行動、他者の反応、結果、そして異論はあろうが、それにともなう感情など、誇りのもっとも基本的な要素は文化によって異なる。

他の多くの情動についても、基本的なシナリオを思いつくことは可能であろう。怒りは苦悩や不満（や障害に直面してもあきらめないこと）から始まるかもしれないし、愛や幸福は誰かがそばにいたときに快く感じたこと（や一緒にいたいと感じたこと）から始まるかもしれない。しかし喜び、怒り、愛に究極の意味を与えるエピソードは文化間で異なり、そのために情動概念も文化ごとに異なる。

じつのところ、情動概念は同じ言語内でも、たったひとつの典型的なエピソードに対応するわけではなく、誇りにせよ、恥、怒り、あるいは他のいかなる情動にしても、一連のさまざまな状況を指し示す。また、言語間で重なる場合もある。アメリカ人の誇りのインスタンスのすべてが、中国人の誇りのインスタンスのすべてと異なるわけではない。ヨーロッパ系アメリカ人の子どもが、母親の期待に沿うことができて誇らしく感じることはありうる。また中国人の子どもであっても、友人より自分のほうが賢いと感じることはあるはずだ。子どもの誇りによる反応も、文化的にそれほど異ならない場合もある。もちろん控え目な白人系アメリカ人の子どももいるし、大喜びする中国人の子どももいる。ここで言いたいのは、情動概念によって活性化《オンライン》される情動エピソードの組み合わせ《セット》は、その都度異なりうるということだ。

一例として、日本の製薬会社で営業を担当するモトコとアメリカ人のヘザーの一日を取り上げよう。

その日ふたりは、怒りを覚えるできごとに何度か遭遇した。ふたりは午前中、新年度の販売戦略を提案するためにチームの同僚たちに向けてプレゼンテーション〔以下、プレゼンと略す〕をした。すると、入社したばかりのある若い社員がその提案に文句をつけ始め、戦略的に完全に間違っていると主張したのだ。モトコもヘザーもこの社員の横槍には不満を覚え、残りのプレゼンのあいだ、集中し続けるのにひと苦労した。しかし、ヘザーがプレゼンの内容をいかにして説得力のあるものにできるかを考えたのに対し、モトコはこの新入社員の他者に対する敬意の欠如に愕然としていた。数時間後、ヘザーとモトコがアポイントメントを取っていた医療センターへ出かける準備を整え、（その日はほかに空きがなかったために）会社のバン用の駐車枠に駐めていた各自の車のところまで歩いて行った。するとふたりの車のすぐうしろに会社のバンが駐められており、自分の車が出せないことに気づいた。ヘザーは、「ほかに駐める場所なかったの？」「なんでわざわざ私の車のすぐそばに駐めるの？」と、バンの運転手に対して心のなかで悪態をつき、その不満を本人に思い切りぶつけたかった。それに対してモトコは、会社のバン用の場所に駐めた自分が悪いと考え、不満を爆発させることはなかった。

ありそうにもないことだが、ヘザーとモトコの怒りのインスタンスの組み合わせが一致していたら、ふたりの怒りは同じように見えたのだろうか？　マイケル・ボイジャーと私はある研究で、さまざまな状況のもとで生じた怒りや恥の経験について調査し、それに結びついた状況や行動傾向の意味を考察した。[33] それを通じて、怒りや恥の経験の組み合わせがアメリカと日本とベルギーで異なるのかを知ろうとしたのだ。この研究は次のように行なわれた。われわれは、各文化のなかで育った学生を集め（合計するとおよそ一〇〇〇人になる）、怒りや恥に関わるさまざまな状況から選んだ仮想シナリオを彼らに読ませた。「仮想」とした理由は、調査票に記載されている状況が以前の調査に参加したアメリカ人、日本人、ベルギー人によって報告されたものであり、したがって今回の調査に参加した学生たちにはそれとまったく同じ状況に遭遇した経験がない可能性があったからだ。その意味では「仮想的」というより、以前の調査に参加した学生が怒りや恥を感じた「現実的な」状況と言ったほうが正しいのかもしれない。

調査は次のように続いた。各参加者は、その参加者が自己申告した性別と文化圏に合致する名前の主人公が登場するシナリオを読んだ。たとえばアメリカ人の男子学生は、ジョシュア、マシュー、アンソニー、リチャードという名の主人公が登場するシナリオを読んだ。なおシナリオの内容は、アメリカ人学生、日本人学生、ベルギー人学生ともに、また男女の別に関係なく同じものを読んだ。34 以下に内容が大きく異なる四つの怒りのシナリオをあげておこう。

❶ジョシュアと彼の友人は、その日の講義が終わってから会う約束をしていた。ジョシュアは講義が終わるとただちに、待ち合わせ場所に駆けつけた。それから二〇分経っても、友人は来なかった。

❷家族から離れて遠方の大学に通っていたマシューは、休日に家族に会いに帰ってきた。マシューが、自分が誇りに感じていることについて語ろうとするたびに、父親は話題を変えて、フットボール選手の弟の近況について語り始めた。

❸アンソニーと彼の友人がレストランの二階に上がろうとしたところ、二階から下りてきた一団

の人々と狭い階段ですれ違った。するとそのうちのひとりがアンソニーと友人に向かって「おい、押すなよ！」と叫んだ。

❹リチャードはある学生とルームシェアをしていた。ある夜リチャードが帰宅すると、部屋はメチャメチャになっていた。というのも、ルームメイトが部屋に何人かの友だちを連れてきてドンチャン騒ぎをしたあと、誰もあと片付けをしなかったからだ。

回答者は以上のシナリオを読んだあと、自分がジョシュア、マシュー、アンソニー、リチャード（または国と性別が合う名前にした主人公）だったらこれらの状況をどう評価し、どのような行動をとるかという問いに答えた。[35] また、それが自分のことだったら、どの程度怒り（や恥）を感じるかについてコメントした。その結果、この四人それぞれの立場に身を置いた場合、怒りは同じようには感じられないはずだという共通した答えが得られたものの、各回答者が記述する怒りの種類の組み合わせは二通りあった。興味深いことにこれらの組み合わせは文化の違いに関係なく見出されたが、どの組み合わせが共通するかは文化圏によって異なった。[36] 恥に関してもすべての文化圏に三つの組み合わせが見出されたものの、それぞれの組み合わせの出現頻度は文化圏ごとに異なっていた。

怒りの経験の第一の組み合わせは、日本人学生の大多数が報告しているが、アメリカ人学生とベルギー人学生に関してはごく一部しか報告していない。この組み合わせを報告した回答者には、親密でない他者を非難しようとする傾向があった。たとえば、ジョシュアの友人（❶）やマシューの父親（❷）の行動より、リチャードのルームメイト（❹）の行動のほうが不適切で不公平だと考えた。さらに言えばこの組み合わせを報告した回答者は、友人や親族が不快な態度を示したシナリオでは、とりわけマシューの父親のように何らかの意図を持った振る舞いであれば、主人公がとった行動にあまり拘泥《こうでい》しなかった。

第二の怒りの組み合わせは、アメリカ人学生とベルギー人学生によく見られた。この組み合わせを報告した回答者には、人間関係に関する規範を満たせなかった近しい人を非難する傾向があった。つまりリチャードのルームメイト（❹）より、ジョシュアの友人（❶）やマシューの父親（❷）を非難し、赤の他人より彼らのほうが不適切で不公平だと見なした。また、友人や親族が関与しているジョシュアやマシューが置かれた状況には強くこだわるが、赤の他人が、アンソニーのシナリオ（❸）のようにぶしつけな態度をとった場合や、リチャードのシナリオ（❹）のように目的があって不快な態度をとった場合にはそれほど気にしないと答えている。彼らはジョシュアやマシューと同じ立場に置かれれば、集中力を失い、やる気がなくなるだろう。この第二の怒りの種類の組み合わせは、アメリカ人学生とベルギー人学生の大半に見られたが、日本人学生のあいだではごくわずかにしか見られなかった。

これらふたつの組み合わせは、支配している文化特有の考えかたと一致しているように見受けられる。日本人が親密な人間関係を第一に守ろうとする（そして親密な人に対する非難を避けようとする）のに対し、欧米人はまず自立に関心を持ち、親密な人間関係においても自立が重視される。[37] したがってそこでは、人間関係の規範が、自立を可能にしつつ他者の公平な扱いを保証しているのだ。

かつての私なら、人々の情動生活はお互いに異なっていても、情動それ自体は同じだと言っただろう。だが、「情動それ自体は同じ」とはいったいどういう意味なのか？　情動エピソードそれ自体が情動だったとしたらどうか？　情動が、重なり合う部分があるとしても、基本的には互いに異なるカテゴリーだったとしたら？　それぞれの情動概念がさまざまなエピソードを含んでいるのであれば、異なるコミュニティー同士——ならびに個人同士——がまったく同じ情動概念を共有することなどないはずだ。[38] ならば、日本語の「*ikari*」〔怒り〕と英語の「*anger*」とオランダ語の「*kwaadheid*」は「同じ情動」だとする考え、つまり「それぞれの怒りのストーリーの背後には、真の情動として同一の心の状態が存在する」という考えは、MINE型情動モデルに由来していると言わざるを得ない。情動概念がコミュニティー内に流布している情動エピソードの組み合わせを指し示すのであれば、「*anger*」を「*ikari*」〔怒り〕と訳すことは、別世界に足を踏み入れることに等しい。[39]

類似の情動概念？

多くの言語は、喜び、穏やかさ、誇り、愛、怒り、恥、怖れ、悲嘆、嫌悪、妬みや、他のいくつかの情動に対応する言葉を持っていると言う向きもあるだろう。[40] その見解は正しい。では、情動概念が文化的なエピソードの組み合わせを示すのであれば、なぜそのようなことが起こるのか？　ひとつの理由は、人間が生きていく条件は基本レベルではどの文化圏でもきわめて似通っているからだ。人類学者のアンドリュー・ビーティーが主張するように、「いかなる人間集団においても、人は生まれてから死ぬまで、誰かを愛し、何かを望み、獲得し、失いながら、老いていく」[41] のである。

もうひとつの理由は、これら基本的な人間の条件によって、行動の可能性が論理的に制約されるからだ。人は他者や特定の集団に対して、近づいたり遠ざかったりすることができる。[42] 欧米の研究者は、「愛」「敬意」「喜び」「関心」を他者（やモノ）に近づくこととして、また「怖れ」「軽蔑」「嫌悪」を他者から遠ざかることとして位置づける分類法を提案してきた。[43] 世界中の大学生が、「喜び」に対応する母語を近づくことと、また「恥」「罪悪感」「嫌悪」に対応する母語を遠ざかることと結びつけている。[44] 情動概念は、誰が近づいたり遠ざかったりしているのかを示す場合がある。「愛」は、相手に近づくこととして理解されている。[45] 日本語の情動語「甘え」は、相手が自分に近づく（ことを望む）ことを意味する（それだけではないが）。「怒り」は相手を自分から遠ざけること、また「怖れ」は自分が相手から遠ざかることとして理解されている。[46]

さらに言えば、人は支配的になったり（図6・1「上がる」の位置）、従属的になったりする[47]（図6・1「下がる」の位置）。怒り（とそれに対応する各言語の言葉）は、上がることを意味する。帰宅が遅れた夫に感じる怒りは、力を求める動きであり、（たとえば悲しみを感じた場合とは対照的に）「私は強い」という意思表示だ。誇りも上がることを意味する。欧米人（心理学者を含む）はこの論理を逆転させて、[48] 成功した際の強く支配的な姿勢から誇りの存在を推測する。[49] この逆転の論理は普遍的に認められているわけではない。*fago* は、相手が弱く、あなたの保護を必要としているという認識をともなう。恥、きまりの悪さ、そしておそらく悲しみはそれを感じる人が下がることを意味し、少なくとも相手との関係における服従や弱さの認識をともなう。[50] 畏怖も、それを感じる人が何らかの関係のもとで下にいることを意味し、[51] 相手や環境全体と比較して自分がいかに小さいかに気づくだけで感じる。[52] 畏怖に関しては、た

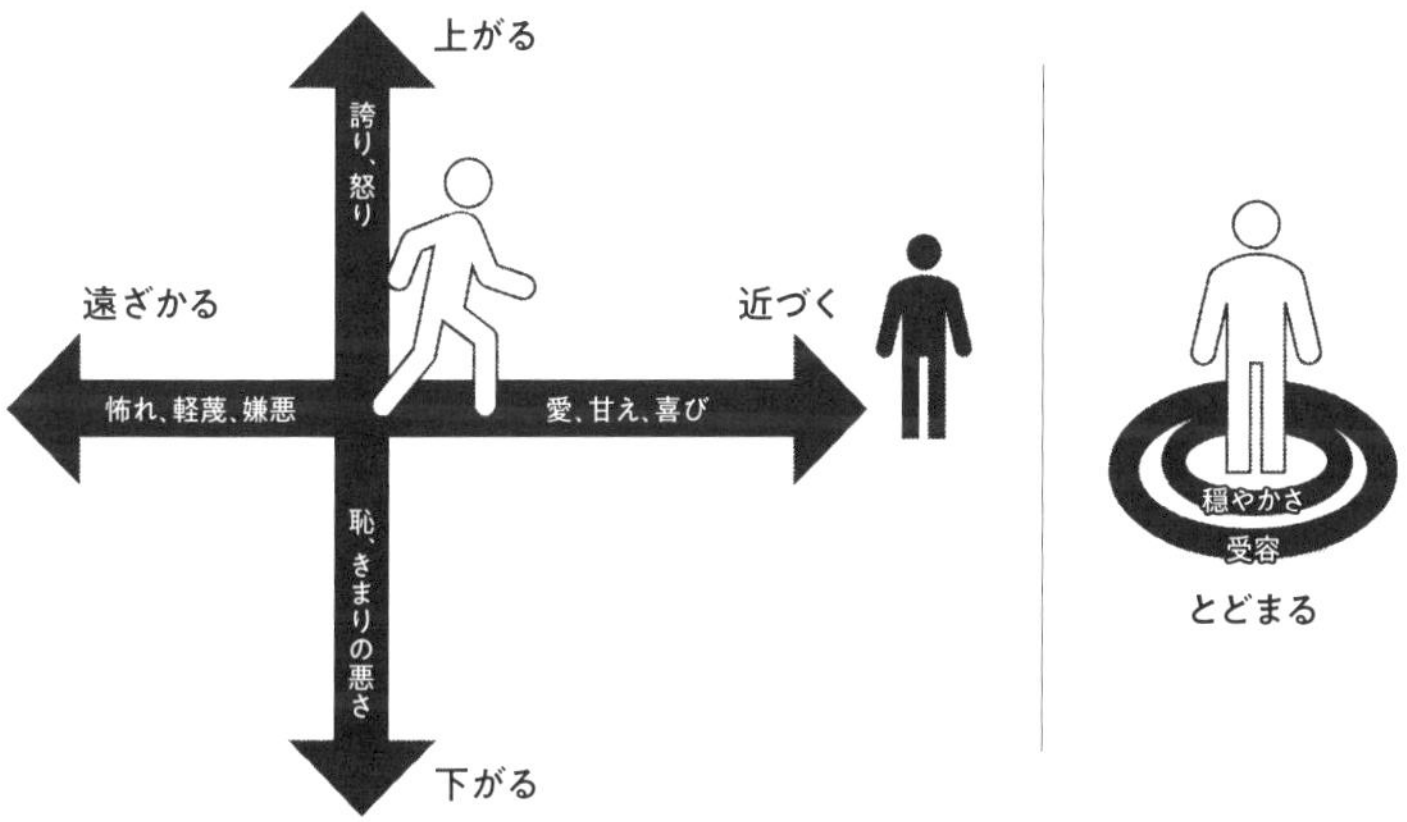

図6.1 論理的可能性の空間における情動の例
ただし、ひとつの情動概念のあらゆるインスタンスが同じ方向を指し示しているとは限らない。

とえば感動的なコンサートを聴いたときや、カリスマ的な教師やリーダーの講演を聴いたときに感じるはずだ。

このように人は相手と、近づくことも遠ざかることもできるし、上がることも下がることもできる。そして、いまいる場所にとどまることも可能だ。それに対応する情動もある。受容や穏やかさ、あるいは落ち込みがそれにあたる。[53] 動かない理由はあまたある。環境に馴染んでいるからかもしれないし（穏やかさ）、向かってくるものに対してオープンだからかもしれない（受容）。動きたくてもどこへ動けばよいのかがわからないからかもしれない[54]（落ち込み、絶望）。あるいは、イギリス人が第二次世界大戦を前にして言ったように「冷静に戦い続ける（Keep Calm and Carry On）」こともできよう。だがこの場合の動きは、いまいる場所にとどまることであり、その結果として環境に直接的な変化は生じない（少なくとも自己の行動によっては何も変わらない）。

このような情動の動きがあることは、科学者でなくてもわかる。それはどんな人間関係にも見られる基本的な情動の動きであり、あらゆる人間社会、さらには集団を形成して暮らす他の（類人猿などの）動物にも見出される。[55]その種の基本的な情動の動き（私がすでに用いた言葉で言えば基本的な「エピソード」）を指し示す情動概念が世界中で見つかっても、それは特に意外ではない。なぜなら、自分自身を環境に合わせることの可能性を示しているからだ。言い換えれば、それこそが人間の生きかたそのものなのである。しかし世界と関係する可能性を誰もが共有していたとしても、私たちは普遍的な情動概念を共有しているのではない。

行動を促す言葉

私がベドウィンの女性だったら、同年齢の男性と出会うことに居心地の悪さを感じるだろう。その経験が *hasham* のインスタンスだと知れば、すぐに状況を理解し、何をすべきかが判断できる。目を伏せ、いかなる接触も避け、消えてしまいたくなることだろう。そしてそれが「正しい」反応だというこことがわかる。私が日本人の母親だったら、騒々しくわがままなよちよち歩きの幼児を「甘えている」と見なし、その認識のもとで子どもを甘やかし、厄介な態度も受け入れるだろう。[56]日本人のよき母親なら、そうするはずだ。私が *Ärger*（苛立ち、怒り）を行使できるドイツ人の母親であれば、騒々しくわがままな幼児を反抗的と見なし、子どもの厄介な態度を受け入れず、その責任を子どもに求め、態度を正そうとするだろう。このケースでも、私は情動概念に導かれてストーリーを描いているのだ。

情動的なストーリーの特徴は、その人に行動する衝動を引き起こすことにある。反応しないことは選択肢にない。自分の感情をどう理解するかは、自国の文化のもとで利用可能な情動概念によって決まる。[57] 情動概念は社会的なコミュニティーの内部で共有されている。私が利用できる情動概念は、情動的なストーリーを「描く」ための特定の方法を提供し、そこに書かれていない結末で終わることを困難にするのだ。

また情動概念は、相手の行動を理解するのに役立つ。「間違った」情動概念を用いることは負担になる。心理学者フィリップ・シェイバーの研究に参加したアメリカ人学生のマリーは、待ち合わせ時間に少し遅れただけで「激怒」したボーイフレンドの態度に混乱したことを報告している。[58] 彼女はボーイフレンドの「激怒」を引き起こした自分の行動を探し始めた。なぜ彼女は、自分の行動に着目したのか？ なぜなら、怒りにはそれを引き起こした理由、つまり怒りを正当化する理由が必要だからだ。彼の行動を「嫉妬」として解釈すれば、彼の怒りはすぐに理解できただろう。というのも彼が激怒した理由は、彼女が他の男と遊んでいたせいで待ち合わせに遅れたと思い込んでいたからだ。

自分自身に対してにせよ、他者に対してにせよ、情動概念を適用することは、現在進行中の情動エピソードの意味を明確なものにする。これは状況の特定の側面に焦点を絞って他の側面を無視し、一定の方法でできごとの意味を作り出し、特定の行動を優先することでなされる。「甘え」のインスタンスとしてとらえられた状況（言うことをきかない子ども）は、子どもの未成熟さやニーズに焦点を置くのに対し、*Ärger*〔ドイツ語の「怒り」〕のインスタンスとしてとらえられた状況は、親の不満に焦点を置いて子どもの行動の背後にある有害な意図を明確にする。こうして母親は、解釈に応じて異なった態度で状況に接し、子どもの「甘え」を感じ取った場合にはそれに共感して子どもをなだめ、*Ärger*を感じた場合には苛立って子どもを罰するのだ。（いくつかの情動のなかから）ひとつの情動を認識することは、さまざまなエピソードの特定の組み合わせに関する知識を動員することなのである。それは類似の状況で生じた情動エピソードに関して知っていることのすべてを、さらにはその組み合わせに含まれている文化的な知識のすべてを活性化することを意味する。[59] 概念がなければ、私たちが知っているような情動は存在しないと考えるべき理由がある。[60]

情動概念には、文脈や本人の立場に応じて、望ましいか望ましくないかのいずれかの結果がともなう一連の文化的なエピソードが織り込まれている。本書の用語を借りて言えば、「正しい」情動は望ましい結果をともなうエピソードを含み、「間違った」情動は本人が避けたいと思う結果をともなうストーリーを含む。

第4章で見たように、アメリカでは、「怒り」は不快に感じられやすいが、望ましい結果をもたらす有用な情動と考えられている。怒りは、親密な人間関係においてはそれを感じた人の自己のニーズや期待を守ると考えられているが、職場では明確な境界が引かれる。また、思春期の子どもの自立を促す。さらには社会的な悪行を浮き彫りにし、正義を求める動き（現状に甘んじない）を発動させる。[61] 欧米人のあいだでは、目的のある怒りは健全で正しいと見なされている。だがそれは、あらゆる場所に当てはまるわけではない。[62]

とりわけ緊密なコミュニティーでは、怒りは「間違っている」と見なされやすい（詳細は第4章で取り上げた事例を参照）。ウトゥク族の人々がジーン・ブリッグスに教えたところでは、怒りは、彼らが重視する落ち着きや寛容を脅かす危険な情動だ。同様に、チベットの仏教徒は*lung lang*（怒り）を「根本的に破壊的な感情で、自己にも他者にも等しく有害であり、（……）根本的に欠陥のある動機（他者に危害を加えたいという欲望）から生じ、最終的に悪い結果をもたらす」情動と見なしている[63]。キャサリン・ラッツのホストを務めたイファルク族も、日常生活で生じる怒りを非難する。彼らのあいだでは、病気にともなう苛立ちや、小さくても不快なできごとが続いて蓄積した不満、あるいは義務を果たさない親族に対する不満などのさまざまな怒りは、すべて不道徳で見苦しいと見なされる。同様に日本では、怒りは避けるべき破壊的な情動と見なされている。以上のように、個人の自立より集団の調和が重んじられる場所では、怒りは「間違った」情動と見なされる。

ここで重要な指摘をしておくと、「怒り」の概念が有害な結果を生む場合、情動のストーリーを書いて、怒りから距離を置くことが役立つ。怒りの要素をある程度維持しつつも、その発露を抑えることを目的とする概念、すなわち怒りの衝動の暴発を回避する概念を持つ言語もある。サモア人の情動*musu*は、誰も非難することなく「自分に求められている課題の遂行に対する躊躇を表現する」[64]。この情動は通常、親から理不尽な要求を課された場合に生じるらしい。意味の類似性のテストによって明らかにされたところでは、*musu*とサモア語の怒りを表わす言葉*ita*のあいだには密接な関係がある。この言葉は、本来は想像すらできない、親の要求に対する批判を含意せずに、その受け入れを拒否することを可能にする。

欧米文化における「恥」にも似たようなことが言える。社会学者のトマス・シェフによれば、現代のアメリカ社会では、恥は他者からの現実的な、もしくは想像上の拒否を意味するため、タブーとして扱われている。[65] また、恥として認識された他者からの拒否は、自尊心の低下、萎縮、引きこもりにつながる。[66] しかし自尊心が重視され、自立が目標になる文化圏では、そのような結果はまったく望まれないため、恥は避けられる。そこでは、人々は恥のエピソードについて「書く」より、いかなる行動も要請しない「ぎこちない」「滑稽な」などの概念が示唆するような、より好ましい結末を書きたがる。

概念の欠如

母語に、特定の情動概念に対応する言葉がなかったらどうなるのか？ 腐った食べ物のにおいをかいだときや、邪《よこしま》な行動を見たときに感じたことを「嫌悪」と呼んだら、ポーランド人はその意味を理解できないのだろうか？ 言葉と経験の関係は複雑で、それについてはさまざまな議論があるが、対応する言葉の存在が情動の解読に違いをもたらすことは明らかだ。「悲しむ」を *okusunguwala*（「怒る」）と訳すルガンダ語／英語の通訳は、「訂正された」としても自分が間違いを犯したとは考えない。怒りと悲しみの差異を解読しないというだけのことだ。個別の概念の欠如は区別を覆い隠す。同様に、タヒチ語には悲しみに対応する言葉がないために、[67] フランス語とタヒチ語の両方を話すタヒチ人は、フランス語の *triste*（悲しい、陰うつな、憂うつな、落胆したなどの意味を持つ）に「疲れた」「優しい」以外の意味があることを理解していない。[68] 彼らにとっては「悲しみ」に対応する言葉だけでなく、そもそもその概念が存在しないのだ。最後につけ加えておくと、心理学者のリサ・フェルドマン・バレットらは、利用可能な言葉がなければ、顔から情動を見て取りにくくなることをはっきりと示している。[69] 情動語は経験を組織化する。こうして見ていくと、文化的に異なる語彙によって、情動が異なったありかたで構成されるとする仮説は正しいだろう。[70]

とはいえ、異文化には対応する言葉があるにもかかわらず、自文化にはない感情は、まったく想像できないということではない。私のアメリカ人の友人は、オランダ語の*gezellig*をよく理解し、好んでさえいるようだ。[71] 同様に、英語を母語にする人でも、*amae*〔甘え〕や*fago*や*hasham*を直観的に理解できる。ある研究では、アメリカ人大学生は*amae*に対応する言葉を持たないにもかかわらず、*amae*にまつわる状況を認識し、日本人学生と同じように解釈した。[72] アメリカ人回答者は、「親友がパソコンのトラブルで深夜に電話をかけてきた」などという*amae*の状況を、日本語の*amae*の定義に沿って、配慮に欠けてはいるが容認可能なものとしてとらえ、さらには日本人回答者と同様、配慮に欠ける要求に応じることによって、ふたりの親密さがいっそう強まると考えたのだ。

英語を母語とする人が*gezellig*や*amae*について学ぶことは、幼児が情動概念に初めて接することにやや似ている。その情動がどう感じられるか、どう見えるかに関するあらゆる機微を知っているわけではなく、まだ骨組みしか理解していない。その情動は活性化するものの、たいていは一定の側面に限られる。*amae*の研究では、アメリカ人学生は保護者の役割、つまり甘やかすことについてのみ尋ねられているが、それに対する彼らの認識は日本人学生の認識と異なっていた。アメリカ人学生が、保護者の役割には主導権《コントロール》を感じると答えたのに対し、日本人回答者はそうは答えなかったのだ。異論はあろうが、人間関係に着目する日本人回答者に比べて、アメリカ人回答者は自己と主体性をより重視しているのだろう。しかし、視点の相違を無視したとしても、アメリカ人学生と日本人学生では、*amae* は同じではないと見なせる。アメリカ人学生は、友人を支援するよう要請を受けたという文脈のもとで *amae* を認識していた。だが、日本人学生の誰もが、*amae* にまつわる人間関係の諸側面に関する既存の経験によって得られた、さまざまな結びつきを体得しているのに対し、アメリカ人学生がそのような結びつきを体得しているとは考えにくい。*gezellig* が、暗く寒いオランダの冬に、戸外に出ずにみんなが暖炉のそばに集まって暖まりながら過ごすことにも言及していることについては、説明していなかった。おそらくあなたは、「暖かく家庭的な場所で友人たちに囲まれてくつろぐこと」という定義だけからは、*gezellig* が冬にまつわる言葉だとは推測できなかっただろう。

amae や *gezellig* を、簡潔な定義や友人が語るたったひとつの状況から理解することと、生涯にわたるストーリーの蓄積をもとに理解することのあいだには大きな違いがある。二言語話者を対象に行なわれた研究は、まさにそのことを示唆している。ロシア語を学ぶ英語話者は、困難なできごとを痛切に経験し、心配し、何とか切り抜けるという意味を持つ動詞 переживать（*perezhivat*）を習得すること自体はできる。しかし彼らは、ロシア語話者が使っている状況でその言葉を同じように使うことはむずかしいだろう。その理由のひとつは、二言語話者が「その言葉が適用されるべき、さまざまな場面や状況について確信を持っていないからだ[73]」。たとえ情動概念の意味を理解したとしても、それに具体的な内容を与えるさまざまなできごとを経験しないことには、その情動をほんとうに体験することなどできはしない。

他言語の情動語に対応する翻訳語が母語になければ、それに対応する実際の情動を十分に理解することが困難になることは容易に認識できよう。だが、対応する翻訳語があった場合はどうだろうか？その場合、あなたはその情動語を十分に理解していると思い込むのではないか。ところが、他言語の情動語に対するあなたの理解が、当の他言語を母語としている人々が通常抱いているその情動語の理解とどの程度類似しているのかを確信を持って知ることなどできない、と言わざるを得ない。いくつか例をあげよう。*ker*（イファルクの言葉）は「喜び」と訳せるが、英語では喜びは望ましい情動として扱われているのに対し、*ker* という情動はイファルク族のあいだでは蔑まれており、これらふたつの概念には、かなり異なる文化的なエピソードが結びついている。[74] 日本語の *ikari*〔怒り〕と *haji*〔恥〕は、英語ではそれぞれ *anger* と *shame* に訳される。だが、日本語と英語で、同一のストーリーが展開するわけではない。だから他言語の情動語の妥当な翻訳語が母語にあるからと言って、対応する情動概念の歴史や文化的な伝承を共有していることにはならないのである。各々が、異なるありかたで情動を理解して、文化的に異なるエピソードをそれと結びつけているのだから。かつての私なら、ストーリーは異なっていたとしても情動は同じだと主張したことだろう。だが、ストーリーのない情動とはいったい何なのか？ MINE型情動モデルを考慮に入れたとしても、（蔑まれている）*ker* の感情は、（望まれている）喜びの感情と同じだとはとても言えない。またOURS型情動モデルの観点から言えば、*ker* の「実践」は、喜びの「実践」とは異なる。ストーリーや台本《スクリプト》こそ情動なのだ。[75]

他者に影響を及ぼす

情動概念は同じ文化のもとで生活しながら、最初は親と、やがては市井《しせい》の人々とのコミュニケーションを可能にする。私たちは、情動を言葉で表現することでその情動にまつわる、文化的に広く知られたエピソードを喚起し、他者や人間関係に影響を及ぼしていく。どのエピソードが活性化するかは、人間関係や文脈によって決まる。とはいえ、私たちは情動について語ることで、自文化圏に属する多くの人々がその情動に関して知っているありとあらゆることに便乗しているのだ。

私が暮らす文化圏では、夕食に遅れた夫に向かって怒るということは、私が夫のその態度を容認せず、非難するつもりだということを、また、私のほうが正しく、私をもっと正当に扱うべきだと言える立場にあることを意味する。つまり、「私は怒っている」と言うことによって、私は夫との人間関係において特定の立場《スタンス》を取っているのである。[76] 心理学者のブライアン・パーキンソンによれば、「私は怒っている」という言いかたが「あなたの態度は許せません」という言いかたより効果的なのは、怒りによって「状況が変わらない限り、私は自分の態度を貫徹せざるを得ない」、あるいは「行動しようとする私の衝動には、そこに至る流れの勢い《モメンタム》がある」というメッセージが伝達されるからだ。このように、「攻撃を警告する怒りは、説得力のある脅威になる」[77]。もちろん、怒りのエピソードにはさまざまな結末がある。しかし自国の文化や人間関係のもとで、怒りのストーリーが攻撃で終わる可能性があるのであれば、「私は怒っている」という言いかたは、その人のスタンスに勢いを加える。行動しようとする衝動の喚起は、情動のストーリーが持つ、疑う余地のない特徴なのである。相手は、私の取る行動を無視できなくなるだろう。

同様に*hasham*は、ストーリーを「書く」という点のみならず、それを相手に伝えるという点でもベドウィンの女性に役立つ。またそうすることで、尊敬の念を伝えるという*hasham*の目標を実現させる。「*hasham*を感じている」という言いかたは、目を伏せたり、接触を一切避けたり、姿を消したりするのと同程度の効果があるのかもしれない。また、その言いかたがとりわけ有用なのは、誰もが正しい反応と考えている態度をとっていることを相手に伝えられるからだ。

事例はほかにもたくさんある。自分のしたこと（や、しなかったこと）で苦痛を与えたことに罪悪感を覚えると私が夫に言うとき、私は罪悪感を覚えているというスクリプト、すなわち人間関係を大切にし、罪滅ぼしをする覚悟ができているというメッセージを伝達しているのだ。「愛している」と誰かに言うとき、その行為それ自体が恋愛のスクリプトを開いて相手の注意を引き、親密さを手繰り寄せる。[78] もちろん私たちは、言葉にしなくても、罪悪感を覚えたり、誰かを愛したりすることができる。だが、それを言明することは「行動すること」でもあり、その情動の目標に向けて前進することでもある。情動の目標とは、愛にしろ、罪悪感にしろ、人間関係に身を捧げることにある。

特定の情動を感じていると口にすることは、それ自体が行動以外の何ものでもない場合がある。「おかあさんは怒ってるのよ」という発言は、第一に拒絶を伝える効果的な方法として機能する。怒りを覚えているという事実を除外するわけではないとしても、実際に怒っているかどうかは重要ではない。これは、友人同士で罪悪感や後悔を示す場合にも当てはまる。行動する覚悟を相手に伝えるためだけに、実際には覚えていない罪悪感を表明するかもしれない。「忘れちゃったなんて信じられない。なんだか残念だな」という発言は、思い出していればその行為をせずに済んだという願望の表明であり、特定の感情の表現である場合もあれば、必ずしもそうではない場合もある。

ＯＵＲＳ型情動が浸透している文化圏では、人々が必ずしも情動を感じずに情動語を用いていることを示す例が数多《あまた》ある。[79] それは不純な情動なのか？ いや、必ずしもそうではない。[80] 情動がおもに人と人のあいだで生じるのであれば、内面の感情は、暗示されはしても必要ではなく、関連性のないものになる。人類学者のアンドリュー・ビーティーは、インドネシアのニアス島に流布している情動概念に関して、そのほとんどが公的なできごとに限って用いられると述べている。ニアス島で暮らす人々は、「インドネシアでももっとも貧しい人々にもかかわらず、盛大な結婚式に費用《コスト》をかけている。そしてこの矛盾が情熱をかき立て、情熱的な言葉を生むのだ[81]」。新婦の家族は、新郎の家族を盛大に歓待する義務を負い、新郎の家族は、受胎能力や労働力という形態で新婦がもたらす「生命の贈り物」に見合う婚資〔花婿側が花嫁側に贈る金品〕を支払うことを期待される。情動概念がもっとも盛大に用いられるのは、両家族が集まり婚資の額を交渉する、公然と行われる芝居じみた場面においてだ。実のところ、婚資の交渉にあたるのは直接の当事者である新郎新婦の親ではなく、各々の家族を代表する雄弁家である。ある事例では、新郎の家族が、おそらくは婚資の額を値切るために新婦の家族による歓待の不十分さを訴え、「その金額で合意したら子どもたちにばかにされて恥をかく」と述べている。それに対して新婦側は、新郎側の非難を憂慮し、婚資の額に失望したと述べる。どちらの側にも強い情動の発露が見られるが、ビーティーが指摘しているように、雄弁家たちが、表現したすべての情動を実際に感じているとは思えない。それでも雄弁家が表現した情動は、対人関係における役割を果たしている。つまり彼らは、情動を露わにして相手に影響を及ぼすことで、己の目標を達成しようとしているのだ。そのようなやり取りを通じて、「人々は、自らの心のなかで自己の立場を総括したり、議論の進展について考えたりする。そして各々が自分の優勢を確保し相手を守勢に立たせるために、不満や怒りを露わにする」のである。[82]

　情動を言葉で表現することは、相手の情動に直接訴えかける。文化的に正しいと見なされている情動を示し、間違った情動を示さないよう保護者が子どもに促すのは、その例のひとつだ。ウトゥク族は、子どもに泣いてはいけないと諭すときに、「おもらしして凍えちゃうぞ」と言う。[83] ジャワ島の子どもは、年長者の前では *isin* を、つまり恥を示すよう教えられる。イファルク族の母親は子どもに、「穏やか（で寛大）な態度を培う方法」として *fago* を教える。[84]

　おとなにもそれと同じことが求められることがある。人類学者のキャサリン・ラッツを「養子」にしたイファルク族の男性タマレカーは、彼の家族に、他の島から来訪した男性には *fago* を実践すべきだと語った。[85] 身近な例をあげると、私の指導教官で友人でもあるヘーゼル・マーカスは、「あなたは自分自身を快く感じるべきだ」とよく言っていた。そうやってアメリカ流の情動を持たせることで私を社会化しようとしたのである。また彼女は、成功の瞬間を満喫し、輝きを放って自分の立場を確保すべきだと私を諭した。この彼女の示唆のおかげで、それまでの私に巣くっていたオランダ流のためらいがちで内気な反応を切り替えることができたのだ。この反応は、中流家庭のアメリカ人の情動概念とは大きく異なる、オランダの「成功物語」に由来する情動概念に基づいていた。たとえば私の母親は、「普通にしててもじゅうぶん目立ってるのに」と私に語ったものだった。また祖母は、自慢を戒めていた。しかし、ヘーゼルらアメリカ人の友人たちから長年激励を受けてきたおかげで、アメリカ流の誇りのストーリーが蓄積され、いまや私はそれを指針として行動することができる。

社会のストーリー

友人や知人、あるいはジャーナリストに私が文化や情動を研究していると話すと、必ずや「どの情動が私たちのものとは違うのですか？」と訊かれる。私には、その問いにどう答えればいいのかよくわからない。というのも、さまざまな前提を撤回する必要があるからだ。それはあたかも、ピクサーの映画『インサイド・ヘッド』に似た映画が日本で作られたとして、同じキャラクターが登場しているか否かさえも定かではないにもかかわらず、日本版の映画でも、ヨロコビとビビリは『インサイド・ヘッド』の彼らと同じ色なのかと問うようなものだ。

MINE型情動モデルでは、比喩的に言えば、頭蓋骨を開けばそこに宿る情動のこびとたちを発見できると考えられている。情動語は、情動のこびとたちについて教えてくれるというわけだ。文化間で情動語に相違があるという事実は、人々が「現実の」情動に関して誤った情報を教えられている文化もあることを意味している。英語には「甘え」に対応する言葉がなくても、アメリカ人は「甘え」を感じることができる。ところが、MINE型情動モデルが示唆するところでは、情動語の相違は、それぞれの文化圏に属する人々の「内部に宿る」情動の違いを反映している。この見方を推し進めると、イファルク族は*fago*（愛、悲しみ、思いやり）に対応するこびとを持ち、日本人は*amae*に対応するこびとを持つのに対し、アメリカ人はこれらに対応するこびとを持たないことになる。また、ポーランド語話者は、英語話者なら持っている嫌悪に対応するこびとを持っていないということになるだろう。しかし、このような頭部に宿る情動のこびとたちというアイデアは、はたして妥当なのだろうか？

私は本章で、情動概念を理解するためのまったく新たな方法を提示した。これはOURS型情動モデルにきわめて近いものだ。情動概念とは、私たちが直接、もしくは観察を通して経験してきた文化的なエピソードの組み合わせを意味し、情動カテゴリーに関する文化的な伝承によって補完される。文化圏によって情動語や経験が異なれば、その程度に応じてそれによって識別される情動経験も異なってくる。この見方は過激な〔文化〕構成主義ではない。文化は、一から情動を築き上げることなどできない。なぜなら、どんな情動も人と人のあいだに位置するのであり、人それぞれは、その人自身を構成する身体によって制限されるからだ。人間関係や人間の身体には、文化間で共通する側面が多々あるが、変化の余地も大いにある。

情動概念が文化的なエピソードの組み合わせであり、よって文化や集団や個人によって異なるのであれば、そのことは、私が情動研究を始めた当時その分野を支配していた「顔認識」研究にも影響を及ぼさざるを得ない。ここで当時の支配的な主張は、怒り、嫌悪、喜びなどの特定の情動概念に一致する表情があり、それは世界中の人々に当てはまるというものであったことを思い出そう。だが、言語間で怒り、嫌悪、喜びに対応する言葉が一部しか重ならない——情動に関する語彙の言語間の整合性が低い——のであれば、このかつての主張はどう考えればよいのだろうか？　文化間で表情に何らかの類似性があるのは確かかもしれない——そもそも対応する翻訳語があるのだから。しかしそのような類似性は、普遍的な情動の存在を示すものではないのだろう。[86] 事実、最近の研究によってその見方が正しいことが示されている。

情動が心の状態ではなく、社会のストーリーを示しているのであれば、情動が異なる理由は、私たちが暮らしている社会が異なるからだということになる。個々の文化をまたいで情動について語ることができるのは、何かが安定しているという事実に基づく。いかなる文化においても、人々は自分が気遣っている誰か、自己の立場に対する疑義、自集団の成功、さらには善い、美しい、道徳的と見なすものをめぐって、何らかの情動を抱くものなのだ。

第7章

ワルツを学ぶ

私はアメリカに移住した当初、新しい言語を学び、新たな社会で自分の地位を確保し、未知の人々や慣習に馴染まなければならないという難題に挑む覚悟を決めた。だがそうすることで、情動の実践に関して子どものころから抱いてきた思い込みを疑う結果になると認識することは、それよりはるかにむずかしかった。

自己の情動と他者の情動は、パートナーとペアを組んでダンスするときのようにお互いを補完し、導き合いながら、ふたりのやり取りを形成していく。[1] 言語と実践という形態をとる共有された文化的知識は、さまざまな人々が情動を実践し合う方法を構築する。それは、踏むべきステップを熟知したあなたとパートナーが、音楽に合わせてタンゴを踊るようなものだ。ダンスの滑らかさは、誰もが動きかたを知り、その動きが音楽に同期していることから生じる。文化が規定する人間関係のありかたと、そのなかに占める自分の立場に見合った方法で情動を実践することは、正しいステップを踏んでダンスすることにも似ている。

では、別の文化圏に移ったらどうなるだろう。情動の実践を、タンゴを踊ることにたとえるなら、異文化世界に移って情動を実践することは、タンゴのステップを学んだことのないパートナーとタンゴを踊るようなものなのだろうか？　あなたは自分こそ正しいステップを踏んでいると考え、やがて相手のステップがあなたのステップと合って、滑らかなダンスを踊れるようになることを期待している。だがステップはかみ合わず、相手のつま先を踏みつける結果になるかもしれない。さらに言えば、情動の実践には、あなたがパートナーとダンスするというたとえには還元しきれない何かがある。異文化圏で情動を実践することは、少なくとも最初は、他のみんながワルツの音楽に合わせて踊っているときに、ひとりでタンゴを踊るようなものなのである。

周囲のみんなが、自分の出身地のダンスとは違うダンスを踊っていることになかなか気づかない人もいる。[2] 人類学者のジーン・ブリッグスは、ウトゥク族の情動の理解に困難を覚えたことを告白している。彼女は当初、いついかなる理由でホストファミリーが怒り出すのかがわからなかった。しかも彼らの怒りの表現を見分けることも困難だった。民族誌の研究を通じて最終的にはウトゥク族の情動の規範を理解するようにはなるものの、彼女自身がそれを内面化することはなかった。言語学者のアネタ・パヴレンコが鋭く見抜いているように、ブリッグスは自分が身につけていた情動の実践方法を「自然な」ものと思い込んでいたために、新たな情動のコミュニティーに完全には適応できなかったのである。[3] ブリッグスがそうすることができなかった、あるいはもしかするとそうすることに気が進まなかった理由は、ウトゥク族のコミュニティーで生涯暮らす自分の姿を想像できなかったからなのかもしれない。

彼女のような人々の対極には、新たな音楽に合わせて巧みに踊れるようになった移民たちがいる。エヴァ・ホフマンは、自伝『アメリカに生きる私――二つの言語、二つの文化の間で（*Lost in Translation*）』で、一三歳のころにポーランドからアメリカに移住したとき、新たな情動の実践方法に徐々に適応していったことについて次のように書いている。[4]

やがて声が私の内部に入ってきた。私はその声を引き受け、徐々に自分のものにしていった。こうして私は、つぎはぎの織物のごとく一片ずつ作り変えられていったのだ。世界には、私がかつて知っていた以上の色がある。

ホフマンは、一時的に「ロスト・イン・トランスレーション」状態にあった〔異文化間のはざまであてどなくさまよっていた。二〇〇三年に製作された同名の映画もあるが、原作はホフマンの自伝とは異なる〕ようだが、やがて新たな情動文化の一員になれた。彼女のように移民はワルツに合わせて踊ることを学べるが、どのくらいの人々が、どの程度踊れるようになるのか？　そしてそれにはいかなる条件があるのか？

本章で紹介する研究の多くは、韓国からの移民ヒジョン・キムとオランダからの移民の私との率直な会話からの産物である。このような会話を〔流暢な英語で〕交わしていた当時、ふたりともアメリカの大学で心理学を教え、白人系アメリカ人の夫を持ち、アメリカで子育てしていた。[5]アメリカ流の生活を送り、感謝祭や独立記念日を祝い、「サタデー・ナイト・ライブ」を観て、『ニューヨーク・タイムズ』紙を読んでいた。さらにはバーベキューや持ち寄り《ポットラック》パーティーを催し、夏には野球を観て、冬にはスーパーボウルを観ながらパーティーをした。われわれはこのような具合でアメリカ文化に浸ってはいたが、キムも私も「完全にアメリカに同化した」とは感じていなかった。現在でさえ、自然には「情動の」ワルツを踊れない。このように、文化圏が変わったときに学ぶのがもっとも困難なことのひとつは「情動の実践」であるということを、われわれは感じていた。[6]

キムと私は、概して移民がジーン・ブリッグスのようになるのか、エヴァ・ホフマンのようになるのか、あるいはおそらくその中間あたりに位置するわれわれふたりのようになるのかを知りたいと思った。また、何が情動を変えるのかも知りたかった。移民は、いかなる条件のもとでワルツの踊りかたを学ぶのか？　ワルツの踊りかたを学んだら、タンゴの踊りかたを忘れてしまうのだろうか？「情動の実践」を学ぶことは、古い「色」を新たな「色」に置き換えることなのか、それとも、「自分がそれまで知っていた以上の色が世界には存在する」ことを学ぶことなのか？[7]

MINE型情動モデルは、情動の調節が緩慢なプロセスである理由を明らかにしない。情動が固定配線されているのであれば、目の色と同じで、文化が変われば情動も変化するとは考えにくい。心理学者は概して、文化が変われば、誰もが新たな言語における情動の固有の呼び名と、おそらくはその表現方法を学ぶ必要があると考えている。[8]ただ、このような前提は、キムや私の経験にはまったく反する。[9]

われわれは、「情動はOURS型である」という考えをもとに研究を始めた。情動が文脈に結びついているのであれば、別の文脈のもとに移れば、頭のなかに宿るこびとに関する新たな呼び名を学習すること以上の何かが求められるだろう。言語学者のアネタ・パヴレンコはこの問題に取り組み、第二言語（L2）学習者に課される難題について次のように述べている。[10]

誤っていることの多い当初の思い込みを克服して、ホストコミュニティーの情動の世界を理解するためには、L2学習者は、（……）自分には馴染みのない行動の謎を解き、どんな場合に何が特定の「情動」を引き起こすのかを見極め、各々の情動がいかに管理されているのかを学び、いかなる手がかりに着目すればよいのか、また言語によるものにせよ、非言語的なものにせよ「情動表現」をいかに解釈すればよいのかを発見しなければならない。

情動が文化的な文脈に結びついているのであれば、別の文脈が成立している場所に移ることは、特定の人間関係のもとで「情動を実践する」ための、まったく新たな方法を学ぶ必要が生じることを意味する。

新たな文化

率直さはオランダの美徳である。これは、オランダの有名な歌の詞に十分に見て取れる。[11]

人生はすばらしい
翼を広げよう　かごに閉じ込められないように
人生を最大限に味わい尽くす勇気を（……）
人がどう考えるかなんて気にするな（……）
あなたはあなたの王子であれ！

他人に嫌われようが、白い目で見られようが、したいことをし、率直な感情を表わすことで、人は誠実な人間関係を保ち、自分自身に正直でいられる。私はオランダを離れたときには、すでにこのオランダ独自の「知的な自立」を体得していた。[12]

オランダ人は、自分のしたいことをするが、気に入らないできごとが起こると頑《かたく》なになる。怒りや憤りを感じてそれを表現することで、流れに逆らうのだ。しかし、その行為は反社会的ではない。それどころか、怒りや憤りはその人のほんとうの姿を見せるので、「真の」絆を結ぶ機会になる。

アメリカのノースカロライナ州で過ごした一〇年間、私は徐々にこのオランダ流の「誠実な」怒りや憤りをある程度削ぎ落としていった。なぜならノースカロライナでは、怒りや憤りは敬意や礼儀を保つという人間関係の目標にそぐわないからだ。アメリカ南部における名誉の文化のもとでは、怒りや強い憤りは不和を意味し、自己の評判が傷つけられたり、しかるべき敬意が払われずにひどい扱いを受けたりした場合に限って表現される。怒りや憤りは、自分が笑い者にならないための最後の手段であって、オランダにおけるように個人の意見の表明や率直さを示すものではない。[13] だからヨーロッパとは違って、他者との誠実な関係を築くのに役立つわけではない。

私が怒りや憤りをあまり示さなくなったもうひとつの理由は、私の周囲にいる誰もが、私が示す自己表現に注意を払わず、肯定的な反応が得られなかったからだ。微妙な反応《フィードバック》から、かなりあからさまなフィードバックまでを通じて、私はオランダ流の自己表現があまりにも強すぎ、不必要に無礼だったということを悟った。私の教師としての評価には、「彼女はときに無神経になる」「メスキータ教授は自己の信念を学生に押しつけたがる」などとはっきりと書かれたコメントがあった。同僚や友人や、子どもの担任の教師のあいだでは、非難と解釈できるような微妙な反応も見られた。大学が出版している月刊誌の記者にインタビューを受けたとき、私は大学の研究方針に対する批判を述べた。すると彼は礼儀正しくうなずいた。その様子は彼が話題を変えたがっているようにも見えた。その手の場違いな態度をとって目立ってしまったという経験を何度かするうちに、私は憤りを抑え、その力を弱めて、感情を露わにしないよう、あるいは少なくとも無神経に見えないよう努力しなければならないと感じ始めた。だがしばらくすると、怒りや憤りを感じるのが自然だという感覚が失われていき、新たな文化的環境で流布している効果的な情動の実践方法の習得に向けて学び始めた。こうして私は、大学の月刊誌の記者に対して示したのと同じありかたで怒りや憤りを露わにしたときには、その感情がオランダで暮らしていたころからの遺物であることをただちに認識できるようになった。もはや怒りや憤りは、新たな環境のもとでは「正しい」とは感じられなくなり、私の情動は、知的な自立より敬意や礼儀の表明に役立つようになったのだ。この学習は表面的なものではなく、私は実際に、怒りや憤りをあまり感じなくなった。もとよりノースカロライナの住民とまったく同じになったわけではないが、長年の努力のおかげで、パートナーのつま先を踏まずにスムーズにワルツを踊れるようになったと思う。かつてオランダで暮らしていたころ、私の情動が人間関係の形成に役立ったのと同じく、ノースカロライナでも情動のおかげで、地域の人たちと調和して暮らせるようになったのである。

私の同僚ヒジョン・キム、ジョゼフィン・ドゥ・リーアスナイダー、アルバ・ジャシニと私は、移民に類似の変化を見出した。そのような変化は、心理学の専門用語で「情動の文化化（emotional

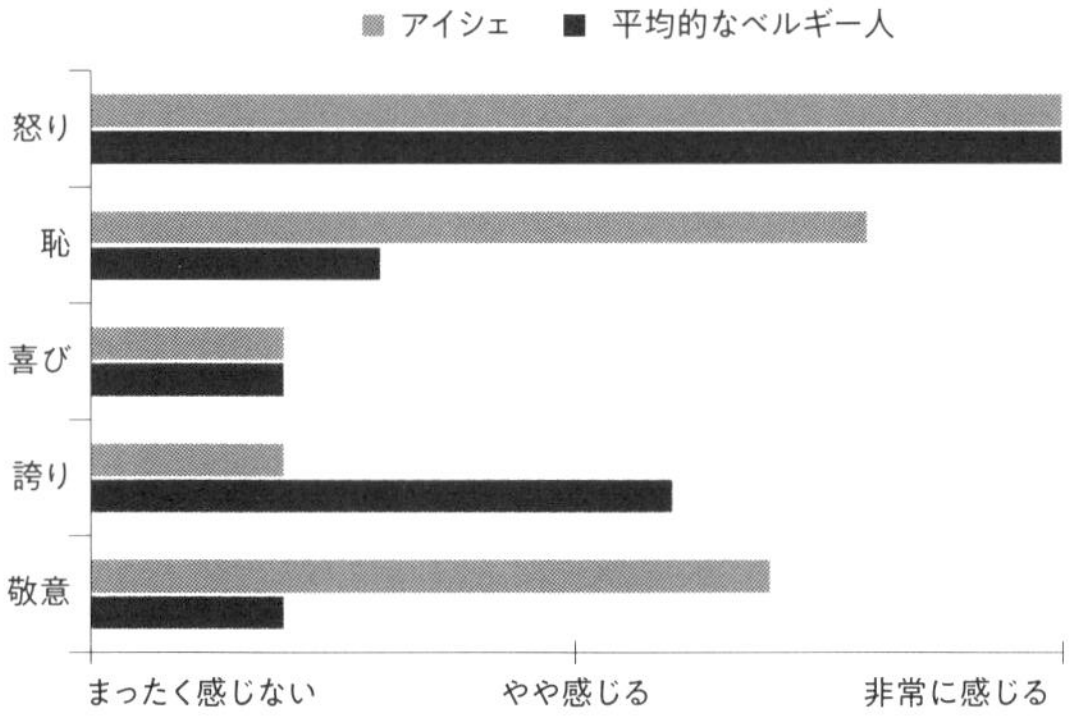

図7.1 アイシェとマジョリティーに属する平均的なベルギー人の「情動プロフィール」の比較

acculturation）」と呼ばれている。これは、移民先の文化に従って情動の実践を学ぶことを意味する。われわれの調査の多くは、特定のタイプの状況に対して、マイノリティーに属する移民の回答者の情動と、マジョリティーに属する平均的な回答者の情動を比較することで、「情動の文化化」を研究することを目的としていた。

一例をあげよう。トルコ系二世のベルギー人学生アイシェが、おしゃべりをしていたために教師に叱られ、退室させられた[14]。アイシェの感情を調査すると（**図7・1**）、彼女はある程度怒りを覚えてはいるものの、教師に対する敬意や、恥も感じていた。なぜなら、彼女は教師にもっと敬意を払うべき立場にあったからだ。彼女の情動の「構成《プロフィール》」は、大きな怒りに、かなりの恥と敬意が組み合わさったものと言える。われわれはアイシェのプロフィールと、同様な状況に関して得られたマジョリティーのベルギー人の平均的なプロフィールを比較してみた。後者も怒りを覚えていたが、誇りも感じていた。おそらく教師の叱責を疑問視していたのだろう（「どうして私を三歳児のように扱うのか？」）。彼らの平均的なプロフィールは、「怒りはアイシェの場合と同じく重要なのに対して、敬意や恥は重要ではない」というものになる。裏を返せば、アイシェの感情は、ベルギー人の平均——規範——にうまく「合致」していないということになる。[15]

「怒り」「恥」「誇り」「敬意」に対応する言葉の意味が言語間や文化間で一致しないのであれば、なぜ情動のプロフィールを比較できるのかと訝る向きもあるだろう。それに対する答えは、「これらの情動カテゴリーの意味は十分に類似しているため、アイシェのような少女がベルギーで暮らしているうちに恥や敬意をあまり感じなくなり、もっと誇りを感じるようになったと報告し始めたときに、何かが変わったことがわかるからだ」というものになる。われわれは、トルコ語とベルギー語（あるいは韓国語とアメリカ英語）の情動語が、感情価《ヴェイレンス》（「ポジティブな感情」対「ネガティブな感情」）や目標（「個人の保護」対「人間関係の保護」）などの、意味のいくつかの次元において類似の位置を占めていることを確認した。ベルギーでしばらく暮らしたアイシェがあまり恥を感じなくなり、その一方で誇りを感じるようになったのであれば、それは彼女の「情動」が、人間関係の保護を目標とするネガティブなものから、個人の保護を目標とするポジティブなものへと変容したことを意味する[16]（ここで言われている「ネガティブ」「ポジティブ」とは、あくまでも感情価に関するものであることに留意されたい）。

われわれはこの手法を用いてさまざまな研究を行ない、その結果、第一世代の移民のあいだではマジョリティーの平均的な情動プロフィールとの整合性がもっとも低く、世代を追うごとに少しずつ上がっていくことを発見した。予想されるように、マジョリティー——白人系アメリカ人、もしくは白人系ベルギー人——の情動は、マジョリティーが持つ情動の規範にもっとも近かった。[17]

ベルギーの中学生を対象に行なったわれわれの大規模な研究では、半世代でも差異が見出されている。具体的に言えば、二・五世代、すなわち一方が第一世代で他方が第二世代の両親のあいだに生まれた子どもの世代の移民は、情動プロフィールが第三世代と異なっていたのだ。また移民の情動プロフィールは、第三世代になって初めてマジョリティーの情動プロフィールと区別がつかなくなった。であれば明らかに、マイノリティーがマジョリティーと同じような情動の適応を果たすには、平均して人の一生以上の時間がかかることになる。もちろんマイノリティーのなかにも、――エヴァ・ホフマンのように――一生涯のうちにマジョリティーと区別がつかないほどうまくワルツを踊れるようになる人もいるはずだ。だが、これは多くの人には当てはまらない。マイノリティーに属する移民の現実について考えるときには、それを念頭に置くべきである。

ここ二〇年間の、とりわけヨーロッパ北部の多くの国々では、マイノリティーは移民後五年以内に新たな文化を十分に共有することが期待されるようになった。私の母国オランダでは、「統合テスト」が導入された。このテストをめぐる議論には同化を強調する風潮が見受けられる。オランダにいたければ、移民は私たちの生活様式に同化する必要がある、というわけだ。[18] その種の期待については第8章で検討するが、ここでは五年で「情動の文化化」を遂げることはまず不可能だとだけ言っておこう。そうでないと考える人は、人間の心理に無知だと言わざるを得ない。私の父親はかつて、セファルディ系ユダヤ人の先祖たちが、一七世紀前半にスペインの異端審問を逃れて移住した先の新たな故郷アムステルダムの文化に慣れるのには、一世紀以上かかったという事実を念頭に置きつつ、「どうやって移民が、それと同じことを五年で達成できると言うのか？」と訝っていた。われわれの研究はその疑問が正しいことを裏づける。情動という点になると、移民は第三世代になってようやく、マジョリティーと区別のつかない状態を達成できるのだ。

それは、巨大な「人種の坩堝《るつぼ》」たるアメリカにも当てはまる。われわれはアメリカでこの研究に着手したのだが、情動の文化化という点において、アメリカは例外だと考えるべきいかなる根拠も見つかっていない。第一世代の韓国系アメリカ人を対象とした研究では、ベルギーの中学校で行なった研究の協力者に見られたものにとてもよく似たパターンが見出されている。平均すると第一世代の移民は、白人系アメリカ人の規範に対して情動的な適応を果たしていなかったが、のちの世代では果たしていたのである。[19]

異なる文化圏で、情動の実践方法を学ぶことは可能だ。ただし多くの人々にとっては、その習得には一生以上の時間がかかるだろう。情動の知覚についても同じことが言える。心理学者のヒラリー・エルフェンバインとナリニ・アンバディは、異文化圏の人々の顔より自文化圏の人々の顔から読み取った場合のほうが、情動の解釈が標準的なものに一致しやすいことを発見した。[20]彼女らは、アメリカと中国の文化にさまざまな程度で接した四つの集団を対象に研究を行なった。四つの集団とは、非アジア系アメリカ人、中国系アメリカ人、アメリカで暮らす中国人学生、中国で暮らす中国人学生の四グループである。研究協力者は全員、エクマンとフリーセンによって用意された六つの基本情動を〝表わす〟白人の顔写真と、それと同じセットの中国人の顔写真を見せられた。[21]顔写真は画面上に一枚ずつ表示され、各写真の直後には六つの情動語から成るリストが表示された。そしてそれを見た研究協力者は、表示された顔にもっともふさわしいと思われる「情動語」をチェックした。その結果、研究協力者は写真の顔に馴染みがあればあるほど、意図されていた情動語をチェックする可能性が高いということがわかった。たとえば非アジア系のアメリカ人学生は、中国人の顔写真より白人の顔写真に対して意図されていた情動を見出すことが多く、また中国で暮らす中国人学生についてはその逆だった。重要な指摘をしておくと、アメリカでの生活が長くなればなるほど、白人の顔写真に対する中国人移民の反応は、非アジア系アメリカ人のものに近くなった。ヨーロッパ系アメリカ人の表情の知覚に関して、中国系アメリカ人は一時的にアメリカで暮らしている中国人学生と比べ、また後者は中国で暮らしている中国人学生と比べ、より高い「内集団の優位性《アドバンテージ》」を示した。中国系アメリカ人の研究協力者のあいだですら、アメリカ文化への接触度は重要な条件をなしていた。のちの世代になるほど、ヨーロッパ系アメリカ人の顔写真に対してより高い内集団の優位性を示し、それに対して移民初期の世代は、中国人の顔写真に対して以後の世代より高い内集団の優位性を示したのである。情動語を静止画像と結びつけるという古典的な手法は、日常生活における移民の情動的なやり取りを記述するのに大いに役立つとはとても言えないが、情動の実践のあらゆる側面――従来は普遍的と言われていた側面であっても――が文化的な学習の影響を受けるという事実の明確化には役立つ。第2章で、嬉しそうな顔のジョン/タローを見た日本人回答者が、怒りや悲しみの表情を浮かべた人々や無表情な人々より、嬉しそうな表情の人々に囲まれている場合のほうが、より大きな喜びを感じていると判断したことを思い出してほしい[22]。

また、北米人は、ジョンの喜びの度合いを判断する際に、感情的な文脈を考慮せずにジョンひとりに注目したことを思い出そう。私はこの発見を、北米人がMINE型情動を、また日本人がOURS

型情動を見出していることを示す一例として取り上げた。日本生まれで現在はアルバータ大学で教えている増田貴彦は、日本人移民の知覚がOURS型からMINE型に変化していくか否かを研究している。彼はわれわれの実験に少し手を加え、その答えがイエスであることを発見した。[23]

白人系カナダ人は、感情的な文脈を考慮せずにジョンの情動を判断した。ジョンの顔を見ただけだったのだ。また、移民の情動は、北米の社会生活に慣れるにつれて、徐々にOURS型からMINE型に変化していった。アジア系カナダ人もカナダのアジア人留学生も、ジョンの喜び、怒り、悲しみについて尋ねられると周囲の人々の情動を考慮したが、彼らの判断は、北米文化に馴染んだ期間が長ければ長いほど、周囲の人々の情動に依存しなくなった。[24] 視線追跡装置《アイ・トラッカー》のデータによれば、カナダで暮らし始めてからそれほど時間が経過していないアジア人留学生でさえ、日本で暮らす日本人学生より中央の人物の情動を重視する傾向が高かった。[25] とはいえ、アジア系カナダ人ですら、ヨーロッパ系カナダ人とのあいだには差異が見られた。

異文化の国への移民によって引き起こされた情動生活の変化を記述することは容易ではなく、既存の研究は表面をなでたにすぎない。異文化に接すれば、さまざまなありかたで情動生活が変化し、以前とは異なった様態で情動を感じたり知覚したりするようになり、それに応じた他者とのつき合いかたを学んでいくはずだ。移民や一時滞在者が学ぶべき段階はたくさんあり、マジョリティーとダンスを踊れるようになるためにはどの段階がもっとも重要なのかは定かでない。明らかなのは、生涯のうちにすべての段階を学ぶ移民はごくわずかしかいないものの、異文化圏で短期間暮らしただけでも情動の実践方法が影響を受けるということだ。

セファルディ系ユダヤ人の私の先祖たちが、アムステルダムに浸透している情動に順応するにはまるまる一世紀を要した。[26] なぜなら、彼らは長期にわたって周囲から完全に孤立していたからだ。彼らは独自の学校、自治委員会、司法権、社会的あるいは文化的行事を維持し、自集団内で結婚していた。マジョリティーとはめったに交流せず、交流したとしても主にビジネスのためであり、それでは情動の実践という点で狭隘《きょうあい》すぎた。

一九七〇年代後半、社会心理学者の箕浦康子《みのうらやすこ》は、親の仕事で一時的にアメリカに滞在していた日本生まれの七〇人以上の児童を追跡した。[27] 彼女は長期にわたって彼らにインタビューし、その結果、情動に関する学習はそのほとんどが、社会生活がアメリカ化した子どもたちのあいだで見られることを発見した。自分の力量（「誇り」）について忌憚なく述べ、願望を口にし（たとえば何に「喜び」を感じるかをはっきり述べる）、自分で決める（たとえば「喜び」に感じられることを追求する）子どもたちは、アメリカ滞在期間が長く、多くのアメリカ人の友人を持ち、英語を流暢に話せた――以上はすべて、このような子どもたちがアメリカ文化に馴染んでいることを示す。

箕浦がこの研究を行なった当時は、幼少期にすでに特定の文化のなかで社会化したあとで別の文化圏に移ると、新たな文化における情動の実践方法にうまく適応できなくなると考える研究者もいた。幼少期の社会化は、情動の実践を恒久的に固定化すると考えられていたのだ。箕浦の観察によれば、日本人の親のなかには異文化圏に移っても感情が変化しない人もいるが、それは学校に通って現地の仲間と親しくしている子どもたちには当てはまらない。日本生まれの若者たちの「情動」は、新たな文化的、社会的環境に適応し続けていたのだ。[28]

われわれが行なった研究のいくつかも、箕浦の発見と一致する。移民としてマジョリティーの文化のもとで暮らした期間が長くなればなるほど、移住先の文化への情動の適応度は高くなる。[29] これは、情動を学ぶのに年齢制限はないとはいえ、同じ異文化にさらされても、すべての人の情動に同一の効果が及ぶわけではないことを意味する。私は人生の四分の一（およそ一五年間）をアメリカで暮らした。私の子どもたちは、それとほぼ同じ年数をアメリカで過ごしたが、彼らの人生にそれが占める割合は、当然だが私よりはるかに高い。われわれの研究によれば、アメリカで暮らした期間の割合が多ければ多いほど、その人の情動はアメリカ化の度合いが強まる。移民時の年齢はその要因のひとつではあるが、その主な理由は、高齢での移民は、母国の文化における経験に匹敵する経験を移民先の文化圏で積むことが困難になるからだ。経験から学ぶのに年齢制限はないとはいえ、過去の経験を抹消できる人などいない。

もちろん、ある国に滞在しているだけでその国の文化の情動の実践方法を学べるわけはなく、その国の社会生活に参加する必要がある。ベルギーの中学生を対象にわれわれが行なった大規模な研究では、マジョリティーの親友を持つことは「ベルギー人の情動」への適応を促進することがわかった。[30] マジョリティーの親友の一人ひとりが情動の適応を促進するので、親友が何人もいればその分だけ適応しやすかった。さらに言えば、友人を作ることは、単にマジョリティーの生徒に囲まれているにすぎない場合より効果的だった。マイノリティーの生徒の情動は、マジョリティーの級友の割合が多いほど、また一般に（学外も含めて）マジョリティーの友人と過ごす時間が長いほど、あるいは学校の長期休暇中に（マイノリティーの）母語をあまり使わなければ（おそらくはオランダ語を話す時間が長くなるので）、より「ベルギー的」になる。[31] マジョリティーの友人たちと頻繁に交流すれば、当然マジョリティーの文化における情動の実践方法を学ぶ機会が増える。

異文化の情動を学ぶ方法に関する研究は多くないが、高齢になってからの情動の社会化が若いころの社会化と根本的に異なるわけではないだろう。それはアウトサイド・インに作用する。私の社会化の経験のひとつは、ミシガン大学に通い始めたときのことだった。当時ポスドク生だった私は、大勢の大学院生と一緒に情動に関するセミナーに出席した。私は自己紹介で「文化と情動」に関心があると述べた。すると年配の教授は、文化と情動に関する世界で指折りの専門家《エキスパート》のひとりとして私を紹介し、私の（オランダ流の）控えめな表現を補った。そうすることで彼は、「誇り」を感じる機会を私に与えてくれたのだ。それは、何年もあとになってオリバーの父親と私がオリバーのために誇りを感じる機会を、また、台湾のディディの母親と姉が彼のために恥を感じる機会を作り出したことと大差はない。

実際に機会を作り出さなかったとしても、他者が新たな文化の流儀に従って情動エピソードを分類してくれることもある。[32] 移民は新たな文化のなかで、周囲の人々が共通の情動概念に基づいて情動エピソードを分類しているのを見ながら、新たな情動を学んでいく。これも、子どもが「情動の実践方法」を学ぶのと大差はない。

他者が情動の実践方法を教えてくれることもある。年配の教授から世界で指折りの専門家のひとりとして紹介されたとき、「誇り」を感じられる機会を教授が作ってくれたことに対してどのような立場を取ればよいのかがわからなかった私は、きまりの悪さを感じてうつむき、「エキスパート」という言いかたには誇張があると口ごもりながら言った。このように私は、喜びを露わにして教授に感謝する――これがアメリカ流のシナリオだと後日学んだ――のではなく、「特に他人よりすぐれているわけではない」人間として自己紹介するという、オランダ流のシナリオで応じたのだ。要するに、(北米という)私にとっての新たな環境ではありふれているワルツを踊るよう教授が誘ってくれたのに、私はタンゴを踊ってしまったわけだ。それから私は、周囲の人々が褒められたときにどう受け止めるかを観察することで、同じような機会がめぐってきたときに、それを素直に受け取る身の処しかたを徐々に学んでいった。

マジョリティーの文化圏に加わることとは、いかなる場合に人と人とのやり取りが円滑に進展するのかを教えてくれる。たとえば、私は前述の経験を通じて、アメリカ流の「誇り」を実践していれば、明らかにそれほど間の悪い状況に陥らずに済むことを学んだ。同様に、アメリカ南部では憤りは共有されず、怒りは無視されることに気づいた私は、これらの情動を表現すること(や最終的にはそもそも感じること)が少なくなった。流れる音楽はワルツで、みんながワルツのステップを踏んでいるのに、ひとりだけタンゴを踊って誰にも相手にされなければ、その人はワルツを学ばざるを得ない。すぐにうまくいくわけではなくても、次第に「情動」は調節されていくのだ。

移民は、同様な状況が繰り返し生じたとき、周囲の人々が「正しい」情動を感じる機会を与えてくれたとき、「正しい」情動の言葉を用いて情動エピソードを分類してくれたとき、そして「正しい」

情動の感じかたの手本を示してくれたときに、情動の実践を学ぶ。子どもにおける情動の社会化と同様、おとなになってからの社会化もアウトサイド・インに作用する。すでに見たように、だからといって情動はリアルなものではないと主張したいのではない。[33] 私はアメリカで何年も暮らしているうちに、「自分自身を快く感じる」というアメリカ流の情動を体得していった。[34] 思うに、自分自身や自分の業績を、注目されて当然の重要で価値あるものと見なすという経験を繰り返すうちに、それを自明のことと考えるようになったのだ。そこには、「正しい」ありかたで情動を実践するという、「ふりをすること」以上の何かがある。幼少期にただ一度社会化されて、それがそのまま生涯続くのではなく、私たちは、新たな社会的——そして文化的——な課題に適応し、変化し続けていくのである。

新たな概念

まだオランダにいたころのことだが、私は情動の研究者として、英語の *distress*〔苦痛、苦悩、極度の不安、悲嘆などさまざまな意味がある〕という言葉に当惑したことをよく覚えている。この言葉は、情動の心理学的研究の場で頻繁に使われていた。私は、それが幸福な状態を意味していないことについては理解していたものの、その意味を正確には把握できなかったのだ。それはオランダ語の *angst*（不安／怖れ）に近いのか、それとも *verdriet/wanhoop*（悲しみ／絶望）に近いのか？　当時の私は、間違いなく *distress* を情動として理解していなかった。だが、アメリカに移住してからかなりの年月が経過したころには、その言葉を聞いて混乱することはなくなった。つまり私はいまや、いかなる場合に *distress*

を覚えるのか、そしてその経験がどのように感じられるのかを理解している。つまり私にとって*distress* は、ひとつの「情動」になったということだ。

七年以上キプロスで暮らしていた英語とギリシャ語のバイリンガル、ソフィアは、それと同様なことをギリシャ語の *στεναχώρια*（*stenahoria*「制限された空間」）に関して述べている。英語には *stenahoria* に対応する言葉はない。ソフィアは、およそどんな場合にその言葉が使われるのかを知っている。[35] しかしその言葉自体や、それが使われるべき状況を知ってはいても、*στεναχώρια* の背後にある情動のことは説明できなかった。その言葉は「高齢者だけが使っており」、ギリシャ人の夫は使わなかった。だからソフィアは、*στεναχώρια* というギリシャ語の言葉に意味を付与している文化的なエピソードややり取りの蚊帳の外に置かれていたのだ。特定の言語を習得することは、新しい言葉を学ぶことだけでなく、新しい情動を身につけることでもある。そのプロセスは緩慢にもなり、研究によれば、移民は新たな言語の言葉を学んでから、それに結びついた情動を学ぶ。

私は、*distress* がいかなる状況下で生じ、どのように感じられ、感じたときにはどう振る舞うのか、さらにはそれを感じるのは悪いことなのか、私が感じた *distress* が他者にどんな反応を引き起こすのかについて、まるで理解していないことが自分でもわかっていた。そんな私と同じようにソフィアは、*στεναχώρια* について自分がほとんど何も知らないことをよくわかっていた。言語的に等価な言葉が母語にある場合のほうが、その言葉に結びついている情動を学ぶ必要があることを、はるかに自覚しにくくなる。いずれにせよ、*distress* や *στεναχώρια* などといった「情動」を学ぶことは、特定の文化に固有の情動語を学ぶことより必ずしも容易ではない。事実、新たな文化に慣れていない第二言語学習者は、新たに学習する言語の情動語を、母国の文化の情動概念と単純に結びつけようとする。[36] 教室で第二言語を学ぶときに起こるのもこの現象である――ちなみに、私も英語を学び始めたのは教室でのことだった。私たちは、新たな言語が提供する呼び名《ラベル》を、その実際の意味を学ばずに学習している。

言語学者のハワード・グラボイスは、第二言語としてのスペイン語の習得に関する研究で、その点を巧みに例証している。[37] 彼はこの研究で、愛、怖れ、喜びに対応する英語とスペイン語の言葉の意味を示すために、スペイン語を母語とする人々がこれらの言葉と結びつけている概念と、英語を母語とする人々が結びつけている概念を比較し、両者のあいだに差異を見出している。たとえば英語の *fear* は、恐怖反応（不安、神経質、ストレス、汗、悲鳴、震え）と密接に結びついているのに対し、対応するスペイン語の *miedo* は、寂しさや孤独に関する言葉と結びついている。興味深いことに、スペイン語圏で暮らしたことがない、もしくはほとんどない外国語学習者は、スペイン語の関連づけを習得せずに、その言葉を学んだ。[38] 彼らは単純に、*miedo* のような新たな言葉と既知の概念（不安、神経質、ストレス、汗、悲鳴、震えなどに関連する概念）を結びつけたにすぎなかったのだ。第二言語としてスペイン語を習得した人は、スペインである程度暮らしたあとで、スペイン語の言葉とそれに関連する概念を結びつけ始めた。そうなって初めて、単なるラベルではなく「情動」――すなわち情動エピソードの新たな組み合わせ――を学習したと言えるのだ。新たな文化における情動的なやり取りを個人的に経験したり観察したりするまでは、その文化の情動を持つことが何を意味するのかを学ぶことなどできない。それまでは、新たな言葉は空の容器、あるいは古い中身が詰まった容器にすぎない。

私は英語を学び始めた当初、*anger* がオランダ語の *boos* と異なるとは思っていなかった。[39] 新たな言葉と私の過去の経験を結びつけて、両者を交換可能なものとして扱っていたのだ。現在の私は、このふたつの言葉がいく分なりとも異なることを（研究を通じて）知っている。怒りを意味する *anger* などの英語の言葉は、それに対応するオランダ語の言葉（*boos* や *kwaad* など）より攻撃性（叫ぶ、論争する、殴るなど）と密接に結びついている。それに対してオランダ語の怒りを意味する言葉は、対応する英語の言葉より特定の状況から距離を置くこと（去る、無視する、忘れるなど）と強く結びついている。それはもしかすると、英語の *anger* とオランダ語の *boos* では結びついている文化的なエピソードが異なるからなのかもしれない。このようなエピソードを繰り返し経験したのちに、初めて新たな文化の「情動」を学べるのだ。

情動プロフィールを用いたわれわれの研究では、感情価と目標にもっぱら着目し、これらの次元で類似する情動概念を含めるだけで、移民が新たな情動概念を学ぶ際に遭遇する〔ラベルだけを学習し、情動エピソードの新たな組み合わせを習得しないという〕陥穽《かんせい》を避けることができた。しかし、トルコ語の情動語と、それに対応する（ベルギーで使われている）オランダ語の情動語のあいだには、感情価や目標という基本的な次元においてさえ違いが認められるケースがあった。たとえば、「あきらめ」や「きまりの悪さ」に対応するトルコ語はポジティブな意味を持つのに対し、ベルギーのオランダ語ではネガティブな意味を持つ。また、「嫉妬」に対応するトルコ語には人間関係の保護という目標があるのに対し、ベルギーのそれには個人の保護という目標がある。だからトルコ系移民にとっては、オランダ語の言葉のみならず、それに結びついた意味を学習し始める転換点があるはずだ。たとえば「あきらめ」が、社会における自己の立場を受け入れることではなく、個人の主導権の欠如を示す情動になる時点、また「きまりの悪さ」が自分の社会的立場の弱さに対する気づきではなく、他者の判断への依存を際立たせる情動になる時点、あるいは「嫉妬」が人間関係における脅威に対する正当化された反応ではなく、利己的なものになる時点があるに違いない。その種の言葉が新たな意味を帯びるのは、それが反映する社会的現実が変わるからだ。

皮肉にも、言語的に等価な言葉が同じ「情動」を指していないという事実を認識することのむずかしさが、異文化の情動に対する理解を曇らせているのかもしれない。[40] 翻訳語の存在は、たとえそれが不完全なものであれ、異文化圏に属する人々も、心の奥底では「同じ情動」を持っているという印象を与えてしまう。多くの科学者が情動の文化的相違を認めたがらないのも、同じ理由によるのかもしれない。[41]

タンゴとワルツ

箕浦の研究に参加した日本の子どもたちのなかには、親の仕事の都合で長期間アメリカで過ごしてから帰国したときに日本社会とのギャップに困難を覚える帰国子女もいた。そのひとりだった一七歳のジローは、「自分自身を素材にして彫刻し、日本人を作り出す必要があった」と箕浦に語っている。[42] ジローの「情動」はアメリカ化されていたのだ。他の日本生まれのティーンエイジャーたちも、日本流の作法を捨ててアメリカ流の情動の実践方法を身につけたと述べている。彼らは、日本流の間接的な作法で人と接することに困難を覚えるようになっていた。日本流の作法に「嫌悪」すら覚える帰国子女もいた。

私の同僚ジョゼフィン・ドゥ・リーアスナイダーの研究が示唆するように、ジローの経験は多くの移民が直面する運命でもある。[43] ドゥ・リーアスナイダーはわれわれが開発した情動プロフィール質問票をトルコや韓国に持ち込み、さまざまな状況におけるトルコ人や韓国人の情動の「規範」を見出した。たとえば、アイシェの報告にある、級友の面前で担任教師に叱責されたなどといった状況におけるトルコ人の情動プロフィールは、おもに恥や敬意から成る。ドゥ・リーアスナイダーが移民の情動プロフィールと、母国の文化の規範的な情動を比べたところ、移民は母国の情動文化の一部を失っていることがわかった。[44] トルコ系二世ベルギー人の情動は、平均するともはや母国のトルコ人のものではなく、マジョリティーのベルギー人の情動と同じく「トルコ的」ではなかった。同様に、韓国系アメリカ人の情動も、もはや母国の韓国人のものではなく、ヨーロッパ系アメリカ人の情動と同じく「韓国的」ではなかった。第一世代のトルコ系ベルギー人のみが依然として「トルコ人の」情動を経験しており、彼らの情動は母国のトルコ人の情動とまったく同程度に「トルコ的」だった。またすでに述べたように、第一世代のトルコ系ベルギー人の情動は、ベルギーにおける情動の実践方法にほとんど合致していなかった。

だが、新たな情動の実践方法は必ず古い実践方法に取って代わるのだろうか? 箕浦の研究で取り上げられている日本人の帰国子女・ジローのストーリーは、その答えが「ノー」であることを示している。彼は、日本に帰国してから三年後にアメリカに戻ったとき、両国での情動の実践方法について熟考し、日本に普及している順応と「甘え」のシステムの優位性を認識するようになった。ジローは、アメリカと日本における人間関係の目標が異なることに気づき、双方に関して次のように述べている。[45]

日本では、周囲の人々に自分を合わせなければ受け入れられません。アメリカでは、（選択や行動において）たくさんの選択肢があります。自分が幸福に感じられれば、そこには何の問題もありません。（しばらく日本に帰国していたあとで）アメリカに戻ったときにはほっとしました。「周囲の人々に合わせなければ」などとくよくよ考えずに自己主張ができるからです。でもその一方で、自己主張は簡単なことではありません。自分自身で決めて、（……）つねに警戒して自己を擁護していなければ落ちこぼれてしまうのですから。（……）日本の流儀で周囲の人々から見守ってもらえることは、かつて思っていたほど悪くは感じなくなりました。とにかく、安心感があります。

移民の多くは、ワルツを踊る機会が増えてもタンゴの踊りかたも忘れてはいない。だからふたつ（もしくはそれ以上）の文化に由来する情動に馴染んでいる。私はヨーロッパに戻った直後に、新たに選任された学部長が、「妻は間違いなくいい顔をしないだろうが」、学部長というたいへんな役割を喜んで引き受けるつもりだ」と言いながら受諾したのを見て、驚いたことをいまでも覚えている。そしてこの新任の学部長は、学部のために学部長の職に全力であたると確約した。彼はいい加減な人物などではないが、この受諾演説では、自分が選ばれた栄誉については何も触れず、誇りや喜びにも言及しなかった。また学部のすばらしい面々が自分を信頼してくれたことに対する喜びをまったく表現せず、これから自分が磨きをかけようとしている偉大な学部についてもひと言も触れなかったのだ。彼の受諾演説はとても謙虚で、高揚感はなかった。私が彼のその様子を見て驚いたのは、北米流のワルツを期待していたからだった。それと同時に、タンゴの国に戻ってきたということも思い知らされた。私の情動の実践方法は変化していたものの、かつて三〇年以上オランダで暮らしていたころに受けた影響は消えてはおらず、すぐにギアを入れ替えられたのである。[46]

ジローと私の共通点は、アメリカで暮らしていたころには、母国出身者とめったに交流しなかったことだ。この状況は、平均的なトルコ系二世ベルギー人や韓国系アメリカ人の回答者にも当てはまるだろう。ドゥ・リーアスナイダーの研究に参加した移民二世の情動プロフィールは、平均するとあまり「トルコ的」、もしくは「韓国的」ではなかった。だが、「トルコ的」あるいは「韓国的」な情動プロフィールを示す例外的な回答者もいた。彼らの共通点は、日常生活においてトルコ人や韓国人の友人たちと交際していたことである。情動という点になると、「トルコ人」や「韓国人」の友人がいるという現実は、他のあらゆる要因を無効化する。人は母国の伝統を墨守《ぼくしゅ》し続けることもあれば、それと一体だと感じることもある。また、母国出身の友人たちに囲まれていたいと思うかもしれない。しかし母国出身の友人が実際にいなければ、母国における情動の実践方法を維持し続けることは困難になる。母国の友人たちとの交際がなければ、その文化に固有な情動の実践方法は、恒久的ではなかったとしても、すぐに失われてしまうのだ。[47]

私の友人でもある心理学者の北山忍は、日本文化とアメリカ文化の二文化併存《バイカルチュラル》だ。ＯＵＲＳ型情動が浸透している日本で育ち、のちにアメリカに移住した。彼にとってこの移住は、OURS型情動からMINE型情動への移行でもあった。日本では、情動は社会の内部にある。だがアメリカで何年も暮らすことで、情動を心の状態として考えることを学んでいった。それでも日本にしばらく滞在してからアメリカに戻るたびに、しばらくは「いまどう感じていますか？」という単純な質問に答えることに困難を覚えた。あたかも外部から内部へと対象を移し、心の内部を拡大して覗いてみなければならないように感じたのだ。彼は、この微調整をアメリカに戻るたびに繰り返している。

私自身の経験から学んだ同じような例を記しておくと、アメリカで覚えた興奮や誇りの感情は、ヨーロッパの日常生活ではそのままでは通用しない。ヨーロッパ大陸で長期間を過ごすうち、私の興奮や誇りは消え入るように小さくなり、ヨーロッパ文化に合うべく調節された感情に置き換えられていったのだ。

特定の情動の実践方法は徐々に現われたり消えたりし、それぞれの文化にとって「正しい」情動が作用する方向に変化する場合がある。新たな文化に順応するには、北山忍や私のように努力を必要とすることもある。しかし、その文化圏で初めて「情動の実践」を学ぶときほど困難にはならない。また、訓練すれば円滑に文化間を移行できるようになる。とはいえ北山や私は、典型的なバイカルチュラルではないのかもしれない。というのも、彼も私も飛行機に乗って文化間を移動するが、多くのバイカルチュラルは日常生活において文化間を行き来しているからだ。[48] われわれの研究に参加したベルギー移民の中学生の多くは移民家族の出身で、家庭では母語を話しているものの、学校へ行けば白人の友人がいる。彼らはマジョリティー文化圏の一員であるとともに、移民のコミュニティーでもかなりの時間を費やしている。

ふたつ（もしくはそれ以上）の文化圏のあいだを頻繁に行き来するバイカルチュラルは、自分自身ではそれに気づいていないこともありうる。練習すれば、私たちはワルツの音楽に合わせて難なくワルツを踊り、タンゴが聞こえてくればそれに自然に合わせられるようになるだろう。たとえば日系アメリカ人のなかには、アメリカのマジョリティーと交際する際にはMINE型情動を、家庭ではOURS型情動を示す人もいる。特定の文化のなかでさまざまな人々と交際することで、その文化に結びついた情動の実践が促されるのかもしれない[49]。バイカルチュラルが、そのときどきの文化において「正しい」情動を実践していることを裏づける研究がある。

ここで、東アジアの多くの文化では、幸福と不幸が密接に結びついていることを思い出そう[50]。東アジアの人々は、幸福と不幸を同時に感じるとよく報告する。これは、幸福が不幸でないことを意味する、ヨーロッパ系アメリカ人の文化には当てはまらない。東アジア系カナダ人の学部生を対象とし、一〇日にわたって情動を追跡した研究では、彼らは欧米文化、もしくはアジア文化と自己をどの程度同一視しているかに応じて、異なる情動パターンを報告した[51]。欧米文化と自己を同一視する（あるいは英語を話す）学生は、不幸より幸福を感じたのに対し、アジア文化と自己を同一視する（あるいはアジアの言語を話す）学生は、両方を同時に感じたのだ。概して言えば、自己を欧米人と見なす学生もアジア人と見なす学生と同程度に不幸を感じていたが、幸福と不幸の感情の共存については、両者のあいだに差異が見られた。

ジョゼフィン・ドゥ・リーアスナイダーとヒジョン・キムと私が韓国系アメリカ人とトルコ系ベル

ギー人を対象に行なった研究でも、一般に非欧米的である家庭より、欧米文化に結びついていることの多い公共空間でのほうが、移民の情動が文化化を遂げやすいことが示されている。[52] 移民の情動プロフィールは、家庭より職場や学校でのほうがマジョリティーのものに似通ってくる。とはいえ、情動プロフィールは、基本的に文化によって異なることに変わりはない。[53]

家庭と公共空間では、移民が遭遇する人間関係が異なるがゆえに情動プロフィールも異なってくるという可能性はある。たとえば、公共空間でのほうが頻繁に喜びを感じるとすれば、その理由は、そこでは喜びを喚起する機会に遭遇しやすいからなのかもしれない。アメリカ移住後の私が「喜び」をより頻繁に感じるようになったのは、アメリカ人の友人たちが、祝ったり褒めたりすることで私が喜びを感じる機会を頻繁に作り出してくれたからだと思う。移民もそれと同様な状況のもとで、情動の実践方法を切り替えているのだろう（それは、私が人間関係の目標が母国オランダとは異なるノースカロライナ州で、「自己主張に基づく憤り」をあまり示さなくなったケースに似ている）。その考えに基づいて、ドゥ・リーアスナイダーと私は、バイカルチュラルが同様な状況に遭遇したときに、情動の実践方法の切り替えが起こるか否かを確認したいと思った。

われわれは、それを検証するための実験を考案した。[54] この実験は次のように行なわれた。われわれは、トルコ系ベルギー人のバイカルチュラルに「隣人」と協力し合って理想の街作りを計画させた。彼らの課題は、地域の地図や理想の街並み（たとえば公園や木立の多い街並み）が描かれた絵を参照して、協力し合いながらペンや糊を使って計画をまとめあげることだった。われわれはふたつの文化的な背景を作り出した。研究協力者の半分はトルコ系の居住地域のモスクの社交室に連れて行かれ、そこでトルコ系の「隣人」ならびにトルコ系の実験者と、トルコ語のみを用いて話し合いながら計画を立案した。もう半分の研究協力者は、（ベルギーの）地方自治体によって運営されているコミュニティーセンターに連れて行かれ、そこでベルギーのマジョリティーの「隣人」ならびにベルギー人の実験者と、（地元で話されている）オランダ語のみを用いて話し合いながら計画を立案した。この研究の主なテーマは、トルコ系ベルギー人のバイカルチュラルの情動反応が、トルコ文化圏ではより「トルコ的」になり、ベルギーのマジョリティー文化のもとではより「ベルギー的」になるか否かを調査することにあった。彼らのダンスは、ダンスパートナーや背後に流れている音楽の違いに応じて変わってくるのだろうか？

　われわれは、トルコ系の文化を背景にした場合であろうが、ベルギーのマジョリティーの文化を背景にした場合であろうが、バイカルチュラルが同一の人間関係に遭遇するよう実験を設定した。たとえば、いずれの場合でも「新たな隣人」は、用意周到に練られたスクリプトに沿って、課題の遂行をときおり妨げるようなことを言うよう指示された研究協力者が務めた。こうしてわれわれは、文化的な文脈は異なりながら人間関係は変わらない状況のもとで、バイカルチュラルの情動反応を記録したのだ。たとえば、妨害は理想の街並みを築く計画が完成するころになされた。進捗状況を確認するために実験者が部屋に入ってきたとき、「新たな隣人」がいきなり計画を説明し始め、自分だけでその計画を練り上げたという意味合いの主張をした。バイカルチュラルの研究協力者は、どちらの文化設定であっても、この侵犯行為にははっきりと反応したが、反応のしかたは両者で異なっていた。[55] 一方のトルコ文化の設定のもとでは、隣人の主張の不誠実さに不信の念を示し、隣人を頭からつま先までじろじろ眺めて大きく目を見開いた。われわれは、研究協力者のこの態度を軽蔑と解釈した。それに対してマジョリティー文化の設定のもとでは、研究協力者は眉をひそめる、不平をこぼすなどの態度を示した。われわれはこの態度を、隣人の不公平な判断に対する怒りと解釈した。[56]

重要な点を指摘しておくと、同じ集団に属するバイカルチュラルたちが、同じ情動的なできごと（たとえば「新たな隣人」がほとんどひとりで計画を作成したと実験者に報告したことなど）に対して、文化の文脈に即して異なる反応を示した。[57]文化的な文脈は重要であり、この実験結果も情動がアウトサイド・インに作用することを示している。このように、人間関係が生じる文化的な文脈は、バイカルチュラルがダンスを踊る際の伴奏音楽として作用している。

異なる文脈にみんなうまく対処できている？

私は、ある学部会議で、新設の職が別の研究領域に割り当てられたときのことをはっきりと覚えている。ちなみに学部は、私が専攻する研究領域においてここ数年、引退された教授の職を埋めてこなかった。さらには、新設されたわが研究グループに対して学部が抱く高い期待に見合う実績をあげることができれば、研究者を増員する約束になっていた。そしてわれわれはその数年間で、期待を上回る実績をあげていた。ところが委員会の計画では、われわれの研究領域には新しい職がひとりも割り当てられていなかった。もちろん私は研究グループの代表として、学部会議でグループの利益を守ろうと議論していたのだが、その途中で泣き出してしまった。会議参加者のその後の反応はかなりあからさまで、男性が支配する場で私が泣き出したことは、「正しい」情動の発露とは見なされなかった。数週間が経っても、会議で私が「感情的になった」ことを考えれば、「どのような決定が下されたのか覚えていないのではないか」とある同僚に言われ、そのできごとをいやでも思い出さざるを得なかった。[58] また、別の同僚が「あんな会議は二度と御免だ」と言ったという噂も耳にした。その発言は、会議があらぬ方向に進んだ決定的な証拠になった。

振り返ってみると、そのときの私の情動が「正しい」ものではなかったという点が問題だったことがわかる。泣くことは、人々がお互いに面倒を見合う親密な人間関係が成立していてこそ初めて許される行為であり、現在でも男性に支配されている職場の専門家が集まって行なう会議ではふさわしくなかった。会議で感情的になったのは私だけではないが、男性の同僚たちは、それとはかなり異なったありかたで情動を実践していた。激論が交わされるなか、彼らは声を張り上げて、計画の不備を指摘し、とても受け入れられないと主張したのだ。このような情動の実践方法は、主導権を相手に渡さないことを目的としている。私が泣いたことは、そのような論理には合わず、他者の理解や支援を求めようとするものだったが、会議に参加した私の同僚たちは明らかに、努めてそうしないようにしていた。私は、自己の喜びに対する責任の一部を同僚たちに明け渡したことになる。[59] 要するに、みんながワルツを踊っているのに私だけタンゴを踊ってしまったわけだ。

このできごとは私の個人的な経験にすぎないが、男性の支配する職場で働く女性の多くが、マジョリティーの情動に順応しようと苦労しているマイノリティーと同様、その環境下で受け入れられ、効率的に働けるように情動を感じ、表現し、管理するすべを習得しなければならなかったとしても特に不思議ではない。そのような環境を支配している人間関係が目指すものは、彼女らのものとは異なるからだ。たとえ男性専門家中心の伝統的な環境に置かれていなかったとしても、情動面での女性の役割は、家庭のほうが満足感が得られたり受け入れられたりしやすいかもしれない。そうであれば、マイノリティーが、マジョリティーの環境からマイノリティーの環境にモードを切り替えているように、多くの女性は日常生活で情動を切り替えているのだろう。

文化的な文脈の切り替えは、女性やマイノリティー以外にも起こりうる。異なる生活空間を行き来している人の誰もが、情動に関して（わずかずつ異なる）さまざまな理解力を培い、表現し、各文化に見合った戦略を行使しているのではないだろうか。親密な人間関係を研究しているマーガレット・クラークは、次のような例をあげている。[60]

恋人とレストランに出掛けたところを想像してみよう。あなたがテーブルに思いっきりワインをこぼしてしまったとする。それを見た恋人はあなたを激しく非難する。その場合おそらく、ふたりとも傷つき、怒りを感じることだろう。だが、あなたをなじった相手が隣のテーブルの赤の他人だったらどうだろうか？　あなたが傷つくことはまずないはずだ。怒りは感じても、その人物を単に嫌なヤツと見なして、無視することだろう。ここで言いたいのは、同じ非難に直面しても、それによってあなたが感じる（あるいは感じない）情動は、その非難が恋人によるものか、赤の他人によるものなのかによって、ほぼ間違いなく変わるということだ。

なぜそうなるのか？　クラークによれば、あなたの傷ついた感情は人間関係を修復するための道具なのであり、自分たちの関係がうまくいっていないことのみならず、あなたにはそれを修復する意思があることを相手に伝えようとしている。うまくいけば、あなたの傷ついた感情は相手に罪悪感を引き起こすだろう。だが、「主導権を相手に渡さない」という意思表明を意味する怒りは、傷ついた感情とは異なる。怒りは、相手に関係の修復を求めるわけではない（自分の望む方向へ人間関係を誘導するために示す場合もあるとしても）。そもそもレストランでテーブルにワインをこぼすという状況は、欧米文化のもとで暮らしているからこそ起こる。しかしこのような狭い生態環境《ニッチ》においても、そこで生じる情動はどのような人間関係かによって異なる。なじられた相手が恋人であれば、あなたは壊れかけた人間関係を修復しようとするだろう。それに対して単に隣のテーブルにいた赤の他人からなじられたら、あなたは自己防衛に走るか、相手を無視するはずだ。親密な人間関係にあったのであれば、あなたは傷つくだろう（そして泣くかもしれない）。だが、相手が赤の他人なら、その人物に喧嘩を売るか、完全に無視するかのいずれかだろう。恋人が相手なら、相手は罪悪感を覚えて、自分の無神経な態度の埋め合わせをしようとするかもしれない。だが赤の他人であれば、あなたが喧嘩を売ったところで、その相手は態度を改めたりしないだろう。クラークらは次のように述べている。

われわれの主張は単純だ。あなたが情動を経験するか否か、そしてその経験がいかなるものになるかは、あなたが相手とどのようなありかたでどの程度依存し合っているのか（あるいは依存し合いたいと思っているのか）によって変わる、ということだ。

行動の規則《ルール》は、身近な人に対する場合と赤の他人に対する場合では異なり、恋人との情動的なやり取りはそのルールによって変わる。公衆の面前で恋人になじられることは、赤の他人になじられることとは情動的な意味が異なるばかりでなく、自分が抱く情動の意味も変わってくる。恋人に喧嘩を売れば、すぐに罪悪感を覚えるはずだ。恋人の情動も、恋人自身にやがて当初とは異なる効果を及ぼすかもしれない。たとえば、あなたをなじったことを後悔するかもしれない。恋人に怒りを覚えたとすると、その怒りは赤の他人に対する怒りとは異なり、あなたは、たとえば傷ついたり絶望に陥ったりするはずだ。このように、私たちがどのように感じ、振る舞い、相手に接するかは、当事者同士の人間関係と、その関係が目指す到達点に左右されるのである。

日常生活における情動の実践方法を規定しているのは、親密な人間関係だけではない。権力はそれを持つ人の怒りを正当化し、人は怒った権力者の主張に屈しやすい。権力者には、権力を持たない人のように怒りを抑える必要がない。そもそも権力を持たない人は怒る機会があまりなく、自己の要求に対する自信を欠き、慎重になることが多い。それに加えて、自己の要求が満たされる可能性は低い(第4章参照)。

否定しがたい結論を言えば、情動の実践は文脈によって変化する。オランダ文化のなかで培った私の怒りや憤りは、ノースカロライナでは通用しなかったのと同様に、上司としての私の怒りは、親密な人間に対する怒りと同じではない。文化や言語の境界を越えることは、文脈間の移行を際立たせる。だが、明確な境界がなかったとしても、私たちは毎日、異なる情動的文脈のあいだを行き来している。

言い換えると、バイカルチュラル〔の人々の生活〕は、私たちの誰もが持つ、アウトサイド・インに作用する情動の性質を示す明確なモデルになりうる。つまり情動は、文化、性別、人間関係などのタイプによって規定される特定の状況に合うよう調節されているということだ。

アウトサイド・インに作用するものとして情動をとらえる視点は、何を感じることができるかが「人間の本性」によって限定されるという考えに異議を唱える。現時点の知見からすれば、私たちはつねに、情動を、それが生じるところの人間関係に合わせて調節していることがわかる。[61] もちろん完璧に調節できない場合もあることは、ノースカロライナで私が怒ったことや、学部会議で泣いたことからもわかるが、情動の実践を積むことで状況は改善する。

実践による情動能力の改善は、移民だけに認められるのではない。誰でも異文化を学び、その状況に自己を調節することができる。異文化に属する人同士でも、学び合い、理解し合うことができる。次章で検討するように、それが複数の文化が共存する社会の未来なのである。情動の文化はつねに変化する。[62] 私たちは、公平で多様性を尊重する社会への変化に貢献することができるはずだ。

第8章

多文化社会を生きるための情動理解

二〇一五年に行なわれたテリー・グロスとのインタビューで、作家・ジャーナリストのタナハシ・コーツは、級友の前で自分を怒鳴りつけた九年生〔日本では中学三年生に相当〕のときの担任教師を脅したことについて次のように語った。[1]「私は、〈もう一度そんなこと言ったらぶん殴るぞ〉と言ったのです。それは身体的な脅しで、その瞬間の私は本気でした」

ウェストボルチモアの貧困家庭で育ったコーツはグロスに、当時の彼が手にしていたのは「尊厳」だけだったと語っている。担任の教師は、彼を怒鳴りつけることでその尊厳を毀損した。彼は次のように説明している。

「あなたも、暴力的な脅しには耐えられないでしょう。力で対抗しなければなりません。（……）彼は私を軽蔑していると感じました。級友たちの前で大声で私を怒鳴りつけたのですから。もう一度繰り返すと、それは本当に耐えがたいものでした」

（テリーは笑いながら、「教師はときにその手のことをしますよね」と言う）

「あなたはそんな環境に置かれたことがないから笑っていられるのです。（……）教師が折に触れて子どもを怒鳴りつけるのは確かです。でも、あなたがそんな環境で暮らしていたら、つまり手にしているものといえば、基本的な身体の尊厳くらいしかないような場所で育ったら、あなたは敬意を持って私に話しかけるはずです。ほかに頼るものが何もないのです（……）」

若き日のコーツは怒っていた、としか私があなたに伝えなかったら、あるいはあなたがコーツの顔とボディランゲージだけを見て彼が「怒っている」と判断したのであれば、あなたはこの情動エピソードをどの程度まで理解できただろうか？

その場合あなたは、教師の叱責が子どものころのコーツの心にどれほど深い傷を残したかも、また、それが貧困や人種差別主義に晒されていたコーツが持っていた唯一の特権、つまり自己の尊厳が級友たちの面前で脅かされたということも理解できないだろう。コーツの怒りをただ知る（あるいは見る）だけでは、彼には選択肢がなかったことがわからないはずだ。彼が手にしている唯一のもの、つまり自己の尊厳（「基本的な身体の尊厳」）を守りたければ、彼には教師を暴力で脅すしか選択肢がなかったのである。そうしなければ、彼は級友に笑われていたことだろう。彼が「怒っていた」とだけ言ったなら、もっと幅広い文化的な文脈、そのもとでの彼の立場、級友が彼を見ているという直近の文脈、彼の態度の意味などのさまざまなレベルでの現実に関わる情報が抜け落ちてしまうだろう。コーツが怒っていたとだけ知った場合、あるいは文脈をまったく知らずに彼の脅しを目撃した場合、あなたはコーツの現実をあなたの現実に置き換えることになるのではないか？　あなたの文化・社会的立場と彼のそれを混同することにならないだろうか？

それと同様に、台湾の幼児ディディと彼の母親の情動的なやり取りについて（第3章参照）、あなたはどれほど理解できただろうか？　「言うことを聞かない子ね！　そんなことしちゃダメよ。（……）ルールを守れない子はお尻を叩くわよ！」という母親の言葉の真意を理解できるだろうか？[2]　あるいは、「恥は母子の関係を阻害するのではなく絆を深めるのに役立つ」とは言わずに、「ディディは恥じている」「台湾では、恥は〈正しい〉情動であり、ディディは恥を感じるような人間になりたいと思っているはずだ」とだけ言ったなら、その母親の言葉の真意をどれだけ理解できるだろうか？　あなたは完全なストーリーを知らなければ、ディディの経験をあなた自身が持つ恥の概念に置き換えてしまうはずだ。さらに言えば、恥を感じたディディの行動が、いかに彼自身を理想的な自己や母親に近づけるのか、そしていくら彼の態度がお粗末なものでも、そのような彼の行動がいかに見知らぬ人々（実験者）の面前で母親の面目を保つのに役立つのかを見落とすことになるだろう。

また、ベルギーの中学校教師エレンは、トルコ系の生徒アフメトに図書室を荒らしたのは彼ではないかと指摘した途端、彼が目を伏せ、従順で慇懃な態度をとり始めたとき、その意味をどの程度理解していたのだろうか？　エレンは彼のその態度を、悪さをしでかした証拠として解釈した。彼は罪悪感を抱いているに違いない、さもなければ憤慨したはずだと考えたのだ。だが、アフメトの示した恥じ入る態度は、エレンが考えたように後悔の念を示したのではなく、教師に敬意を払う方法のひとつだった。[3]　彼の意図は（ベルギーのマジョリティーの子どものように）公正な扱いを受ける権利の主張ではなく、エレンとの人間関係を守ることにあった。つまり、アフメトの持つ規準枠と正反対の考えを持っていたため、エレンは「彼は信用できない」という残念な結論を引き出してしまったのだ。皮肉にも、アフメトの情動には、教師との人間関係を修復するという意図しか含まれていなかったにもかかわらず、その意図が異文化間のやり取りのなかで失われてしまったのである。

　コーツ、ディディ、アフメトの情動は、情動がそれぞれの文化のもとで果たしている役割を考慮に入れることによって初めて、完全に理解することができる。彼らの情動を理解するためには、それがどう呼ばれているのかを知るだけでは不十分であり、規準枠を提供している文脈のなかで各々の情動が何を実践しているのかを理解しなければならない。アメリカで共感の文化的象徴と見なされているテリー・グロスでさえ、若き日のタナハシ・コーツにとって、級友たちの面前で教師に怒鳴られることにいかなる意味があるのかを危うく理解し損ねた。「教師はときにその手のことをします」というグロスのコメントは、「それはたいしたことではない」「その程度で激怒することなど許されない」と示唆することにもつながる。それに対してコーツは、「あなたはそんな環境に置かれたことがないから笑っていられるのです」と答える。怒鳴られても自分の持つ唯一のもの、すなわち自己の尊厳が剝奪される立場になければ笑っていられるだろう。あるいは、身体的な脅しが自己の尊厳の少なくとも一部を取り戻すための唯一の手段でないのなら笑っていられるのかもしれない。教師の叱責に断固として抵抗しなければ、級友たちはコーツをすぐに他人の言いなりになる奴と見なしたことだろう。

　同様に、すぐに批判したがる親に育てられると適応不良の子どもになる、あるいは子どもに恥をかかせることは不健全だと主張する人は、親子が依存し合う文化における恥の特別な意味を見落としている。[4] ディディは、恥を感じたときに自分自身を快く感じていたかもしれない。身近な人々の誰もが快く感じていたのだから。ディディは文化に完全に適応した少年として育てられた。つまり彼は、子どもの感じる恥が母親の体面の喪失を防ぐという文化的な文脈に、適応していたのである。

私が言いたいのは、他者の情動を理解するためには、相手の規準枠を採用する必要があるということだ。私たちは、タナハシ・コーツ、ディディ、アフメトの情動を理解するためには、彼ら自身の社会的、文化的環境や、人間関係の目指すところを考慮しなければならない。言い換えれば、OURS型情動として、つまりインサイド・アウトではなくアウトサイド・インに作用するものとしてとらえれば、彼らの情動を理解できるだろう。

他者の情動の理解は、単なる知的好奇心の問題ではない。[5] 情動はそれを実践する人を集団や文化の一員にする。だが不幸にも、その逆も言える。人類学者のキャサリン・ラッツは、中流家庭のアメリカ人が持つ情動の規範に従って、幸福そうにしていたイファルク族の少女に微笑みかけた。するとラッツは、イファルク族のホストに激しく叱責された。なぜならラッツは本来、「当然のように怒る」場面だったからだ。[6] イファルク族のあいだでは、幸福は義務の遂行を怠らせるがゆえに間違っていると見なされる。人類学者のジーン・ブリッグスは、*kaplunas*（白人のカナダ人男性）がイヌイットのホストを傷つけようとしていると思い込み、北米人気質に身をまかせて怒りを「爆発」させた。しかしイヌイットは彼女のこの反応にひどく動揺した。[7] なぜなら、彼らにとって怒りは危険な情動だからだ。その結果、彼女は数か月間のけものにされたこと（第1章参照）を覚えているだろうか。

情動面で周囲の人々に合わせられないと、概してその人を敬遠したり排除したりする理由になる。街《ストリート》の掟の情動に従ったタナハシ・コーツは、停学処分を受けた。アフメトの担任教師は、彼が見せた恥を敬意の一形態としてではなく後悔と誤解し、実際には教師との和解を求めていたにもかかわらず悪さをしたに違いないと思い込んだ。この手の誤解によって何が起こるかを想像してみよう。周囲の人々と同じように情動を実践できなければ、その集団の一員になることはきわめてむずかしい。あなたの情動が周囲の人々のものとは異なるOURS型情動に結びついている場合、あなたは情動のダンスパートナーとうまく呼吸が合わず、お互いのつま先を踏みつけ合うことだろう。これは、あなたが野外調査中の人類学者であろうが、自国内のマイノリティー集団の一員であろうが当てはまる。人類学者が母国で別の生活が待っているのに対して、タナハシ・コーツやアフメトや私は現在生活している場所に留まるしかない、という違いはあるにしても。

　さまざまな文化的背景（や立場）を持つ人々が寄り集まっている——これが現代社会の現実だ。新たな情動を育てるには——それを目標にしたとしても——、人の一生以上の時間がかかる。その間私たちは、組織や学校や近隣社会の一員として人々とともに暮らし、同僚や隣人や住民同士として、あるいは教師と生徒、医師と患者、セラピストとクライアント、上司と部下として出会う。これらすべての人間関係において、文化間における情動の相違が、気づかぬうちに些細な誤解のもとになることもある。文化圏をまたぐ人間関係のもとでは、アフメトが和解を求めたのに対して担任の教師は自立していることを示す憤りを予期していた例が示すように、情動が意図を誤解しうる。一方が教師、医師、セラピスト、マネージャーなどの権力者であれば、誤解は相手の機会《チャンス》を損なうかもしれない。その場合、情動は目に見えない門番になる。そのような事態になるのを望まないのであれば、私たちは文化間における情動の相違を理解するための方策を見出す必要がある。

心理学者のジャミール・ザキは著書『スタンフォード大学の共感の授業——人生を変える「思いやる力」の研究』で、人間という種《しゅ》には親切心が必要だと説いている。[8] 私たちは家族や集団や社会を形成し、一緒になることで生き残ってきた。だから、お互いの理解や助け合いを必要としているのだ。親切心は、進化の過程で人類が生き残るにあたって一役買っているが、単なる過去の遺物ではない。個人としても社会としても、繁栄するためには、親切心はいまでも必要だ。

ザキは、親切心には共感する力が重要だと考えている。彼によれば、「共感は人々のあいだのへだたりを克服するための心のスーパーパワーだ」[9]。憎悪が他者を非人間化して分裂を生むのに対し、共感は他者と同じ人間として向き合い、絆を育む。また、お互いの親切心を喚起することで、人類の存続に大きく貢献してきた。共感の文化は、生徒や部下や、一般市民の人間的な側面を露わにし、それによって成長や繁栄をもたらしてくれる。共感力の強さは人によって異なるが、誰もがもっと共感に溢れる人間になれるはずだ。私たちは他者の感情や経験に合わせる能力を伸ばすべく努力することができる。では、どうすれば共感力を伸ばせるのだろうか？ それに対してザキは、他者がどう考え、感じているかを想像する努力によってであると回答した。他者の「動機や信念や履歴について思いを巡らすことは、（……）真正な内面の世界を呼び起こす」[10]。だから他者の言うことにしっかり耳を傾け、相手が置かれている状況を把握し、どう感じているかを知るべく努力しよう。

他者の顔から直接情動を読み取ることなどできないし、単純に他者の情動を「とらえる」こともできない。[11] この本をここまで読んだ方々は理解されていると思う。また、自分と他者の知覚が合致しているとは限らない。それは相手が異文化圏の出身者であればなおさらだ。ザキの提案する他者の「動機や信念や履歴について思いを巡らすこと」は、それらに開きがあればあるほど容易でなくなる。同じ状況下で自分がどう感じるかを想像するだけでは十分ではない。そうしたところで、ほぼ間違いなく、自文化の価値観や人間関係の目的に見合ったありかたでその状況を理解せざるを得ないからだ。あなたは、あなたが属する文化圏で「正しい」とされている情動を実践していることだろう。また日頃は、同じ情動エピソードの組み合わせを持つ人々とつき合っているはずだ。コーツが指摘するように、「あなたはそんな環境に置かれたことがないから笑っていられるのです。ほかに何も頼るものがなければ、あるいは手にしているものといえば、基本的な身体の尊厳くらいしかないような場所で育ったら、それを真剣に考えるはずです」。異文化の現実のなかに埋め込まれている情動を理解したいのであれば、自己の感情を他者に投影しても、あまり役には立たない。[12]

三〇年前、私はヘーゼル・マーカスと北山忍が開催した、文化と情動に関する会議でマーカスに出会った。そのときはマーカスも私も、彼女が私のアメリカにおける指導教官になるとは思っていなかったのだが、私たちはすぐに気が合うと感じた。化粧室で顔を合わせたとき、私は主催者側のひとりで忙しそうにしていた彼女に共感を示したつもりで、やさしく「ちょっとお疲れのようですね」と彼女に声をかけた。すると彼女は驚いて鏡を見て、口紅を塗り直さなければと気づいたようだった。私は慌てて、化粧が崩れていると言いたかったわけではないという旨を伝えた。

ドイツ出身でアメリカ在住の心理学者ビルギット・クープマン＝ホルムの研究に基づいて言えば、

このときの私は、自分が育った（オランダの）文化的な環境に合わせて調節された状況理解をヘーゼルに投影していたことになる。クープマン＝ホルムは巧みな比較対照実験を行なって、ドイツ人（やその延長で考えるとオランダ人）は、アメリカ人よりあいまいな状況に苦痛を受けやすいことを見出した。死別を経験したあとでは、希望の兆しを強調する同情より、ネガティブな感情に焦点を絞った同情を寄せられるほうが心が休まるということがわかったのだ。[13] それに対してアメリカ人は、状況のポジティブな側面に焦点を絞る――故人の思い出を大切にするような――「同情」を寄せられることを好んだ。もちろん、クープマン＝ホルムの研究は化粧室で化粧を直す会議主催者を対象とするものではないが、この結果を考慮すれば、自分の感情をヘーゼルに投影することで彼女に共感し（「ちょっとお疲れのようですね」）、彼女の苦痛（疲労）に着目したことは、アメリカ人の彼女との人間関係の構築にはたいして役に立たなかったと考えたほうがよい。「たいへんなお仕事、お疲れさまです。でもすばらしい会議ですね！」というような彼女の疲労のポジティブな側面を強調すればよかったのだ。

このように、単に共感を示しただけではうまくいかない。なぜなら、共感は文化間の溝を埋めてくれるわけではないからだ。とはいえ、相手に親切心を示して親密さを育み、文化や立場の違いを埋める方法はある。情動エピソードをひもとくことによって、文化的な相違を埋めるべく学ぶことができるのだ。[14] 私は、情動の研究者としても移民としても、たびたび失敗してきた。どんな情動を感じているかに関する他者の発言を信用せず、その行動を誤解し、自己の感情や解釈を相手に投影してきた。最終的には、心を開き、友人たちと会話し、たいせつな同僚や情報提供者と協力し合い、民族誌の文献を読み、いくつかの異なる場所で暮らすことで、異文化のなかでいかに情動が実践されているかについて、より正確に評価することが――おそらく予測や予期することも――できるようになった。私は、異文化圏に属する人々に次のように問い続けることで、その域に達したのだ。すなわち「すでに起こったできごとをどう解釈しているのか?」「人間関係から何を〈望む〉のか?」「自己の情動の発露に対して同じ社会で暮らす人々がどのような反応を示すと予測し、また実際にいかなる対応を受けてきたか?」と。もっとも重要な点は、以上の問いに対して「正解」をあらかじめ想定しないようにしたことである。私は、他者のなかに私自身を無理やり見出そうとするのではなく、情動エピソードという社会的なさざなみを、それが生じる文脈に照らして理解しようとした。文化、人種、ジェンダーの境界を越えた情動の出会いを経験している人であれば、同じことを実践できるはずだ。

それはまた、人類学者が実践していることでもあり、まさしく異文化間の出会いの専門家が、可能な限り自らの想定を捨て去り、人々に質問を発し、行動を観察しているのである。クリスティン・デュローは、ソロモン諸島西部の極貧の島シンボで暮らす女性の母性愛に共鳴を試みた経験について語っている。[15]デュローは、シンボ島での野外調査に幼ない娘を連れてきていた。娘の同伴は、シンボで暮らす女性と母性愛について語り合うきっかけになった。シンボ島の女性たちの母性愛（*taru*）に十分に訴えかけることができると考えて――なにしろ彼女自身も、小さな子どもを持つひとりの女性なのだから――野外調査を始めたものの、彼女はすぐに、*taru* が彼女の想定している母性愛とは異なることに気づく。シンボ島の女性たちにとって *taru* は、「愛情」と同程度に「悲しみ」も意味していた。*taru* を感じる女性は、思いやりをもって子どもに接したが、たいていその感情には子どもの運命を知っている悲しみが含まれていた。ある女性はデュローに、「あなたはどうして、*sore*（悲しみ）なしに

taru（愛情）を感じられるの？　子どもたちに愛情を感じているのなら、彼らを待ち受けているさまざまなひどいできごとや困難に思い至らないの？」と訊いてきたそうだ。

シンボ島の女性たちは、つねにデュローに共感を抱いていたわけではない。あるとき、当時三歳だった彼女の娘のアストリッドが「長患いの病」にかかってしまう。そんな折にあまりよく知らない女性リザがデュローのところに来て、戸口の前でデュローの隣にすわり、数年前に息子がはしかで死んだのでデュローの不安がよく理解できると言った。その話を聞いて動転したデュローがリザに同情を示したところ、リザは「いつもは息子のことなど考えないわ。ただ私の（別の）子どもが病気になったら、息子のことを思い出してすぐに診療所に連れて行くの」と急いでつけ加えたそうだ。リザはデュローに共感して彼女を慰めようとしたのかもしれないし、単に友だちになろうとしたのかもしれない。だが、リザのその言葉はデュローには逆効果だった。デュローの思いはリザと異なっていた。デュローは次のように言う。「（……）私は驚いて同情の念に襲われましたが、リザの気持ちはほとんど理解できませんでした。まるっきり違う可能性を示唆していたからです。子どもの死に関する話題や、息子を喪ったから他者に共感できるようになったというような彼女の発言を聞いていると、私の憂慮は、運命に甘んじるかのような彼女の予感とは違うと気づいたのです」。彼女は、リザの息子が受けられなかった治療をアストリッドが受けられるだけの金銭的、文化的資本が自分にはあることがわかっていた。デュローが運命に身を委ねて神に祈るだけで終わらせなかったのは、彼女が、その状況において確たる主導権を発揮できたからだ。また彼女は、仮に娘のアストリッドの死に直面することがあったとしても、運命に身を委ねるつもりなどまったくなかった。ましてや娘を忘れることなどあり得なかった。リザとデュローは、異なる現実のもとで暮らしているため、異なる情動を持っていたのである。

人類学の最新の知見に基づいて言えば、異文化圏に属する人々の情動的な経験を概観することや、場合によっては共有することも可能ではあるが、それができていると性急に思い込んではならない[16]。ある人類学者は、次のように指摘している。「共感の問題は、感情が関与していることではなく、第一印象が正しいものだと思い込ませることにある[17]」

他者の情動の理解は、他者の経験の共有に還元されるわけではない[18]。他者の感情を概観することはたいてい、他者にとっての情動エピソードが、いかに自分たちのものとは異なる文脈と結びついているかを理解すること、言い換えると自己の情動と他者の情動のあいだにある齟齬に気づくことを意味する[19]。デュローはやがて、自分自身の愛情の概念を投影することによってではなく、子どもの死亡率、貧困、困難な生活などのシンボ島独自の諸条件を理解しようと努めることで、島の女性たちの母性愛に対する洞察を得た。異文化環境における共感は、異文化の（社会的な）現実と結びつけることによって、他者の情動をひもとくのである[20]。

重要な指摘をしておくと、文化間の差異の認識は類似性の認識にもつながる。人は文化が異なる人々とまったく同じ経験をしたり、情動を実践したりするのではないと悟ったからといって、彼らと共鳴できなくなるわけではない[21]。ここで言う共鳴とは、他者と同じ人間として向き合い、他者の情動に意味を見出して、彼我《ひが》の溝を埋める努力を意味する。

文化的能力から謙虚さへ

オランダの比較文化精神科医ヨープ・ドゥ・ヨンは、同国の精神衛生《メンタルヘルス》の体制をクライアントの多文化化に合わせて見直そうとする運動の主導者のひとりだ。一九九〇年代半ば、彼は文化と情動に関する私の初期の研究を読んで、比較文化精神医学ならびに心理療法に関する本への寄稿を私に依頼してきた。[22] 文化間における情動の相違に関する私の研究が、いかに心理療法やメンタルヘルスに寄与できるのか? その答えは私にはわからなかったが、その問いは私の興味をかき立てた。当時のオランダでは、移民に関する本がにわかに出回り始めていた。これらの本はすべて、白人系オランダ人を対象に、増えつつある移民を理解し、彼らと対話する方法について論じていた。

多様性や不平等に配慮が必要であることは当時もいまも変わらない。その理由は、メンタルヘルスに関して人種的、民族的マイノリティーのあいだに格差があるからであり、メンタルヘルスサービスが十分に整備されていないからでもある。[23] しかし実際には、当時「文化的能力《カルチュラル・コンピテンス》」〔異文化の理解や、異文化と交流する能力〕と呼ばれていた能力は、民族集団が持つ価値観、信念、態度に関する断片的な知識から構成されているにすぎなかった。アメリカでは、民族集団は米国国勢調査によって作り出された人種民族区分――アフリカ系アメリカ人、アジア系アメリカ人、太平洋諸島民、ラテンアメリカ系住民、アメリカ先住民、アラスカ先住民、白人――に基づいていた。臨床医は、この「区分」を比較的安定した本質的なものとしてとらえるべしと教えられた。そのため文化的能力は、メンタルヘルス従事者が持つべき具体的なスキルとして扱われていた。私は、情動に関する事実を提供して、この専門分野に貢献したかったのだ。

かつてメンタルヘルス従事者が求めていた「明晰性」と「能力」は、その後「文化的謙虚さ」によって置き換えられていった。[24] 特定の文化集団が持つ情動や、情動にまつわるトラブルに関する知見を、民族的、人種的なアイデンティティーや国民性によって厳密に規定されたものとして広めるのではなく、文化精神医学の提唱者のひとりローレンス・カーマイヤーの言葉を借りると、メンタルヘルスの専門家たちは、「能力に通じる道として不確実性を尊重する」ようになったのである。[25] 情動エピソードは文化ごとに異なりうるのであり、実際に系統的に異なるという知見は、セラピストの好奇心に火をつける。他者がどう感じているかを知ることなどできはしないという点は理解すべきだが、それだけになおさら知りたくなる。[26] 不確実性を受け入れて、その道を歩んでいくことは、人類学者が実践する「情動エピソードをひもとく方法」に似ている。

ブリュッセルの異文化間セラピスト、カート・ファン・アッカーは、不確実性を受け入れる実例を紹介している。彼女は、戦争でトラウマを負ったレバノン人女性ラムラのセラピーを担当したことがある。ラムラは苦痛のせいで仕事を辞め、社会福祉給付金をもらって娘と生活していた。セラピーで取り上げられそうな話題——トラウマ体験、働けなくなったことなど——のなかでも、娘としての役割を果たせなかったのを恥と感じていたことが、セラピーの中心的な話題になった。[27] あるセッションで、ラムラはファン・アッカーに、高齢の病弱な母親のメッカ巡礼に同行できなかったことについて語った。その話をするあいだ、ラムラの目からは涙がこぼれていた。彼女は悲しんでいたのだろうか？ファン・アッカーは安易な結論に飛びついたりせず、ラムラに涙の理由を尋ねた。そうすることでファン・アッカーは、その情動的なできごとが持つ、ラムラ自身にとっての意味をひもとこうとした。その問いに対して、ラムラは深く恥じているから泣いたのだと答えた。

そのときファン・アッカーは、欧米流の情動のロジックに従って、ラムラをなだめ、彼女の恥の感情を言い負かすこともできただろう。だがファン・アッカーはそうはせずに、ラムラ自身の文化的な文脈に照らして、彼女にとっての恥の意味を知ろうとした。ラムラの説明によれば、娘としての役割をまっとうできなかったことは、(他者の目から見た)彼女の品位を損なった。[28] だが、それだけではない。ラムラにとっては、娘としての義務を果たせなかったことは「正しく」なかったとしても、それに恥を感じることは「正しかった」。恥は、道徳的な失敗を打ち消そうとする彼女の努力を示していたのだ。「恥はあなたに何をさせたのですか?」とファン・アッカーに問われたラムラは、飛行機に飛び乗って、母親のそばにすわり、その手を握り、二度と離さないようにしたいと思わせたと答えている。こうして恥は、ラムラを母親と結びつけたのだ。だからファン・アッカーは、ラムラの恥の感情を和らげるのではなく、承認すべきだと結論したのである。ファン・アッカーによる不確実性の受け入れは、ありのままのラムラと面談することを可能にした。ファン・アッカーはラムラの情動を、ラムラ自身の文化的、社会的な文脈と結びつけることでひもとき、そうすることでクライアントの苦悩に対する洞察を得たのだと言えよう。セラピストは、クライアントが何を感じているかを知っていると思い込むのではなく、クライアントとの共通の基盤を見出そうと努力すべきである。[29]

他者の情動の理解を心掛けているセラピストは、彼ら自身の情動がいかなるありかたでOURS型なのかを考察することに長けている。セラピストは異「文化」に照らすことで、他の手段では発見できなかったような自分の盲点を見つけることができる。自分の思い込みを捨てる必要性は、クライアントがセラピストと文化的な経験を共有していない場合に、より明確になる。

情動をひもとくことは、伝統文化の境界を越えてセラピーで人間関係を築くことに役立つが、それと同程度に、あなたと民族的、人種的なアイデンティティーや国民性を共有する人々の情動を理解することにも役立つ[30]。あなたとまったく同じ情動エピソードを経験している人などいない。同一の言語を話し、同じ情動概念を共有している人同士でも、本人独自の経験によって、同じ情動概念が、両者のあいだで異なる色合いを帯びているものなのだ。

情動エピソードをひもとくための道具箱

日常生活においても、私たちは人類学やメンタルヘルスの知見を応用して、他者の情動エピソードをひもとくことができる。また、情動をひもとくには、文化間における情動の相違が何に由来するのかを知ることが役立つ（図8・1参照）。これらの知見は、他者の経験を深く掘り下げる機会を与えてくれ、個人の外面、つまり人間関係や状況に目を向けるよう私たちを導いてくれるからだ[31]。

まず、「人々は何をしようとしているのか、何に関心を抱いているのか、彼らにとって何が問題なのか」を知ろう[32]。その重要性を示すために、ヨーロッパで起こったいささかデリケートな事例を取り上げよう。この事例は、二〇〇五年九月にデンマークの新聞に掲載されたムハンマドの風刺画に関するものだ。この風刺画はヨーロッパの多くの国々の新聞・雑誌のニュースメディアに転載されて出回

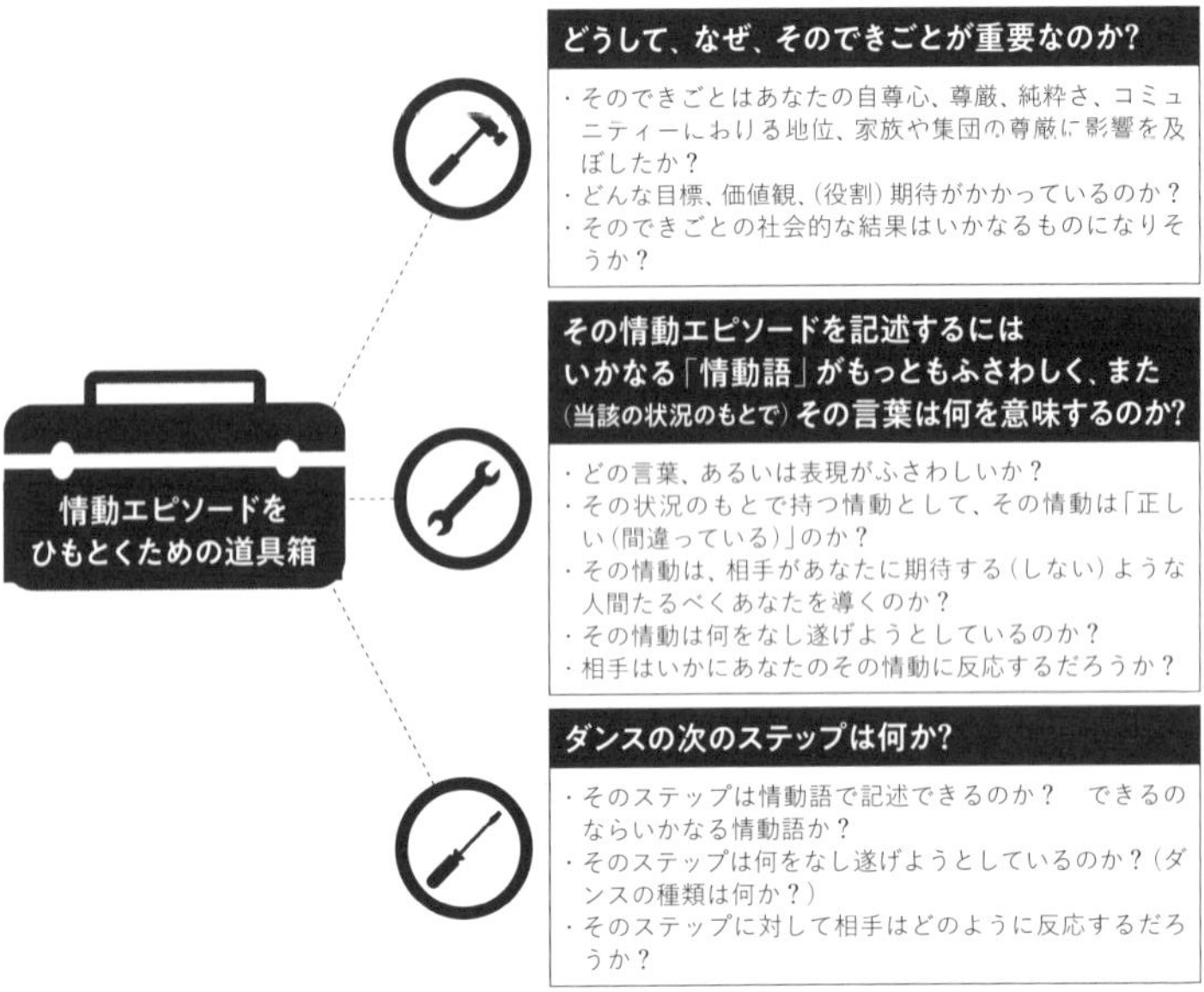
情動エピソードをひもとくための道具箱
どうして、なぜ、そのできごとが重要なのか？
・そのできごとはあなたの自尊心、尊厳、純粋さ、コミュニティーにおける地位、家族や集団の尊厳に影響を及ぼしたか？
・どんな目標、価値観、（役割）期待がかかっているのか？
・そのできごとの社会的な結果はいかなるものになりそうか？
その情動エピソードを記述するにはいかなる「情動語」がもっともふさわしく、また（当該の状況のもとで）その言葉は何を意味するのか？
・どの言葉、あるいは表現がふさわしいか？
・その状況のもとで持つ情動として、その情動は「正しい（間違っている）」のか？
・その情動は、相手があなたに期待する（しない）ような人間たるべくあなたを導くのか？
・その情動は何をなし遂げようとしているのか？
・相手はいかにあなたのその情動に反応するだろうか？
ダンスの次のステップは何か？
・そのステップは情動語で記述できるのか？　できるのならいかなる情動語か？
・そのステップは何をなし遂げようとしているのか？（ダンスの種類は何か？）
・そのステップに対して相手はどのように反応するだろうか？

図8.1　情動エピソードをひもとくための道具箱

った。この風刺画には預言者ムハンマドとその信徒たちが描かれている。多くのイスラム教徒にとって、この件ではいったい何が問題だったのか？　第一に、人間の姿を描くことは――ましてやもっとも重要な預言者を描くことは――多くのイスラム教徒（や一部のユダヤ教徒）にとって神聖冒瀆を意味する。第二に、この風刺画は、預言者ムハンマドにとってもイスラム教徒全体にとっても不名誉なものだった。しかも一般向けに発刊され、繰り返し転載された。言い換えれば、公的にイスラム教徒の社会的イメージが傷つけられたのだ。これは名誉を重んじる文化圏においては恥ずべきことで、侮辱的である。ある研究では、名誉を重んじる人ほど、この「風刺画」によってイスラム教徒としての評判が傷つけられたと感じ、大きな恥と怒りの感情を報告した。[33] では、彼らイスラム教徒にとって何が問題だったのか？それはおそらく、集団としての名誉や評判だったのだろう。なぜなら、彼らにとって名誉や評判は共有された文化遺産だからだ。[34] イスラム文化圏では、名誉は価値ある人間であることにおいての鍵となる。

ここまでイスラム教徒の名誉がかかっているのであれば、メディアが「表現の自由」にこだわったのは、彼らがイスラム教徒の「恥」を完全に見落としたからだと言わざるを得ない。また、デンマーク政府が国内のイスラム教組織の代表団と風刺画について話し合うことを拒否したのは、とうてい賢明な措置だとは言えない。イスラム教組織の立場を保障する労を政府は何ひとつ取らなかったのだから。情動エピソードをひもといて、イスラム教徒にとって何が問題なのかを確認していれば、デンマークや国外におけるイスラム教徒との対話に役立ったはずである。

情動エピソードをひもとく際には、——相手が自分や他者に——いかなる情動を見出しているのか、そして当面の状況のもとでその情動にどんな意味があるのかを確認することが重要だ。人々は、情動を言葉で表現することもあれば、表情で示すこともある。いずれにせよ肝心なのは、相手が自分の情動をどのように概念化しているのかを知ることにある。それには、当面の状況のもとで、その情動が相手にとって何を意味しているのかを理解することが含まれる。情動エピソードをひもときたければ、言葉のみに止《とど》まっていてはならない。翻訳された情動語はよくて大雑把《おおざっぱ》なものであり（第6章参照）、元々の情動語とはかなり異なる言外《コノテーション》の意味や暗示を含んでいる場合があるからだ。そもそも関連する情動エピソードが、互いに異なる現実を作り出しているかもしれない。カート・ファン・アッカーは、クライアントのラムラが「恥」について報告したとき、最初はそれを抑えることでラムラの自尊心を高めようとした。しかしラムラが覚えた恥は、自尊心の毀損とは何ら関係がなかった。恥はラムラ自身の目から見て、そしてさらに重要なことに他者の目から見て、彼女の品位を高めるものだったのだ。ファン・アッカーは、ラムラの覚えた恥が彼女に何をさせたのか（ファン・アッカーが普段の診療でよく尋ねる問い）を尋ねることで、その情動をひもといた。こうしてファン・アッカーは、ラムラの恥が母親との人間関係を修復し、よき娘になることに一役買っていることを見出したのだ。つまり、ファン・アッカーがラムラにとっての「恥」の意味を確認したことは、きわめて重要だったのである。

情動エピソードをひもとくことは、そこに投影されている目標を理解することでもある。その情動は「正しい」のか、「間違い」か、そのいずれでもないのか？　その問いに答えることは困難な場合が多いが、情動のOURS的な側面について学ぶ機会を提供してくれる、すぐに答えられる具体的な問いはある。ラムラの事例を用いて考えてみよう。ラムラの母親や友人は彼女の恥を承認するだろうか？　母親の巡礼に同伴できない娘に恥の感情はふさわしいのか？　ときには正反対の問いを投げかけることが役に立つ。そのような状況に置かれている娘が、まったく恥を感じていなかったらどうか？　そんな娘を人々はどう見るだろうか？

「情動」の意味をひもとくことは、顔や行動のレベルに着目しても可能であろう。だが、相手の行動から当人が何を感じているかを推測できると思い込んではならない。まずは確認すべきだ。満面の笑みの人は、「穏やかな」笑顔の人より大きな喜びを感じているのだろうか？　アメリカ人の子どもはそう考えているが、台湾人の子どもはそうは考えていない（第5章参照）。満面の笑みの医師は、「穏やかな」笑顔の医師より治療に自信があるのだろうか？　サンフランシスコで暮らす健康な白人系アメリカ人はそう考えているが、健康なアジア系アメリカ人はその逆だと考えている。このような見方の相違は、現実的な結果をもたらす。ある研究で研究協力者は、「幸福」で「自信がある」ように見える医師の健康に関するアドバイスに従うと答えた。[35] しかし白人系アメリカ人は満面の笑みや楽観的な助言を「幸福」や「自信」と結びつけたのに対し、アジア系アメリカ人は医師の「穏やかな」態度を、幸福や自信の表われと結びつけている。

カート・ファン・アッカーのクライアント、ラムラの涙は、悲しみの表現だったのか？　ファン・アッカーが確認したところによると、それはラムラにとっては恥の涙だったことがわかった。私がディナーに招待したアメリカ人の友人たちは（第1章参照）、感謝することで私と距離を取ったのだろうか？　私はそのとき、その点を確認できたはずだった。いまとなっては、彼らの御礼の言葉は親密さより感謝を強調したものではあれ、必ずしも親密さを排除しようとしたものではないと考えている。

情動エピソードをひもとくことは、次のステップは何かを予測することでもある。事実、情動的な行動をある種のダンスの実演としてとらえることは、それをひもとくのに役立つ。たとえばラムラの恥は、失われた自尊心というダンスではなく、品位を保つためのダンスの一ステップとしてとらえられるべきである。お互いの役割を補強し合うダンスについてしっかりと理解していたら、私は友人たちの感謝をもっと正しく受け取れていたはずだ。あるいは、ヘーゼル・マーカスの疲れた表情に注目して彼女と親しくなろうとするのではなく、すばらしい会議の主催者のひとりとして称えていたことだろう。そのとき、私は彼女にうそをついたのだろうか？　いや、うそはついていない。状況を別の角度から見ただけなのだ。

重要な指摘をしておくと、最終的にあなたが踊るダンスがもっとも自然なダンスだと考えるべきではない。究極のダンスなど存在しない。第4章で、エミコ、ヒロシ、エミは、不当な扱いを受けたが何もしなかったと報告したことを思い出そう。彼らは、何らかの方法で不当な扱いと折り合いをつけたのだ。そのことは、日本人回答者の多くに当てはまる。その態度は怒りの抑圧なのではなく、彼らにとっては怒りのエピソードがそのように展開したにすぎない。彼らは、道徳的に激怒したり真実をぶちまけて相手に挑んだりするのではなく、状況を受け入れたのである。あなたの予想どおりに振る舞わない人は、リアルで真正な情動を抑圧しているなどと考えるべきではない。そうではなく、その人に向かって問いを発するべきだ。情動エピソードがいかに終結するのか、あるいは終結するはずかを決めつけてはならない。

　マイケル・ボイジャー、アレクサンダー・キルヒナー＝ホイスラー、アンナ・スホーテン、内田由紀子、そして私は最近の研究で、ベルギー人カップルと日本人カップルを研究室に呼んで、カップルのあいだで意見が一致しない話題について議論させるという情動研究を行なった。[36] そしてそれによって、ベルギー人カップルと日本人カップルでは、かなり異なるジャンルの音楽に合わせて踊っていることがわかった。前者は「パートナーの個人的なニーズに合わせる」ダンスで、後者は「人間関係の調和を求める」ダンスだ。ベルギー人カップルは、議論を通じて他のいかなる情動にもまして相手に怒りを示し（第三者の評価に基づく）、それについて報告した。この傾向は、日本人カップルよりはるかに強かった。日本人カップルは、相手に対する共感を報告することが多く、他のいかなる情動を表現するよりも相手を容認する態度を示した。この傾向は、ベルギー人カップルより強かった。グループインタビューでは、ベルギー人カップルは、パートナーのニーズを突きとめ、それについて相談し合えるよう導いてくれるので、怒りや対立を人間関係に資する「正しい」情動と見なした。それに対して日本人カップルは、見解が一致しない問題に関する議論を避け、パートナーの期待に沿い、共感する（相手の立場に自分の身を置く）ことで、できる限り人間関係をめぐって「悪感情」が生じないよう努力した。もちろん共感を覚えて相手を容認するベルギー人カップルもいれば、怒りをぶつけ合った日本人カップルもいた。しかし情動エピソード――カップルの踊るダンス――は、ベルギー人と日本人では異なっていた。情動エピソードをひもとくときには、踊っているダンス、つまり人間関係の目標を理解することが肝要になる。

同じ文化圏に属するカップルのダンスや、同じ文化圏のパートナー同士の一般的なやり取りは、ある程度まで両者で共有されている。だが、異文化圏出身者とダンスを踊る場合、次のステップをどう踏めばよいのか？　今日では、このような出会いを経験する人が増えている。情動エピソードをひもとく際に近道などない。だが、異文化のなかで情動エピソードが展開するありかたを数多く知っていれば、その作業は楽になるだろう。というのも、文化的な相違は、どの情動がOURS型なのかの分岐点を明らかにしてくれるからだ。文化的能力によっては、情動と、それが生じる社会・文化的な文脈に結びついていることを、自然に想像できる――「機会」に気づける――ことがある。異文化のなかで繰り広げられる典型的な情動エピソードの文化的相違に出会うことは、自分が馴染んでいる情動の実践方法がすべての人にとって当たり前ではないことに気づき、そのとらわれについて考えるきっかけを与えてくれるはずだ。とはいえ、異文化圏出身者が持つ情動の理解は、熱帯植物の研究のような性質のものにはなり得ない。知らなければならないことが無限にあるからだ。

ゆえに私は、文化間における情動の相違に関する簡易マニュアルを作成できるとは思えない。そんなことは誰にもできないだろう。それがどれほどばかげたことかを理解するには、いかにオランダ人の情動に対応すればよいのかを考えてみればわかる（お好みに応じて「オランダ人」を「カトリック教徒のアイルランド系アメリカ人」「ボストン出身の白人系アメリカ人」「東京出身の日本人」などと置き換えられたい）。彼らは、いったいどんな情動を持っているのだろうか？　彼らの情動をどう理解すればよいのか？　その情動はいかなる行動として現われるのか？　以上の問いに対する答えは、そのオランダ人が誰なのか、どのような生涯を送ってきたのか、さらにはジェンダー、社会的な地位、状況などによって変わってくる。また、そのとき特に何に関心を抱いているのか、いかなる人間関係を結んでいるのか、何が問題なのか、誰と交流しているのか、相手がどのような反応を示すのかにもよる。

このことは民族、人種、国民性に関わりなく、どんな人にも当てはまる。私は人類学者アンドリュー・ビーティーの次のような見解に同意する。「異文化圏に属する人々が持つ情動や道徳に関わる能力が、自分のものより単純だと考えるべき理由などない。情動に関する民族誌は、細部を無視して一般的な枠組みを決定的なものと見なして、情動プロフィールが合致する人々の誰もが、同じように考え、感じ、接していると想定してしまったら、必ずや失敗するだろう。情動に関して言えば、悪魔は細部に宿るのだ[37]」

文化的に多様な教育現場における情動リテラシー

本章の冒頭で取り上げたふたつの事例（若き日のタナハシ・コーツの事例とアフメトの事例）はいずれも学校で起こっているが、これは偶然ではない。教育現場では情動が重要な役割を担っており、誤解は生徒の未来を大きく左右し、ときには恒久的な影響を及ぼす。[38]若き日のコーツは停学になり、アフメトはしてもいないことを非難された。その主な原因は、教師が生徒の情動エピソードを正しくひもとくことができなかったことにある。コーツの担任教師が、自己の尊厳を守ろうとする必死の主張として彼の態度を理解していれば、あるいはアフメトの担任エレンが、彼の恥を融和的なもの――敬意のしるし――としてとらえていれば、誤解は生じなかっただろう。ここでも教師は、生徒の情動が自分の情動と一致しないことを、すなわち生徒のダンスが自分のダンスとは異なることを理解すべきだった。コーツの怒りによる脅しは身体的な統合性というダンスの、またアフメトの恥は年長者への敬意というダンスの一ステップだったのだ。

思いやりは、教師が校則違反を見つけるととりわけ失われやすい。[39]ある教師がアメリカのいくつかの中学校の教師たちに向けて、「非行を助長する生徒の経験やネガティブな感情を理解して正しく評価し、建設的な人間関係を構築する」よう提案したことがあった。[40]この提案によって、教師による非行の矯正のための懲罰をなくしたわけではないが、翌年度の停学の件数は半分に減った。[41]黒人やラテン系の生徒が過剰に停学になることもなかった。この提案の背後にある意図は教師と生徒の関係の改善にあったが、それは生徒の情動を「ひもとき」、共通の基盤を見出して、生徒と対等に向き合うよう教師を諭すことでもあった。

この提案は、広く教育界に恩恵をもたらしうる理解や思いやりに基づいている。二〇〇三年、ユネスコは、学校のカリキュラムに情動的なスキルや社会的なスキルの習得を加える世界規模の計画を開始した[42]。この取り組みへの参加国は多い。この計画によって、数学、言語、歴史、地理などの教科だけが学校で教えられるわけではなくなり、いまや自己や他者の情動の感じかたや伝えかたも学校教育の一環として組み込まれたのだ。これを「情動リテラシー」と呼ぶ人もいる[43]。この言葉は、今日の社会では社会や情動に関する学習が不可欠であることを強調する。研究の結果ははっきりしている。情動や社会に関する能力を改善する学習プログラムをカリキュラムに組み込むことは、少なくとも欧米では効果があった[44]。この学習プログラムを提供する学校に通う生徒は、提供しない学校に通う生徒に比べ、情動や社会に関する能力が相応に改善し、情動や行動にまつわる問題をあまり起こさなくなったのだ。成績が向上した生徒さえいた。情動リテラシープログラムによって得られる恩恵は、とりわけ幼い子どもたちにははっきりと認められる[45]。

情動リテラシープログラムは、情動に関して生徒に何を教えるのか？　第一に、他の子どもたちがどう感じているかを知ることの重要性を教える。また他の子どもたちが感じていることと自分が感じていることは異なりうるということを教える。これらの知見は、異文化圏出身の生徒に対するものを含め、親切心を育むための絶好の出発点になる。情動リテラシープログラムはさらに、友人を作り、争いを解決し、勉学をはかどらせるにあたって「正しい」感情を持つことが鍵を握っていることを教えてくれる。こうして多くの情動リテラシープログラムは、生徒の情動がＯＵＲＳ型であることを、また、情動が日常生活において人それぞれに立ち位置を与え、人間関係の構築に中心的な役割を果たしていることを教えるのである。

だが、「情動」を単なるアルファベットの羅列のように扱う、粗雑な情動リテラシープログラムも散見される。[46] その考えはあたかも、文字を読めるようになるためには、子どもたちすべてが同じアルファベットを学ばなければならないのと同じように、社会に適応するためには子どもたちすべてが同じ情動を学ぶ必要があると見なしているかのようだ。しかし、文化的な多様性はどうなったのか？　子どもたちは各々の家庭環境や地域で育ち、移民であれば異なる文化や国民性の影響を受けながら育つという事実や、子どもの持つ情動概念や情動の理解は、その子どもが属する文化圏に結びつくという事実をきれいさっぱり忘れていないだろうか？　社会・文化的な文脈が変われば、特定の情動が資する人間関係の目標も変わるという知見を考慮していないのではないか？

日系アメリカ人の子どもレイコが、重要な情動を列挙した一覧に「甘え」がないことに気づいたらどう思うか？（土居の同僚が言ったように「なぜ？　子犬でさえ甘えるのに！」と思うのではないか）。恥はおもに内面の感情から成るとベルギー人の担任教師から教わったとき、アフメトはどう思っただろうか？　思うに、人と人のあいだに宿り、人間関係を回復し敬意を保つものとして恥を考えていたアフメトは、途方に暮れて無力感を覚えたはずだ。また若き日のタナハシ・コーツは、怒りを抑えることが「正しい」態度だと言われたときどう思ったか？　怒りを抑えることが「正しい」という考えは、いかなる文化的枠組みに基づいたものなのか？　そのような発言は、コーツが持つ「正しい」情動の経験を無効化したはずだ。自分の力を示さなければならない社会では、脅しは正しい手段になるかもしれない。

ただ、不用意に「情動リテラシー」を支配的な文化のリテラシーと規定してしまったら、支配的な文化圏に属さない生徒の利益にはならない[47]。つまりそれは、もうひとつの門番と化してしまうのである。

情動リテラシープログラムが機能する理由のひとつは、情動の文化化のための短期集中コースを提供する点にある。子どもたちに共通のアルファベットや語彙を教え、彼ら同士で簡単な会話ができるようになれば、学校内に共通基盤を生み出すことができる[48]。情動リテラシープログラムは、生徒を学校の情動文化に合わせて社会化するのに役立つだろう。そしてそれが、学校や教師と生徒の関係に影響を及ぼし、学校文化の期待に応えられるように生徒を社会化する。たとえば生徒に「怒りを抑える」方法を教えるとき、教師は学校が望むタイプの生徒になるよう彼らを社会化しているのだ。共通基盤を作り出すことは、学校にとって価値のあるプロジェクトになるだろうが、そのためにはすべての生徒がその枠組みに包摂される必要がある。

情動リテラシーの形成には、親が重要な役割を果たす。ユネスコによれば、「家庭と学校が密に協力し合いながら社会的、情動的な学習プログラムを実施すれば、子どもたちはより多くの恩恵が得られ、プログラムの効果は浸透し、長続きする[49]」。だが、情動の実践は多様であり、学校と家庭の相違点を考慮すれば、このプログラムは現実的とは言えないのではないか？　伝わるメッセージが一貫せず、子どもたちを家庭環境と学校環境の齟齬を埋めなければならない不安定な立場に置いてしまわないか？　そのような齟齬を理解し、それに対処するための道具を子どもたちに与えるべきではないのか？　「正しい」情動や、それにともなう「適切な」要因や結果について教えるより、どの目標に価値を見出すか、そしてどのような人間になりたいかに応じて、さまざまな「正しい」情動の実践方法があることを教えるべきではないのか？　言い換えれば、私たちの情動が、文化的、社会的な文脈に結びついたOURS型だということを子どもに教える情動リテラシープログラムこそ、生産的であろう。だから学校のカリキュラムは、文化的な謙虚さや情動エピソードをひもとく方法を教えるべきだ。

教師は、自己や他者の情動を外界に見出すための道具を生徒に提供することができる。教師も生徒も、人類学者や文化的な謙虚さを持つセラピストが実践しているもののような、情動エピソードをひもとく方法を学べる。子どもたちは、**図８・１**に取り上げた道具箱に示されている問いを発し、それに答えて学ぶことができる。また情動エピソードのひもときかたを学ぶことで、家庭環境と学校環境の齟齬を埋めることができるだろう。

情動をひもとき、その多様性を認識することは、他者の尊重という一般的な観点からのみならず、特に情動や社会に関する能力それ自体に文化的な多様性を認めるという点で[50]、情動リテラシープログラムに「公平性」が求められるようになりつつある現状に適合するはずだ[51]。さらに言えば、複数の文化圏に属しているために、さまざまな情動をごく自然にひもとけるようになった生徒（や教師）を正しく評価してくれるようになるだろう。私たちは、第二の文化を持つことによる文化的な流暢さを、人間関係それ自体をめぐる望ましいスキルとして認識することができる[52]。そして、あらゆる情動の実践方法を考慮することで、学校や教室で共通の基盤を見つけられるはずだ。

心の奥底ではみんなの情動は同じなのか？

ここで、「私たちの誰もがまったく同じ感情を抱いているのだろうか？」という、第1章冒頭の問いに戻ろう。

若き日のタナハシ・コーツは、特権に恵まれた人々に対しては怒りを喚起しない状況のもとで、単に怒りを表明したのだろうか？ アフメトは、教師の叱責という、ベルギー人の級友なら激怒したはずの状況に反応して、単純に恥を感じたのだと言えば、何が失われるのだろうか？ ラムラは、彼女のセラピスト、カート・ファン・アッカーが泣くときに覚える感情と同じ感情を実際には覚えたにもかかわらず、ラムラの属する文化圏のせいで能力の喪失ではなく道徳的な失敗が露呈したということなのか？ シンボ島の女性たちは、デュローのものと同じ愛情を感じると同時に、悲しみも感じていたのだろうか？

これらはきわめて真っ当な質問だ。というのも、これらに対する答えは、異文化のなかで育った人々の感情への共鳴を可能にするからだ。さらには、そこを出発点として情動のひもときかたを学ぶことができる。とはいえ、欧米の中流家庭に流布している情動の実践方法に優位性を与える根拠もなければ、それを他の情動の実践方法より真正かつ自然なものと見なすべき根拠もない。さらに言えば、英語の情動語が他の言語の情動語に比べて、より本質的なありかたでそれぞれの情動を画していると見るべきいかなる理由もない。それよりも私たちは、「その情動エピソードでは何が問題なのか」「人々はその情動エピソードを経験するあいだ何を知覚しているのか」「その情動にはいかなる意味があるのか」「その情動エピソードは、ダンスを踊る人々をいかに結びつけるのか」を知る必要がある。

われわれはみんな「同じ情動」を持つ、あるいはどんな情動表現も同じ意味を持つと想定してはならない。とはいえ、文化的な境界――国、立場、そしてもちろん政党が画する境界――を越えることは可能だ。そのためには、まず謙虚さを保つ必要がある。他者の情動表現に関しては、それに謙虚に対応すべきである。出身地も過去の経験も目指すところも、人それぞれなのだ。しかし、とりわけあなたの情動が相手のOURS型情動と異なる場合には、謙虚さを保つことは重要になる。言うまでもなく、情動はさまざまなありかたで文化ごとに異なる。それでも、相手の立場を知り、同じ人間として対等に向き合えば、相手の情動に共感することは可能だ。

その人は日常生活で何を重視しているのか？　どのような人間になりたいか？　社会的な関係から何を得たいと思っているのか？　社会的な関係によってどんな制約を受けているのか？　以上の問いは、情動エピソードをひもとくのに役立つ。私の経験から言えば、他者の情動はひとたびひもとかれれば、たとえ自分がそれまで経験してきたものとは一致しないことがわかったとしても、たいてい容易に共鳴できるはずだ。それは次のような点を理解することで達成しうる。❶異文化圏の出身者も、自分たちと同じように、彼ら独自の目標や関心――そしてあなたがよく知る目標や関心とは異なる場合も往々にしてある――を持つこと。❷異文化圏出身者が実践している社会的なやり取りや人間関係が、あなたが実践しているものでは得られない情動エピソードの経験を可能にすること。❸異文化圏出身者は、あなたが自身の社会的環境のもとで馴染んでいるダンスとは異なるダンスを踊ること。❹異文化圏出身者の情動も、あなたの情動と同じOURS型であること。

情動のダンスを踊る際には、お互いの情動をひもとこうと努力することが不可欠だ。あなたはまだ、情動のダンスに参加してなどいないと言いたいのではない。さまざまなダンスがあることをしっかりと認識しておくべきだと言いたいのだ。私たちはみんな、情動のダンスを一緒に踊るパートナー同士なのであり、情動エピソードは人と人のあいだで完成するのである。

あとがき

本書で私は、情動を内部から外部に持ち出し、特定の人間関係、コミュニティー、文化のなかで、人と人のあいだで生じるものとしてとらえるよう読者に訴えてきた。そうすることは、ますます強力になりつつある、脳の働きに依拠して内面に重点を置く神経科学の潮流に逆らうかのように最初は思えるかもしれないが、その印象は間違っている。外部を重視するOURS型情動に重点を置くことは、内面に重点を置く神経科学と整合する。最先端の神経科学は、私たちの外部と内部が本質的につながっていることを示している。脳は、社会的な経験によって配線される。[1] 人間関係、コミュニティー、文化的な現実が、人間を人間たらしめているのだ。情動もその例外ではない。[2]

親や教師を始めとする保護者たちは、自文化のもとで（地位やジェンダーなどの諸条件に応じて）「正しい」と見なされている情動を幼い子どもに教え込む。自文化のなかで重宝される人間になり、生産的な人間関係を築いていくのに役立つ情動の実践を教える機会や報酬を作り出すのだ。この最初の社会化の過程によって、その子どもの将来の情動生活の基礎が築かれる。しかし情動は生涯を通じてOURS型、つまりその人の外部に存在し、関係性のなかの状況によって形成されたものであり続ける。人は折に触れて、人と人のあいだで動的《ダイナミック》に繰り広げられる「ダンス」として情動エピソードを経験する。情動が養われるのは、人と人のあいだにおいてである。情動エピソードは他者と共同で生み出される。

そしてその勢いや流れは、文化的な規範、目標、理想に従ってときに維持され、ときに変化していく。OURS型情動は人間関係をめぐる行為でもあり、それが育もうとしている人間関係のもとで作用する。そして人間関係に関する実践や理想が時代や場所によって異なれば——言うまでもなく実際に異なる——、その程度に応じて情動エピソードも変化する。

情動概念は、日常生活における情動エピソードのカテゴリーをとらえている。だから情動に関する語彙は言語間できっちりとは重ならない。また、情動概念は、本来の心の状態や身体変化の固定化されたパターンをとらえるのではない。これらのパターンの存在を裏づける証拠などまったくない。たとえば、かつては普遍的な基本情動の存在を裏づける証拠として喧伝されていた表情の知覚は、現在ではもはや通用しなくなっている。文化が異なれば、それに属する人々が持つ相貌の知覚も変わってくる。多くの文化では、人々は相貌を心の状態の反映としてとらえていない。さらに言えば、ひとつの文化に限ってさえ、怒りや怖れなどの情動概念が身体や脳の反応における一定の固定化されたパターンと結びついていることを裏づける証拠は、まったく見つかっていない。情動概念が重ならない異文化間ともなると、なおさらその可能性は考えられない。情動エピソードが身体化され、実演されることは確かだが、身体化や実演を含め、その展開の細かな様相は、文化的、社会的な文脈によって決まる。人々が持つ情動概念は、本人や自文化における現実的な経験と結びついている。そこには、個人が経験してきたこと、周囲の人々が経験してきたこと、文化的に蓄積され、共有されているものごとなどが、情動エピソードに含まれている。

ここまで述べてきたことのすべてが、他者、とりわけ他文化圏出身者の情動の理解に深い影響を及ぼす。単に顔を見たり、声を聞いたり、異文化の情動語を自国語に翻訳したりすることだけで、他者の情動が理解できると思い込んではならない。異文化間の情動の相違を埋めるためには、情動エピソードをひもとくという困難な作業を要する。自己の情動を相手に投影するのではなく、相手にとって当面の状況にいかなる意味があるのか、つまり相手が持つ参照の枠組みを理解しなければならない。また相手が何をしようとしているのか、周囲の人々にとって相手の感情や行動にいかなる意味があるのか（裏を返すと相手が現に感じているようには感じなかった場合、あるいは現に相手が取った行動を取らなかった場合、周囲の人々はそれをどうとらえたか）を知る必要がある。

　情動をひもとけば多大な恩恵が受けられる。相手が日常生活や人間関係やコミュニティー生活において何を重視しているのかを垣間見ることのできる貴重な窓が開かれるからだ。この窓を活用するためには、私たちは相手が世界をいかに認識し、それに働きかけようとしているのかを真剣に考え、――他者の観点を自己の観点に置き換えるのではなく――相手の観点から状況を理解し、彼ら自身の努力や、彼らが属する文化の価値観や目標から相手の行動を理解するよう努める必要がある。情動エピソードをひもとくことは、その情動エピソードを経験しながら暮らしている人々と、偏見なく向き合うことを意味する。

　激しいやり取りのさなかにあって情動をひもとくことは、きわめて困難だ。その方法を探究する研究はほとんど存在しないが、私たちは日々、同じ情動の資源には依拠せず、ジャンルが異なる音楽の伴奏でダンスする人々とも情動的な交換を難なく行なっている。それはどのようにしてなのだろうか？

　それに使える便利な手品《トリック》などないが、本書で取り上げてきたＯＵＲＳ型情動モデルの観点は、その実践方法にある程度光を当てる。まず指摘すべきことは、他者の情動を知っている、あるいは理解していると勝手に思い込まず、ダンスのペースを落として問いを発し、相手の意見に耳を傾けることだ。メンタルヘルスケアの分野では、そのような態度は「知っていると思わないこと」、あるいは「文化的な謙虚さ」と呼ばれている。自己の観点から性急な結論を引き出さず、相手にとって当面の問題にいかなる意味があるのかをチェックし、その間ポジティブな人間関係を維持するよう努めるべきである。ほぼ誰にとってもそのような努力はむずかしく、継続的な実践が必要になることをしっかりと肝に銘じておこう。

二点目は、自己の感情や行動に対処すること。より「自然な」情動などというものは存在しない。普遍的に正しい情動も、普遍的に間違った情動も存在しない。存在するのは、特定の文脈や基準に照らして正しかったり間違っていたりする情動だけだ。だからあなたの情動が何をなし遂げようとしているのか、そしてそれが相手の情動が導こうとしている方向といかに異なっているのかを自問してみよう。また、どうすれば自分とは異なる感情を持つことができるのか、あるいは異なる行動を取れるのかを考えてみよう。それに役立つダンスが見つかるだろうか？　自己の観点からも相手の観点からも正しいありかたで、情動エピソードを完結させることができるだろうか？

自分自身の情動の実践方法が、自文化のなかでは規範に合っていて受け入れられるものだったとしても、他の「ダンス」も認められるのではないかと自問してみよう。相手があなたのダンスについてこられないからといって、急にダンスをやめて、相手のダンス能力を疑ってよいものだろうか？　観察し、耳を傾け、精査し、自己の情動理解を、真の、あるいは「自然な」ものとして相手に押しつけないようにしながら、文化（ジェンダー、民族、階級、人種）の境界を越えて情動を探究することを心掛けよう。学校や企業や法廷は、異文化の情動理解を受け入れられるほど柔軟に対応できるようになるだろうか？　これは、多文化社会のなかで共生していかなければならない現在や未来の私たちにとってやりがいのある課題であり、好機でもある。

「人と人のあいだに生じる情動」をめぐる研究や考察は、アムステルダム大学に在籍していたころ、情動を専攻する心理学者ニコ・H・フライダの指導のもとで博士号研究に着手したときから始まった。この分野の研究者の多くが情動の普遍性を信じていた当時にあって、ニコはその見方に疑問を呈した。文化が情動に果たす役割をめぐって彼と交わしたさまざまな議論を通じて、私は自分の見方を率直に語ることができるようになった。このように彼に負うところがとても大きい私は、彼の知性や友情から得られる恩恵を受けられなくなったことがいまでも残念でならない。

私は、博士課程の研究でヘーゼル・マーカスに出会えた幸運に感謝したい。彼女は私の研究の土台をなす文化心理学という分野を生んだ研究者のひとりであり、ミシガン大学のポスドク生だった私の指導教官になった。彼女はまた、女性教授の手本を私に示してくれた。アムステルダム大学では、女性教授の指導を受けたことがなかったのだ。私は、アメリカの学界でうまく舵取りができるよう導いてくれた彼女のおかげで情動の文化化を達成することができた。彼女の友情と指導は、私にとってとてもかけがえのないものだった。

私は、これまでの経歴を通じて卓越した情動の専門家たちと研究する機会に恵まれてきた。私の考えは、リサ・フェルドマン・バレット、バーブ・フレドリクソン、シェリ・ジョンソン、アン・クリング、ジーニー・ツァイらとの対話を通じて育まれた。彼女たちは私の相談役でも、支援グループでもあり、かつ親友でもある。本書の着想に対する貢献、また初期の草稿を読んでくれたこと、さらには自著を刊行していかに自分の考えを一般読者に伝えればよいのかを示してくれたことに対して彼女たちに感謝したい。

本書のかなりの部分は共同研究の成果でもある。すべての同僚に感謝の言葉を捧げたいが、リサ・フェルドマン・バレット、フィービー・エルスワース、アシュレー・ヘア、唐澤真弓、北山忍、ヒジョン・キム、ベルナール・リメ、内田由紀子の諸氏と交わした有益な対話や、彼らの友情に対してとりわけ感謝の言葉を述べたい。

次に、ルーヴェン・カトリック大学社会文化心理学センターに所属する、私の同僚や学生にお礼の言葉を述べたい。本書は、彼らとの日々の協業の成果でもある。これ以上平等で啓発的で協調的な環境は想像することさえできない。とりわけマイケル・ボイジャー、エレン・デルヴォー、ジョゼフィン・ドゥ・リーアスナイダー、ケイティー・ホーマン、アルバ・ジャシニ、アレクサンダー・キルヒナー＝ホイスラー、イーズル・リー、ルース・メーウセン、ブルヤ・エズカンリ、カレン・ファアレット、アンナ・スホーテン、カート・ファン・アッカー、コレット・ファン・ラールの諸氏に感謝したい。われわれはこれまでともに歩んできたが、あなたがたから学んだことは多い。

本書は、私がスタンフォード大学の行動科学先端研究センター（CASBS）にフェローとして滞在していた二〇一六年から一七年にかけて着想された。私を迎え入れてくれたセンター長のマーガレット・レヴィと、本書ならびにそれに関連するトピックについて刺激的な議論を交わした他のフェローたちに感謝の言葉を述べたい。ヨガの実践方法のごとく本の書きかたを学ぶことができた朝のライティングセッションを開いてくれたことに対して、ケイト・ザルームとサプナ・チェリアンに感謝したい。このセッションに毎朝参加し集中力を高めることで、少しずつ文筆能力を高めていくことができた。いまでも私は、そこで学んだことを実践し続けている。

本書の執筆は、ルーヴェン・カトリック大学からもらった二度の研究休暇（二〇一六〜一七年、二〇一八〜一九年）とそこで出会った同僚たちの向上心、ならびに欧州研究会議のERC上級助成金（ERC-ADG 834587）によってはかどった。本書の概要と草稿を読んでくださった、リサ・フェルドマン・バレット、マイケル・ボイジャー、ケイティー・ホーマン、ジョナサン・ジャンセン、アン・クリング、ウィル・ティーメイエール、ジーニー・ツァイ、カート・ファン・アッカー、コレット・ファン・ラール、ケイト・ザルームの諸氏、ならびにカルチャーラボ2020-2021のメンバーにお礼の言葉を述べたい。また本書の図版類に関して、イーズル・リーとマイケル・ボイジャーに感謝したい。

私のエージェントのマックス・ブロックマンにも感謝したい。彼は私を著者として信頼し、本書の目的を明確化するよう導いてくれた。さらには、もっとも効率的な方法で諸般の面倒を見ることで私が執筆に専念できるよう手助けしてくれた。また卓越したプロジェクトマネージャー、トム・ヴェルテにもお礼の言葉を述べたい。彼は、本書に関連するあらゆる実務を喜んで手助けしてくれた。

W・W・ノートン社の編集者メラニー・トルトロリにも感謝したい。私の研究の潜在力を見抜き、本書でそれを全面的に開花させられるよう導いてくれたのは彼女だった。彼女の熱意、洞察力、鋭い編集のおかげで、私は本書を完成させることができた。そしてその過程で、多くのことを学べた。

本書の執筆に深く関わりその刊行に寄与してくれた、三人の学者たちにとりわけ大きな感謝の言葉を送りたい。スタンフォード大学に所属する文化心理学者で私の指導教官でもあったヘーゼル・マーカスは、本書のすべての章にわたり愛情を込めて批判的なフィードバックを提供してくれた。そして私の研究を現実に存在する社会的な問いや問題と結びつけ、アメリカの読者に広く訴えられる本を書くよう私の背中を押してくれた。ルーヴェン・カトリック大学の言語心理学者ゲルト・シュトルムはすべての章を読み、ヨーロッパ流の控えめな言い回しで本書の出来栄えを褒めたうえで、誤りや不整合を指摘してくれた（ヨーロッパ人は関係が親密になると、そのようなありかたで面倒を見てくれるようになる）。最後に、デューク大学の心の哲学者オーウェン・フラナガンに感謝したい。彼は、鋭い洞察力、卓越した知識、本の執筆に関する知見を惜しみなく私に分け与えてくれた。彼らと交わした対話と彼らの友情のおかげで、私は自信をもって本書を執筆し続けることができた。

ものごとを多様な観点からとらえることの重要性について教えてくれた両親にも感謝の言葉を捧げたい。彼らの生涯は、不寛容が人を殺すことを教えてくれた。両親は寛容を肝に銘じ、それについて私に教えると同時に彼ら自身でもそれを実践していた。批判的な目を持つ自立した思想家になるよう私を支えてくれた彼らに感謝したい。私は、私の父アルベルト・ゴム・ドゥ・メスキータに「あなたの本」を見せたかった。しかし残念ながら、彼がそれを目にすることはなかった。また、つねに無私の愛情をもって私を支えてくれた母リエン・ドゥ・ヨンにも感謝したい。彼女は本書に興味を示し、その執筆に関わり、どうやら代理的な誇りを感じているらしい。

本書に関心を寄せるだけでなく忍耐強く私を支援してくれた私の家族や友人たちにもお礼の言葉を

述べたい。とりわけ次の諸氏には感謝したい。マット・アギラー、トン・ブローデルス、シツェ・カルレ、ウォルド・カルレ、ユリ・ド・オリベイラ、デビー・ゴールドスタイン、ダニエル・ゴム・ドゥ・メスキータ、ダイアン・グリフェン、ミカ・ヒューレンス、ルース・クルーン、レネ・ルミュー、アルジェ・メスキータ、アダ・オディク、ジャクリン・ピータース、レシュマ・セルバクマー、ポール・ファン・ハル、エヴァルド・ヴァーファエル、マイケル・ザイアンス、デイジー・ザイアンス、ドナ・ザイアンス、ジョナサン・ザイアンス、クリシア・ザイアンス、ルーシー・ザイアンス、ピーター・ザイアンス、ジョー・ザイアンスの諸氏である。

本書を執筆するあいだの私は山あり谷ありだったが、つねに私の味方になってくれたベニー・カルレに親愛の念と謝意を示したい。彼は、第4章で取り上げた、事前に連絡せずに勝手に夕食に遅れる架空の夫とは違って、おいしい夕食を準備し、世間話に花を咲かせて日々私の活力を高めてくれた。

私は本書を、私の最愛の子どもたち、オリバー・ザイアンスとゾーイ・ザイアンスに捧げる。未来はあなたたちのものだ。本書が多様性を容認するよりよい未来を作ることに少しでも役立つことを願っている。

「〈こころ〉はどこにありますか？」――授業の初回で問うと、頭か胸、だれもがこのいずれかを指します。〈こころ〉は脳の働き、思考や認知だと考えた人は頭を、意識の前に起こる身体反応の情動を思い起こした人は胸を指したことでしょう。

本書の著者バチャ・メスキータの回答は、このどちらでもありません。彼女はこの問いに、「人と人のあいだ」と答えます。社会での経験や知識、人とのコミュニケーションを通して〈こころ〉がつくりあげられていくプロセスを、OURS型情動モデルとして、本書で提唱しました。

メスキータは社会心理学者で、なかでも情動研究のエキスパートであり、文化心理学の先駆者《フロンティア》です。しかし、本書ではその専門性に閉じこもることなく、発達心理学、異文化コミュニケーションや文化人類学、比較教育学といった近接する人文・社会科学の広範な研究を概観し、多くの知見を取り込んで、本書を書き上げました。

また、興味深いのは、感情心理学の基礎から構築した自らの研究業績を、自身の異文化体験から検証していったことです。研究者は、研究結果を先行研究に照らし合わせて、分野内での研究の妥当性や信頼性を問いますが、その研究成果が私たちの日常的現実をどのくらい説明できるかを忘れがちです。メスキータは本書のなかで、研究者自身のもつ偏見《バイアス》を疑うことによって情動概念を再構成し、人と人のあいだで生じる情動を示したのです。

一九世紀後半、情動は、多くの社会・行動科学研究者を魅了しました。ダーウィンしかり、有名な一節「悲しいから泣くのではなく、泣くから悲しいのか」を著したウィリアム・ジェームズしかり。一九六〇年代にダーウィンを継承したエクマンの基礎感情理論、ラザルス－ザイアンス論争も大きな話題となりました。近年発展した脳科学では、認知や情動機能と社会を統合する社会脳が注目され、EQ（情動知性）に代表される感情制御と理解の能力は、子どもの成長、および社会で要求される能力として話題となりました。しかしながら、これらの研究の中心は、内省に始まった心理学の域を越えることはなく、情動は個人の内側にあるものとして分析を続けてきたのです。

行動に心を読む学習心理学、心をコンピュータに例えた認知心理学、自己分析を扱う臨床心理学でも、ほとんどの研究が自己の内部にある〈こころ〉を扱ってきました。社会認知など、心と社会との関連を求める社会心理学においても、自己の外部にある環境の重要性を問う発達心理学でさえも、情動は自己の内部にあり、外部はその内部に影響を与える要因として捉えられてきました。

一九八〇年代に始まる文化心理学の登場は、その転換期に大きな影響を与えました。

文化心理学は、〈こころ〉が社会・文化に開かれた実体であり、外部にある社会・文化との対話《ダイアローグ》を通じて心理が構成されていくプロセスに着目します。中心的な役割を果たした「文化的自己観（Cultural Construal of the Self）」という理論は、日常経験の総体である文化が異なれば、自己のありかたが異なることを提示しました。私たちは経験を通して自己を生成し、その自己はまた、人々の経験の総体である文化をつくりだしていくのです。したがって、文化、つまり日常経験が異なれば別の自己がつくられていくことになります。東洋と西洋を大局的に論じたこの「文化的自己観」の提唱者ヘーゼル・マークスと北山忍と共に、文化心理学を牽引してきたバチャ・メスキータが、本書で展開するOURS型情動モデルは、日常経験のなかで構築されていく情動のしくみを説明したものであり、そしてここに、文化心理学のエッセンスが凝縮されているのです。

さて、本書『文化はいかに情動をつくるのか』に収められたエッセンスとは、主に以下の三つです。

・情動の文化普遍性へのアンチテーゼである
・情動は日常経験から構成される。そして人々の日常経験が文化をつくりだし、維持している
・情動の社会性を追究することは、分断ではなく共生をもたらし、多文化共生社会で有効な方略を提案している

ひとつめの「情動の文化普遍性へのアンチテーゼ」は、第1章と2章で説明されています。情動は生理的反応を含むために、人間に普遍的に共通する心理構造をもつとされてきました。しかし異文化に触れると、自己の内に生じた情動が意味をなさない場合があります。これを私自身の失敗例で見てみましょう。

英語を学びはじめてすぐ教わる会話に、How are you? があります。これに対してI'm fine. と回答す

ることを皆さんも学んだことでしょう。ミシガン大学での生活にも慣れたころ、私は前の晩、暑さで眠れず、体のだるさを感じていたので、研究室仲間のHow are you? に対し、I'm not fine, I do not feel well. と答えたのです。友人はOkay, take care! と心配そうな顔をして部屋を出ていきました。その昼、いつになく研究室のみんなが一緒になって私をランチに誘い出してくれました。いつもは速いテンポで会話が展開していくのですが、そのときはつたない私の英語をじっくり聴いていたのでした。どうやら、私の何気ない回答は、「マユミはホームシックなのかも。大変だ!」と、研究室の仲間を動揺させたに違いありません。日本では「ちょっと疲れた」と答えることはよくありますが、アメリカの日常的な会話ではスクリプトにない、レアな回答でした。そのとき私は、「同じ感情を同じように共有することはできないのか」と、そのズレに気づかされたのです。

メスキータは、同じように、違和感を覚えた経験から、情動には多様な道筋があることを説明していきます。

第1章では、WEIRD文化圏（九頁参照）で発展してきた心理学と、その研究者が持つバイアスへの気づきを指摘し、心理学の理論を基盤とした文化比較研究の限界を述べています。続く第2章では、これまでのMINE型の情動に加えて、「人と人のあいだで生じる」情動としてのOURS型の情動があることを検証しています。

次に、第3章と4章では「情動は日常経験から構成される。そして人々の日常経験が総じて文化をつくりだし、維持している」ことが説明されています。

第3章では、文化化、社会化していく子どもの事例を通して、文化的価値に沿った情動や行動を明示的または暗示的に〝大人〟が伝え、子どもはそれを達成することを通して文化に受容されていく姿を描いています。

第4章では、社会規範に対応する情動の正誤を扱っています。先の私の失敗例にあるように、文化に沿った、つまり「正しい」情動である I'm fine. は日常生活のスクリプトに採用され、多くの人々に共有されていきますが、一方の I'm not fine. は「間違った」情動として日常生活のスクリプトでは使われなくなり、言わないほうがよいこととなって、消滅していくのです。

第5章では、WEIRD文化においても関係性に生起する情動として、愛や幸福を取り上げ、「文化差」が発見されることを指摘しています。同じ情動であっても、どんなときに生起するのか、どのように表現するのかということは、文化によって異なるのです。

続く第6章では、情動理解における言語の役割とその多様性をまとめています。言語が同じであれば同じ情動となるわけではないことが、基礎感情(喜び、悲しみ、怒りなど)においても明らかです。たとえば、頻出する基礎感情語 happy の和訳について、日本語では「しあわせ」「幸福」などと訳すのが妥当でしょう。しかしながら、多くのケースでは「喜び」のほうが適切な情動語であると判断するに至りました。

英語の happy は joy と wellbeing を含み、日本語の「しあわせ」では、そのふたつは別の心理状態と考えられるからです。メスキータは、英語をオランダ語に翻訳する際にも同じ問題があったことを私信で教えてくれました。I'm fine. は I'm happy. な状態であり、アメリカ人にとっては頻繁に経験する情動と考えられ、基礎感情語とされてきました。しかしhappyが示す情動状態は一義的でなく、異なる文化では重なりはあるものの、同義とはなりません。これはむずかしいところですが、happyが基礎感情語とされていることは欧米圏の研究者を中心としたバイアスとも言えるかもしれず、議論の余地がある論点です。本書の訳者、高橋洋さんのご苦労を慮《おもんぱか》る所以《ゆえん》です。

最後に「情動の社会性を追究することは、分断ではなく共生をもたらし、多文化共生社会で有効な方略を提案している」ことについて考えてみましょう。

研究を、現実社会のなかで検証する際には、その知見が社会のなかで有効な方法を提案するかどうかが重要なポイントでもあります。文化心理学を研究していると言うと、それは分断をもたらすのではないかと批判されることがあります。多くの戦争は文化による相違がもたらす衝突《コンフリクト》によって生じている、違いが明確になることによって争いが起こるのではないか、といった指摘です。「異なる情動を持つ」ことと仮定することは、人間性を疑うことになると考えているからだとメスキータは断言しています。

違いを理解することは異文化・多文化理解の一歩ですが、その際、私たちは暗黙のうちに、「価値」を含んだ理解をしてしまいがちです。「よい情動」「正しい行動」などを判断し、それによって情動の優劣をラベルづけしてしまいます。しかし、一人ひとりが持つ異なる経験から情動が生まれていることを理解すれば、情動には正誤ではなく異なるスタイルがあることがわかり、たとえばタンゴからワルツへとダンススタイルを変えていくことで（第7章参照）、異文化への適応が可能となることもわかってきます。

第7章で描かれた「情動の文化化（emotional acculturation）」の過程は、人間が主体的に文化に適応しようとし、別のダンスを踊る自分を受容することによって可能となることを説いています。そして、優劣なく複層的な情動プロセスを理解していくことが「情動リテラシー」となることを、第8章でまとめています。

経験は人によって異なり、それぞれが持つ情動はひとつの軸では判断できません。しかしながら、個人の経験軸によって情動は異なること、その軸は多様であると理解すれば、他者の情動を理解する能力、情動リテラシーは高まっていくはずです。パリ五輪の柔道金メダリスト、ディヨラ・ケルディヨロワ選手（ウズベキスタン）が二回戦で阿部詩《うた》選手に勝利したときや、決勝戦で相手を破ったときには喜びを表さず敗者に尊敬を示して、表彰台で金メダルを受け取ったときにようやく笑顔を見せたことは、情動リテラシーの高い行動の一例と言えるでしょう。

＊

ミシガン大学でバチャと私が初めて会ってからちょうど三〇年。感情研究の専門家でない私のナイーブで未熟な問いにも、彼女は耳を傾けてくれました。研究をはじめたとき、私は彼女に日本の能面（小面《こおもて》）を贈りました。このマスクは、能の台本や役者の演技によって、いくつもの感情を表現できるということを伝えながら。当時、彼女は「率直な意見を言いすぎる」というオランダ人ならではの文化的コンフリクトを、日本人の私は反対に「意見を言えない」コンフリクトを抱えていました。彼女と私は、アメリカでの異文化体験を共有し、カルチャーショックのなかにありながら、その経験を負の手土産とせず、各々の文化的背景を見つめ直しながら、共同研究を重ねてきました。能面は今でも彼女のオフィスに鎮座しています。

文化と感情研究への挑戦を続けてきたバチャの集大成となる本書は、豊かな多文化共生社会の実現に資する一冊であると確信しております。

本書の日本語版刊行を見届けたら、私は（期せずして）この九月から、ルーヴェン・カトリック大学でのサバティカルに入ります。バチャと私の、文化心理学の新たなステージでのダンスを楽しみにしています。

二〇二四年七月　唐澤真弓（東京女子大学・教授）

訳者あとがき

本書は*Between Us: How Cultures Create Emotions*（W. W. Norton & Company, 2022）の全訳である。

著者のバチャ・メスキータはオランダ生まれの社会心理学者であり、アムステルダム大学のニコ・フライダ教授のもとで情動研究を始め、イタリア、ボスニアでの生活を経てアメリカに移住し、ミシガン大学で博士研究員として文化心理学の研究を深めた。ノースカロライナ州にあるウェイク・フォレスト大学准教授を経て、現在はベルギーのルーヴェン・カトリック大学で教授を務めている。なお、著者の両親はナチスの迫害を受けており、巻末の註（はじめに―1）によれば父親はアンネ・フランクの級友で、彼女の日記に言及されているという。

著者の研究対象は情動に対する文化や社会の影響で、文化心理学のパイオニアとして高く評価されており、『情動はこうしてつくられる——脳の隠れた働きと構成主義的情動理論』（紀伊國屋書店、二〇一九年）の著者リサ・フェルドマン・バレットとも親しく、彼女の情動に関する理論の影響を強く受けている。ただし、本書はバレットの本のように脳生理学や神経科学に基づくミクロな記述はなく、社会心理学的なマクロの視点からの記述が大半を占めており、自身の異文化体験にもとづく具体例《エピソード》も多いので読みやすい。

また、解説を寄せてくださった唐澤真弓氏（東京女子大学教授）をはじめとして、何人かの日本人研究者とも共同研究をしており、本書にもその成果として日本人の事例がいくつか紹介されている。日本人の情動には欧米人から見ればわかりにくい一面があり、第3章に書かれている「甘え」についての記述を読めば、日本文化に対する欧米人からの視線の一例として読者もその特異さに気づかされるであろう。

本書の概要については、「はじめに」の後半（一三～一四頁）にまとめられているのでそちらを参照していただき、本稿では、いくつかの訳語について補足しておきたい。

前述のとおり、バレットの構成主義的情動理論で提起されている概念が本書でもいくつか使われているが、本書は、情動という現象をバレットほど細かな粒度《りゅうど》でとらえてはおらず、心理・社会レベルに絞られているため、それらの概念を厳密に把握していなくても十分に理解できるだろう。

たとえば**情動**（emotion）と**感情**（feeling）の区別は、バレットの本では独自の意味を持つが、本書では、「情動」は生理的な作用を指し、「感情」はその主観的な現われを指すという一般的な意味でとらえても的外《まとはず》れではないはずだ。

とはいえ、著者は内面の感情が情動の唯一の表現形態であるとは考えていない点に留意する必要がある。そう考えられているのはMINE型情動が流布している欧米社会においてであって、OURS型情動が流布している日本を含めた非欧米社会では情動は必ずしも内面の感情によって表現されるとは限らない（MINE型情動、OURS型情動については第2章を参照）。

概念と**インスタンス**もバレットが『情動はこうしてつくられる』で使っている言葉だが、本書においては、第6章にあるように「（情動）概念」は容器《コンテナ》、「インスタンス」はそれに収められる個々の具体的な内容（一回ごとの情動の発露）ととらえればよいだろう。

また、**情動エピソード**も容器に収められる内容と見なせるが、ただしエ、ピ、ソ、ー、ド、とあるように、インスタンスのような個別的なものではなく、ストーリー性を帯びており、そのストーリーは文化ごとに異なる。これは、たとえば「怒り」の情動エピソードを説明した次の記述でよくわかる。「怒りには、道徳的なストーリーが織り込まれている。その怒りは正しいか、間違っているか？誰は怒ってもよくて、誰が怒ってはならないのか？標的となるのは誰か？これらの文脈に合うストーリーはそれぞれの文化ごとに異なる」（本書一四〇頁）

ところで、訳者は本書を、移民問題への処方箋として高く評価したい。著者の研究テーマのひとつに「移民の情動」があり、本書でも移民を対象にした数々の研究が紹介されている。また、著者自身がアメリカへ移住した当初にオランダ文化との違いに戸惑ったエピソードも第1章に描かれているように、十数年間の異文化経験がある。

昨今、欧米で移民問題が盛んに論じられている。大手メディアの記事では移民問題が「右傾化」という括りで捉えられているように読めるが、訳者はそれを疑問視しており、移民問題とはイデオロギーに関する問題ではないと考えている。

現在のヨーロッパでは、デンマークやスウェーデンなど、左派政権が移民を制限する方向に走り始めている。ここで「左派や中道でも移民制限に走るようになりつつあるからこそ、右傾化と言えるのでは？」と疑問に思われる人も多いのかもしれないが、そこに大きな落とし穴がある。「移民制限は本来右派がやるものだ」という前提そのものが誤っている、という可能性を見落としていないだろうか。

要するにこの疑問は、移民制限は右派がやるものと端《はな》から決めつけておいて、中道や左派も移民制限をやり始めたのだから「まさに右傾化が起こっているのだ」と見なし、それによって元来無意味な前提をさらに補強するという、同語反復、もしくは論点先取の誤謬《ごびゅう》の類《たぐい》にすぎない。

移民問題はイデオロギーに関するものではなく、「庶民の生活」に関するものだと訳者はとらえている。ここで言う「庶民」とは、移民側と受け入れ側の双方を指す。庶民の生活が一定の限度を超えて損なわれていけば、思想信条など関係なく、人々のあいだで移民が「移民問題」としてクローズアップされるようになるのは当然のことであろう。欧米で現在起こっている現象は、まさにそこに起因する。

では、なぜ庶民の日常生活に影響が及ぶ問題が、移民と受け入れ側の住民のあいだで生じてしまうのだろうか？　その理由は本書を読めばよくわかるので、この点をもう少し詳しく見てみよう。

とりわけ邦題にあるように、「文化が情動をつくる」のであれば、受け入れ側の住民と、別の文化圏で育った移民のあいだでは、自己の情動の表現や他者の情動の知覚のありかたが大幅に異なりうる。そしてこの「情動の実践」方法が異なれば、相手を理解することも困難になり、そこに軋轢《あつれき》が生まれる。

本書にはその具体例が数多く紹介されているが、要点だけあげておこう。

自分の感情をどう理解するかは、自国の文化のもとで利用可能な情動概念によって決まる。情動概念は社会的なコミュニティーの内部で共有されている。私が利用できる情動概念は、情動的なストーリーを「描く」ための特定の方法を提供し、そこに書かれていない結末で終わることを困難にするのだ。（二二七頁）

特に最後の一文に注目されたい。自国の文化の情動的なストーリーに書かれていない結末でストーリーを締め括ることは困難であるという、この文化・社会・心理をめぐるジレンマが、移民問題の根底に存在するのだ。

では、どうすればこのジレンマを解決できるのか？　それについては著者が第7章と第8章で具体例とともに提案しているので、ぜひご自身で一読いただきたい。いずれ日本も移民問題のジレンマに直面せざるを得ないのだから、その心の準備を整えておくためにもきわめて有益な一冊である。

最後に、紀伊國屋書店と担当編集者の和泉仁士氏、いくつかの質問に回答してくださった著者バチャ・メスキータ氏、および本書に度々登場し、解説をお寄せくださった唐澤真弓氏にお礼の言葉を述べたい。

二〇二四年七月　高橋洋

く（支配的な）社会的現実に関する知識を生徒に提供するものになるだろう。

49 Elias, *Academic and Social-Emotional Learning*, 19. この見方は、教師と生徒の両者が同じタイプの情動リテラシーの実践を望んでいることを前提とする。

50 これら多くのプログラムの目標に関しては、たとえば次の文献を参照。Elias, Academic and Social-Emotional Learning; Linda Dusenbury et al., "An Examination of Frameworks for Social and Emotional Learning (SEL) Reflected in State K-12 Learning Standards," CASEL Collaborating States Initiative, February 2019; Robert J. Jagers, Deborah Rivas-Drake, and Teresa Borowski, "Equity and Social Emotional Learning: A Cultural Analysis," *Frameworks*, November 2018: 17, HYPERLINK "http://nationalequityproject.org/" http://nationalequityproject.org/

51 たとえば次の文献を参照。Robert J. Jagers, Deborah Rivas-Drake, and Brittney Williams, "Transformative Social and Emotional Learning (SEL): Toward SEL in Service of Educational Equity and Excellence," *Educational Psychologist* 54, no. 3 (2019): 162–84.

52 次の文献に同様な指摘が見られる。Jagers, Rivas-Drake, and Williams, "Transformative Social and Emotional Learning (SEL)."

あとがき

1 たとえば次の文献を参照。Kirmayer, Laurence J., Carol M. Worthman, and Shinobu Kitayama, "Introduction: Co-Constructing Culture, Mind, and Brain," in *Culture, Mind, and Brain: Emerging Concepts, Models, and Applications*, edited by Lawrence J. Kirmayer, Carol M. Worthman, Shinobu Kitayama, Robert Lemelson, and Constance A. Cummings, 1–49 (Cambridge, UK: Cambridge University Press, 2020).

2 Maria Gendron, Batja Mesquita, and Lisa Feldman Barrett, "The Brain as a Cultural Artifact: Concepts, Actions, and Experiences within the Human Affective Niche," in *Culture, Mind, and Brain: Emerging Concepts, Models, and Applications*, edited by Laurence J. Kirmayer, Carol M. Worthman, Shinobu Kitayama, Robert Lemelson, and Constance A. Cummings (Cambridge, UK: Cambridge University Press, 2020), 188–222.

New Directions for Youth Development 2003, no. 99 (2003): 9–15; Jason A. Okonofua and Jennifer L. Eberhardt, "Two Strikes: Race and the Disciplining of Young Students," *Psychological Science* 26, no. 5 (2015): 617–24.

39 Christopher A. Hafen et al., "Teaching Through Interactions in Secondary School Classrooms: Revisiting the Factor Structure and Practical Application of the Classroom Assessment Scoring System–Secondary," *Journal of Early Adolescence* 35, no. 5–6 (2015): 651–80. この文献によれば、教師と生徒のあいだに見られたネガティブな感情(「ネガティブな雰囲気」)の強さは、生徒の行動に対する教師のコントロールが危殆に瀕していると強くなる。

40 Jason A. Okonofua, David Paunesku, and Gregory M. Walton, "Brief Intervention to Encourage Empathic Discipline Cuts Suspension Rates in Half among Adolescents," *Proceedings of the National Academy of Sciences of the United States of America* 113, no. 19 (2016): 5221–26.

41 Okonofua, Paunesku, and Walton, "Brief Intervention to Encourage Empathic Discipline Cuts Suspension Rates in Half among Adolescents."

42 Maurice J. Elias, *Academic and Social-Emotional Learning. Educational Practices Series* (Geneva: International Bureau of Education, 2003); James M. Wilce and Janina Fenigsen, "Emotion Pedagogies: What Are They, and Why Do They Matter?," *Ethos* 44, no. 2 (2016): 81–95.

43 Marc A. Brackett et al., "Enhancing Academic Performance and Social and Emotional Competence with the RULER Feeling Words Curriculum," *Learning and Individual Differences* 22, no. 2 (2012): 219

44 Claire Blewitt et al., "Social and Emotional Learning Associated With Universal Curriculum Based Interventions in Early Childhood Education and Care Centers: A Systematic Review and Meta-Analysis," *JAMA Network Open* 1, no. 8 (2018): e185727; Joseph A. Durlak et al., "The Impact of Enhancing Students' Social and Emotional Learning: A Meta-Analysis of School-Based Universal Interventions," *Child Development* 82, no. 1 (2011): 405–32. 社会や情動に関する学習は、種々の非学術的な内容やクラスの運営方法の雑多な集まりから成る。したがってプログラムのどの部分がその成功に寄与したのかは定かでない。

45 Blewitt et al., "Social and Emotional Learning Associated With Universal Curriculum-Based Interventions."

46 たとえば次の文献を参照。Neil Humphrey et al., "The PATHS Curriculum for Promoting Social and Emotional Well-Being among Children Aged 7–9 Years: A Cluster RCT," *Public Health Research* 6, no. 10 (2018): 1–116; Marc A. Brackett, *Permission to Feel: Unlocking the Power of Emotions to Help Our Kids, Ourselves, and Our Society Thrive* (New York: Celadon Books, 2019); Marc A. Brackett et al., "RULER: A Theory-Driven, Systemic Approach to Social, Emotional, and Academic Learning," *Educational Psychologist* 54, no. 3 (2019): 144–61. これらのプログラムの背後にある考えは、円滑に行なえるようになるまで――自己や他者に情動を見出せるようになるまで――子どもたちに情動の実践をさせるというものだ。

47 次の文献に同様な指摘が見られる。Wilce and Fenigsen, "Emotion Pedagogies: What Are They, and Why Do They Matter?"; and Ilana Gershon, "Neoliberal Agency," *Current Anthropology* 52, no. 4 (2011): 537–55.

48 次の文献に同様な分析が見られる。Hoemann, Xu, and Barrett, "Emotion Words, Emotion Concepts, and Emotional Development in Children: A Constructionist Hypothesis." ホーマンは、次のような非常に重要な指摘をしている。「正確な」情動概念も「不正確な」情動概念も存在しない理由は、その区別を可能にする、たったひとつの身体的な特徴の組み合わせなど存在しないからである(1840頁)。したがって情動概念に関するいかなる教育も、身体的現実ではな

al., "Hoe Emoties Verschillen Tussen Culturen."

28 名誉に基づく恥に関しては第4章を参照。恥は他者の目のなかに存在する。この事例では、その結果は母親の面倒を見ようとする衝動であるように思われる。

29 Steven Regeser López et al., "Defining and Assessing Key Behavioral Indicators of the Shifting Cultural Lenses Model of Cultural Competence," *Transcultural Psychiatry* 57, no. 4 (2020): 594–609.

30 Wen-Shing Tseng, "Culture and Psychotherapy: Review and Practical Guidelines," Transcultural Psychiatry 36, no. 2 (1999): 165. この文献には類似の指摘が見られる。「文化的な問題は、クライアントとセラピストの文化的相違が明確化した場合に気づかれやすいが、ふたりの人間が文化世界の構造をまったく同一のものとして内面化していることなどないという意味で、いかなる精神療法も文化の垣根を越える」

31 Davis et al., "The Multicultural Orientation Framework: A Narrative Review". この文献には、文化的に謙虚なセラピストは、文化的な好機——クライアントが持つ文化的な信念、価値観、あるいはその他の探求可能な文化的アイデンティティーのさまざまな様相を示す徴候——をとらえて文化的な快適さを感じる——多様なクライアントとオープンかつ穏やかに、そしてリラックスして接する——ことに長けているという記述が見られる(92頁)。思うに文化的に謙虚なセラピストは、情動における文化的な相違の結節点を文化的な好機としてとらえることができ、そうすることで最終的に文化的な快適さを感じるのだろう。

32 Wikan, *Resonance: Beyond the Words*, chap. 1.

33 Patricia M. Rodriguez Mosquera, "Honor and Harmed Social-Image. Muslims' Anger and Shame about the Cartoon Controversy," *Cognition and Emotion* 32, no. 6 (2018): 1205–19. 心理学者のパトリシア・ロドリゲス・モスケラは、100人のイギリス人のイスラム教徒を対象に、「ヨーロッパのいくつかの新聞に掲載された、預言者ムハンマドを描いたデンマークの風刺画」について「自己の見解」を尋ねている。自分をイスラム教徒と見なし、名誉を重んじる傾向が高い回答者は、ムハンマドの風刺画をイスラム教の名誉を傷つけ、非常に侮辱的なものと見なした。

34 たとえば次の文献を参照。Patricia M. Rodriguez Mosquera, Leslie X. Tan, and Faisal Saleem, "Shared Burdens, Personal Costs on the Emotional and Social Consequences of Family Honor," *Journal of Cross-Cultural Psychology* 45, no. 3 (2014): 400–16; Uskul et al., "Honor Bound: The Cultural Construction of Honor in Turkey and the Northern United States."

35 Jeanne L. Tsai, L. Chim, and T. Sims, "Ideal Affect and Consumer Behavior," in *Handbook of Culture and Consumer Behavior*, ed. S. Ng and A. Y. Lee (New York: Oxford University Press, 2015). 事実、医師の助言に従うことに関する最良の予測因子は、医師の微笑みの大きさや声の活力の度合いが、その日患者が感じたいと思っている活性化の程度に合致しているか否かである。ただしそのような患者の嗜好は、同一の患者であっても日々変化する。いずれにせよ平均すると、自分が「正しい」と見なすポジティブな感情の活性化の程度は文化集団ごとに異なる。医師の感情的な態度を「正しい」と見なした患者のほうが、治療に関する助言を受け入れやすい。

36 Michael Boiger, Alexander Kirchner-Häusler, Anna Schouten, Yukiko Uchida, and Batja Mesquita, "Different Bumps in the Road: The Emotional Dynamics of Couple Disagreements in Belgium and Japan," *Emotion*, 2020. Schouten, Anna, Michael Boiger, Yukiko Uchida, Katie Hoemann, Camille Paille, and Batja Mesquita, "Emotional Behaviors in Japanese and Belgian Disagreement Interactions," Leuven, Belgium.

37 Beatty, *Emotional Worlds*, 158. Reprinted with permission by Cambridge University Press.

38 Johanna Wald and Daniel J. Losen, "Defining and Redirecting a School-to-Prison Pipeline,"

する」のに対し、認知的共感は「他者の感情を理解する能力に関係し、心の理論に密接に関連する」。次の文献を参照。Benjamin M. P. Cuff et al., "Empathy: A Review of the Concept," *Emotion Review* 8, no. 2 [2016]: 147). 情動の理解は「認知的共感」に近いと言えるだろう。

19 この指摘は次の文献に見られる。Dureau, "Translating Love," 146.

20 アンドリュー・ビーティーは「ナラティブに基づく共感」について論じている。次の文献を参照。*Emotional Worlds*, 159, reprinted with permission by Cambridge University Press. 彼は次のように述べている。「ナラティブを通じて情動を理解するアプローチは、異文化における情動形成の独自性や、はっきりと異なるタイプの経験の可能性について気づかせてくれる。そしてどんぶり勘定的で固定化された普遍主義より経験的に妥当で民族誌的に卓越したあり方で、特異なエピソードの理解に至る道を開いてくれる。また同時に、異なる情動概念を持ち、未知の生活世界で暮らしている人々の理解は不透明にならざるを得ないと主張する、徹底した文化相対主義による欺瞞をそれによって回避することができる。物語論者《ナラティビスト》にとっては、不透明性の原因は他者性ではなく、目隠しされた観察者の視線、つまり情動を瞬間に還元してしまうことにある」。次の文献も参照。Leavitt, "Meaning and Feeling in the Anthropology of Emotions."

21 ノルウェーの人類学者ウンニ・ヴィカンはこの点に関して次のような貴重な指摘をしている。「私たちはものごとに注意を向けるあり方を洗練させて、人々が何をしようとしているのか、何に関心を抱いているのか、そこに何がかかっているのかについて、彼らが参加している社会関係を背景によりよく理解できるようにならねばならない」次の文献を参照。U. Wikan, *Resonance: Beyond the Words* (Chicago: University of Chicago Press, 2013), chap. 1.

22 Batja Mesquita, "Emoties Vanuit Een Cultureel Perspectief," in *Handboek Transculturele Psychiatrie En Psychotherapie*, ed. Joop de Jong and Margo van den Berg (Amsterdam: Harcourt, 1996), 101–13.

23 *Mental Health: Culture, Race and Ethnicity* (Rockville, MD: U.S. Office of the Surgeon General, 2001). メンタルヘルスの不備はさまざまな形態をとる。メンタルヘルスの問題を抱えた民族集団や人種集団は、なかなかメンタルヘルスサービスを利用しようとせず、診断を受けることがあまりなく、不適切な、言い換えれば文化的な側面を無視した治療を受けやすい。

24 アメリカ精神医学会が発行している『DSM-5　精神疾患の診断・統計マニュアル』(第5版) には、評価インタビューを構造化し、臨床医が患者の (病気の) 経験に関する情報や、文化的、社会的な文脈に関する情報を集めることを可能にする文化形成インタビュー (Cultural Formulation Interview) が加えられている。Neil Krishan Aggarwal et al., "The Cultural Formulation Interview since DSM-5: Prospects for Training, Research, and Clinical Practice," *Transcultural Psychiatry* 57, no. 4 (2020): 496–514. また次の文献も参照。Patricia Arredondo et al., "Guidelines on Multicultural Education, Training, Research, Practice, and Organizational Change for Psychologists," *American Psychologist* 58, no. 5 (2003): 377–402.

25 Laurence J. Kirmayer, "Embracing Uncertainty as a Path to Competence: Cultural Safety, Empathy, and Alterity in Clinical Training," *Culture, Medicine & Psychiatry* 37 (2013): 365–72. カーマイヤーの指摘によれば、「文化能力」という用語は、臨床医が専門的知識を持つことを想定している。それに対して「文化的謙虚さ」という用語は、「臨床経験を通じて、異文化間の臨床実践の不確実さや混乱や限界を認識し、探究し、それに耐える臨床医の能力の重要性」を強調する (369頁)。

26 私の友人で臨床心理士のシェリー・ジョンソンは、この結論に達するよう私を導き、それが臨床実践に有用であることを検証してくれた。

27 次の文献に報告されている。Van Acker et

Flanagan, *The Geography of Morals: Varieties of Moral Possibility* (New York: Oxford University Press, 2017), 150.

6 Lutz, *Unnatural Emotions*, 167.

7 Briggs, *Never in Anger*.

8 Jamil Zaki, *The War for Kindness: Building Empathy in a Fractured World* (New York: Penguin Random House, 2019)〔『スタンフォード大学の共感の授業――人生を変える「思いやる力」の研究』上原裕美子訳、ダイヤモンド社、2021年〕.

9 Zaki, *The War for Kindness: Building Empathy in a Fractured World*, 4〔前掲『スタンフォード大学の共感の授業』〕. 社会の結束を保つ力として共感をとらえる見方には異議がある。ポール・ブルームは著書（*Against Empathy*〔『反共感論――社会はいかに判断を誤るか』高橋洋訳、白揚社、2018年〕）で、共感に依存することに異議を唱えている。というのも、共感は限られた数の人々、通常は近しい人や自分に似た人にしか光を当てないからだ。ブルームはその代わりとして、理性的な思いやりを擁護する。

10 Zaki, *The War for Kindness: Building Empathy in a Fractured World*, 78〔前掲『スタンフォード大学の共感の授業』〕.

11 たとえば次の文献を参照。Gendron, Crivelli, and Barrett, "Universality Reconsidered: Diversity in Making Meaning of Facial Expressions"; A. Fischer and U. Hess, "Mimicking Emotions," *Current Opinion in Psychology* 17 (2017): 151–55, https://doi.org/10.1016/j.copsyc.2017.07.008; Parkinson, *Heart to Heart*.

12 Beatty, *Emotional Worlds*, 267, reprinted with permission by Cambridge University Press. この文献には次のような類似の指摘が見られる。「他者を理解するのに自己の経験が役立つのなら、その有用性は間違いなく、関連性、つまり適応の度合いに依存する。また適応の度合いは、歴史的な特異性、一言でいえばストーリーに左右される。しかし自己を他者の立場に置くことが、共感を得るためのよき出発点になることに間違いはない」。ザキは何人かの同僚たちと、バーチャルリアリティの技術を用いて「真正な内面の世界」を作り出している（*The War for Kindness: Building Empathy in a Fractured World*〔前掲『スタンフォード大学の共感の授業』〕）。この実験では、ゴーグルを装着した研究協力者は、自分の家から追い出され、ホームレスのために運営されているバスに乗るという、ホームレスの体験を仮想世界でさせられた。かくしてホームレスの世界でしばらく過ごすうちに、ホームレスを長期的に支援しようとする研究協力者の傾向が高まった。他者の視点を取っても害が及ぶわけではないが、それで十分というわけでもない。

13 Birgit Koopmann-Holm and Jeanne L. Tsai, "Focusing on the Negative: Cultural Differences in Expressions of Sympathy," *Journal of Personality and Social Psychology* 107, no. 6 (2014): 1092–1115. Birgit Koopmann-Holm et al., "What Constitutes a Compassionate Response? The Important Role of Culture," *Emotion*, n.d.; Birgit Koopmann-Holm et al., "Seeing the Whole Picture? Avoided Negative Affect and Processing of Others' Suffering," *Personality and Social Psychology Bulletin* 46, no. 9 (2020): 1363–77. クープマン＝ホルムは、以上の研究の差異が、アメリカ人とドイツ人がどの程度ネガティブな情動を避けたがっているかによって説明できることを見出している。

14 人類学者のアンドリュー・ビーティーは、私が「情動をひもとくこと」と呼ぶ方法を「ナラティブの理解」と呼んでいる（*Emotional Worlds*）.

15 Christine Dureau, "Translating Love," *Ethos* 40, no. 2 (2012): 142–63. シンボ島の女性の質問については150頁に、またリザとの会話については142頁に書かれている。

16 Inga-Britt Krause, "Family Therapy and Anthropology: A Case for Emotions," *Journal of Family Therapy* 15, no. 1 (February 1, 1993): 35–56; Beatty, *Emotional Worlds*, chap. 8.

17 Leavitt, "Meaning and Feeling in the Anthropology of Emotions," 530.

18 感情的共感と認知的共感は、一般に区別されている。感情的共感は「情動経験に関係設定への研究協力者のランダムな割り当ては、心理実験では大きな役割を果たしている。その基盤にある見方は、同じ母集団からランダムに研究協力者を割り当てた場合、条件の違いによって結果（この場合は情動的な行動）の違いがもたらされうるというものである。

58 「感情的になる」ことができごとの核心を思い出す際の役に立つことを示唆する研究がある。次の文献を参照。Willem A. Wagenaar, "My Memory: A Study of Autobiographical Memory over Six Years," *Cognitive Psychology* 50, no. 2 (1986): 225–52; Elizabeth A. Kensinger and Daniel L. Schacter, "Memory and Emotion," in *Handbook of Emotions*, ed. Michael Lewis, Jeannette M. Haviland-Jones, and Lisa F. Barrett, 3d ed. (New York: Guilford Press, 2008), 601–17.

59 これは共同体的な人間関係の特徴でもある。それについてはマーガレット・クラークらが広範に論じている。たとえば次の文献を参照。Margaret S. Clark et al., "Communal Relational Context (or Lack Thereof) Shapes Emotional Lives," *Current Opinion in Psychology* 17 (2017): 176–83. 共同体的な人間関係においては、パートナー同士が、互いの福祉に対する責任を無条件にとることが求められ、人間関係それ自体が重んじられる。

60 Clark et al., "Communal Relational Context (or Lack Thereof) Shapes Emotional Lives," 176. Reprinted with permission from Elsevier.

61 具体的な例は次の文献を参照。Moors, Agnes, "Integration of two skeptical emotion theories: Dimensional appraisal theory and Russell's psychological construction theory." *Psychological Inquiry* 28, no. 1 (2017): 1–19.

62 たとえば次の文献を参照。Barbara H. Rosenwein, *Generations of Feeling: A History of Emotions*, 600–1700 (Cambridge, UK: Cambridge Univeristy Press, 2016); Peter N. Stearns, "History of Emotions: Issues of Change and Impact," in *Handbook of Emotions*, ed. Michael Lewis, Jeannette M. Haviland-Jones, and Lisa F. Barrett, 3d ed. (New York: Guilford Press, 2008), 17–31.

第8章　多文化社会を生きるための情動理解

1 Terry Gross, "Ta-Nehisi Coates on Police Brutality, the Confederate Flag and Forgiveness," National Public Radio, December 29, 2015, https://www.npr.org/2015/12/29/461337958/ta-nehisi-coates-on-police-brutality-the-confederate-flag-and-forgiveness. Reprinted with the permission of WHYY Inc.

2 Fung, "Becoming a Moral Child: The Socialization of Shame among Young Chinese Children."

3 （2019年12月の私信で）この例について教えてくれた私の同僚カレン・ファレットに感謝したい。

4 すぐに批判したがる両親に育てられると適応不良の子どもになるという考えの起源は、ルイス（"Shame and Guilt in Neurosis"）に見出せる。子どもの批判は「拒絶」「敵意」などとして解釈されてきたのである。しかしいくつかの研究によれば、相互依存を重視する文化のもとでは、親の批判は適応型の養育と結びつけられている。次の文献を参照。Ruth K. Chao, "Beyond Parental Control and Authoritarian Parenting Style: Understanding Chinese Parenting through the Cultural Notion of Training," *Child Development* 65, no. 4 (1994): 1111–19.

5 哲学者のオーウェン・フラナガンは、道徳の多様性を考察するなかで、異なる道徳性に対する耐性だけでは十分ではないと述べている。「自分とは異なる人々に異なった響きを聞き分けられるか否かは、（……）歴史の書物や人類学の本や『ナショナルジオグラフィック』誌の記事を読んで生じる場合にせよ、あるいはここリバー市の隣近所の人々のあいだで生じるにしろ、村、メトロポリス、国家などの住民のあいだで生じるにしろ、対立が概念的なものであるか否かに左右される」。次の文献を参照。Owen J.

住んでいる中国人留学生の集団を含む他の3つの集団と比べ、中国人の写真に対して内集団の優位性を示すことを見出している。この発見は、文化的な顔認識の能力は、ひとたび本人がその文化独自の日常的なやり取りに参加しなくなると、すぐに損なわれることを示唆する。しかしこの研究における中国人留学生の標本サイズは小さく(n = 12)、追試を行なってこの結論を再検証する必要がある。

48 Marina Doucerain, Jessica Dere, and Andrew G. Ryder ("Travels in Hyper-Diversity: Multiculturalism and the Contextual Assessment of Acculturation," *International Journal of Intercultural Relations* 37, no. 6 (November 2013): 686–99. 著者らは一日再構成法を用いて、カナダの大学に通う移民の学生——多くはアラブ人か中国人——が、主流のアイデンティティー(カナダ人)と出身地のアイデンティティー(アラブ人、もしくは中国人)、ならびにその混合のアイデンティティー(東アジア系カナダ人)を強調する環境のあいだを行き来していることを示している。

49 たとえば次の文献を参照。W. Q. E. Perunovic, D. Heller, and E. Rafaeli, "Within-Person Changes in the of Emotion Structure the Role of Cultural Identification," *Psychological Science* 18, no. 7 (2007): 607–13; De Leersnyder, Kim, and Mesquita, "My Emotions Belong Here and There: Extending the Phenomenon of Emotional Acculturation to Heritage Culture Fit."

50 ポジティブな情動とネガティブな情動の共起は、「弁証法的情動」と呼ばれている。たとえば次の文献を参照。Richard P. Bagozzi, Nancy Wong, and Youjae Yi, "The Role of Culture and Gender in the Relationship between Positive and Negative Affect," *Cognition and Emotion* 13, no. 6 (1999): 641–72; Ulrich Schimmack, Shigehiro Oishi, and Ed Diener, "Cultural Influences on the Relation between Pleasant Emotions and Unpleasant Emotions: Asian Dialectic Philosophies or Individualism-Collectivism?," *Cognition & Emotion* 16, no. 6 (2002): 705–19. この研究の要約は次の文献を参照。Mesquita and Leu, "The Cultural Psychology of Emotion."

51 Perunovic, Heller, and Rafaeli, "Within-Person Changes in the of Emotion Structure the Role of Cultural Identification."

52 De Leersnyder, Kim, and Mesquita, "My Emotions Belong Here and There: Extending the Phenomenon of Emotional Acculturation to Heritage Culture Fit."

53 このパターンは、第一世代と第二世代以後の移民のあいだでもわずかながら認められる。一方では、韓国系アメリカ人と第一世代のトルコ系ベルギー人の家庭における情動の実践方法は、ヨーロッパ系アメリカ人やベルギー人の規範より母国の規範に類似する(そのことは職場や学校での情動の実践には当てはまらない)。他方では、第二世代のトルコ系ベルギー人は、職場や学校における情動の実践方法は母国の規範よりベルギー人のものに類似する(そのことは家庭での情動の実践には当てはまらない)。

54 Jozefien De Leersnyder and Batja Mesquita, "Beyond Display Rules: An Experimental Study of Cultural Differences in Emotions" (Leuven, Belgium, 2021).

55 De Leersnyder and Mesquita, "Beyond Display Rules: An Experimental Study of Cultural Differences in Emotions." パイロット研究でのトルコ系研究協力者は、それを人間関係に対する裏切りと第一に見なした。それに対してベルギー人の研究協力者は個人の統合性に対する攻撃(自己の能力の否定)として第一にとらえた。

56 Rozin et al, "The CAD Triad Hypothesis: A Mapping between Three Moral Emotions [Contempt, Anger, Disgust] and Three Moral Codes (Community, Autonomy, Divinity)," *Journal of Personality and Social Psychology* 76, no. 4 [1999]: 574–86. この論文によれば、怒りは自立の倫理に、また侮辱はコミュニティーの倫理に結びついている。

57 ベルギー文化の設定に割り当てられたバイカルチュラルとトルコ文化の設定に割り当てられたバイカルチュラルは異なると想定すべきいかなる根拠も存在しない。異なる

Sentiment: Cultural Constructions of Emotional Substrates, ed. Gary B. Palmer and Debra J. Occhi (Amsterdam: John Benjamins Publishing Co., 1999), 201–36.

38 もちろん、ひとつの国で長期間暮らしている人はそうでない第二言語学習者と比べて、その国の人々が持つ言葉との関連づけをよりよく理解しているばかりでなく、その国の言葉をより効率的に用いることができる。しかしスペイン語圏で暮らしたことがない人々のあいだでは、言葉の関連づけは、スペイン語の習熟度によっては異ならない。したがって、少なくとも3年間スペインで暮らしたことがある人々の言葉の関連づけの変化が、スペイン語の習熟度のみによって説明できるとは考えにくい(グラボイス)。

39 Michael Boiger, Simon De Deyne, and Batja Mesquita, "Emotions in 'the World': Cultural Practices, Products, and Meanings of Anger and Shame in Two Individualist Cultures," *Frontiers in Psychology* 4, no. 867 (2013): Study 3. この論文で報告されている怒りという言葉と行動傾向の結びつきは、言語ごとに数万人にのぼる回答者から得た情報をもとに作成された巨大な意味の結びつきのネットワーク構成図に基づいて得られたものである。各回答者は、いくつかのきっかけとなる言葉に対して関連づけを報告した。こうして全体としては、言語ごとに数千のきっかけとなる言葉に対して回答者の報告する関連づけが得られた。この研究で報告されている関連づけは、このような方法で得られた多数の関連づけのうちの一部にすぎない。

40 パヴレンコ(*Emotions and Multilingualism*, 173)は、それを「理解に関する誤謬」と呼んでいる。

41 パヴレンコ(*Emotions and Multilingualism*, 18–19)は、とりわけ「設計や方法論や検証手続きに関しては詳細に記述されているにもかかわらず、翻訳過程に関する〈不備〉が目につく」心理研究に批判的である。私は彼女のこの見解に同意する。

42 Minoura, "A Sensitive Period for the Incorporation of a Cultural Meaning System: A Study of Japanese Children Growing up in the United States," 320.

43 Jozefien De Leersnyder, Heejung S. Kim, and Batja Mesquita, "My Emotions Belong Here and There: Extending the Phenomenon of Emotional Acculturation to Heritage Culture Fit," *Cognition & Emotion* 34, no. 8 (2020): 1–18.

44 第一世代のトルコ系移民は、マジョリティーのベルギー人が示す情動パターンとトルコで暮らすトルコ人が示す情動パターンの中間の情動パターンを示した。事実、第一世代のトルコ系移民の情動パターンは、ベルギー人の情動規範ともトルコ人の情動規範とも大きくは異ならなかった。第二世代のトルコ系移民は、ベルギー人の研究協力者が報告するものと同様の情動パターンを示したが、トルコで暮らすトルコ人が報告する情動パターンとは顕著に異なっていた。次の文献を参照。De Leersnyder, Kim, and Mesquita, "My Emotions Belong Here and There: Extending the Phenomenon of Emotional Acculturation to Heritage Culture Fit".

45 Minoura, "A Sensitive Period for the Incorporation of a Cultural Meaning System: A Study of Japanese Children Growing up in the United States," 320.

46 次の文献には、(誰もが持つ)背景や所属団体の違いによってさまざまな人生経験(や結果)が形作られる、つまり文脈に基づいて差異が生じるとする、同様な理論が導入されている。Stephens, Hamedani, and Townsend, "Difference Matters: Teaching Students a Contextual Theory of Difference Can Help Them Succeed," 2019.

47 De Leersnyder, Kim, and Mesquita, "My Emotions Belong Here and There: Extending the Phenomenon of Emotional Acculturation to Heritage Culture Fit." H. A. Elfenbein and N. Ambady; "Cultural Similarity's Consequences: A Distance Perspective on Cross-Cultural Differences in Emotion Recognition," *Journal of Cross-Cultural Psychology* 34, no. 1 (2003): 32–110. 後者の研究は同様に、中国で暮らす中国人が、一時的にアメリカに

するかは、文化集団間で予想されていた違いが認められた。中央の人物の感情を判断したヨーロッパ系カナダ人は、視線を中央の人物に置き続けたのに対し、日本における日本人学生とアジア系留学生のあいだには、たいていの尺度に関して差異がなかった。どちらの集団も、ヨーロッパ系カナダ人学生と比べて、中央の人物を見る回数が少なく、凝視する時間も短かったのだ。アジア系カナダ人の凝視パターンは、ヨーロッパ系カナダ人と日本人の中間に位置した。

26 次の文献に記述されている別のセファルディ系ユダヤ人家族の歴史を参照した。Jaap Cohen, *De Onontkoombare Afkomst van Eli d'Oliveira* (Amsterdam: Querido, 2015).

27 Minoura, "A Sensitive Period for the Incorporation of a Cultural Meaning System: A Study of Japanese Children Growing up in the United States."

28 箕浦自身の結論によれば、情動の社会化を果たすにあたっては決定的な年齢がある。というのも、9歳になる前にアメリカに入国した子どもたちは、情動的な文化受容をより効率的に果たせたからだ。だが私には、箕浦の提示するデータが決定的な年齢に関する彼女の結論を裏づける証拠になるとは思えない。というのも彼女の情報提供者はすべて、日本語補修校に通う小学5年生か6年生だが、アメリカ入国時の子どもの年齢が小さければ小さいほど、それだけ長い期間アメリカで暮らしてきたはずだからである。つまり箕浦の研究では、入国年齢と滞在期間が混同されているということだ。なお他の研究は、情動の社会化には決定的な年齢などないという点で一致している。パヴレンコ（*Emotions and Multilingualism*, 10）は第二言語の習得に関する研究を要約して、「第二言語の習得に決定的な時期があることを示す証拠は存在しない」と同様に結論づけている。

29 De Leersnyder, Mesquita, and Kim, "Where Do My Emotions Belong? A Study of Immigrants' Emotional Acculturation"; Jasini et al., "Tuning in Emotionally: Associations of Cultural Exposure with Distal and Proximal Emotional Fit in Acculturating Youth."

30 どのマイノリティーの生徒がマジョリティーの友人を持っているのかを判断するために、われわれは各クラスのマイノリティーの生徒とマジョリティーの生徒の両方に対して、親友の名前をリストアップさせた。そしてマジョリティーとマイノリティーの生徒の双方が「友人」として互いの名前をあげた場合にのみ、そのふたりを友人関係にあると見なした。そしてマジョリティーの生徒と友情を分かち合うマイノリティーの生徒に高い情動的な適応度を見出したのである。次の文献を参照。Alba Jasini et al., "Show Me Your Friends, I'll Tell You Your Emotions," *under review*.

31 Jasini et al., "Tuning in Emotionally: Associations of Cultural Exposure with Distal and Proximal Emotional Fit in Acculturating Youth"; Jasini et al., "Show Me Your Friends, I'll Tell You Your Emotions."

32 Barrett, *How Emotions Are Made*〔前掲『情動はこうしてつくられる』〕.

33 次の文献で類似の指摘がなされている。Lisa Feldman Barrett, "Emotions Are Real," *Emotion* 12, no. 3 (2012): 413–29.

34 このプロセスについては次の文献を参照。Batja Mesquita and Hazel R. Markus, "Culture and Emotion: Models of Agency as Sources of Cultural Variation in Emotion," in *Feelings and Emotions: The Amsterdam Symposium*, ed. Antony S. R. Manstead, Nico H. Frijda, and Agneta Fischer (Cambridge, UK: Cambridge University Press, 2004), 341–58.

35 この例は次の文献に記述されている。Pavlenko, *Emotions and Multilingualism* (chap. 4).

36 Pavlenko, *Emotions and Multilingualism*, 8–9; Jean-Marc Dewaele, "Reflections on the Emotional and Psychological Aspects of Foreign Language Learning and Use," *Anglistik: International Journal of English Studies* 22, no. 1 (2011): 23–42.

37 Howard Grabois, "The Convergence of Sociocultural Theory and Cognitive Linguistics: Lexical Semantics and the L2 Acquisition of Love, Fear, and Happiness," in *Languages of*

見出した。他の3項目（快さ、悲しみ、驚き）の程度は文化ごとに異なっていた。次の文献を参照。Jasini et al., "Tuning in Emotionally: Associations of Cultural Exposure with Distal and Proximal Emotional Fit in Acculturating Youth". われわれは標本間で同様な方法で分類できなかった情動語を排除した。それによって標本間における差異の評価が可能になるようにしたのである。もちろん、アイシェの情動の変化がこれらふたつの次元における変化をはるかに超えるものであった可能性はあるが、いずれにせよそれ以外の変化は対象にしなかった。

17 われわれはマジョリティーに属する特定の個人の特異性（文化適合の問題の混入）を排除するために、つねにマジョリティー全体としての平均を計算しているが、マジョリティーの情動がマジョリティーの規範にもっとも近いという点に変わりはない。

18 Kaat Van Acker et al., "Flanders' Real and Present Threat: How Representations of Intergroup Relations Shape Attitudes towards Muslim Minorities" (KU Leuven, 2012).

19 De Leersnyder, Mesquita, and Kim, "Where Do My Emotions Belong? A Study of Immigrants' Emotional Acculturation," Study 1.

20 H. A. Elfenbein and N. Ambady, "When Familiarity Breeds Accuracy: Cultural Exposure and Facial Emotion Recognition," *Journal of Personality and Social Psychology* 85, no. 2 (2003): 276–90. エルフェンバインとアンバディは「普遍的な感情プログラムは情動表現をほぼ決定できるが、文化間の様式の差はこの核心的なプログラムに対して小さな変化を生み出す」と仮定している。ふたりの研究からこの仮説の結論を引き出すことはできない。

21 写真のモデルになった中国人は中国以外で暮らしたことがなく、「喜び」「驚き」「悲しみ」「怖れ」「怒り」「嫌悪」を喚起する状況を思い浮かべて、「その情動にふさわしい表情」を作るよう求められている。次の文献を参照。L. Wang and R. Markham, "Facial Expression Megamix: Tests of Dimensional and Category Accounts of Emotion Recognition," *Journal of Cross Cultural Psychology* 30 [1999]: 397–410. 次の文献に引用されている。Elfenbein and Ambady, "When Familiarity Breeds Accuracy: Cultural Exposure and Facial Emotion Recognition," 279. 文献から実際に使われた顔写真を確認することはできない。

22 本書第2章を参照。Masuda, Takahiko, Phoebe C. Ellsworth, Batja Mesquita, Janxin Leu, Shigehito Tanida, and Ellen Van de Veerdonk, "Placing the Face in Context: Cultural Differences in the Perception of Facial Emotion." *Journal of Personality and Social Psychology* 94 (3) (2008): 365–81.

23 Masuda et al., "Do Surrounding Figures' Emotions Affect Judgment of the Target Figure's Emotion? Comparing the Eye-Movement Patterns of European Canadians, Asian Canadians, Asian International Students, and Japanese." 彼が「手を加えた」ことは、もとの設計を次の点で改善した。(a) 素材として実際の写真が用いられた (b) 中央の人物には男性の他に女性も加えられた (c) 周囲の人物の大きさを中央の人物の大きさにそろえた（もとの漫画ではそろっていなかった）(d) 写真を眺める時間を10秒に設定した。他にも研究対象とする情動の数を減らすなどといった変更がなされており、現在の研究は悲しみ、喜び、無表情に焦点を絞っている（それによって研究対象は感情価《ヴェイレンス》に絞られ、もとの研究に比べて特異性の緩和が図られている）。

24 われわれは、アジア系カナダ人の研究協力者についてはほとんど情報を持っていなかったが、それでも北米の文化に対する露出の度合いは、日本における日本人学生がもっとも低く、次に北米に来てからそれほど長くはないアジア人留学生、そしてアジア系カナダ人（数世代にわたる）の順に高くなると想定しても、そこに大きな間違いはないはずである。

25 増田らは視線追跡装置を用いて研究協力者の視線を追い、中央の人物を見た回数と、周囲の人物を見た回数、ならびにそのそれぞれに対する凝視時間を測定している。中央の人物（対周囲の人物）にどの程度注目

Cultural Meaning System: A Study of Japanese Children Growing up in the United States," *Ethos* 20, no. 3 (September 1992): 304–39.

7 Hoffmann, *Lost in Translation*, 220.〔前掲『アメリカに生きる私』〕

8 類似の分析は次の文献に見られる。Pavlenko, *The Bilingual Mind and What It Tells Us about Language and Thought*.

9 Mesquita, De Leersnyder, and Jasini, "The Cultural Psychology of Acculturation."

10 Pavlenko, *The Bilingual Mind and What It Tells Us about Language and Thought*, 247.

11 もとのタイトルは「*Mens durf the leven*」で、英訳はファン・デア・ホルストによる。*The Low Sky: Understanding the Dutch*, 231.

12 「知的な自立」という価値観は次の文献で明確化されている。Schwartz, "Cultural Value Orientations: Nature and Implications of National Differences." 好奇心、自由、寛大さは、この価値観に属する。事実、北部ヨーロッパ人はアメリカ人以上にこの価値観を重視している。

13 Nisbett and Cohen, *Culture of Honor*; D. Cohen et al., " 'When You Call Me That, Smile!' How Norms for Politeness, Interaction Styles, and Aggression Work Together in Southern Culture," *Social Psychology Quarterly* 62, no. 3 (1999): 257–75.

14 これは「自分自身を不快に感じた」学校でのやり取りの一例である。学生たちは、感情価《ヴェイレンス》（快か不快か）、ならびに「個人の保護」対「人間関係の保護」という次元に沿って変化するさまざまなタイプのやり取りについて尋ねられた。そして「比較的最近」起こった状況について報告したあと、回答者はその状況のもとで感じた怒り、恥、罪悪感、誇り、敬意などの情動について評価した。次の文献を参照。Alba Jasini et al., "Tuning in Emotionally: Associations of Cultural Exposure with Distal and Proximal Emotional Fit in Acculturating Youth," *European Journal of Social Psychology* 49, no. 2 (2019): 352–65.

15 われわれの研究方法では、文化変容についてじかに移民に尋ねずとも情動の文化変容を測定することができた。われわれは移民の情動とマジョリティーの情動規範を比較しただけだった。次の文献を参照。Jozefien De Leersnyder, Batja Mesquita, and Heejung S. Kim, "Where Do My Emotions Belong? A Study of Immigrants' Emotional Acculturation," *Personality and Social Psychology Bulletin* 37, no. 4 (2011): 451–63; Jasini et al., "Tuning in Emotionally: Associations of Cultural Exposure with Distal and Proximal Emotional Fit in Acculturating Youth"; Mesquita, De Leersnyder, and Jasini, "The Cultural Psychology of Acculturation."

16 おのおのの研究において、われわれは情動項目の構造的等価性をチェックするために同時成分分析を用いた。次の文献を参照。Kim De Roover, Eva Ceulemans, and Marieke E. Timmerman, "How to Perform Multiblock Component Analysis in Practice," *Behavior Research Methods* 44, no. 1 (March 2012). 韓国人とヨーロッパ系アメリカ人の標本に対しては、われわれはポジティブな情動（親密さ、誇りなど）、ネガティブで関与的な情動（恥など）、ネガティブで非関与的な情動（苛立ちなど）という、3つの構造的に等価な要因を見出した。他の3つの項目（嫉妬、信頼、驚き）の程度は文化ごとに異なっていた。次の文献を参照。De Leersnyder, Mesquita, and Kim, "Where Do My Emotions Belong? A Study of Immigrants' Emotional Acculturation," Study 1. トルコ系ベルギー人とトルコ人の標本に対しては、ポジティブで関与的な情動（親密さなど）、ポジティブで非関与的な情動（誇りなど）、ネガティブで関与的な情動（恥など）、ネガティブで非関与的な情動（苛立ちなど）という、4つの構造的に等価な要因を見出した。ここでも他の3項目（あきらめ、嫉妬、きまりの悪さ）の程度は文化ごとに異なっていた。次の文献を参照。De Leersnyder, Mesquita, and Kim, Study 2. ベルギーの学校で行なった大規模な研究では、ポジティブで関与的な情動（親密さなど）、ポジティブで非関与的な情動（誇りなど）、ネガティブで関与的な情動（恥など）、ネガティブで非関与的な情動（怒りなど）という、4つの構造的に等価な要因を

haviour 27, no. 2–3 (1997): 289–303; R. C. Solomon, "Emotions, Thoughts, and Feelings: Emotions as Engagements with the World," in *Thinking about Feeling: Contemporary Philosophers on Emotions*, ed. R. C. Solomon (New York: Oxford Univeristy Press, 2004), 76–88; N. H. Frijda, P. Kuipers, and E. ter Schure, "Relations among Emotion, Appraisal, and Emotional Action Readiness," *Journal of Personality and Social Psychology* 57, no. 2 (1989): 212–28; P. C. Ellsworth and K. R. Scherer, "Appraisal Processes in Emotion," in *Handbook of Affective Sciences*, ed. R. J. Davidson, K. R. Scherer, and H. H. Goldsmith (New York: Oxford University Press, 2003), 572–95.

77 Parkinson, *Heart to Heart*, 56.

78 次の文献の研究2から引用した。Shaver et al., "Emotion Knowledge: Further Exploration of a Prototype Approach."

79 思うにこれは、情動語を用いる際、OURS型情動の諸側面に着目すべき理由でもある。具体例は次の文献を参照。Abu-Lughod, *Veiled Sentiments: Honor and Poetry in a Bedouin Society*; Beatty, *Emotional Worlds*; Rosaldo, *Knowledge and Passion*.

80 ビーティーは *Emotional Worlds* の54頁で同様の指摘をしている。「情動はパフォーマティブである場合が多い。つまり他者に影響を及ぼしたり、他者を説得したり、拒絶したりすることが意図されている。私たちは、行動の文脈や表現方法や実践方法を観察することで情動の感じ方を学ぶ。(……) 怒りを感じることは、〈人々が怒ったときに感じるのと同様に感じている〉と言明するためのひとつの手段にすぎない」。Reprinted with permission by Cambridge University Press.

81 Beatty, *Emotional Worlds*, 47–48. Reprinted with permission by Cambridge University Press.

82 Beatty, *Emotional Worlds*, 53. Reprinted with permission by Cambridge University Press.

83 Briggs, *Never in Anger*, 172. Copyright © 1970 by the President and Fellows of Harvard College.

84 Lutz, *Unnatural Emotions*, 136.

85 Lutz, *Unnatural Emotions*, 137–38.

86 たとえば次の文献を参照。Maria Gendron, Carlos Crivelli, and Lisa Feldman Barrett, "Universality Reconsidered: Diversity in Making Meaning of Facial Expressions," *Current Directions in Psychological Science* 27, no. 4 (2018): 211–19; see also Nico H. Frijda and Anna Tcherkassof, "Facial Expression as Modes of Action Readiness," in *The Psychology of Facial Expression. Studies in Emotion and Social Interaction*, ed. James A. Russell and José Miguel Fernández-Dols (Cambridge, UK: Cambridge University Press, 1997), 78–102.

第7章　ワルツを学ぶ

1 次の文献を参照。Emily A. Butler, "Temporal Interpersonal Emotion Systems: The 'TIES' That Form Relationships," *Personality and Social Psychology Review* 15, no. 4 (2011): 367–93; Parkinson, *Heart to Heart*.

2 Briggs, *Never in Anger*.

3 Pavlenko, *The Bilingual Mind*, 275.

4 Hoffmann, *Lost in Translation*, 220.〔前掲『アメリカに生きる私』〕

5 ここに提示されている心理的な変化の事例は、以前の研究で一覧された心理的な文化変容の事例である。心理的な文化変容については次の文献を参照。Batja Mesquita, Jozefien De Leersnyder, and Alba Jasini, "The Cultural Psychology of Acculturation," in *Handbook of Cultural Psychology*, ed. Shinobu Kitayama and Dov Cohen, 2nd ed. (New York: Guilford Press, 2019), 502–35.

6 次の文献を参照。David K. Sherman and Heejung S. Kim, "Affective Perseverance: The Resistance of Affect to Cognitive Invalidation," *Personality and Social Psychology Bulletin* 28, no. 2 (2002): 224–37; Yasuka Minoura, "A Sensitive Period for the Incorporation of a

動は、複数の言葉、図、ジェスチャーなど、さまざまな方法で概念化される。また私の同僚で友人でもあるリサ・フェルドマン・バレットは、特定の言葉が必要であると主張していると見なされることがあるが、それは誤解である。たとえば次の文献を参照。Fiske, "The Lexical Fallacy in Emotion Research: Mistaking Vernacular Words for Psychological Entities". 彼女はそうは述べていない。彼女は、(多くの重要な概念が言語化されているのは確かだとしても)特定の情動を持つためには特定の概念が必要だと主張しているのである。

61 Myisha Cherry and Owen Flanagan, *The Moral Psychology of Anger* (London: Rowman & Littlefield, 2017).

62 Owen Flannagan, *How to Do Things with Emotions. The Morality of Anger and Shame across Cultures* (New York; Oxford University Press, 2021). 本書の第 4 章も参照。

63 Shweder et al., "The Cultural Psychology of the Emotions: Ancient and Renewed," 416.

64 Gerber, "Rage and Obligation: Samoan Emotion in Conflict," 128–29.

65 Scheff, "Shame and Conformity: The Deference-Emotion System."

66 June Price Tangney et al., "Are Shame, Guilt, and Embarrassment Distinct Emotions?," *Journal of Personality and Social Psychology* 70, no. 6 (1996): 1256–69.「他者に劣っていると感じる」「自分を小さく感じる」「内面的な感情に圧倒されている」として測定されている。

67 Levy, *Tahitians: Mind and Experience in the Society Islands*, 305.

68 Orley, "Culture and Mental Illness: A Study from Uganda," 3. 次の文献に引用されている。Russell, "Culture and the Categorization of Emotions," 430.

69 Maria Gendron et al., "Emotion Words Shape Emotion Percepts," *Emotion* 12, no. 2 (April 2012): 314–25; K. A. Lindquist et al., "Language and the Perception of Emotion," *Emotion* 6, no. 1 (February 2006): 125–38; Nicole Betz, Katie Hoemann, and Lisa Feldman Barrett, "Words Are a Context for Mental Inference," *Emotion* 19, no. 8 (December 1, 2019): 1463–77.

70 概念が経験に及ぼすこのような影響は、情動概念に限らずどんな概念にも当てはまる。たとえば次の文献を参照。L. W. Barsalou et al., "Social Embodiment," in *The Psychology of Learning and Motivation*, ed. B. H. Ross, vol. 43 (New York: Elsevier Science, 2003), 43–92; G. Lupyan and B. Bergen, "How Language Programs the Mind," *Topics in Cognitive Science* 8, no. 2 (April 2016): 408–24.

71 Barrett, *How Emotions Are Made*〔前掲『情動はこうしてつくられる』〕, 105.

72 Y. Niiya, P. C. Ellsworth, and S. Yamaguchi, "Amae in Japan and the United States: An Exploration of a 'Culturally Unique' Emotion," *Emotion* 6, no. 2 (2006): 279–95.

73 Pavlenko, *The Bilingual Mind and What It Tells Us about Language and Thought*, 260.

74 パヴレンコ(*Emotions and Multilingualism*)は意味的表現と概念的表現を区別し、「第二言語の獲得や二言語使用に関する研究によって、特定の言葉の基本的な意味(意味的表現)を理解することは、言葉の真正な概念的表現を持ち、それに働きかけることとは異なるという点が、説得力を持って示されている。長期にわたる第二言語による社会化を通じてのみ、第二言語使用者は、第二言語に基づく概念的表現を習得できる。この概念的表現は、第二言語話者をして、母語にはコード化されていない区別に注意を向けさせ、特定のできごとや情動表現がいかなる原型に基づいているのかを理解させる(85 ~ 86 頁)」と論じている。

75 たとえば次の文献を参照。Russell, "Culture and the Categorization of Emotions"; Flanagan, *How to Do Things with Emotions. The Morality of Anger and Shame across Cultures*; Gendron et al., "Emotion Perception in Hadza Hunter-Gatherers."

76「立場」という言葉は次の文献に基づく。R. Solomon, "Beyond Ontology: Ideation, Phenomenology and the Cross Cultural Study of Emotion," *Journal for the Theory of Social Be-*

情動は下がること（距離を取ることでもっとも効率的にその目的を果たせる）としてとらえたほうがよいのではないだろうか。

45 De Rivera, *A Structural Theory of the Emotions.*

46 これらの性格づけには直観に訴えるものと訴えないものがある。実証的な研究によって、そのほとんどがカナダ人大学生によって認識されていることが見出されている。次の文献を参照。Joseph de Rivera and Carmen Grinkis, "Emotions as Social Relationships," *Motivation and Emotion* 10 (1986): 351–69.

47 次の文献では「潜在力《ポテンシー》」として記述されている。Charles E. Osgood, William H. May, and Murray S. Miron, *Cross-Cultural Universals of Affective Meaning* (Urbana: University of Illinois Press, 1975). 次の文献では「力《パワー》」として記述されている。Johnny R. J. Fontaine and Klaus R. Scherer, "The Global Meaning Structure of the Emotion Domain: Investigating the Complementarity of Multiple Perspectives on Meaning," in *Components of Emotional Meaning: A Sourcebook*, ed. Johnny R. J. Fontaine, Klaus R. Scherer, and Cristina Soriano (Oxford, UK: Oxford University Press, 2013), 106–28. 次の文献では「強い立場」対「弱い立場」として記述されている。C. Lutz, "The Domain of Emotion Words on Ifaluk," ed. M. Harré, *American Ethnologist* 9, no. 1 (1982): 113–28.

48 生まれつき目が見えない運動選手でさえ、勝ったときには「大きなポーズをとり、腕を広げる」。次の文献を参照。Jessica L. Tracy and David Matsumoto, "The Spontaneous Expression of Pride and Shame: Evidence for Biologically Innate Nonverbal Displays," *Proceedings of the National Academy of Sciences* 105, no. 16 (2008): 11655–60. これは誇りの表現が学習されたものではないことを示す証拠として解釈されてきたが、それらの運動選手が誇りを感じていることを裏づける証拠はない。単に支配的な姿勢をとっているだけなのかもしれない。トレイシーとマツモト自身が指摘しているように、この姿勢は「自分を大きく見せ、自己の支配的な立場を誇ったり他者の注意を引いたりするための一手段として生じたものなのかもしれない。

49 Jessica L. Tracy and Richard W. Robins, "Emerging Insights into the Nature and Function of Pride," *Current Directions in Psychological Science* 16, no. 3 (2007): 147–50; Batja Mesquita and Susan Polanco, "Pride," in *Oxford Companion to the Affective Sciences*, ed. David Sander and Klaus R. Scherer (Oxford, UK: Oxford University Press, 2009), 313–14.

50 「服従」という言葉は次の文献で用いられている。Nico H. Frijda and W. Gerrod Parrott, "Basic Emotions or Ur-Emotions?," *Emotion Review* 3, no. 4 (2011): 406–15.

51 フォンテインとシェーラー（"The Global Meaning Structure of the Emotion Domain: Investigating the Complementarity of Multiple Perspectives on Meaning," 115）は、それらの情動が力の次元において最弱の項目をなすことを発見している。力の次元における最強の項目は「声の大きさの増大」「断固とした声」「優勢を感じること」であるのは興味深い。

52 Yang Bai et al., "Awe, the Diminished Self, and Collective Engagement: Universals and Cultural Variations in the Small Self," *Journal of Personality and Social Psychology* 113, no. 2 (2017): 185–209.

53 Frijda and Parrott, "Basic Emotions or Ur-Emotions?"

54 Frijda, *The Emotions*, 97.

55 次の文献を参照。Frijda, "The Evolutionary Emergence of What We Call 'Emotions.'"

56 Lebra, *Japanese Patterns of Behaviour.*

57 Barrett, *How Emotions Are Made*〔前掲『情動はこうしてつくられる』〕; Beatty, *Emotional Worlds.*

58 Shaver et al., "Emotion Knowledge: Further Exploration of a Prototype Approach." 名前は架空のもので、もとの文章は一人称で書かれている（1073 頁）。

59 Beatty, *Emotional Worlds*; Barrett, *How Emotions Are Made*〔前掲『情動はこうしてつくられる』〕.

60 ひとつの情動に対してひとつの言葉がなければならないと主張するつもりはない。情

34 この研究では、われわれはジェンダーを二分化要因と見なし、研究の限界のひとつと見なしている。

35 この研究に含まれている評価や行為準備に関する質問は、非欧米の研究協力者を対象にそれらを調査するために行なわれた研究を含め、過去のさまざまな研究から採用されている。恥の同時成分分析によって、文化間で共通する3つの評価成分と4つの行為準備成分が見出されている。詳細は次の文献を参照。Boiger et al., "Beyond Essentialism: Cultural Differences in Emotions Revisited."

36 限られた一連の状況から着手した点に鑑みれば、類似性が過大評価されている可能性はある。現実的には、状況の生態《エコロジー》は文化ごとに実質的に異なる可能性が考えられる。

37 Boiger et al., "Beyond Essentialism: Cultural Differences in Emotions Revisited," 1152.

38 Boiger et al., "Beyond Essentialism: Cultural Differences in Emotions Revisited"; Hoemann, Xu, and Barrett, "Emotion Words, Emotion Concepts, and Emotional Development in Children: A Constructionist Hypothesis."

39 パヴレンコの *The Bilingual Mind and What It Tells Us about Language and Thought* には、類似の主張が見られる。人類学者のアラン・フィスクは最近の論文で、さまざまな言語の「日常の言葉」がきっちりと重なり合うことなどないと述べている。次の文献を参照。Alan Page Fiske, "The Lexical Fallacy in Emotion Research: Mistaking Vernacular Words for Psychological Entities," *Psychological Review* 127, no. 1 (2020): 95–113. フィスクは正しくも、いかなる文脈においても、情動語を実体化すべきではないと警告している。また正しくも、情動のインスタンスは単なる言葉以上のものだと主張している。そこには語彙をめぐる誤謬が存在するというフィスクの主張に私は同意する。ある言葉に対応する翻訳語があるという理由だけで、異文化の情動を理解していることにはならない。フィスクと私の見解が袂を分かつのは、証拠に基づく彼の主張をめぐってではなく（彼の提示する証拠は本書で私が取り上げている証拠とほぼ一致する）、「自然な」情動に関する彼の想定をめぐってである。残念ながら、それは想定にすぎない。日常言語とは独立した「自然な」情動を探すべきとする彼の要請は興味深くはあるが、経験における（必ずしも言葉ではないとしても）概念の役割をまったく過小評価している。たとえば次の文献を参照。Barrett, *How Emotions Are Made: The Secret Life of the Brain*〔前掲『情動はこうしてつくられる』〕.

40 また言語間で語彙が異なることは言うまでもない。次の文献を参照。Russell, "Culture and the Categorization of Emotions"; Jackson et al., "Emotion Semantics Show Both Cultural Variation and Universal Structure." とりわけ補足説明を参照。

41 Beatty, *Emotional Worlds*, 111. Reprinted with permission by Cambridge University Press.

42 Frijda, "The Evolutionary Emergence of What We Call 'Emotions.'" 死後に刊行されたこの論文で、フライダは近づくことと遠ざかることが評価の前駆をなすと述べている。次のようにある。「動物がときおり見せる基本的な動きは方向を示す。これは感情的なプロセスの前駆をなす。たとえば細菌《バクテリア》はグルコースの濃度が高い場所に向かって動き、フェノールのような毒素から遠ざかろうとする（609頁）」

43 たとえば次の文献を参照。Frijda, *The Emotions*; Klaus R. Scherer and Harald G. Wallbott, "Evidence for Universality and Cultural Variation of Differential Emotion Response Patterning," *Journal of Personality and Social Psychology* 66, no. 2 (1994): 310–28; Joseph de Rivera, *A Structural Theory of the Emotions*, *Psychological Issues* (New York: International University Press, 1977).

44 シェーラーとウォールボット（"Evidence for Universality and Cultural Variation of Differential Emotion Response Patterning"）は、「恥」や「罪悪感」が遠ざかることに結びついていることを発見している。しかしこの研究では、近づくことと遠ざかることのふたつしか取り上げていない。思うに、それらの

printed with permission by Cambridge University Press.

18 Lutz, *Unnatural Emotions.*

19 Eleanor Ruth Gerber, "Rage and Obligation: Samoan Emotion in Conflict," in *Person, Self and Experience: Exploring Pacific Ethnopsychologies*, ed. Geoffrey M. White and John Kirkpatrick (Berkeley: University of California Press, 1985), 121–67.

20 Abu-Lughod, *Veiled Sentiments.*

21 Michelle Z. Rosaldo, *Knowledge and Passion: Ilongot Notions of Self and Social Life* (Cambridge, UK: Cambridge University Press, 1980).

22 Joshua Conrad Jackson et al., "Emotion Semantics Show Both Cultural Variation and Universal Structure," *Science* 366, no. 6472 (2019): 1517–22.

23 A. Wierzbicka, "Human Emotions: Universal or Culture-Specific?," *American Anthropologist* 88, no. 3 (September 1986): 590.

24 Robert I. Levy, *Tahitians: Mind and Experience in the Society Islands* (Chicago: University of Chicago Press, 1973), 305.

25 Jackson et al., "Emotion Semantics Show Both Cultural Variation and Universal Structure."

26 次の文献の補足資料３頁を参照。Jackson et al., "Emotion Semantics Show Both Cultural Variation and Universal Structure."

27 心理学には限定的ながら泣くことに関する研究がある。たとえば次の文献を参照。A. J. J. M. Vingerhoets et al., "Adult Crying: A Model and Review of Literature," *Review of General Psychology* 4, no. 4 (2000): 354–77; A. J. J. M. Vingerhoets and Lauren M. Bylsma, "The Riddle of Human Emotional Crying: A Challenge for Emotion Researchers," *Emotion Review* 8, no. 3 (2016): 207–17.

28 Lebra, "Mother and Child in Japanese Socialization: A Japan-U.S. Comparison," 291. 次の文献に引用されている。Trommsdorff and Kornadt, "Parent-Child Relations in Cross-Cultural Perspective," 286.

29 Doi, *The Anatomy of Dependence*, 15〔前掲『「甘え」の構造』〕. 次の文献に引用されている。H. Morsbach and W. J. Tyler, "A Japanese Emotion: Amae," in *The Social Construction of Emotions*, ed. Rom Harré (New York: Blackwell, 1986), 290.

30 Mascolo, Fischer, and Li, "Dynamic Development of Component Systems in Emotions: Pride, Shame and Guilt in China and the United States." アメリカと中国における誇りのエピソードのさまざまな要素が、マスコロらによって区別されている。彼らはそれを誇りと呼び、その発達の経緯《タイムライン》を解説している。このタイムラインには疑問符がつく。次の文献を参照。Katie Hoemann, Fei Xu, and Lisa Feldman Barrett, "Emotion Words, Emotion Concepts, and Emotional Development in Children: A Constructionist Hypothesis," *Developmental Psychology* 55, no. 9 (2019): 1830–49; Maria Gendron et al., "Emotion Perception in Hadza Hunter-Gatherers," *Scientific Reports* 10, no. 1 [2020]: 1–17). とはいえ、誇りの文化的概念を構成するさまざまなエピソードに関する記述は有用である。

31 それが誇りの最初のきざしだと主張する心理学者もいる。たとえば次の文献を参照。Michael Lewis, "The Emergence of Human Emotions," in *Handbook of Emotions*, ed. Michael Lewis, Jeannette M. Haviland-Jones, and Lisa F. Barrett, 3d ed. (New York: Guildford Press, 2008). しかし、先行する誇りの「ストーリー」(や段階) を排除すべき理由はない。

32 M. F. Mascolo and K. W. Fischer, "Developmental Transformations in Appraisals for Pride, Shame, and Guilt," in *Self-Conscious Emotions. The Psychology of Shame, Guilt, Embarrassment, and Pride*, ed. J. P. Tangney and K. W. Fischer (New York: Guilford Press, 1995), 64–113; Mascolo, Fischer, and Li, "Dynamic Development of Component Systems in Emotions: Pride, Shame and Guilt in China and the United States."

33 Boiger et al., "Beyond Essentialism: Cultural Differences in Emotions Revisited." 当該の事例は、この論文から採用した。Copyright © 2018, American Psychological Association.

nese Mother-Child Conversation."

4 Dunn, Bretherton, and Munn, "Conversations about Feeling States between Mothers and Their Young Children."

5 Peter Kuppens et al., "Individual Differences in Patterns of Appraisal and Anger Experience," *Cognition & Emotion* 21, no. 4 (2007): 689–713; Michael Boiger et al., "Beyond Essentialism: Cultural Differences in Emotions Revisited," *Emotion* 18, no. 8 (2018): 1142–62.

6 Barrett, *How Emotions Are Made*, chap. 5〔前掲『情動はこうしてつくられる』〕.

7 Barrett, *How Emotions Are Made*, 99–100〔前掲『情動はこうしてつくられる』〕.

8 抽象的なレベルでは、情動の機能的な目標は「敬意を示す」「自分の立場を知る」こととして定義できるのかもしれないが、具体的なレベルではその意味は大きく異なりうる。抽象的なレベルでは類似のものとして記述可能であったとしても、具体的なレベルにおける機能的な目標は状況によって規定されうる。次の文献を参照。Mesquita and Frijda, "Cultural Variations in Emotions: A Review."

9 ここで私は、乳児が情動概念を備えて生まれてくると主張しているのではない。そうではなく乳児は、言語と意味のネットワークを擁する文化のもとに生まれてくるのである。

10 E. T. Higgins, "Shared-Reality Development in Childhood," *Perspectives on Psychological Science* 11, no. 4 (2016): 466–95.

11 事実、多くの言語には情動に対応する言葉が存在しない。英語でさえ、情動という言葉が使われ始めたのは 19 世紀になってからにすぎない。たとえば次の文献を参照。Thomas Dixon, *From Passions to Emotions: The Creation of a Secular Psychological Category* (Cambridge, UK: Cambridge University Press, 2003); John Leavitt, "Meaning and Feeling in the Anthropology of Emotions," *American Ethnologist* 23, no. 3 (1996): 514–39; James A. Russell, "Culture and the Categorization of Emotions," *Psychological Bulletin* 110, no. 3 (1991): 426–50.

12 言語学者のアネタ・パヴレンコの鋭い観察によれば、情動が文化的な構築物であることに気づいていない研究者は多い。次の文献を参照。Pavlenko, *The Bilingual Mind and What It Tells Us about Language and Thought* (New York: Cambridge University Press, 2014), 296. ここには次のようにある。「情動の研究者のあいだにはウォーフ〔言語学者。サピア・ウォーフの仮説で知られる〕の影響が見られる。彼らは〈情動〉を〈自然なもの〉として実体化し、英語の形態的、統語的なコード化に整合する内面の状態として扱い、〈情動〉〈感情〉〈気分《アフェクト》〉を区別する英語独自の思考様式を採用し、日常生活で使われている、英語の特異な情動語を専門用語として用いている」

13 Russell, "Culture and the Categorization of Emotions," 428.

14 Anna Wierzbicka, "Introduction: Feelings, Languages, and Cultures," in *Emotions Across Languages and Cultures: Diversity and Universals*, 1st ed. (New York: Cambridge University Press, 1999), 1–48. Anna Wierzbicka, *Emprisoned in English: The Hazards of English as a Default Language* (New York: Oxford University Press, 2014).

15 John H. Orley, "Culture and Mental Illness: A Study from Uganda," in *East African Studies* (Nairobi: East African Publishing House, 1970), 3. 次の文献に引用されている。Russell, "Culture and the Categorization of Emotions," 430.

16 この言葉は文字通りには「怒っている」ことを意味する動詞である。「傷ついた感情」のほうが妥当な訳であると言えるかもしれない。次の文献を参照。Mark R. Leary and Sadie Leder, "The Nature of Hurt Feelings: Emotional Experience and Cognitive Appraisals," in *Feeling Hurt in Close Relationships*, ed. Anita L. Vangelisti (New York: Cambridge University Press, 2009), 15–33.

17 Andrew Beatty, *Emotional Worlds: Beyond an Anthropology of Emotion* (Cambridge, UK: Cambridge Univeristy Press, 2019), 63. Re-

66 類似の結果は次の文献に見られる。Scollon et al., "Emotions across Cultures and Methods"; Belinda Campos and Heejung S. Kim, "Incorporating the Cultural Diversity of Family and Close Relationships into the Study of Health," *American Psychologist* 72, no. 6 (2017): 543–54. この研究によれば、相互依存の達成に果たす東アジア文化とラテン文化の役割は大幅に異なる。また求められている相互依存の形態も大きく異なる。集団の調和を達成するために、東アジア人は情動を調節し、個人の嗜好や願望より義務を果たすことを重んじる。ラテン系の人々のあいだでは、家族の義務を果たすことは、情動的にポジティブで報いがあり、ポジティブな情動のやり取りは友好的な集団を築くと考えられている。

67 Triandis, Marín, Lisansky, and Betancourt, "Simpatía as a Cultural Script of Hispanics." 1984; Amanda M Acevedo et al., "Cultural Diversity and Ethnic Minority Psychology Measurement of a Latino Cultural Value: The Simpatía Scale Measurement of a Latino Cultural Value: The Simpatía Scale," *Cultural Diversity and Ethnic Minority Psychology*, 2020.

68 われわれはトルコ系オランダ人、オランダ人、スリナム系オランダ人、さらには白人系アメリカ人、日本人のインタビューに際し、「非常に大きな価値があると、もしくは重要だと感じられる状況」という同じ言い回しを用いた。メキシコ人の記述は、他の文化集団の研究協力者が幸福に見出している業績の強調が見られはしたが、人間関係を指向するものだった。

69 Krishna Savani and colleagues: K. Savani et al., "Feeling Close and Doing Well: The Prevalence and Motivational Effects of Interpersonally Engaging Emotions in Mexican and European American Cultural Contexts," *International Journal of Psychology* 48, no. 4 (2012): 682–94.

70 それとは対照的に、白人系アメリカ人の大学生が記述した幸福の種類は、課題の遂行に影響を及ぼさなかった。彼らにとっては、ラテン系やメキシコ人の学生と比べて、家族の幸福は特に大きな刺激にはならなかった（Savani et al.）。

71 次の文献に同様な指摘が見られる。Angela Y. Lee, Jennifer L. Aaker, and Wendi L. Gardner, "The Pleasures and Pains of Distinct Self-Construals: The Role of Interdependence in Regulatory Focus," *Journal of Personality and Social Psychology* 78, no. 6 (2000): 1122–34. 著者らの発見によれば、制御焦点志向〔ネガティブな結果の回避を目指す目標志向性〕の中国人大学生は、重要なテニスの試合で自分が勝った（負けた）ところを想像すると、より穏やか（不安）になるのに対し、促進焦点志向〔ポジティブな結果を目指す目標志向性〕の白人のアメリカ人大学生は、より大きな喜び（落胆）を示す（Lee, Aaker, and Gardner, 1122）。

72 この議論は次の文献を参照。Fisher, *Anatomy of Love: The Natural History of Monogamy*〔『愛はなぜ終わるのか——結婚・不倫・離婚の自然史』吉田利子訳、草思社、1993 年〕; Jankowiak and Fischer, "A Cross-Cultural Perspective on Romantic Love."

73 Lutz, *Unnatural Emotions.*

第 6 章　情動を表わす言葉の多様性

1 Ludwig Wittgenstein, *Philosophical Investigations* (New York: MacMillan, 1953)〔『哲学探究』鬼界彰夫訳、講談社、2020 年〕. 次の文献に引用されている。Parkinson, *Heart to Heart.*

2 Patricia M. Clancy, "The Socialization of Affect in Japanese Mother-Child Conversation," *Journal of Pragmatics* 31, no. 11 (November 1, 1999): 1397–1421; Judy Dunn, Inge Bretherton, and Penny Munn, "Conversations about Feeling States between Mothers and Their Young Children," *Developmental Psychology* 23, no. 1 (1987): 132–39.

3 Clancy, "The Socialization of Affect in Japa-

sion"; Heine et al., "Divergent Consequences of Success and Failure in Japan and North America: An Investigation of Self-Improving Motivations and Malleable Selves."

53 Xiaoming Ma, Maya Tamir, and Yuri Miyamoto, "Socio-Cultural Instrumental Approach to Emotion Regulation: Culture and the Regulation of Positive Emotions," *Emotion* 18, no. 1 (2018): 138–52.

54 Tsai, Knutson, and Fung, "Cultural Variation in Affect Valuation," Study 2.

55 Jeanne L. Tsai et al., "Influence and Adjustment Goals: Sources of Cultural Differences in Ideal Affect," *Journal of Personality and Social Psychology* 92, no. 6 (2007): 1102–17.

56 Tsai, "Ideal Affect: Cultural Causes and Behavioral Consequences." 次の文献も参照。Caudill and Frost, "A Comparison of Maternal Care and Infant Behavior in Japanese-American, American, and Japanese Families"; Caudill and Weinstein, "Maternal Care and Infant Behavior in Japan and America"; Keller, *Cultures of Infancy*.

57 Tsai, "Ideal Affect: Cultural Causes and Behavioral Consequences." 事実ツァイらは、穏やかな手本と接することがLAP感情〔活性度の低いポジティブな感情〕に対する子どもの好みを強化することを示す証拠を発見している。次の論文を参照。"Learning What Feelings to Desire: Socialization of Ideal Affect through Children's Storybooks."「穏やかな笑顔」とは、口を閉じての微笑みで、目が閉じられる場合も多い。「興奮気味の笑顔」とは、口を開いた笑い顔で、歯が見え、目が見開かれることも多い。

58 Tsai, "Ideal Affect: Cultural Causes and Behavioral Consequences." 白人系アメリカ人の実践について述べたレビューで、心理学者のジーニー・ツァイらは、東アジア人が穏やかな幸福に資するレジャーや薬物や音楽を好むと述べている。香港で暮らす中国人は、休暇で興奮を引き起こすことをするより「完全にリラックス」することを望んでいる。また穏やかな幸福に対する好みは、東アジアでは(コーヒーではなく)茶が広く好まれ、不法薬物常用者のあいだで(興奮剤より)鎮静剤が好まれている理由を説明するのかもしれない。

59 とりわけ次の文献を参照。David Watson, Lee Anna Clark, and Auke Tellegen, "Development and Validation of Brief Measures of Positive and Negative Affect: The PANAS Scales," *Journal of Personality and Social Psychology* 54, no. 6 (1988): 1063–70.

60 これは、日本人のカップルによる意見の違いを調査した最近の研究に記述されている。次の文献を参照。Schouten et al., in preparation.

61 たとえば次の文献を参照。Jozefien De Leersnyder et al., "Emotional Fit with Culture: A Predictor of Individual Differences in Relational Well-Being," *Emotion* 14, no. 2 (2014): 241–45; Nathan S. Consedine, Yulia E. Chentsova-Dutton, and Yulia S. Krivoshekova, "Emotional Acculturation Predicts Better Somatic Health: Experiential and Expressive Acculturation among Immigrant Women from Four Ethnic Groups," *Journal of Social and Clinical Psychology* 33, no. 10 (2014): 867–89.

62 Tsai, Knutson, and Fung, "Cultural Variation in Affect Valuation."

63 Jeanne L. Tsai et al., "Leaders' Smiles Reflect Cultural Differences in Ideal Affect," *Emotion* 16, no. 2 (2016): 183–95.

64 Tsai et al., "Leaders' Smiles Reflect Cultural Differences in Ideal Affect," Study 3. この研究は、10か国の国会議員の笑顔を比較している。民主主義の成熟度や経済の発展度が高い国ほど笑顔を浮かべている国会議員が多かったが、とりわけ概して興奮気味の幸福が好まれる国では興奮気味の笑顔が、また概して穏やかな幸福が好まれる国では穏やかな笑顔が多く見られた(192頁)。なおこの差異は、民主主義の成熟度や経済の発展度をコントロールしたあとでも得られた。

65 Bo Kyung Park et al., "Neurocultural Evidence That Ideal Affect Match Promotes Giving," Social *Cognitive and Affective Neuroscience* 12, no. 7 (2017): 1083–96.

ing up to the American Dream: Race, Class, and the Soul of the Nation (Princeton, NJ: Princeton University Press, 1995).

37 次の文献を参照した。Shaver et al., "Emotion Knowledge: Further Exploration of a Prototype Approach," 1078.

38 これらは、広く用いられている尺度PANASの項目のなかでももっとも強い「ポジティブ」な項目である。次の文献を参照。David Watson, Lee Anna Clark, and Auke Tellegen, "Development and Validation of Brief Measures of Positive and Negative Affect: The PANAS Scale," *Journal of Personality and Social Psychology* 54, no. 6 (1988): 1063–70.

39 Tsai et al., "Influence and Adjustment Goals: Sources of Cultural Differences in Ideal Affect." 次の文献も参照。S. H. Schwartz and M. Ros, "Values in the West: A Theoretical and Empirical Challenge to the Individualism-Collectivism Cultural Dimension," *World Psychology* 1, no. 2 (1995): 91–122.

40 Tsai et al., "Influence and Adjustment Goals: Sources of Cultural Differences in Ideal Affect," 2007. 研究協力者はインフルエンサー(もしくはアジャスター)に割り当てられたあと、課題の遂行をはかどらせるために穏やかな内容のCDか、興奮を喚起するCDのいずれかを選択した。インフルエンサーになった研究協力者は興奮を喚起するCDを選択することが多かった。ちなみに研究協力者は、白人とアジア系アメリカ人の大学生、ならびに香港出身の大学生であった。どのグループの研究協力者も、インフルエンサーに割り当てられると興奮を喚起するCDを選択したのである。

41 Tsai, "Ideal Affect: Cultural Causes and Behavioral Consequences," 245. アメリカにおける子どもの生活の特徴づけに関しては、次の文献を参照した Tsai, "Ideal Affect: Cultural Causes and Behavioral Consequences."

42 次の文献から引用した。Tsai, "Ideal Affect: Cultural Causes and Behavioral Consequences." ツァイの研究は主たる文化的傾向や情動的な相関を示しているが、それらの傾向が安定した包括的なものであるとは書かれていない(たとえば現在では鎮静効果のあるハーブティーが容易に手に入る)。

43 Hazel Rose Markus and Barry Schwartz, "Does Choice Mean Freedom and Well-Being?," *Journal of Consumer Research* 37, no. 2 (2010): 344–55.

44 Shigehiro Oishi et al., "Concepts of Happiness across Time and Cultures," *Personality and Social Psychology Bulletin* 39, no. 5 (2013): 559–77.

45 Shigehiro Oishi and Ed Diener, "Culture and Well-Being: The Cycle of Action, Evaluation, and Decision," *Personality and Social Psychology Bulletin* 29, no. 8 (2003): 939–49. 異なる課題を用いた類似の発見は次の文献に見られる。S. J. Heine et al., "Divergent Consequences of Success and Failure in Japan and North America: An Investigation of Self-Improving Motivations and Malleable Selves," *Journal of Personality and Social Psychology* 81, no. 4 (2001): 599–615.

46 B. Wei, "Gu Wen Can Tong Qi Ji Jie (Y. Jiang, ed.). Changsha, China: Shang Wu Yin Shu Guan," 1939, chap. 58. 次の文献に引用されている。Ji, Nisbett, and Su, "Culture, Change, and Prediction."

47 Oishi et al., "Concepts of Happiness across Time and Cultures," 569.

48 内田と北山は、幸福に対応する3つの日本語の言葉(幸せ、嬉しい、満足)を用いて同じ結果を見出している。同一のネガティブな意味が、これら3つの言葉すべてに結びついていたのだ。

49 Ehrenreich, *Bright-Sided*, 74–75.

50 B. Mesquita and M. Karasawa, "Different Emotional Lives," *Cognition and Emotion* 16, no. 1 (2002): 127–41; Christie N. Scollon et al., "Emotions across Cultures and Methods," *Journal of Cross-Cultural Psychology* 35, no. 3 (2004): 304–26.

51 たとえば次の文献を参照。Markus and Kitayama, "Models of Agency: Sociocultural Diversity in the Construction of Action."

52 Oishi and Diener, "Culture and Well-Being: The Cycle of Action, Evaluation, and Deci-

Psychology 88, no. 6 (2005): 948–68; Glenn Adams and Victoria C. Plaut, "The Cultural Grounding of Personal Relationships: Friendship in North American and West African Worlds," *Personal Relationships* 10, no. 1 (2003): 333–47.

24 Kyei and Schreckenbach, *No Time to Die,* 59. 次の文献に引用されている。Adams and Plaut, "The Cultural Grounding of Personal Relationships."

25 Kim et al., "Pursuit of Comfort and Pursuit of Harmony: Culture, Relationships, and Social Support Seeking," 1596.

26 Shelley E. Taylor et al., "Culture and Social Support: Who Seeks It and Why?," *Journal of Personality and Social Psychology* 87, no. 3 (2004): Study 1.

27 Kim et al., "Pursuit of Comfort and Pursuit of Harmony: Culture, Relationships, and Social Support Seeking." 基本的に、アジア系アメリカ人はパートナーのニーズに関心を寄せているが、自分のニーズに着目するよう求められると、白人系アメリカ人と同様、社会的支援を求めるようになる。ある研究では (Kim et al., Study 2)、まず自己目標を5つあげるよう (かくして自分のニーズに着目するよう) 求められたアジア系アメリカ人学生は、その課題の遂行を求められなかったアジア系アメリカ人より社会的支援を求めることが多かった。要するに、韓国文化のもとでは、通常の状況下では狭隘な自己目標より人間関係に関する目標が優先されるということだ。

28 ストレスは自己報告とコルチゾールレベルの両方によって測定されている。次の文献を参照。Shelley E Taylor et al., "Cultural Differences in the Impact of Social Support on Psychological and Biological Stress Responses," *Psychological Science* 18, no. 9 (2007): 831–37. ストレスの低下に関する結論は、無関係なトピックについて書かされた比較対照群の研究協力者との比較に基づいて得られている。

29 たとえば次の文献を参照。Stearns, *American Cool: Constructing a Twentieth-Century Emotional Style.*

30 歴史的な見積もりによれば、感情としての「恋愛」は18世紀後半のイングランドの上流階級の人々によって認識され始めたにすぎない (Gillis, "From Ritual to Romance," 103)。愛はヴィクトリア朝時代の後期になって初めて、カップルの重要な目標になったのである (Stearns, *American Cool*)。同様に、性的欲求はつねに存在していたとはいえ、性的満足という個人的な報酬が強調され始めた20世紀前半になるまでは配偶者間の人間関係において中心的な役割を果たしていなかった (Stearns, 173)。

31 美徳——あるいは悪徳——としてのアメリカ流の幸福に関するすぐれた論考については次の文献を参照。Barbara Ehrenreich, *Bright-Sided: How Positive Thinking Is Undermining America* (London: Picador, 2009).

32 Anna Wierzbicka, "Emotion, Language, and Cultural Scripts," in *Emotion and Culture: Empirical Studies of Mutual Influence*, ed. Shinobu Kitayama and Hazel R. Markus (Washington, DC: American Psychological Association, 1994), 182.

33 Uchida and Kitayama, "Happiness and Unhappiness in East and West: Themes and Variations," Study 1.

34 Kitayama, Mesquita, and Karasawa, "Cultural Affordances and Emotional Experience: Socially Engaging and Disengaging Emotions in Japan and the United States."

35 Phillip R. Shaver et al., "Emotion Knowledge: Further Exploration of a Prototype Approach," *Journal of Personality and Social Psychology* 52, no. 6 (1987): 1078.

36 アメリカにおける業績の重視は他の研究でも確認されている。次の文献を参照。S. H. Schwartz, "Cultural Value Orientations: Nature and Implications of National Differences" (Moscow State University—Higher School of Economics Press, 2008); S. H. Schwartz and A. Bardi, "Value Hierarchies across Cultures: Taking a Similarities Perspective," *Journal of Cross-Cultural Psychology* 32, no. 3 (May 1, 2001): 268–90; Jennifer L. Hochschild, *Fac-*

する、きわめて類似した分析が見られる。Kitayama and Markus, "The Pursuit of Happiness and the Realization of Sympathy: Cultural Patterns of Self, Social Relations, and Well-Being."

12 たとえば次の文献を参照。C. Harry Hui and Harry C. Triandis, "Individualism-Collectivism: A Study of Cross-Cultural Researchers," *Journal of Cross-Cultural Psychology* 17, no. 2 (1986): 225–48; Harry C. Triandis, *Individualism and Collectivism* (Boulder, CO: Westview Press, 1995)〔『個人主義と集団主義—— 2つのレンズを通して読み解く文化』神山貴弥、藤原武弘編訳、北大路書房、2002年〕.

13 その場面は、2011年ごろに撮影されたオーストラリアのテレビ番組「*Today Tonight*」に見られた。

14 Shaver, Wu, and Schwartz, "Cross-Cultural Similarities and Differences in Emotion and Its Representation: A Prototype Approach"; Michael F. Mascolo, Kurt W. Fischer, and Jin Li, "Dynamic Development of Component Systems in Emotions: Pride, Shame and Guilt in China and the United States," in *Handbook of Affective Sciences*, ed. Richard J. Davidson, Klaus R. Scherer, and H. Hill Goldsmith (New York: Oxford University Press, 2003), 295–408.

15 Mascolo, Fischer, and Li, "Dynamic Development of Component Systems in Emotions"; Potter, "The Cultural Construction of Emotion in Rural Chinese Social Life"; James A. Russell and Michelle S. M. Yik, "Emotion among the Chinese," in *The Handbook of Chinese Psychology*, ed. Michael H. Bond (New York: Oxford University Press, 1996), 166–88.

16 中国人回答者はアメリカ人回答者に比べ、愛の属性として苦痛、悲しみ、犠牲、孤独を当然のことのように一覧することが多かった。ネガティブな特徴についてあからさまに尋ねられた場合には、両回答者間の差異はそれほど顕著には現れなかった。次の文献を参照。Shaver, Morgan, and Wu, "Is Love a Basic' Emotion?"

17 Takeo Doi, *The Anatomy of Dependence* (Tokyo: Kodansha International, 1973)〔『「甘え」の構造』弘文堂、2007年〕; Susumu Yamaguchi, "Further Clarifications of the Concept of Amae in Relation to Dependence and Attachment," *Human Development* 47, no. 1 (2004): 28–33; Boiger, Uchida, and de Almeida, "Amae, Saudade, Schadenfreude."

18 Lebra, "Mother and Child in Japanese Socialization: A Japan-U.S. Comparison," 261.

19 Hazel R. Markus and Shinobu Kitayama, "Culture and the Self: Implications for Cognition, Emotion, and Motivation," Psychological Review 98, no. 2 (1991): 224–53. 甘えは拒絶されることもある。その場合、親子関係は危殆に瀕する。拒絶された子どもは孤独や悲しみを感じるだろうが、これらの情動は、相互依存という日本で重視されているタイプの人間関係をもたらす。

20 Lutz, *Unnatural Emotions*. タマレカーの事例は137～138頁から引用した。

21 Li-Jun Ji, Richard E. Nisbett, and Yanjie Su, "Culture, Change, and Prediction," *Psychological Science* 12, no. 6 (2001): 450–56; J. Leu et al., "Situational Differences in Dialectical Emotions: Boundary Conditions in a Cultural Comparison of North Americans and East Asians," *Cognition and Emotion* 24, no. 3 (2010): 419–35.

22 Shelley E. Taylor et al., "Culture and Social Support: Who Seeks It and Why?," *Journal of Personality and Social Psychology* 87, no. 3 (2004): 354–62; Heejung S. Kim et al., "Pursuit of Comfort and Pursuit of Harmony: Culture, Relationships, and Social Support Seeking," *Personality and Social Psychology Bulletin* 32, no. 12 (2006): 1595–1607; Heejung S. Kim, David K. Sherman, and Shelley E. Taylor, "Culture and Social Support," *American Psychologist* 63, no. 6 (2008): 518–26.

23 次の文献から引用した。G. Adams, "The Cultural Grounding of Personal Relationship: Enemyship in North American and West African Worlds," *Journal of Personality and Social*

Daily Anger and Shame in the United States and Japan," *Japanese Psychological Research* 58, no. 1 (2016): 28–41.

74 Rodriguez Mosquera, Manstead, and Fischer, "The Role of Honor-Related Values in the Elicitation, Experience, and Communication of Pride, Shame, and Anger."

第5章 絆を結ぶ、快く感じる

1 たとえば次の文献を参照。Charles R. Snyder and Shane J. Lopez, *Handbook of Positive Psychology* (New York: Oxford University Press, 2001). Shane J. Lopez and Charles R. Snyder, *The Oxford Handbook of Positive Psychology*, 2nd ed. (New York: Oxford University Press, 2012).

2 たとえば次の文献を参照。Barbara L. Fredrickson, "The Role of Positive Emotions in Positive Psychology: The Broaden-and-Build Theory of Positive Emotions," *American Psychologist* 56, no. 3 (2001): 218–26.

3 Barbara L. Fredrickson, "The Role of Positive Emotions in Positive Psychology: The Broaden-and-Build Theory of Positive Emotions," *American Psychologist*, 56, no. 3 (2001), 218–26; Sara B. Algoe, Jonathan Haidt, and Shelly L. Gable, "Beyond Reciprocity: Gratitude and Relationships in Everyday Life," *Emotion* 8, no. 3 (2008): 425–29; Sara B. Algoe, Shelly L. Gable, and Natalya C. Maisel, "It's the Little Things: Everyday Gratitude as a Booster Shot for Romantic Relationships," *Personal Relationships* 17, no. 2 (2010): 217–33.

4 愛に関しては、次の文献を参照。A. E. Beall and R. J. Sternberg, "The Social Construction of Love," *Journal of Social and Personal Relationships* 12, no. 3 (August 30, 1995): 417–38.

5 Lutz, *Unnatural Emotions*, 145.

6 Shaver et al., "Emotion Knowledge: Further Exploration of a Prototype Approach." 同様にフェスラーの研究で、英語を母語とする南カリフォルニアの住民は、日常生活でもっとも頻繁に生じる情動として愛をあげている。次の文献を参照。"Shame in Two Cultures: Implications for Evolutionary Approaches," 213–14). 従来の情動理論の多くは、愛を情動のひとつとして扱っていない。次の文献を参照。Phillip R. Shaver, Hillary J. Morgan, and Shelley Wu, "Is Love a 'Basic' Emotion?," *Personal Relationships* 3, no. 1 (1996): Table 1, for an overview.

7 Beverley Fehr and James A. Russell, "The Concept of Love Viewed from a Prototype Perspective," Journal of Personality and Social Psychology 60, no. 3 (1991): Study 4. 彼らは少なくとも123のタイプの愛を識別しているが、母性愛、父性愛、友愛、兄弟愛、恋愛を愛の最善の例としてあげている。次の文献を参照。Fehr and Russell, Study 1. もちろん「愛」のすべてのインスタンスがまったく同じであるわけではなく、愛のあるインスタンス（や概念）において生じる特徴が、他のインスタンス（や概念）においても必ず見られるとは限らない。

8 次の文献から引用した。Study 2 of Shaver et al., "Emotion Knowledge: Further Exploration of a Prototype Approach," 1987. しかし多くの記述は、1980年代の研究に参加したカナダ人大学生に共通して見られた属性と重なる。次の文献を参照。Fehr and Russell, "The Concept of Love Viewed from a Prototype Perspective," Study 6. この研究の見方では、愛の概念は「家族的類似性」を共有する。「誰もが共有する属性などといったものは存在しないとしても、（さまざまなタイプの愛は）交錯し重畳する複雑なパターンによって結びついている（433頁）」。どちらの研究でも、回答者はさまざまなタイプの愛の属性について忌憚なく報告している。

9 次の文献から引用した。Lutz, *Unnatural Emotions*, 146. インタビューはラッツ自身が行なっている。

10 Lutz, *Unnatural Emotions*.

11 次の文献に、北米人の親密な人間関係に関

erates the Self-Regulation of Shame and Its Effects on Performance."

58 Kitayama and Markus, "The Pursuit of Happiness and the Realization of Sympathy: Cultural Patterns of Self, Social Relations, and Well-Being."

59 Boiger et al., "Condoned or Condemned."

60 トルコ系学部生を対象とする大規模な研究では、「濡れ衣」は名誉を毀損された状況としてもっとも頻繁に報告されている。次の文献を参照。Uskul et al., "Honor Bound," study 1.

61 実のところこの小規模の研究では、(7人中)ほぼすべての回答者と(6人中)ひとりのオランダ人の回答者が、自分を不当に扱った親しい人と関係を絶ったと答えている。また(9人中)半数以上のトルコ系回答者と(9人中)ふたりのオランダ人回答者が、自分を不当に扱ったそれほど親しくはない人と関係を絶ったと答えている。次の文献を参照。Batja Mesquita, "Cultural Variations in Emotions: A Comparative Study of Dutch, Surinamese, and Turkish People in the Netherlands" (University of Amsterdam, 1993): 144.

62 Patricia M. Rodriguez Mosquera, Antony S. R. Manstead, and Agneta H. Fischer, "The Role of Honour Concerns in Emotional Reactions to Offences," *Cognition & Emotion* 16, no. 1 (2002): 143–63. この研究は、名誉の文化を擁するもうひとつの国スペインとオランダにおける侮辱を比較している。スペイン人学生は、架空の侮辱に対して怒りと同程度に強い恥を感じるだろうと答えたのに対し、オランダ人学生はそうは答えなかった。また大きな恥を感じるだろうと答えたスペイン人学生は、家族の名誉に対する脅威を感じた。

63 Mesquita, "Cultural Variations in Emotions." 私はある調査で、トルコ系回答者が、それらの状況によって自分自身や家族や内集団の敬意が大きな影響を受けたと見なしていることを確認している。次の文献を参照。Batja Mesquita, "Emotions in Collectivist and Individualist Contexts," *Journal of Personality and Social Psychology* 80, no. 1 (2001): 68–74. ウスクルらの研究に参加したトルコ系回答者も、アメリカ人回答者とは対照的に、名誉を毀損する状況によって家族や友人が持つ、自己に対する感情が大きく損なわれたと答えている。次の文献を参照。Uskul et al., "Honor Bound."

64 Uskul et al., "Honor Bound."

65 Patricia M. Rodriguez Mosquera, Leslie X. Tan, and Faisal Saleem, "Shared Burdens, Personal Costs on the Emotional and Social Consequences of Family Honor," *Journal of Cross Cultural Psychology* 45, no. 3 (2013): 400–16.

66 Rodriguez Mosquera, Tan, and Saleem, "Shared Burdens, Personal Costs on the Emotional and Social Consequences of Family Honor."

67 事実われわれが行なったある研究では、トルコでは恥ずべきできごとが頻繁に生じていると見なされていることが見出されている。次の文献を参照。Boiger et al., "Defending Honour, Keeping Face". また、次の文献も参照。Batja Mesquita and Nico H. Frijda, "Cultural Variations in Emotions: A Review," *Psychological Bulletin* 112, no. 2 (1992): 179–204.

68 Rodriguez Mosquera, "Cultural Concerns," 2018; Patricia M. Rodriguez Mosquera, "On the Importance of Family, Morality, Masculine, and Feminine Honor for Theory and Research," *Social and Personality Psychology Compass* 10, no. 8 (2016): 431–42.

69 たとえば次の文献を参照。Leung and Cohen, "Within- and between-Culture Variation" (variation on what they write on p. 3).

70 Abu-Lughod, Veiled Sentiments, 1986; Peristiany, "Honour and Shame in a Cypriot Highland"; Rodriguez Mosquera, "On the Importance of Family, Morality, Masculine, and Feminine Honor for Theory and Research."

71 Abu-Lughod, *Veiled Sentiments*.

72 Nico H. Frijda, *The Emotions* (Cambridge, UK: Cambridge University Press / Éditions de la Maison des Sciences de l'Homme, 1986).

73 Michael Boiger et al., "Protecting Autonomy, Protecting Relatedness: Appraisal Patterns of

1973年〕. この言葉は次の文献に引用されている。Sheikh, "Cultural Variations in Shame's Responses," 2014; Gershen Kaufman, *The Psychology of Shame: Theory and Treatment of Shame-Based Syndromes* (New York: Springer Publishing Co., 2004).

47 Jeffrey Stuewig et al., "Children's Proneness to Shame and Guilt Predict Risky and Illegal Behaviors in Young Adulthood," *Child Psychiatry and Human Development* 46, no. 2 (2015): 217–27. 臨床心理士の関心は、個々の恥の事例より「恥を感じやすい」個人に向けられてきた。

48 June P. Tangney and Ronda L. Dearing, *Shame and Guilt* (New York: Guilford Press, 2002), 93.

49 恥のインスタンスに共通するのは、それが他者による受け入れの要請であるか、少なくとも他者による受け入れが困難なことを認める点に存する。恥は、非権力者が権力者に従うという、服従から生じると主張する人もいる。次の文献を参照。Daniel M. T. Fessler, "Shame in Two Cultures: Implications for Evolutionary Approaches," *Journal of Cognition and Culture* 4, no. 2 (2004): 207–62. 次の文献も参照。Dacher Keltner and Lee-Anne Harker, "The Forms and Functions of the Nonverbal Signal of Shame," in *Shame: Interpersonal Behavior, Psychopathology, and Culture*, ed. P. Gilbert and B. Andrews (Oxford University Press, 1998), 78–98. 恥は、自分が低く評価された場合に限って生じるのではない (Fessler, 2004)。

50 Nassrine Azimi, "An Admirable Culture of Shame," *New York Times*, 2010, https://www.nytimes.com/2010/06/08/opinion/08iht-edazimi.html.

51 Steven J. Heine et al., "Is There a Universal Need for Positive Self-Regard?," *Psychological Review* 106, no. 4 (1999): 770.

52 Kimball A. Romney, Carmella C. Moore, and Craig D. Rusch, "Cultural Universals: Measuring the Semantic Structure of Emotion Terms in English and Japanese," *Proceedings of the National Academy of Sciences* 94, no. 10 (1997): 5489–94.

53 たとえば次の文献を参照。Hiroshi Azuma, "Two Modes of Cognitive Socialization in Japan and the United States," in *Cross-Cultural Roots of Minority Child Development*, ed. Patricia M. Greenfield and Rodney R. Cocking (Hillsdale, NJ: Psychology Press, 1994), 275–84; Akiko Hayashi, Mayumi Karasawa, and Joseph Tobin, "The Japanese Preschool's Pedagogy of Feeling: Cultural Strategies for Supporting Young Children's Emotional Development," *Ethos* 37, no. 1 (March 2009): 32–49.

54 心理学者の内田由紀子と北山忍は、類似の報告をしている。次の文献を参照。"Happiness and Unhappiness in East and West: Themes and Variations," *Emotion* 9, no. 4 (2009): 442. ここには次のようにある。「自己の目標の達成は、他者がそれを快く思う限りにおいて適切なものと見なされる。他者の嫉妬を招くようなら、目標を達成したという感覚は損なわれる」

55 たとえば次の文献を参照。Heine et al., "Is There a Universal Need for Positive Self-Regard?"; Shinobu Kitayama et al., "Individual and Collective Processes in the Construction of the Self: Self-Enhancement in the United States and Self-Criticism in Japan," *Journal of Personality and Social Psychology* 72, no. 6 (1997): 1245–67; Lewis, C. C. 1995. *Educating Hearts and Minds*. New York: Cambridge Press.

56 Kitayama, Mesquita, and Karasawa, "Cultural Affordances and Emotional Experience"; Boiger et al., "Condoned or Condemned." 同様に、(インドネシアのスマトラ島に位置する) ベンクルで暮らす回答者は、もっとも頻繁に感じる情動のひとつとして恥をあげている。それに対して南カリフォルニアの中流家庭の回答者は、もっとも感じることが少ない情動のひとつとしてあげている。次の文献を参照。D. M. T. Fessler, "Shame in Two Cultures: Implications for Evolutionary Approaches," *Journal of Cognition and Culture* 4, no. 2 (2004): 207–62.

57 Bagozzi, Verbeke, and Gavino, "Culture Mod-

した理由は、まさに英語の *anger* と日本語の「怒り」の意味が等価なのかがわれわれにはわからなかったからだ。つまりわれわれは、情動に関するストーリーを比較するにあたって言葉の意味の差異によって結果に偏向が生じることを防ぎたかったのである。これについては第6章を参照。

32 次の文献を参照。Solomon, "Getting Angry"; Solomon, *Not Passion's Slave*.

33 たとえば次の文献を参照。Helen B. Lewis, "Shame and Guilt in Neurosis," *Psychoanalytic Review* 58, no. 3 (1971): 419–38; June P. Tangney et al., "Are Shame, Guilt, and Embarrassment Distinct Emotions?," *Journal of Personality and Social Psychology* 70, no. 6 (1996): 1256–69.

34 Boiger et al., "Condoned or Condemned." アメリカ人大学生のあいだでは、他者によって個人的な欠陥が指摘されたというストーリーは、もっとも恥ずべきこととして評価されている。

35 おもに白人のアメリカ人大学生を対象に行なわれたある研究では、恥ずかしい思いをする可能性が高ければ高いほど、それだけそのような状況が生じる頻度は低いと判断されることが示唆されている。この研究で用いられたストーリーは、以前に自己報告された恥のストーリーに基づいている。回答者はそれらのストーリーを読み、その状況に自分が置かれた場合に感じると思われる恥の強さと頻度を評価した。次の文献を参照。Boiger et al., "Condoned or Condemned."

36 Richard P. Bagozzi, Willem Verbeke, and Jacinto C. Gavino, "Culture Moderates the Self-Regulation of Shame and Its Effects on Performance: The Case of Salespersons in the Netherlands and the Philippines," *Journal of Applied Psychology* 88, no. 2 (2003): 219–33.

37 恥に関するストーリーは、最終的な研究には参加していない企業の金融部門の販売員から収集されている。Bagozzi, Verbeke, and Gavino, "Culture Moderates the Self-Regulation of Shame and Its Effects on Performance." この論文には、それらのストーリーが選択された経緯に関する詳細が記述されていない。

38 恥の主観的感覚を測定するためにこれらの項目が用いられている。Bagozzi, Verbeke, and Gavino, "Culture Moderates the Self-Regulation of Shame and Its Effects on Performance," 232.

39 Bagozzi, Verbeke, and Gavino, "Culture Moderates the Self-Regulation of Shame and Its Effects on Performance," 220.

40 ここで私はバゴッツィらが用いているものとはやや異なる言葉を用いているとはいえ、私の言葉は彼らが用いているものと同じ質問票項目に基づいている。すべての発見は自己報告に基づく。

41 Boiger et al., "Condoned or Condemned". この研究で用いられているストーリーは、名前が架空である点を除けば以前の研究で報告された現実世界での経験である。正確なストーリーは、論文の補足説明で確認することができる。

42 Sana Sheikh, "Cultural Variations in Shame's Responses," *Personality and Social Psychology Review* 18, no. 4 (2014): 387–403; Alexander Kirchner et al., "Humiliated Fury Is Not Universal: The Co-Occurrence of Anger and Shame in the United States and Japan," *Cognition and Emotion* 32, no. 6 (2018): 1317–28.

43 この言葉はルイスの造語による。Lewis, "Shame and Guilt in Neurosis."

44 たとえば次の文献を参照。June P. Tangney et al., "Shamed into Anger? The Relation of Shame and Guilt to Anger and Self-Reported Aggression," *Journal of Personality and Social Psychology* 62, no. 4 (1992): 669–75.

45 自己の責任を外部に転嫁しない受刑者が感じた恥は、釈放後の再犯の少なさを予測する。次の文献を参照。June P. Tangney, Jeffrey Stuewig, and Andres G. Martinez, "Two Faces of Shame: The Roles of Shame and Guilt in Predicting Recidivism," *Psychological Science* 25, no. 3 (2014): 799–805.

46 たとえば次の文献を参照。Karen Horney, *The Neurotic Personality of Our Time* (New York: W. W. Norton & Company, 1937)〔『現代の神経症的人格』我妻洋訳、誠信書房、

tion of Inflammation and Cardiovascular Risk," Psychological Science 26, no. 2 (2015): 211–20. 日本では、怒りの発露は健康リスクにあまり結びつかないが、アメリカでは結びつく。彼らの実験の研究協力者は、中年の日本人とアメリカ人から成る。生物学的な健康リスクはふたつの炎症尺度とふたつの心血管系機能不全尺度を用いて測定されている。論文の著者らは、怒りの意味の違いが文化的な結びつきの相違の原因なのかもしれないと述べている(怒りは、日本では権力や支配の指標と、アメリカではフラストレーションの指標と見なされている)。これは、追跡調査を実施するに値するすぐれた仮説である(だから私は本文で言及した)。

21 Larissa Z. Tiedens, "Anger and Advancement versus Sadness and Subjugation: The Effect of Negative Emotion Expression on Social Status Conferral," *Journal of Personality and Social Psychology* 80, no. 1 (2001): 86–94.

22 次の文献から引用した。Stearns, *American Cool*, 25. 男性の怒りも非難されたが、「女性の怒りは男性の怒りより悪いものと見なされた(25頁)」。

23 Victoria L. Brescoll and Eric Luis Uhlmann, "Can an Angry Woman Get Ahead?," *Psychological Science* 19, no. 3 (2008): 268–75. 次の文献から引用した。Maureen Dowd, "Who's Hormonal? Hillary or Dick?," *New York Times*, February 8, 2006. この記事は次の文献に引用されている。Brescoll and Uhlmann, "Can an Angry Woman Get Ahead?," 2008, p. 268.

24 女性の求職者のあいだでは、悲しみや怒りを表現せず、何の情動も示さなかった人は、すぐれたリーダーになる素質を持つと評価された。怒りを見せた男性は中立的に見えた男性とともに有能だと評価された。Brescoll and Uhlmann, "Can an Angry Woman Get Ahead?".

25 Davin Phoenix, "Anger Benefits Some Americans Much More than Others," *New York Times*, June 6, 2020, https://www.nytimes.com/2020/06/06/opinion/george-floyd-protests-anger.html?referringSource=articleShare.

26 Edward L. Schieffelin, "Anger and Shame in the Tropical Forest: On Affect as a Cultural System in Papua New Guinea," *Ethos* 11, no. 3 (1983): 181–91. 引用は183頁から。カルリの人々の場合、女性の怒りのダイナミクスが男性のものと同じか否かは定かでない。

27 世界には数々の名誉の文化が存在し、私の知る限り、そこでは怒りは名誉の主張や回復の役割を果たすものとされている。地中海地方の名誉の文化を取り上げた人類学の業績は多数存在する。著名な文献に次のものがある。Lila Abu-Lughod, *Veiled Sentiments: Honor and Poetry in a Bedouin Society* (Berkeley: University of California Press, 1986); J. G. Peristiany, *Honour and Shame: The Values of Mediterranean Society* (Chicago: University of Chicago Press, 1974).

28 Ayse K. Uskul et al., "Honor Bound: The Cultural Construction of Honor in Turkey and the Northern United States," *Journal of Cross Cultural Psychology* 43, no. 7 (2012): 1131–51; Angela K.-Y. Leung and Dov Cohen, "Within- and between-Culture Variation: Individual Differences and the Cultural Logics of Honor, Face, and Dignity Cultures," *Journal of Personality and Social Psychology* 100, no. 3 (2011): 507–26.

29 Richard E. Nisbett and Dov Cohen, *Culture of Honor: The Psychology of Violence in the South* (Boulder, CO: Westview Press, 1996). 引用は5頁から。最初の「臆病実験」は、次の文献に報告されている。D. Cohen et al., "Insult, Aggression, and the Southern Culture of Honor: An 'Experimental Ethnography,'" *Journal of Personality and Social Psychology* 70, no. 5 (1996): 945–60.

30 家族を分離する政策はトランプ政権のもとで導入され、2018年4月から2018年6月までアメリカとメキシコの国境に適用されていた。この政策のもとで4000人以上が親から分離され、その後親に再会していない子どももいる。次の記事を参照。"Immigration Policy of Donald Trump," Wikipedia, 2021, https://en.wikipedia.org/wiki/Immigration_policy_of_Donald_Trump.

31 怒りそれ自体ではなく怒りの要因から着手

(September 2000): 1121–42.

4 Michael Boiger et al., "Condoned or Condemned: The Situational Affordance of Anger and Shame in the United States and Japan," *Personality and Social Psychology Bulletin* 39, no. 4 (2013): 540–53; Michael Boiger et al., "Defending Honour, Keeping Face: Interpersonal Affordances of Anger and Shame in Turkey and Japan," *Cognition and Emotion* 28, no. 7 (January 3, 2014): 1255–69; Owen Flanagan, *How to Do Things with Emotions: The Morality of Anger and Shame across Cultures* (Princeton, NJ: Princeton University Press, 2021).

5 Robert C. Solomon, Not Passion's Slave: Emotions and Choice (Oxford, UK: Oxford University Press, 2003), 88. 怒りに関する鋭い分析のなかで、彼はそれを「判断的な情動、不正の知覚」と呼び、「怒りは（あからさまであるか否かを問わず）告発することである」と述べている。

6 次の文献を参照。Michael Boiger and Batja Mesquita, "The Construction of Emotion in Interactions, Relationships, and Cultures," *Emotion Review* 4, no. 3 (2012): 221–29; Emily A. Butler and Ashley K. Randall, "Emotional Coregulation in Close Relationships," *Emotion Review* 5, no. 2 (2013): 202–10; Parkinson, *Heart to Heart*.

7 この発見は次の文献に報告されている。Jiyoung Park et al., "Social Status and Anger Expression: The Cultural Moderation Hypothesis," *Emotion* 13, no. 6 (2013): 1122–31.

8 Stearns, *American Cool*.

9 Carol Z. Stearns, "'Lord Help Me Walk Humbly': Anger and Sadness in England and America, 1570–1750." 興味深いことにスターンズによれば、ほとんどの日記作者は自分の内面生活に関心がなかったそうだ。自己の感情に着目した日記作者も、怒った自分について書くことはなかった。スターンズが報告している日記からの引用は，次の文献に基づく。Lord, 41.

10 Richard A. Shweder et al., "The Cultural Psychology of the Emotions: Ancient and Renewed," in *Handbook of Emotions*, ed. Michael Lewis, Jeannette M. Haviland-Jones, and Lisa F. Barrett, 3rd ed. (New York: Guilford Press, 2008), 409–27.

11 Lutz, *Unnatural Emotions*.

12 Owen Flanagan, "Introduction: The Moral Psychology of Anger," in *The Moral Psychology of Anger*, ed. Myisha Cherry and Owen Flanagan (London: Rowman & Littlefield International Ltd., 2018), vii–xxxi; Flanagan, *How to Do Things with Emotions*. 次の文献も参照。B. H. Rosenwein, *Anger. The Conflicted History of an Emotion* (New Haven, CT: Yale University Press, 2020)〔『怒りの人類史――ブッダからツイッターまで』高里ひろ訳、青土社、2021年〕.

13 Boiger et al., "Condoned or Condemned: The Situational Affordance of Anger and Shame in the United States and Japan"; Shinobu Kitayama, Batja Mesquita, and Mayumi Karasawa, "Cultural Affordances and Emotional Experience," *Journal of Personality and Social Psychology* 91, no. 5 (2006): 890–903.

14 Park et al., "Social Status and Anger Expression". 文化的な相違が一方のジェンダーに限られることを示す証拠は得られていない。

15 Kitayama, Mesquita, and Karasawa, "Cultural Affordances and Emotional Experience," Study 2.

16 この議論は、次の文献で（最初に）提起された。Robert C. Solomon in "Getting Angry: The Jamesian Theory of Emotion in Anthropology," 1984, 249. 彼の見方では、正当性、非難、責任、そしてそれゆえ「怒り」は文化に結びついた概念なのである。

17 L. Z. Tiedens, P. C. Ellsworth, and B. Mesquita, "Sentimental Stereotypes: Emotional Expectations for High- and Low-Status Group Members," *Personality & Social Psychology Bulletin* 26, no. 5 (2000): 560–74.

18 Lutz, *Unnatural Emotions*.

19 Park et al., "Social Status and Anger Expression."

20 Shinobu Kitayama et al., "Expression of Anger and Ill Health in Two Cultures: An Examina-

人格を育むための一手段として子どもの情動や欲求に焦点を絞る。それに対して労働者階級の家庭では、自分自身を信頼し、困難に対処するためのひとつの手段として堅固な境界を引くよう子どもに教える。次の文献を参照。"De-Homogenizing American Individualism: Socializing Hard and Soft Individualism in Manhattan and Queens," Ethos 27, no. 2 (1999): 210–34. ミラーとスペリーの研究に参加したサウスボルチモアの母親たちは、ハードな防御的個人主義の育成を目指し、その点で子どもの感情より行動に関心を抱いていると思われる。

58 Jean L. Briggs, *Never in Anger: Portrait of an Eskimo Family* (Cambridge, MA: Harvard University Press, 1970): 111.「彼女の敵意は攻撃ではなく不機嫌の形態をとった。受動的ではあれ、そこには社会の要求に対する徹底的な反抗が見て取れた」というくだりは、137頁にある。Copyright © 1970 by the President and Fellows of Harvard College.

59 もちろん、あらゆる養育が文化的に重視されるおとなに育てることを目標としているわけではない。両親の実践の多くは、文化的な価値観が関わってくることはあったとしても、子どもの安全を確保し、十分に食べさせることを目的としている。たとえば次の文献を参照。Richard A. Shweder, Lene A. Jensen, and William M. Goldstein, "Who Sleeps by Whom Revisited: A Method for Extracting the Moral Goods Implicit in Practice," in *Cultural Practices as Contexts for Development*, vol. 67, 1995, 21–39; Keller, Cultures of Infancy; Patricia M. Greenfield et al., "Cultural Pathways Through Universal Development," *Annual Review of Psychology* 54, no. 1 (2003): 461–90.

60 Birgitt Röttger-Rössler et al., "Learning (by) Feeling: A Cross-Cultural Comparison of the Socialization and Development of Emotions," *Ethos* 43, no. 2 (2015): 188.

61 他にも例はあまたある。バラ族のコミュニティーや、多くのアフリカ系アメリカ人の家庭では、両親は殴打を（適切な怖れの感覚を植えつける）養育手段として用いている。また殴打は子どもの統合性を軽んじるとして非難の対象になる文化もある。ヨーロッパ系アメリカ人の中流家庭では、両親は乳児に語りかける。人類学者の話によれば、（ケニア西部で暮らす）グシイ族の場合、母親は「乳児に語りかけるのは愚かだ」と言う。次の文献を参照。Robert A. LeVine et al., *Communication and Social Learning during Infancy* (Cambridge, UK: Cambridge University Press, 1994); N. Quinn and H. F. Mathews. 2016. "Emotional Arousal in the Making of Cultural Selves." *Anthropological Theory* 16 (4): 359–89.

62 次の文献に類似の見方が見受けられる。Quinn and Otto, "Emotional Arousal in the Making of Cultural Selves."

第4章 「正しい」情動と「間違った」情動

1 Batja Mesquita and Nico Frijda, "Cultural Variations in Emotions: A Review," *Psychological Bulletin* 112, no. 2 (1992): 179–204.

2 Batja Mesquita, "Emotions as Dynamic Cultural Phenomena," in *Handbook of Affective Sciences*, ed. Richard J. Davidson, Klaus R. Scherer, and H. Hill Goldsmith (Oxford, UK: Oxford University Press, 2003), 871–90; Batja Mesquita, Michael Boiger, and Jozefien De Leersnyder, "The Cultural Construction of Emotions," *Current Opinion in Psychology* 8 (2016): 31–36; Batja Mesquita and Janxin Leu, "The Cultural Psychology of Emotion," in *Handbook of Cultural Psychology*, ed. Shinobu Kitayama and Dov Cohen (New York: Guilford Press, 2007), 734–59; Tsai and Clobert, "Cultural Influences on Emotion: Empirical Patterns and Emerging Trends."

3 Fred Rothbaum et al., "The Development of Close Relationships in Japan and the United States: Paths of Symbiotic Harmony and Generative Tension," *Child Development* 71, no. 5

waii, 1972); William Caudill and Helen Weinstein, "Maternal Care and Infant Behavior in Japan and America," *Psychiatry* 32, no. 1 (1969): 12–43. 同様に日本人の母親は、同研究に参加し乳児を刺激しようとしたアメリカ人（おそらくは白人）の母親と比べて、乳児をなだめようとすることが多いとある。最近の事例に関するすぐれた概観は、次の文献を参照。Jeanne L Tsai, "Ideal Affect: Cultural Causes and Behavioral Consequences," *Perspectives on Psychological Science* 2, no. 3 (2007): 245.

44 Keller and Otto, "The Cultural Socialization of Emotion Regulation during Infancy," 1004.

45 Heidi Keller, *Cultures of Infancy* (New York: Psychology Press, 2009).

46 Jeanne L Tsai et al., "Learning What Feelings to Desire: Socialization of Ideal Affect through Children's Storybooks," *Personality and Social Psychology Bulletin* 33, no. 1 (2007): 17–30.

47 Fung and Chen, "Across Time and beyond Skin," 432. Copyright © 2001 by Wiley. Reprinted by permission of John Wiley and Sons Journals.

48 Jeanne L. Tsai et al., "Influence and Adjustment Goals: Sources of Cultural Differences in Ideal Affect," *Journal of Personality and Social Psychology* 92, no. 6 (2007): 1102–17; Tsai, "Ideal Affect: Cultural Causes and Behavioral Consequences."

49 Tsai et al., "Influence and Adjustment Goals," 2007.

50 Keller, Cultures of Infancy; Keller and Otto, "The Cultural Socialization of Emotion Regulation during Infancy."

51 Bright Horizons Education Team, "Toddlers and Twos: Parenting during the 'No' Stage," *Bright Horizons*, accessed February 10, 2021, https://www.brighthorizons.com/family-resources/toddlers-and-twos-the-no-stage.

52 Carl E. Pickhardt, "Adolescence and Anger" *Psychology Today*, July 26, 2010, https://www.psychologytoday.com/us/blog/surviving-your-childs-adolescence/201007/adolescence-and-anger.

53 Pamela M. Cole, Carole J. Bruschi, and Babu L. Tamang, "Cultural Differences in Children's Emotional Reactions to Difficult Situations," *Child Development*, 2002. The eraser vignette appears on p. 993. Copyright © 2002 by the Society for Research in Child Development. Reprinted by permission of John Wiley and Sons Journals.

54 Cole, Bruschi, and Tamang, "Cultural Differences in Children's Emotional Reactions to Difficult Situations," 992. Copyright © 2002 by the Society for Research in Child Development. Reprinted by permission of John Wiley and Sons Journals.

55 Kornadt and Tachibana, "Early Child-Rearing and Social Motives after Nine Years: A Cross-Cultural Longitudinal Study"; Trommsdorff and Kornadt, "Parent-Child Relations in Cross-Cultural Perspective".「私を怒らせようとしている」というくだりは次の文献の296頁にある。Trommsdorff and Kornadt, "Parent-Child Relations in Cross-Cultural Perspective."

56 Peggy Miller and Linda L. Sperry, "The Socialization of Anger and Aggression," Merril-Palmer Quarterly 33, no. 1 (1987): 1–31. Reprinted by permission of the publisher (Taylor & Francis Ltd, http://www.tandfonline.com). 彼らは8か月にわたり（3週間ごとに1度）母親と娘のやり取りを追跡しビデオに収録した。「不正な扱いを受けたときには、強くあること、傷ついた感情を抑えること、自己防衛すること」というくだりは18頁、「息子は、いつものようにいじけ始めました」で始まるストーリーは12頁、「けんかしてでもほしくないの？」で始まるやり取りは21頁、「おしゃぶり」をめぐるウェンディのかんしゃくは21～22頁に記述されている。

57 社会学者のアドリー・クセローはソフトな個人主義とハードな防御的個人主義を区別し、ニューヨークにおける上層中流家庭と労働者階級の家庭の子どもの養育について述べている。中流家庭では、両親は独自の

msdorff and Kornadt, 296.

33 この結論は次の文献に基づく。Hans-Joachim Kornadt and Yoshiharu Tachibana, "Early Child-Rearing and Social Motives after Nine Years," 1999 (reprinted as "Early Child-Rearing and Social Motives after Nine Years: A Cross-Cultural Longitudinal Study," *Merging Past, Present, and Future in Cross-Cultural Psychology*, 2020, 429–41). 彼らはシナリオを用いて「社会的動機」のさまざまな構成要素を刺激している。論文では、この方法について詳細に説明されていない。

34 T. Doi, "Amae: A Key Concept for Understanding Japanese Personality Structure," in *Japanese Culture: Its Development and Characteristics*, ed. R. J. Smith and R. K. Beardsley (Psychology Press, 1962), 132–52; Michael Boiger, Yukiko Uchida, and Igor de Almeida, "Amae, Saudade, Schadenfreude," in *The Routledge Handbook of Emotion Theory*, ed. Andrea Scarantino (New York: Taylor & Francis, n.d.).

35 Takie S. Lebra, *Japanese Patterns of Behaviour* (Honolulu: University of Hawaii Press, 1976), 38.

36 Fred Rothbaum et al., "The Development of Close Relationships in Japan and the United States: Paths of Symbiotic Harmony and Generative Tension," *Child Development* 71, no. 5 (September 2000): 1121–42; Takie S. Lebra, "Mother and Child in Japanese Socialization: A Japan-U.S. Comparison," in *Cross-Cultural Roots of Minority Child Development*, ed. Patricia M. Greenfield and Rodney R. Cocking (Hillsdale, NJ: Lawrence Erlbaum Associates, 1994), 259–74; Hiroshi Azuma, "Two Modes of Cognitive Socialization in Japan and the United States," in *Cross-Cultural Roots of Minority Child Development*, ed. Patricia M. Greenfield and Rodney R. Cocking (Hillsdale, NJ: Psychology Press, 1994), 275–84.

37 Lebra, "Mother and Child in Japanese Socialization"; Azuma, "Two Modes of Cognitive Socialization in Japan and the United States"; Heine et al., "Is There a Universal Need for Positive Self-Regard?"

38 Akiko Hayashi, Mayumi Karasawa, and Joseph Tobin, "The Japanese Preschool's Pedagogy of Feeling: Cultural Strategies for Supporting Young Children's Emotional Development," *Ethos* 37, no. 1 (March 2009): 32–49. 37頁、38頁、46頁から引用した。

39 Joseph Tobin, Yeh Hsueh, and Mayumi Karasawa, *Preschool in Three Cultures Revisited: China, Japan, and the United States* (Chicago: University of Chicago Press, 2009), e.g., 110.

40 類似の推測は次の文献にも見られる。Lebra, "Mother and Child in Japanese Socialization"; Azuma, "Two Modes of Cognitive Socialization in Japan and the United States"; Rothbaum et al., "The Development of Close Relationships in Japan and the United States."

41 Heidi Keller and Hiltrud Otto, "The Cultural Socialization of Emotion Regulation during Infancy," *Journal of Cross-Cultural Psychology* 40, no. 6 (November 2009): 1002.「よい子はいつも穏やかにしています」というくだりは、1003頁にある。

42 ケラーらは、「愛着」を測定するために用いられている「ストレンジシチュエーション」という実験方法を文化に適応させて作り直した。この方法では、母親たちは乳児を置き去りにし、そこへ見知らぬ人が入ってくる。欧米の乳児の多くは、その時点で泣いたりめそめそしたりし始めたが、ンソの乳児の多くはいかなる情動も示さなかった。ケラーの指摘によれば「この行動は、欧米の中流家庭の乳児が示す態度とは決定的に異なる。欧米の乳児は見知らぬ人がいるとストレスを感じ、母親がいると安心する」。次の文献を参照。Keller and Otto, "The Cultural Socialization of Emotion Regulation during Infancy," 1007.

43 1960年代から70年代にかけて行なわれた研究に基づく。特に次の文献を参照。William Caudill and Lois Frost, "A Comparison of Maternal Care and Infant Behavior in Japanese-American, American, and Japanese Families," in W. P. Lebra (ed.), *Youth, Socialization, and Mental Health* (University Press of Ha-

wa, "Self-Conscious Emotions as Dynamic Cultural Processes," *Psychological Inquiry* 15 (2004): 161–66; Röttger-Rössler et al., "Socializing Emotions in Childhood."

21 Fung and Chen, "Across Time and beyond Skin," 2001. アクシンの母親は43頁に登場する。Copyright © 2001 by Wiley. Reprinted by permission of John Wiley and Sons Journals.

22 Röttger-Rössler et al., "Socializing Emotions in Childhood," 273. Reprinted by permission of the publisher (Taylor & Francis Ltd, http://www.tandfonline.com).

23 Röttger-Rössler et al., "Socializing Emotions in Childhood," 274. バラ族に関する他の引用は、275頁と277頁に見られる。Reprinted by permission of the publisher (Taylor & Francis Ltd, http://www.tandfonline.com).

24 ここで社会化の情動について完全に説明するつもりはないが、怖れが中心的な社会化の情動として機能しているコミュニティーの例は他にもある。ラッツの *Unnatural Emotions* によれば、イファルク族の怖れ（*metagu*）は、他者、とりわけ年長者の *song*（正当化可能な怒り）に引き続いて生じ、それを予測する。また、子どもをさらって食べると言われている一種の亡霊の脅しによって引き起こされる。それは子どもをしかるべき立場に置くために用いられる。ガーナ西部の漁村で暮らすファンティ族のあいだでも、怖れ（*suro adze*）は社会化の情動として機能する（Quinn, "Universals of Child Rearing"）。殴打は怖れを喚起するための主たる手段であり、「態度の悪い子どもに警告を発し、悪さを予防するために、杖がこれ見よがしに置かれている家庭もある（493頁）」。

25 「野外調査、ならびに地域別人間関係資料（HRAF）に基づいて言えば、親による懲罰は子どもの攻撃性を高め、それに対して親の暖かさや寛容さは緩和するようだ（……）。加えて、厳格で攻撃的な通過儀礼は報復を動機づけることを目的としており、（……）「悪意のある」神々の存在を信じる文化のもとでは、幼い子どもたちは、社会化の過程で攻撃されたり傷つけられたりし、より攻撃的になる」。次の文献を参照。Gisela Trommsdorff and Hans-Joachim Kornadt, "Parent-Child Relations in Cross-Cultural Perspective," in *Handbook of Dynamics in Parent-Child Relations*, ed. Leon Kuczynski (London: Sage, 2003), 295.

26 次の文献から引用した。P. N. Stearns, *American Cool*, 62.

27 David Hunt, 1970. 次の文献に引用されている。Carol Z. Stearns, " 'Lord Help Me Walk Humbly': Anger and Sadness in England and America, 1570–1750," in *Emotion and Social Change: Toward a New Psychohistory*, ed. Carol Z. Stearns and Peter N. Stearns (Teaneck, NJ: Holmes & Meier, 1988), 49.

28 Stearns, *American Cool*, 22.

29 母性愛を強調する方向へと変化した背景には、いくつかの歴史的な経緯があったと考えられる。歴史家たちは、家族関係におけるこの変化の原因を子どもの死亡率の低下、家族の縮小、産業化（核家族自体に対する焦点化をもたらした）に求めている。

30 次の文献から引用した。Stearns, *American Cool*, 20.「愛情に満ちた母親に育てられた子どもは、そのようなモデルに従うよう望まざるを得ない」という次の引用は次の文献による。Stearns, *American Cool*, 35.

31 第4章で見るように、愛情は子どもにある程度の自立心を与える。しかし愛情は、日常生活において家族がバラバラになり、結束力が失われつつある社会で社会的な接着剤の役割を果たしていると見ることもできる。この推測はスターンズの *American Cool* によって啓発されたものではあれ、彼がはっきりとそう述べているわけではない。

32 Hans-Joachim Kornadt and Yoshiharu Tachibana, "Early Child-Rearing and Social Motives after Nine Years: A Cross-Cultural Longitudinal Study," in *Merging Past, Present, and Future in Cross-Cultural Psychology*, ed. Walter J. Lonner et al. (London: Swets & Zeitlinger, 1999), 429–41; Trommsdorff and Kornadt, "Parent-Child Relations in Cross-Cultural Perspective," 2003. 次の文献から引用した。Trom-

あるより結果として生じるらしい。次の文献を参照。Roy F. Baumeister et al., "Does High Self-Esteem Cause Better Performance, Interpersonal Success, Happiness, or Healthier Lifestyles?," *Psychological Science in the Public Interest* 4, no. 1 (2003): 1–44.

6 Miller et al., "Self-Esteem as Folk Theory." Reprinted by permission of the publisher (Taylor & Francis Ltd, http://www.tandfonline.com).

7 P. J. Miller, H. Fung, and J. Mintz, "Self-Construction through Narrative Practices: A Chinese and American Comparison of Early Socialization," *Ethos* 24, no. 2 (1996): 258.

8 たとえば次の文献を参照。Heidi Keller et al., "Cultural Models, Socialization Goals, and Parenting Ethnotheories: A Multicultural Analysis," *Journal of Cross-Cultural Psychology* 37, no. 2 (March 2006): 155–72.

9 Naomi Quinn and Holly F. Mathews, "Emotional Arousal in the Making of Cultural Selves," *Anthropological Theory* 16, no. 4 (December 1, 2016): 359–89, 376.

10 Miller et al., "Self-Esteem as Folk Theory"; Quinn, "Universals of Child Rearing"; Quinn and Mathews, "Emotional Arousal in the Making of Cultural Selves."

11 Pamela Li, "Top 10 Good Parenting Tips — Best Advice," *Parenting for Brain*, February 3, 2021, https://www.parentingforbrain.com/how-to-be-a-good-parent-10-parenting-tips/

12 Miller et al., "Self-Esteem as Folk Theory." Reprinted by permission of the publisher (Taylor & Francis Ltd, http://www.tandfonline.com).

13 たとえば次の文献を参照。Tamara J. Ferguson et al., "Guilt, Shame, and Symptoms in Children," *Developmental Psychology* 35, no. 2 (1999): 347–57; So Young Choe, Jungeun Olivia Lee, and Stephen J. Read, "Self - concept as a Mechanism through Which Parental Psychological Control Impairs Empathy Development from Adolescence to Emerging Adulthood," *Social Development* 29, no. 3 (2020): 713–31.

14 Arash Emamzadeh, "Do Not Spank Your Children," *Psychology Today*, 2018, https://www.psychologytoday.com/sg/blog/finding-new-home/201809/do-not-spank-your-children.

15 Mark R. Lepper, "Social Control Processes and the Internalization of Social Values: An Attributional Perspective," *Social Cognition and Social Development*, 1983; Judith G. Smetana, "Parenting and the Development of Social Knowledge Reconceptualized: A Social Domain Analysis," in *Parenting and the Internalization of Values*, ed. J. E. Grusec and L. Kuczynski (New York: John Wiley & Sons, Inc., 1997), 162–92.

16 たとえば次の文献を参照。Diana Baumrind, "Current Patterns of Parental Authority," *Developmental Psychology* 4, no. 1, Pt. 2 (1971): 1–103; Judith G. Smetana, "Parenting Styles and Conceptions of Parental Authority during Adolescence," *Child Development*, 1995, 299–316.

17 Röttger-Rössler et al., "Socializing Emotions in Childhood."

18 Fung, "Becoming a Moral Child: The Socialization of Shame among Young Chinese Children."

19 Miller et al., "Self-Esteem as Folk Theory," 2002. 自尊心に対応する言葉を欠く言語は枚挙にいとまがない。日本語に関しては、次の文献を参照。Steven J. Heine et al., "Is There a Universal Need for Positive Self-Regard?," *Psychological Review* 106, no. 4 (1999): 766–94. また自尊心という言葉には否定的な意味が含まれる文化もある。クインによれば、あるイヌイットの女性はブリッグスに自分をまったくの善人と考えることの危険性を語ったそうだ。次の文献を参照。Quinn, "Universals of Child Rearing," 496.

20 Heidi Fung and Eva C.-H. Chen, "Across Time and beyond Skin: Self and Transgression in the Everyday Socialization of Shame among Taiwanese Preschool Children," *Social Development* 10, no. 3 (2001): 419–37; Jin Li, Lianqin Wang, and Kurt W. Fisher, "The Organisation of Chinese Shame Concepts," *Cognition and Emotion* 18, no. 6 (2004): 767–97; Batja Mesquita and Mayumi Karasa-

73 Gerben A. Van Kleef, Carsten K. W. De Dreu, and Antony S. R. Manstead, "The Interpersonal Effects of Emotions in Negotiations: A Motivated Information Processing Approach," *Journal of Personality and Social Psychology* 87, no. 4 (October 2004): 510–28.

74 この問いは次の文献の「はじめに」から引用。Nico H. Frijda, "The Evolutionary Emergence of What We Call 'Emotions,' " *Cognition & Emotion* 30, no. 4 (2016), 609–20.

75 この問いは次の文献から引用。Kaat Van Acker et al., "Hoe Emoties Verschillen Tussen Culturen," in *Handboek Culturele Psychiatrie En Psychotherapie*, 2nd ed. (Amsterdam: De Tijdstroom, 2020), 163–78.

76 Hochschild, *The Managed Heart*, 1983.

77 Carol Tavris, *Anger: The Misunderstood Emotion* (New York: Simon & Schuster, 1989), 144; Keith Oatley, Dacher Keltner, and Jennifer M. Jenkins, *Understanding Emotions*, 2nd ed. (Malden, MA: Wiley, 2006), 305.

78 Susan Goldberg, Sherri MacKay-Soroka, and Margot Rochester, "Affect, Attachment, and Maternal Responsiveness," *Infant Behavior and Development* 17, no. 3 (1994): 335–39.

79 怒りの表現の差異については次の文献を参照。Leslie R. Brody, Judith A. Hall, and Lynissa R. Stokes, "Gender and Emotion: Theory, Findings, and Context," in *Handbook of Emotions*, ed. Lisa F. Barret, Michael Lewis, and Jeannette M. Haviland-Jones, 4th ed. (New York: Guilford Press, 2016), 369–92. 本書の第4章で取り上げた事例も参照。

80 Tavris, *Anger*, 133–34. もとの実験は次の文献を参照。Jack E. Hokanson, K. R. Willers, and Elizabeth Koropsak, "The Modification of Autonomic Responses during Aggressive Interchange," *Journal of Personality* 36, no. 3 (1968): 386–404.

81 次の文献を参照。Beatty, *Emotional Worlds: Beyond an Anthropology of Emotion*. ビーティーは、ベッドフォードに従って次のように示唆している。情動語は感情に名前をつけるためではなく、感情が生じやすい行動の文脈を記述するために用いられる。特定の言葉が身体化に依拠していなかったとしても、身体感覚は生じうる。

第3章　子どもの育てかた

1 それには客観的な自己認識を要する、つまり子どもは自己に注意を向ける必要があると考えられている。この認知的な指標は、2歳の後半になるまでは得られないとされている。次の文献を参照。Michael Lewis and Dennis P. Carmody, "Self-Representation and Brain Development," *Developmental Psychology* 44, no. 5 (2008): 1329–34.

2 Heidi Fung, "Becoming a Moral Child: The Socialization of Shame among Young Chinese Children," *Ethos* 27, no. 2 (1999): 180–209; Heidi Fung and Eva C.-H. Chen, "Affect, Culture, and Moral Socialization: Shame as an Example," in *Emotion, Affect, and Culture*, ed. T. L. Hu, M. T. Hsu, and K. H. Yeh (Taipei, Taiwan: Institute of Ethnology, Academie Sinica, 2002), 17–48. 以下の引用は、次の文献から得た。Fung, "Becoming a Moral Child," 202–203. Copyright © 1999 by the American Anthropological Association. Reprinted by permission of John Wiley and Sons Journals.

3 Naomi Quinn, "Universals of Child Rearing," *Anthropological Theory* 5, no. 4 (December 1, 2005): 505.

4 Peggy J. Miller et al., "Self-Esteem as Folk Theory: A Comparison of European American and Taiwanese Mothers' Beliefs," *Parenting: Science and Practice* 2, no. 3 (August 2002): 209–39.

5 シカゴ在住の母親の自尊心をめぐる考えは、心理学者による発見におおむね一致する。バウマイスター、キャンベル、クルーガー、ヴォスは、（基本的にアメリカ人の標本に基づいた）研究を要約して、自尊心が幸福感や自発性の向上に密接に関連すると述べている。自尊心は、学業の成功の前提条件で化とMINE型情動が浸透している文化のもとでは、情動表現の操作に非常に異なる意味があることを示唆している。

61 Christina Maslach and Susan E. Jackson, "The Measurement of Experienced Burnout," *Journal of Organizational Behavior* 2, no. 2 (April 1, 1981): 99–113. 用いられている尺度は、情動的疲労(たとえば「この仕事をして精神的に疲れている」)、離人感(たとえば「この仕事を始めてから、人に対して冷淡になった」)、個人的な業績(たとえば「この仕事を通じて人々の生活によい影響を与えていると感じる」)を測定するものである。

62 Iris B. Mauss and Emily A. Butler, "Cultural Context Moderates the Relationship between Emotion Control Values and Cardiovascular Challenge versus Threat Responses," *Biological Psychology* 84, no. 3 (2010): 521–30.

63 情動コントロール値(EVC)の測定には次の6項目が用いられている。(1)「人はあからさまに情動を表現すべきではない」(2)「自己の感情をつねに表現することは間違っている」(3)「抑圧された情動を解放することはよいことである」(逆判定)(4)「強い感情に圧倒されたときには情動を示すべきである」(逆判定)(5)「一般に人は、自己の情動をもっとコントロールすべきである」(6)「ネガティブなものであろうがポジティブなものであろうが、情動を表現することは妥当だと思う」(逆判定)。

64 行動は2名の判定者によってコード化されている。判定者の文化的な背景は特に記述されていない。次の文献を参照。Mauss and Butler, "Cultural Context Moderates the Relationship between Emotion Control Values and Cardiovascular Challenge versus Threat Responses").

65 Lutz, *Unnatural Emotions*, 33.

66 私信による(2020年12月9日)。

67 Batja Mesquita and Nico H. Frijda, "Cultural Variations in Emotions: A Review," *Psychological Bulletin* 112, no. 2 (1992): 197. 次の文献も参照。Marcel Mauss, "L'Expression Obligatiore Des Sentiments: Rituels Oraux Funeraires Australiens," *Journal de Psychologie* 18, no. 1 (1921): 425–33; Michelle Z. Rosaldo, *Knowledge and Passion: Ilongot Notions of Self and Social Life, An Interdisciplinary Journal for Cultural Studies* (Cambridge, UK: Cambridge University Press, 1980).

68 Birgitt Röttger-Rössler et al., "Socializing Emotions in Childhood: A Cross-Cultural Comparison between the Bara in Madagascar and the Minangkabau in Indonesia," *Mind, Culture, and Activity* 20, no. 3 (2013): 260–87.

69 Röttger-Rössler et al., "Socializing Emotions in Childhood." Quote on p. 271. Reprinted by permission of the publisher (Taylor & Francis Ltd, http://www.tandfonline.com).

70 ロバート・B.ザイアンスは、次のすばらしい論文で類似の指摘をしている。"The Preemptive Power of Words" (Dialogue 18, no. 1 [2003]: 10–13). 彼は情動表現を「先制的(preemptive)用語」、つまり「特定の現実にそれ自体を押しつける用語」と呼び、「利益になるより害をなす」と主張する。彼は次のように書いている。「ダーウィンの提唱する先制的な情動表現という概念を受け入れるなら、それに付随する暗黙の意味や結びつきもすべて受け入れなければならない。たとえば情動表現は、各情動に対して明確な内面の状態が存在することを示唆する。そのような特定の識別可能な状態が存在するという示唆はダーウィンの著書のタイトル(THE expression of THE emotions in man and animals)にはっきりと見て取れる。(……)また、情動表現という概念は、この識別可能な状態、つまり情動が外部への表出を求めていることを示唆する。それゆえ、情動的な刺激によって外部表現が生じなかった場合、それを抑圧する何らかのプロセスが介在していなければならないことになる」

71 この例は次の文献から引用した。Shaver et al., "Emotion Knowledge."

72 たとえば次の文献を参照。Jared Martin et al., "Smiles as Multipurpose Social Signals," *Trends in Cognitive Sciences* 21, no. 11 (2017): 864–77.

ity Processes, Individual Differences, and Life-Span Development," *Journal of Personality* 72, no. 6 (2004): 1301–33. 彼らは抑圧の度合いを測定するために、「情動を表現しないようコントロールしましたか？」あるいは「情動を自分自身の内部に留めましたか？」などといった質問をしている。

47 Arlie R. Hochschild, *The Managed Heart: Commercialization of Human Feeling* (Berkeley: University of California Press, 1983)〔『管理される心――感情が商品になるとき』石川准、室伏亜希訳、世界思想社、2000 年〕.

48 次の文献から引用した。Hochschild, *The Managed Heart*, 5〔前掲『管理される心』〕.

49 同上、146 頁。

50 同上、109 頁。

51 同上、134 頁。

52 同上、21 頁。

53 次の文献から引用した。Julia L. Cassaniti, "Moralizing Emotion: A Breakdown in Thailand," *Anthropological Theory* 14, no. 3 (August 6, 2014): 284. Copyright © 2014 by Sage Journals. Reprinted by Permission of SAGE Publications.

54 Eunkook Suh et al., "The Shifting Basis of Life Satisfaction Judgments across Cultures: Emotion vs Norms," *Journal of Personality and Social Psychology* 74, no. 2 (1998): 483.

55 David Matsumoto, Seung H. Yoo, and Sanae Nakagawa, "Culture, Emotion Regulation, and Adjustment," *Journal of Personality and Social Psychology* 94, no. 6 (2008): 925–37. 抑圧の程度は、グロスとジョンが考案した 4 項目の抑圧尺度によって測定されている。マツモトらは、それがさまざまな文化に当てはまることを見出している。次の文献を参照。James J. Gross and Oliver P. John, "Individual Differences in Two Emotion Regulation Processes: Implications for Affect, Relationships, and Well-Being," *Journal of Personality and Social Psychology* 85, no. 2 (August 2003): 348–62.

56 この点を最初に指摘したのはラッツである（*Unnatural Emotions*）。

57 Hazel R. Markus and Shinobu Kitayama, "Models of Agency: Sociocultural Diversity in the Construction of Action," in *Cross-Cultural Differences in Perspectives on the Self*, ed. Virginia Murphy-Berman and John J. Berman, vol. 49 (Lincoln: University of Nebraska Press, 2003), 1–58.

58 Joseph A. Allen, James M. Diefendorff, and Yufeng Ma, "Differences in Emotional Labor across Cultures: A Comparison of Chinese and U.S. Service Workers," *Journal of Business and Psychology* 29 (2014): 21–35; Batja Mesquita and Ellen Delvaux, "A Cultural Perspective on Emotion Labor," in *Emotional Labor in the 21st Century: Diverse Perspectives on Emotion Regulation at Work*, ed. Alicia Grandey, James Diefendorff, and Deborah E. Rupp (New York: Routledge, 2013), 251–72.

59 「表層演技」の項目（情動表現を変えることに関する項目）は、アメリカでは「でっち上げる」ことに関する項目と同じ要因に基づいていたが、中国ではそうではなかった。中国では、端的に言って抑圧はでっち上げと同一ではない。でっち上げることに関する項目は、表層演技の要因にはまったく基づいていない。次の文献を参照。Allen, Diefendorff, and Ma, "Differences in Emotional Labor across Cultures."

60 アメリカ人の研究協力者のあいだでは、表現の規則（たとえば「私の仕事のひとつは、顧客を快適に感じさせることである」など）は、深層演技（「顧客に対して感じなければならない情動を実際に経験しようとする」）と同程度に表層演技（「顧客と適切なあり方で接するために演技をする」）を予測したが、中国人の研究協力者のあいだでは深層演技のみを予測した。同様にマツモト、ヨー、ナカガワの発見によれば、抑圧と（深層演技の一部でもありうる）再評価のあいだには、社会秩序の維持を重視する文化のもとでは正の関係があるのに対し、個人、感情的自律性、平等主義（異論はあろうが内向きの観点と見なせる）を重視する文化のもとでは負の関係がある（"Culture, Emotion Regulation, and Adjustment," 2008, 931）. どちらの発見も、OURS 型情動が浸透している文

er-Child Conversations about Shared Emotional Experiences," *Cognitive Development* 16, no. 2 (2001): 711–13. Reprinted with permission from Elsevier.

37 Andrew Beatty, *Emotional Worlds: Beyond an Anthropology of Emotion* (Cambridge, UK: Cambridge University Press, 2019), 258. Reprinted with permission by Cambridge University Press.

38 Bernard Rimé et al., "Beyond the Emotional Event: Six Studies on the Social Sharing of Emotion," *Cognition & Emotion* 5, no. 5–6 (1991): 435–65.

39 たとえば次の文献を参照。Julia K. Boehm and Laura D. Kubzansky, "The Heart's Content: The Association between Positive Psychological Well-Being and Cardiovascular Health," *Psychological Bulletin* 138, no. 4 (2012): 655–91; Sheldon Cohen and Sarah D. Pressman, "Positive Affect and Health," *Current Directions in Psychological Science* 15, no. 3 (2006): 122–25; Kostadin Kushlev et al., "Does Happiness Improve Health? Evidence from a Randomized Controlled Trial," *Psychological Science* 31, no. 7 (2020): 807–21, https://doi.org/10.1177/0956797620919673

40 Magali Clobert et al., "Feeling Excited or Taking a Bath: Do Distinct Pathways Underlie the Positive Affect–Health Link in the U.S. and Japan?," *Emotion* 20, no. 2 (2019): 164–78.

41 その証拠はスタンフォード大学の心理学者ジーニー・ツァイの研究に見出せる。たとえば次の文献を参照。Jeanne L. Tsai, Brian Knutson, and Helene H. Fung, "Cultural Variation in Affect Valuation," *Journal of Personality and Social Psychology* 90, no. 2 (2006): 288–307; Jeanne L. Tsai, "Ideal Affect: Cultural Causes and Behavioral Consequences," *Perspectives on Psychological Science* 2, no. 3 (2007): 242–59; Jeanne Tsai and Magali Clobert, "Cultural Influences on Emotion: Empirical Patterns and Emerging Trends," in *Handbook of Cultural Psychology*, ed. Shinobu Kitayama and Dov Cohen, 2nd ed. (New York: Guildford Press, 2019), 292–318. この研究の詳細は本書の第5章で取り上げる。

42 健康なアメリカ人の研究協力者は、興奮を喚起する活動について報告することが多い。しかしそのような活動は、感情に比べ心や身体の健康に関する予測因子としては劣る。次の文献を参照。Clobert et al., "Feeling Excited or Taking a Bath."

43 それに関していくつかの注意事項がある。この研究は横断研究であり、関与しているプロセスについてはほとんど何も教えてくれない。たとえ情動が健康に直接的な影響を及ぼしたとしても、それが唯一の健康因子だなどとはとても言えない。また(アメリカにおける)ポジティブな情動の活性化の頻度の高さや、(日本における)穏やかな情動のそれは、他の情動経験を必ずしも排除するものではない。情動においては変化が標準なのである。それらふたつの健康指標に結びついているのは、ポジティブな情動や穏やかな活動の活性化の相対的な頻度なのである。

44 Zoltán Kövecses, *Emotion Concepts* (New York: Springer-Verlag, 1990).

45 Sigmund Freud, "Trauer Und Melancholie [Mourning and Melancholia]," *Internationale Zeiischrift Fur Arztliche Psychoanalyse* 4 (1917): 288–301; John Bowlby, "Loss, Sadness and Depression," *Attachment and Loss* 3 (1981); Camille Wortman and Roxane Silver, "The Myths of Coping with Loss," *Journal of Consulting and Clinical Psychology* 57 (1989): 349–57. 最近の研究によれば、グリーフワークは喪失体験後の健康調整には必ずしも不可欠なものではなく、単純化されすぎている。次の文献を参照。Margaret Stroebe and Wolfgang Stroebe, "Does 'Grief Work' Work?," *Journal of Consulting and Clinical Psychology* 59, no. 3 (1991): 479–82; George A. Bonanno, Camille Wortman, and Randolph M. Nesse, "Prospective Patterns of Resilience and Maladjustment During Widowhood," *Psychology and Aging* 19, no. 2 (2004): 260.

46 Oliver P. John and James J. Gross, "Healthy and Unhealthy Emotion Regulation: Personal-

tion of Facial Emotion," *Journal of Personality and Social Psychology* 94, no. 3 (2008): 365–81. Copyright © 2008, American Psychological Association.

22 アメリカ人回答者に対しては、「顔認識」の慣例的な見方が通用することに留意されたい。彼らは周囲の人々に関する情報を用いなかったのだから。しかしこの見方は、日本人回答者に見られる「情動」の知覚の重要な側面をとらえ損なっている。この事例は、欧米の研究者たちが、MINE型情動モデルを模範とすることで、情動エピソードの推移における重要な文化的相違をとらえそこなっていることを示す格好の例になる。次の文献を参照。Batja Mesquita et al., "A Cultural Lens on Facial Expression in Emotions," *Observer* 17, no. 4 (2004): 50–51.

23 Takahiko Masuda et al., "Do Surrounding Figures' Emotions Affect Judgment of the Target Figure's Emotion? Comparing the Eye-Movement Patterns of European Canadians, Asian Canadians, Asian International Students, and Japanese," *Frontiers in Integrative Neuroscience* 6, no. 72 (2012): 1–9.

24 この例と次の例は次の文献から引用した。Paul Heelas, "Emotion Talk across Cultures," 1986. 日常語では、英語の「emotion」（フランス語から導入された）は18世紀に入ってから心と結びつけられるようになったと言われている。それ以前は、情動は身体に宿っていた（身体の混乱、身体の動き）。次の文献を参照。Thomas Dixon, "Emotion: One Word, Many Concepts," *Emotion Review* 4, no. 4 (2012): 387–88.

25 Bennett Simon and Herbert Weiner, "Models of Mind and Mental Illness in Ancient Greece: I. The Homeric Model of Mind," *Journal of the History of the Behavioral Sciences* 2, no. 4 (October 1, 1966): 306.

26 John R. Gillis, "From Ritual to Romance," in *Emotion and Social Change: Toward a New Psychohistory*, ed. Carol Z. Stearns and Peter N. Stearns (New York: Holmes & Meier, 1988), 90–91.

27 Edward L. Schieffelin, "Anger and Shame in the Tropical Forest: On Affect as a Cultural System in Papua New Guinea," *Ethos* 11, no. 3 (1983): 183–84.

28 これは、他者の目的をいかに解釈するかについて述べることを躊躇するという、より一般的な態度の一部をなす。次の文献を参照。Schieffelin, "Anger and Shame in the Tropical Forest," 174.

29 Elinor Ochs, *Culture and Language Development: Language Acquisition and Language Socialization in a Samoan Village* (Cambridge, UK: Cambridge University Press, 1988).

30 Sulamith H. Potter, "The Cultural Construction of Emotion in Rural Chinese Social Life," *Ethos* 16, no. 2 (1988): 187.

31 この研究は、人類学者デビ・ロバートソンの助力を得て心理学者リサ・F. バレットの指導のもとで行なったジャンドロンの論文研究の一部をなす。次の文献を参照。Maria Gendron, Debi Roberson, Jacoba Marietta van der Vyver, and Lisa F. Barrett, "Perceptions of Emotion from Facial Expressions Are Not Culturally Universal: Evidence from a Remote Culture," *Emotion* 14, no. 2 (2014): 251.

32 Maria Gendron et al., "Perceptions of Emotion from Facial Expressions Are Not Culturally Universal: Evidence from a Remote Culture," *Emotion* 14, no. 2 (April 2014): 253–54.

33 Gendron et al., "Perceptions of Emotion from Facial Expressions Are Not Culturally Universal," 260.

34 Nico H. Frijda and Anna Tcherkassof, "Facial Expression as Modes of Action Readiness," in *The Psychology of Facial Expression. Studies in Emotion and Social Interaction*, ed. James A. Russell and José Miguel Fernández-Dols (Cambridge, UK: Cambridge University Press, 1997), 78–102.

35 Jinkyung Na and Shinobu Kitayama, "Spontaneous Trait Inference Is Culture-Specific: Behavioral and Neural Evidence," *Psychological Science* 22, no. 8 (2011): 1025–32.

36 次の文献から引用した。Qi Wang, "'Did You Have Fun?': American and Chinese Moth-

率的に反応できるよう、自然選択のプロセスを通じて進化によって確立された現象である」。

13 Levenson et al., "Emotion and Autonomic Nervous System"; Birgitt Röttger-Rössler et al., "Socializing Emotions in Childhood: A Cross-Cultural Comparison between the Bara in Madagascar and the Minangkabau in Indonesia," *Mind, Culture, and Activity* 20, no. 3 (2013): 260–87.

14 Levenson et al., "Emotion and Autonomic Nervous System," 975. Copyright © 1992, American Psychological Association.

15 Robert W. Levenson, Paul Ekman, and Wallace V. Friesen, "Voluntary Facial Action Generates Emotion-Specific Autonomic Nervous System Activity," *Psychophysiology* no. 4 (July 1, 1990): 363–84. この課題における生理的データの意味に関しては議論がある。ボイテンは、表情を意図的に作ることで生じた自律神経系の活動が、呼吸努力によって生じた変化のみによって説明されうることを示す証拠をあげている。次の文献を参照。Frans A. Boiten, "Autonomic Response Patterns during Voluntary Facial Action," *Psychophysiology*(1996) 123–31. また、あらゆる研究を通じてつねに各情動を識別することのできる特定の自律神経系の活動パターンが存在することを疑問視する実証的なレビューに関しては次の文献を参照。Quigley and Barrett, "Is There Consistency and Specificity of Autonomic Changes during Emotional Episodes?," 2014; Robert B. Zajonc and Daniel N. McIntosh, "Emotions Research: Some Promising Questions and Some Questionable Promises," *Psychological Science* 3, no. 1 (1992): 70–74.

16 Levenson et al., "Emotion and Autonomic Nervous System," 974. Copyright © 1992, American Psychological Association.

17 これは私が引き出した結論である。レヴェンソンの研究チームは私のものとは異なる説明をこの発見に与え、ミナンカバウ人はさまざまな表情を作ることに長けておらず、だからそれに結びついた情動の状態を感じなかったのだろうと述べている（Levenson et al., "Emotion and Autonomic Nervous System," 1992）。

18 文化心理学者のヘーゼル・マーカスと北山忍は、「アメリカ人とミナンカバウ人の情動の定義は異なる。また特定の情動が経験される条件や理由に関する期待も異なる。（……）ミナンカバウ人の主観性は他者の存在に調節されているとも言えよう。（……）顔面筋の配置に由来する自律神経系の活動は、（彼らにとっては）情動の構成要素ではなかったのだ」と最初に指摘している。次の文献を参照。Hazel R. Markus and Shinobu Kitayama, "The Cultural Construction of Self and Emotion: Implications for Social Behavior," in *Emotion and Culture: Empirical Studies of Mutual Influence* (Washington, DC: American Psychological Association, 1994, 89–130). 私の知る限り、マーカスと北山の説が直接的に検証されたことは一度もない。

19 Yukiko Uchida et al., "Emotions as within or between People? Cultural Variation in Lay Theories of Emotion Expression and Inference," *Personality and Social Psychology Bulletin* 35, no. 11 (November 10, 2009): 1427–39. 日本人選手の発言は、1432頁に見られる。

20 日本人とアメリカ人の回答者は、次の4つの条件を満たすグループのうちいずれかひとつにランダムに割り当てられた。(1) ひとりの日本人選手のみ (2) ひとりの日本人選手と3人の他の選手 (3) ひとりのアメリカ人選手のみ (4) ひとりのアメリカ人選手と3人の他の選手。差異は自文化に属する選手に対する評価に関して見られた。つまりアメリカ人回答者はアメリカ人選手に、日本人回答者は日本人選手に自己の情動を投影したのだ。しかし自文化に属さない選手に対する評価が求められた場合には、日本人とアメリカ人の回答者のあいだに差異はなかった。次の文献を参照。Uchida et al., "Emotions as within or between People? Cultural Variation in Lay Theories of Emotion Expression and Inference."

21 Takahiko Masuda et al., "Placing the Face in Context: Cultural Differences in the Percep-

献を参照。Lisa F. Barrett and Daniel J. Barrett, "Brain Scientist: How Pixar's 'Inside Out' Gets One Thing Deeply Wrong," WBUR, July 5, 2015.

2 次の文献に、この情動モデルの類似の特徴づけが見られる。Barrett, *How Emotions Are Made*〔前掲『情動はこうしてつくられる』〕, 157; Lutz, *Unnatural Emotions*, 53–54.

3 私のインタビュー研究に参加した回答者は、なぜ彼らにとってそのできごとに意味があるのか、それを経験するあいだ、また経験したあとでいかなる行動をとったのか、他に誰がいたのか、居合わせた人たちはどう反応し何を言ったのか、そのできごとにどんな影響があったのかについて答えた。われわれはさまざまな文化集団を対象に、あるひとつのテーマ（業績を上げ成功したなど）に結びついた情動経験を比較した。私自身が回答者にインタビューしたわけではなく、回答者と同じ民族に属する女性のインタビュー担当者を起用した。そして彼女たちは、回答者の母語でインタビューを行なった。（トルコ人の標本に関しては）質問は完全に書き写され翻訳されている。

4 Mesquita, "Emotions in Collectivist and Individualist Contexts."

5 MINE と OURS は、いくつかの特徴を示す言葉の頭文字を結びつけたアクロニムである。情動は本人の内部《インサイド》もしくは外部《アウトサイド》にあるものとして、あるいは心的もしくは人間関係的なものとして、はたまた本質主義的もしくは状況に規定されたものとして記述することができる。意味あるアクロニムを作るために、頭文字をやや無理に並べたきらいがあるのは確かだが。

6 MINE と OURS は情動の「カテゴリー」、言い換えると情動の「ナラティブ」の中心的な属性を規定する。たとえば次の文献を参照。Lawrence W. Barsalou, *Cognitive Psychology: An Overview for Cognitive Scientists* (Hillsdale, NJ: Erlbaum, 1992); Jerome Bruner, *Acts of Meaning* (Cambridge, MA: Harvard University Press, 1990)〔『意味の復権――フォークサイコロジーに向けて』岡本夏木、仲渡一美、吉村啓子訳、ミネルヴァ書房、2016年〕. たとえば内的感覚は MINE 型情動のカテゴリーの中心的な属性ではあっても OURS 型情動の中心的な属性ではない。

7 オランダにおける同じいくつかの文化集団を比較する質問票を用いた別の大規模な研究では、自分がよく知る人から不当な扱いを受けたと報告したスリナム系回答者は、オランダのマジョリティーに属する回答者やトルコ系回答者に比べて、自分を不当に扱った人物が悪辣な行為から利益を享受したと、また事前に計画して意図的にそうしたと見なすことが多かった。次の文献を参照。Mesquita, "Emotions in Collectivist and Individualist Contexts," 2001. これらの発見は、スリナム系の集団では地位を求める争いが目立つという見方に合致する。

8 Glenn Adams, "The Cultural Grounding of Personal Relationship: Enemyship in North American and West African Worlds," *Journal of Personality and Social Psychology* 88, no. 6 (2005): 948.

9 コジョ・G. キエイとハンナ・シュレッケンバッハによる詩（*No Time to Die* [London: Walden Books, 1975], 72）。アダムスの「The Cultural Grounding of Personal Relationship」に引用されている。

10 人類学者のタニヤ・ルールマンは次の文献で、「人類学者は文化間の相違に関する主張をするとなるとためらいがちになりやすい。というのも、文化は非常に複雑で限定しにくいものだと信じたがっているからだ」と記している。"Subjectivity," *Anthropological Theory* 6, no. 3 (2006): 345. ステレオタイプ化や本質主義に対する懸念はよく理解できるものの、内情はいかに異質であろうとも、文化やコミュニティー間の比較から学べることは多いと私は考えている。

11 Robert W. Levenson et al., "Emotion and Autonomic Nervous System Activity in the Minangkabu of West Sumatra," *Journal of Personality and Social Psychology* 62, no. 6 (1992): 972–88.

12 Levenson et al., "Emotion and Autonomic Nervous System," 972 に次のようにある。情動は「典型的な環境の要請にもっとも効

224–53. 文化心理学のすぐれた入門書には次の文献がある。Steven J. Heine, *Cultural Psychology* (New York: W. W. Norton & Company, 2020).

32 Erika H. Siegel, Molly K. Sands, Wim Van den Noortgate, Paul Condon, Yale Chang, Jennifer Dy, Karen S. Quigley, and Lisa Feldman Barrett, "Emotion Fingerprints or Emotion Populations? A Meta-Analytic Investigation of Autonomic Features of Emotion Categories," *Psychological Bulletin* 144, no. 4 (2018): 343; Kristen A. Lindquist, Tor D. Wager, Hedy Kober, Eliza Bliss-Moreau, and Lisa Feldman Barrett, "The Brain Basis of Emotion: A Meta-Analytic Review," *Behavioral and Brain Sciences* 35, no. 3 (2012): 121.

33 Maria Gendron, Batja Mesquita, and Lisa Feldman Barrett, "The Brain as a Cultural Artifact: Concepts, Actions, and Experiences within the Human Affective Niche," in *Culture, Mind, and Brain: Emerging Concepts, Models, and Applications*, ed. Laurence J. Kirmayer et al. (Cambridge, UK: Cambridge University Press, 2020), 188–222.

34 L. J. Kirmayer, C. M. Worthman, and S. Kitayama, "Introduction: Co-Constructing Culture, Mind, and Brain," in *Culture, Mind, and Brain*, ed. L. J. Kirmayer et al. (Cambridge, UK: Cambridge University Press, 2020), 1–49; Shinobu Kitayama and Cristina E. Salvador, "Culture Embrained: Going Beyond the Nature-Nurture Dichotomy," *Perspectives on Psychological Science* 12, no. 5 (2017): 841–54; Samuel P. L. Veissière, Axel Constant, Maxwell J. D. Ramstead, Karl J. Friston, and Laurence J. Kirmayer, "Thinking through Other Minds: A Variational Approach to Cognition and Culture," *Behavioral and Brain Sciences* 43 (2020).

35 フライダは *The Laws of Emotion* で、この規則性を「変化、習慣化、比較可能な感情の法則」と呼び、「情動は、有利もしくは不利な条件の存在より、有利もしくは不利な条件の現実的な変化、あるいはそのような変化に対する期待によって引き起こされる」と述べている。次の文献を参照。Frijda, Nico H. 2007. *The Laws of Emotion*. Mahwah: Lawrence Erlbaum Associates, Inc.

36 Lisa Feldman Barrett Barrett, *How Emotions Are Made: The Secret Life of the Brain* (New York: Houghton Mifflin Harcourt, 2017)〔『情動はこうしてつくられる——脳の隠れた働きと構成主義的情動理論』高橋洋訳、紀伊國屋書店、2019年〕; Gendron, Mesquita, and Barrett, "The Brain as a Cultural Artifact. Concepts, Actions, and Experiences within the Human Affective Niche," 2020; Karen S. Quigley and Lisa Feldman Barrett, "Is There Consistency and Specificity of Autonomic Changes during Emotional Episodes? Guidance from the Conceptual Act Theory and Psychophysiology," *Biological Psychology* 98, no. 1 (2014): 82–94. これらの身体プロセスには、心血管系、筋骨格系、神経内分泌系、自律神経系のプロセスが含まれる。

37 コンピューターサイエンティストのラウリ・ヌメンマーらは一連の実験を行なって、情動の「身体マップ」の文化的な普遍性について論じている。次の文献を参照。Lauri Nummenmaa et al., "Bodily Maps of Emotions.," *Proceedings of the National Academy of Sciences of the United States of America* 111, no. 2 (2014).

38 たとえば次の文献を参照。Michael Boiger and Batja Mesquita, "The Construction of Emotion in Interactions, Relationships, and Cultures," *Emotion Review* 4, no. 3 (2012): 221–29; Parkinson, *Heart to Heart*.

39 この例は、シェイバーらによる次のプロトタイプ研究から引用した。"Emotion Knowledge: Further Exploration of a Prototype Approach," 1075.

第2章　ふたつの情動——MINE型とOURS型

1 リサ・フェルドマン・バレットは類似の目的のためにこの事例を用いている。次の文概念の意味を、状況の評価などのさまざまな構成要素に分割していた。たとえば次の文献を参照。Craig A. Smith and Phoebe C. Ellsworth, "Patterns of Cognitive Appraisal in Emotion," *Journal of Personality and Social Psychology* 48, no. 4 (1985): 813–38. 行動準備状態に関しては、たとえば次の文献を参照。Nico H. Frijda, Peter Kuipers, and Elisabeth ter Schure, "Relations among Emotion, Appraisal, and Emotional Action Readiness," *Journal of Personality and Social Psychology* 57, no. 2 (1989): 212–28. 生理的反応や行動反応に関しては次の文献を参照。Nico H. Frijda, *The Emotions* (Cambridge, UK: Cambridge University Press / Éditions de la Maison des Sciences de l'Homme, 1986).

18 Phillip R. Shaver et al., "Emotion Knowledge: Further Exploration of a Prototype Approach," *Journal of Personality and Social Psychology* 52, no. 6 (1987): 1061–86; Aneta Wierzbicka, "Talking about Emotions: Semantics, Culture, and Cognition," *Cognition & Emotion* 6, no. 3–4 (1992): 285–319.

19 プラトンの『パイドロス』は、哲学者の用語を肉屋が自然な接合部で肉を切る方法にたとえ、世界があらかじめ分割されていると示唆している。

20 Shaver, Schwartz, Kirson, and O'Connor, "Emotion Knowledge."

21 Phillip R. Shaver, Shelley Wu, and Judith C. Schwartz, "Cross-Cultural Similarities and Differences in Emotion and Its Representation: A Prototype Approach," in *Review of Personality and Social Psychology, No. 13. Emotion*, ed. Margaret S. Clark (Newbury Park, CA: Sage Publications, Inc., 1992), 175–212.

22 たとえば次の文献を参照。Beverley Fehr and James A. Russell, "Concept of Emotion Viewed from a Prototype Perspective," *Journal of Experimental Psychology: General* 113, no. 3 (1984): 464–86.

23 人間の内部で生じる現象として情動をとらえる定義は、イファルク族の情動を社会的な領域で生じるものとして記述する人類学者のキャサリン・ラッツ（Lutz, *Unnatural Emotions*, 41）にさえ見られる。

24 ヘンリック、ハイン、ノーレンザヤンは、心理研究のほとんどが欧米（特にアメリカ）文化圏で、とりわけ大学生を対象に行なわれていると指摘している。次の文献を参照。"The Weirdest People in the World?" *Behavioral and Brain Sciences* 33, no. 2–3 (June 2020): 6183.

25 Batja Mesquita, "Cultural Variations in Emotions: A Comparative Study of Dutch, Surinamese, and Turkish People in the Netherlands" (PhD diss.,University of Amsterdam, 1993). この研究の一部は出版されている。Batja Mesquita, "Emotions in Collectivist and Individualist Contexts," *Journal of Personality and Social Psychology* 80, no. 1 (2001): 68–74; Mesquita and Frijda, "Cultural Variations in Emotions: A Review", 1992.

26 「情動《エモーション》トーク」と呼ばれている。次の文献を参照。Paul Heelas, "Emotion Talk across Cultures," in *The Social Construction of Emotions*, ed. Rom Harré (New York: SAGE Publications, 1986), 234–65. あるいは「情動《エモーション》ディスコース」とも呼ばれている。次の文献を参照。Catherine A. Lutz and Lila Abu-Lughod, *Language and the Politics of Emotion: Studies in Emotion and Social Interaction*, ed. C. Lutz and L. Abu-Lughod (Cambridge, UK: Cambridge University Press, Éditions de la Maison des Sciences de l'Homme, 1990).

27 次の文献から引用。Lutz, *Unnatural Emotions*, 42.

28 Lutz, *Unnatural Emotions*, 82.

29 Lila Abu-Lughod, *Veiled Sentiments: Honor and Poetry in a Bedouin Society* (Berkeley: University of California Press, 1986), 112.

30 Mesquita and Frijda, "Cultural Variations in Emotions: A Review."

31 たとえば次の文献を参照。Harry C. Triandis, "The Self and Social Behavior in Differing Cultural Contexts," *Psychological Review* 96, no. 3 (1989): 506–20; Hazel R. Markus and Shinobu Kitayama, "Culture and the Self: Implications for Cognition, Emotion, and Motivation," *Psychological Review* 98, no. 2 (1991):

*American Cool*を参照。この本は、私がアメリカに移住したころに刊行された。

7 Catherine A. Lutz, *Unnatural Emotions: Everyday Sentiments on a Micronesian Atoll and Their Challenge to Western Theory* (Chicago: University of Chicago Press, 1988), 44.

8 J. L. Briggs, "Emotion Concepts," in *Never in Anger: Portrait of an Eskimo Family* (Cambridge, MA: Harvard University Press, 1970), 257–58, 284, 286. Copyright © 1970 by the President and Fellows of Harvard College.

9 Lutz, *Unnatural Emotions*, 11.

10 たとえば次の文献を参照。Paul Ekman, "Are There Basic Emotions?," *Psychological Review* 99, no. 3 (1992): 550–53; Carroll E. Izard, *Human Emotions* (New York: Springer Science + Business Media, LLC, 1977); Keith Oatley and Philip N. Johnson-Laird, "Towards a Cognitive Theory of Emotions," *Cognition and Emotion* 1, no. 1 (1987): 29–50.

11 ここで基本情動について詳しく説明するつもりはない。この理論は長い年月をかけて発展してきたと言うに留める。次の文献に提示されている見方は最新の知見によって克服された。Paul Ekman and Wallace V. Friesen, *Unmasking the Face: A Guide to Recognizing Emotions from Facial Clues* (Englewood Cliffs, NJ: Prentice Hall, 1975).〔『表情分析入門――表情に隠された意味をさぐる』工藤力編訳、誠信書房、1987年〕エクマン自身、少なくとも9つの基本情動があるはずだと述べている (Ekman, *Are There Basic Emotions?*). 彼は1975年に提示した6つの基本情動に加え、きまりの悪さ、畏怖、興奮は基本情動としての性質を持つ（つまりその基準を満たす）可能性があると述べている。この発見の意味については激しい論議があるが、私は、その徹底的な批判を本書で蒸し返すつもりはない。

12 次の文献から引用した。Ekman and Friesen, *Unmasking the Face*, on pp. 22, 23, and 24.〔前掲『表情分析入門』〕

13 たとえば次の文献を参照。Paul Ekman, "An Argument for Basic Emotions," *Cognition & Emotion* 6, no. 3–4 (1992): 169–200; Jaak Panksepp, "Basic Affects and the Instinctual Emotional Systems of the Brain: The Primordial Sources of Sadness, Joy, and Seeking," in *Feelings and Emotions: The Amsterdam Symposium*, ed. Antony S. R. Manstead, Nico Frijda, and Agneta Fischer (New York: Cambridge University Press, 2004), 174–93.

14 きまりの悪さ、恥に関する証拠は次の文献を参照。Dacher Keltner, "Signs of Appeasement: Evidence for the Distinct Displays of Embarrassment, Amusement, and Shame," *Journal of Personality and Social Psychology* 68, no. 3 (1995): 441–45. 誇りに関する証拠は次の文献を参照。Jessica L. Tracy and Richard W. Robins, "Show Your Pride: Evidence for a Discrete Emotion Expression," *Psychological Science* 15, no. 3 (2004): 194–97. 畏怖、愉快、誇りに関する証拠は次の文献を参照。Michelle N. Shiota, Belinda Campos, and Dacher Keltner, "The Faces of Positive Emotion: Prototype Displays of Awe, Amusement, and Pride," *Annals of the New York Academy of Sciences* 1000, no. 1 (2003): 296–99).

15 この用語は、顔から情動を認識できることを示唆する。最近の証拠に基づけば、顔に関する情報は、他の情報と組み合わせた場合にのみ意味を持つ。Brian Parkinson, *Heart to Heart* (Cambridge, UK: Cambridge University Press, 2019); Lisa F. Barrett, Batja Mesquita, and Maria Gendron, "Context in Emotion Perception," *Current Directions in Psychological Science* 20, no. 5 (2011): 286–90; Maria Gendron, Batja Mesquita, and Lisa F. Barrett, "Emotion Perception: Putting the Face in Context," in *The Oxford Handbook of Cognitive Psychology*, ed. Daniel Reisenberg (New York: Oxford University Press, 2013), 539–56.

16 Russell, *Universal Reg of Emotion from Facial Expression*. この文献は、1969年以後に行なわれたすべての顔認識の研究を概観し、この方法のいくつかの側面が研究対象の情動の「認識」の程度に影響を及ぼしていることを発見している。

17 1980年代や90年代の構成要素理論は情動

註

はじめに

1　私の母の伝記は次の文献を参照。Bart van Es, *The Cut Out Girl: A Story of War and Family, Lost and Found* (New York: Random House, 2018). 私の父はアンネ・フランクの級友であり、彼女の日記に言及されている。彼に関しては次の文献にも記載されている。Theo Coster, *We All Wore Stars*, trans. Marjolijn de Jager (New York: St. Martin's Press, 2011)〔『アンネ、わたしたちは老人になるまで生き延びられた。——クラスメートたちがたどるアンネ・フランクの思い出』桜田直美訳、清流出版、2012 年〕.

2　Ralph H. Turner, "The Real Self : From Institution to Impulse," *American Journal of Sociology* 81, no. 5 (1976): 989–1016.

3　この言葉は次の文献で紹介されている。Steven J. Heine, and Ara Norenzayan, "The Weirdest People in the World?," *Behavioral and Brain Sciences* 33, no. 2–3 (June 2010): 61–83.

4　当時の他の主要な研究には次のものがある。Shinobu Kitayama and Hazel R. Markus, *Emotion and Culture: Empirical Studies of Mutual Influence* (Washington, DC: American Pscyhological Association, 1994); Russell, James A, "Culture and the Categorization of Emotion," *Psychological Bulletin* 110, no. 3 (1991): 426–50.

5　Richard A. Shweder, "Cultural Psychology: What Is It?" in *Thinking through Cultures. Expeditions in Cultural Psychology*, ed. Richard A. Shweder (Cambridge, MA: Harvard University Press, 1991), 73–110. Quote on p. 73.

第 1 章　ロスト・イン・トランスレーション

1　情動語を集めた最近の文献は、次を参照。Tiffany W. Smith, *The Book of Human Emotions* (New York: Little, Brown and Company, 2016).

2　類似の記述は次の文献を参照。Shinobu Kitayama and Hazel R. Markus, "The Pursuit of Happiness and the Realization of Sympathy: Cultural Patterns of Self, Social Relations, and Well-Being," in *Culture and Subjective Well-Being*, ed. Ed Diener and Eunkook M. Suh (Cambridge, MA: Bradford Books, 2000), 113–61.

3　次の文献も参照。Han van der Horst, *The Low Sky: Understanding the Dutch* (The Hague: Scriptum Books, 1996), 34–35.

4　不快な情動をものともしないオランダ流の論争スタイルは、「アメリカ人の冷静《クール》さ」とは鋭い対照をなす。「アメリカ人のクールさ」については、歴史家ピーター・N. スターンズの次の著書を参照。*Peter N. Stearns, American Cool: Constructing a Twentieth-Century Emotional Style* (New York: New York University Press, 1994).

5　この事例は次の文献を参照した。Eva Hoffman, *Lost in Translation: A Life in a New Language* (London: William Heinemann, 1989), 146.〔『アメリカに生きる私——二つの言語、二つの文化の間で』木村博江訳、新宿書房、1992 年〕. エヴァ・ホフマンはポーランド人と北米人の人間関係の結びつきのあいだに類似の対比を見出している。

6　アメリカの情動文化との比較は、Stearns,

や行

ら行

わ行

は行

ま行

た行

な行

さ行

か行

索引

バチャ・メスキータ
Batja Mesquita, Ph.D.

オランダ生まれの社会心理学者。ベルギーのルーヴェン・カトリック大学教授（心理学）。同大学社会文化心理学センター所長。研究テーマは、多文化社会における情動の役割。アムステルダム大学のニコ・フライダに師事して情動の研究を始め、米国の心理学研究を牽引してきたミシガン大学に移り、ヘーゼル・マーカスのもとで文化心理学の研究を深めた。ノースカロライナ州にあるウェイク・フォレスト大学准教授を経て、2007年より現職。2022年にパーソナリティ・社会心理学会から、文化心理学の発展への顕著な貢献に対して表彰されている。2023年よりアメリカ芸術科学アカデミー外国人名誉会員。

高橋 洋
たかはし・ひろし

翻訳家。訳書に、バレット『情動はこうしてつくられる』、ハイト『社会はなぜ左と右にわかれるのか』、オサリバン『眠りつづける少女たち』、ドイジ『脳はいかに治癒をもたらすか』（以上、紀伊國屋書店）、グリンカー『誰も正常ではない』（みすず書房）、メルシエ『人は簡単には騙されない』（青土社）、ダマシオ『進化の意外な順序』、ブルーム『反共感論』（以上、白揚社）ほか多数。

唐澤真弓
からさわ・まゆみ

東京女子大学現代教養学部心理・コミュニケーション学科教授。研究分野は文化心理学・発達心理学。

文化《ぶんか》はいかに情動《じょうどう》をつくるのか
人《ひと》と人《ひと》のあいだの心理学《しんりがく》

2024年9月12日　第1刷発行

発行所　株式会社紀伊國屋書店
東京都新宿区新宿3-17-7
出版部(編集)電話　03-6910-0508
ホールセール部(営業)電話　03-6910-0519
〒153-8504 東京都目黒区下目黒3-7-10

著者　バチャ・メスキータ
訳者　高橋 洋
解説　唐澤真弓

ブックデザイン　日向麻梨子(オフィスヒューガ)
校正協力　Letras
印刷・製本　中央精版印刷

ISBN 978-4-314-01209-6 C0011
Printed in Japan by Kinokuniya Company Ltd.

定価は外装に表示してあります